本书获得国家社科基金2015年度一般项目

及中华之源与嵩山文明研究会重大委托课题的资助

从东夷到华夏

——海岱地区考古学文化的互动与族群变迁

庞小霞　著

科学出版社

北　京

内 容 简 介

本书从人文地理学视角出发，在文化互动、族群认同等相关理论指导下，利用考古、文献、古文字等材料，考察了海岱地区先秦时期的社会发展历程，揭示了海岱地区纳入中原"华夏"的历史和地理进程，展现了海岱东夷族群形成、分化并最早融入华夏族群的过程，探讨了考古学文化互动和族群变迁的复杂背景和多重原因。海岱地区长程时段考察表明，这是一个极具文明起源意义却最终丧失其地位，长期保持独立发展却又最早失去自身特征的社会发展进程，这是一个立足于边界来回溯区域文明从独立发展到走向衰落的社会发展进程。对海岱地区数千年社会发展进程的分析尤其是对空间地理特征的揭示和边地研究视角的选取都是以往研究中所没有的。毫无疑问，这种个案研究的深入对于促进中华文明起源、形成和发展这一重大课题的纵深开展具有重要的现实意义和理论意义。

本书适合于历史学、考古学等专业研究者及大专院校相关专业师生参考、阅读。

图书在版编目（CIP）数据

从东夷到华夏：海岱地区考古学文化的互动与族群变迁 / 庞小霞著. —北京：科学出版社，2024.5

ISBN 978-7-03-078603-6

Ⅰ.①从… Ⅱ.①庞… Ⅲ.①考古学文化–文化研究–山东 Ⅳ.①K872.520.4

中国国家版本馆CIP数据核字（2024）第108509号

责任编辑：张亚娜 周艺欣 / 责任校对：张亚丹
责任印制：张 伟 / 封面设计：美光设计

科学出版社 出版
北京东黄城根北街 16 号
邮政编码：100717
http://www.sciencep.com
北京汇瑞嘉合文化发展有限公司印刷
科学出版社发行 各地新华书店经销
*
2024年5月第 一 版 开本：787×1092 1/16
2024年5月第一次印刷 印张：19 1/2
字数：460 000
定价：158.00元
（如有印装质量问题，我社负责调换）

目　录

第一章　绪　论

第一节　研究的时空范围及考古学文化的分期

海岱地区是海岱文化区、海岱历史文化区的略称，这一概念最初由高广仁、邵望平先生提出来，是当时各地开展考古学文化的区、系、类型问题研究大背景下，作者对山东地区的系统论述。其文中所指的地域范围主要指运河以东的山东全省和江苏北部地区，鲁西南和豫东则不包括在内①。之后郑笑梅先生在讨论相同问题时提出另一新的概念——泰沂文化区，但是具体的空间范围涵盖更广些，包括山东全省、江苏、安徽淮河下游北岸部分地区以及豫东周口以东地区。或许正如韩榕先生所言："海岱文化区的命名不仅包含了以泰沂山系为中心的这一概念，又囊括了《尚书·禹贡》所大致圈定的我国古代青、徐二州的地域，给人一种更为形象和具体的完整概念。"②所以今天海岱文化区的概念普遍被考古学界所接受。

海岱文化区属于一个历史人文地理的概念，有一个形成、发展、鼎盛、衰落、解体的过程。不同的发展阶段空间分布范围不同，栾丰实先生具体指出："（海岱文化区）鼎盛时期（大汶口文化晚期、海岱龙山文化和岳石文化）包括山东全省、苏皖两省北部、豫东、冀东南以及辽东半岛南部在内的广大地区。"③先秦时期海岱地区的空间范围实际是不断变动的，特别是商代开始商文化东进改变了海岱地区独立发展的文化进程，至晚商阶段海岱地区事实上仅剩下胶东半岛和沂沭河以东的鲁东南地区。西周早期的两次东征，海岱地区仅有鲁中南莱芜盆地内和鲁东南尚未纳入周人统治。西周中晚期持续对东国淮夷、淮夷族群的战争使得海岱地区基本归附周人。春秋时期的尊王攘夷、华夷之辨促使华夏族形成，并最终使得海岱地区最早实现华夏化。为了能清晰地展现海岱地区先秦时期各个阶段人文地理分布格局的演变过程，本书的海岱地

---

① 高广仁、邵望平：《中华文明发祥地之一——海岱历史文化区》，《史前研究》1984年第1期。

② 韩榕：《海岱文化刍议——关于考古学文化"区、系、类型问题"的研究》，《中国考古学论丛》，科学出版社，1993年，第72—82页。

③ 栾丰实：《海岱地区考古研究》，山东大学出版社，1997年，第1页。

区的空间范围确定为：海岱文化鼎盛时期的分布范围，这样文中出现的海岱文化区和海岱地区的空间范围基本是一致的。总之，本书的海岱地区、海岱文化区也可说是一个自然地理的概念，具体范围主要在今山东省境内，还包括豫东及皖苏两省的北部，其中西北以德州—聊城一线为界，西边和西南不过范县—长垣—兰考—杞县—太康—淮阳—项城—新蔡一线，南边大致以皖苏两省的太和—宿州—淮阴一线为界，东北暂不包括辽东半岛南部。

本书研究的时间范围暂定在先秦时期。文中的分期是根据中原地区考古学文化的分期作为标尺。

海岱地区大汶口文化的分期本书赞同栾丰实先生的分期，共分六期十一段[①]。即第一期：1、2段；第二期：3、4段；第三期：5、6段；第四期：7段；第五期：8、9段；第六期：10、11段。其中第二、三期之间和第四、五期之间变化最大，以此可以分为三大段即早、中、晚三个阶段。而大汶口文化绝对年代约在公元前4200—前2600年左右，前后大约一千五六百年。具体到各个阶段的绝对年代，早期阶段为公元前4200—前3500年之间；中期阶段为公元前3500—前3000年；晚期阶段为公元前3000—前2600年[②]。

海岱龙山文化的分期本书仍以栾丰实先生的分期为依据。共分六期十段，早晚两大期段。第一期：1、2段；第二期：3段；第三期：4、5段；第四期：6、7段；第五期：8、9段；第六期：10段。早期阶段包括一、二、三期，晚期阶段包括四、五、六期。绝对年代与之稍有不同，笔者认为约为公元前2500—前1800年。

从公元前三千纪末，海岱地区分布的主要是岳石文化，中原地区则是王湾三期文化晚期、新砦文化[③]、二里头文化和二里岗文化。根据近年的[14]C测年结果，中原地区从王湾三期文化晚期到二里岗最晚期的年代范围是公元前2100年到公元前1250年[④]。

---

① 栾丰实：《大汶口文化的分期和类型》，《海岱地区考古研究》，山东大学出版社，1997年，第69—113页。

② 栾丰实先生后又据新的中原地区测年数据，将龙山文化年代调整为公元前2400—前1800年。参见栾丰实：《试析海岱龙山文化东、西部遗址分布的区域差异》，《海岱考古》（第九辑），科学出版社，2016年，第402页。

③ 庞小霞、高江涛：《关于新砦期遗存的几个问题》，《华夏考古》2008年第1期；庞小霞：《试论新砦文化》，郑州大学硕士学位论文，2004年。

④ 张雪莲、仇士华、蔡莲珍，等：《新砦—二里头—二里冈文化考古年代序列的建立与完善》，《考古》2007年第8期；方燕明：《河南龙山文化和二里头文化碳十四测年的若干问题讨论》，《中原文物》2005年第2期。

此外，目前国内学术界一般将二里头文化看作文献中的夏代中晚期，并把二里头文化分成四期[①]。早期的夏文化则上溯至中原地区的龙山晚期遗存[②]。夏商周断代工程把夏文化的始年定为公元前2070年，结束定为公元前1600年，盘庚迁殷年推定为公元前1300年[③]。本书在论述中主要以考古学文化代表的时段指代这个时期，涉及文献，暂从此说。

商文化的分期较复杂，目前学界存在大致两种体系，其一将商文化分成早商期和晚商期[④]；其二是分成早商、中商、晚商三大期[⑤]。本书基本按照第二种分期意见即一般将商文化分成三大期段来论述。稍有不同的是，鉴于晚商时期材料丰富，又有甲骨文以佐证，所以对晚商时期则分成早晚两大期，即按照中国社会科学院考古研究所安阳发掘队对殷墟文化的四期分法[⑥]，其中的一、二期本书称为晚商早期，三、四期本书称为晚商晚期。

同时，海岱地区岳石文化和商文化的分期编年研究近年取得不少研究成果，现将本书以中原地区为参照所划分的几个阶段及和海岱地区分期对照简述如下：

公元前2000年前后，约相当于海岱龙山文化末、岳石文化之初。二里头文化二期至四期，约当海岱岳石文化的一、二期。早商时期，约当岳石文化的三期或晚至四期，约公元前1600—前1400年。其中早商三期[⑦]，约当商王大戊时期。中商时期分为一、二、三期，约当岳石文化的四期，约公元前1400—前1251年，约仲丁至小乙。晚商时期，约公元前1250—前1046年。晚商早期，约武丁至祖甲。晚商晚期，约廪辛至帝辛。

---

① 关于夏文化的探索具体到含义、分期、分布等问题学界研究甚多，可参看中国社会科学院考古研究所：《中国考古学·夏商卷》，中国社会科学出版社，2003年，第21—139页。

② 夏商周断代工程专家组：《夏商周断代工程1996—2000年阶段成果报告：简本》，世界图书出版公司北京公司，2000年。

③ 夏商周断代工程专家组：《夏商周断代工程1996—2000年阶段成果报告：简本》，世界图书出版公司北京公司，2000年，第86—88页。

④ 邹衡：《试论夏文化》，《夏商周考古学论文集》（2版），科学出版社，2001年，第89—170页。

⑤ 唐际根：《中商文化研究》，《考古学报》1999年第4期；中国社会科学院考古研究所：《中国考古学·夏商卷》，中国社会科学出版社，2003年。本书商文化总体分期基本按照《中国考古学·夏商卷》的分期体系。

⑥ 中国科学院考古研究所安阳发掘队：《1962年安阳大司空村发掘简报》，《考古》1964年第8期。

⑦ 海岱地区商文化尚未发现早于早商三期的遗存。

西周时期，则依据传统的早中晚三期说。近年有学者利用新的资料对海岱地区西周时期陶器编年有了一些新的认识[①]；也有学者将海岱地区西周时期分不同区域综合陶器和出土青铜器进行分期研究，得出海岱地区西周文化分期应分成早晚两期的新认识[②]。这些研究对于西周文化分期均有裨益，但是考虑多数研究成果是按照早中晚三期划分，因而方便比较研究尤其和其他地区比较研究，本书仍按三期说。

第二节　研究目的

海岱地区东、北两面环海，西、南两面和中原地区及淮河流域相接。相对独立而又不完全封闭的地理区位加上其他优良的地理环境使这里成为中国早期文明起源的"多元"之重要"一元"。海岱地区1928年就已开启考古工作的先河，几十年来田野考古工作及相关研究硕果累累。海岱地区先秦时期的考古学文化谱系基本建立，许多问题已经有了相当多的研究和整合。近20年来，伴随聚落考古、科技生业考古等新思路、新技术引进考古工作和研究中，区域社会的复杂化进程研究如火如荼地开展，海岱地区社会复杂化研究主要是关注这一地区从简单平等社会到复杂社会的发展历程。国内外的研究不外乎这些方面：聚落结构、埋葬形态、生业模式、贵重稀缺资源的控制和再分配、宗教礼仪、贫富分化与等级形成等，同时总体概括出该地区复杂化进程的动力、机制和模式等。

本项研究也关注长时段社会进程的研究，而且认为海岱地区的社会发展进程具有一个鲜明特点：这是一个极具文明起源意义却最终丧失其地位，长期保持独立发展却又最早失去自身特征的社会发展进程。而本书重点关注的是呈现这种进程的内在原因，旨在梳理每个发展阶段文化格局，并探讨出现这种格局的背景和原因。从商代开始，海岱地区的独立发展纳入中原华夏文明的发展轨道上，本书另一个重要研究目的就是从地理空间角度再现海岱地区纳入华夏一体文明的过程，探讨其逐步融入华夏王朝国家疆域的进程及这一地区在早期中原王朝国家地域政治结构中的地位和作用等。简单地说，即从地理空间视角看从夷夏东西到华夏一体的过程。考古学文化背后是古代的族群，在中国古代文献记载中"夷"主要是指东方地区的居民，因而也称为"东夷"，目前尽管东夷族群的形成时间学界还有一定分歧，但是基本认可海岱地区先秦

---

① 徐波：《山东地区西周陶器编年问题的再认识》，山东大学硕士学位论文，2009年。

② 曹斌：《鲁东南西周至春秋早期的文化谱系研究》，《北方民族考古》（第1辑），科学出版社，2014年，第75—97页；曹斌：《鲁北地区西周时期遗存的分期和年代》，《三代考古》（六），科学出版社，2015年，第317—364页；曹斌：《胶东半岛西周时期遗存的分期和年代》，《海岱考古》（第九辑），科学出版社，2017年，第426—453页。

时期的考古学文化的主要创造者乃东夷族群。鉴于此，本书的第三个研究目的就是研究东夷族群的形成、流动、分化及和周边族群的交流融合，特别是新石器时代和周边族群的交流及商周时期东夷族群是如何一步步融入华夏族，和戎、狄、蛮相比如何最早融入华夏而消弭不见的。

基于上述的三个研究目的，本书主要从区域文化互动的视角开展研究。而国内外近年来关于区域文化互动有一些理论、范式及研究实例，下面综述之。

第三节　区域互动的理论、范式及研究综述

一、国　　外

布鲁斯·G. 特里格在《考古学思想史》里曾经介绍了考古学范式从进化考古学向文化历史考古学、过程考古学和后过程考古学发展的一般性趋势[①]。19世纪末到20世纪的上半叶，文化历史考古学逐渐兴起并成为考古学研究的主流范式，考古学关注的问题不再仅仅满足于建立古代历史发展的阶段和分期，逐渐转向了解考古发现背后代表的民族群体，并致力于用考古材料建立地区民族历史的考古实践。在这种新的研究导向中，进化考古学重点关注的分期在考古学实践中也逐渐受到挑战，考古学文化的概念应运而生（后文将对考古学文化的概念、内涵详述）。关于区域互动的理论，这个时期"互动"（interaction）一词很少使用，学术界对于不同地区间文化的差异性和文化的交流主要采用的是传播论和迁徙论，即认为主要的发明、创新都集中于特定的地区，并由此向周边扩散。其中德国民族学家拉策尔、格拉布纳，英国人类学者格拉夫顿·艾利奥特·史密斯都是传播论的重要代表人物。而这个时期不得不说的是蒙特柳斯和柴尔德对考古学的贡献，前者是在考古类型学上有重要突破，后者则在考古类型学基础上，系统定义考古学文化的概念和内涵，并用时空镶嵌分布的考古学文化模式来阐释一个区域中史前文化的演变。但是二人对于文化中的变化仍归因于传播和变迁。柴尔德在《欧洲文明的曙光》中试图用考古学文化分辨那些无名的史前群体，并追溯他们的起源、迁移和相互交流[②]。柴尔德的研究成为这个时期关于地区交流研究的范例。而布鲁斯·特里格则就文化的发明、传播迁徙的理论进行了详细讨论[③]。

---

①　布鲁斯·G·特里格著，陈淳译：《考古学思想史》（第2版），中国人民大学出版社，2010年。

②　柴尔德著，陈淳、陈洪波译：《欧洲文明的曙光》，上海三联书店，2012年。

③　布鲁斯·特里格（Bruce G·Trigger）著，陈淳译：《论文化的起源、传播与迁移》，《文物季刊》1994年第1期。

　　20世纪60年代，在对文化历史考古学的研究内容、研究方法的批判中新考古学又称为过程考古学兴起。过程考古学把文化的动力视为学科核心，强调考古学的科学性和实证性，以问题为导向进行研究、强调严格的方法论设计。尤其提出了考古学的中程理论，其中宾福德是过程考古学的领军人物。关于区域交流和互动方面：过程考古学强调文化的独立起源，将文化看作是一个系统，系统各个组成部分相互关联和依赖以维持系统的正常运转；强调从社会内部动力来观察什么是驱动社会演变的根本原因，也就是从系统内部寻找社会变迁和区域差异化的原因。与此同时，过程考古学又认为一个地区的文化是适应外界环境的系统，文化的变化和改变和外界生态环境系统紧密关联，考古学家希望对文化生存环境、经济形态提出各种模式，探讨那些对文化发展影响与制约的因素。在这种背景和认识下，过去曾被关注的相邻地区的互动交流研究则一度陷入低谷。

　　20世纪70年代以来，过程考古学家逐渐出现分歧，理论更加多元化。考古学家日益关注他们忽视的问题，放弃认为社会或文化是一种紧密或牢固的结合单位、而这种单位能够被独立地加以研究的观点，从而再次关注文化变迁外来动力所起的作用。沃尔夫认为一些酋邦的关键特征是与更复杂社会接触后发展起来的，并声称人类学家，特别是受到新进化论影响的人类学家"看来忘记了人类是在彼此的互动中，而非孤立地创造了他们的文化"[1]。同时在两河流域、欧洲和美洲均有不少学者关注"互动"，互动（interaction）代替了传播（diffusion）并被学者重新关注。科林·伦福儒对史前欧洲和其他地方的"对等政体"的互动进行了讨论[2]。

　　与此同时，20世纪70年代末以来后过程考古学、认知考古学及马克思主义考古学等新的考古学理论研究范式出现，尤其前两种考古学都重视人类思想和文化象征性的重要作用，其中伊恩·霍德是后过程考古学的代表；而科林·伦福儒曾经是过程考古学的拥趸者，后来又提出认知—过程考古学。关于区域互动的研究，认知考古学重视美国考古学家约瑟夫·考德威尔提出的交互作用圈理论和沃勒斯坦的"世界系统"学说，具体指出对等政体之间的互动有很多形式，能在考古学上予以识别的有：交换、贸易、竞争、竞争性效仿、战争、发明的传播、象征共同体、贵重物品仪式交换、日用品流动、语言和族属[3]。特别需要指出的是，张光直先生在1986年出版的《古代中国

　　① 布鲁斯·G·特里格著，陈淳译：《考古学思想史》（第2版），中国人民大学出版社，2010年，第330—332页。

　　② Renfrew C, Shennan S. Ranking, Resourse and Exchange: Aspects of Archaeology of Early European Society. Cambridge: Cambridge University Press, 1982; Renfrew C, Cherry J F. Peer Polity Interaction and Socio-political Change. Cambridge & New York: Cambridge University Press, 1986.

　　③ 科林·伦福儒、保罗·巴恩著，陈淳译：《考古学：理论、方法与实践》（第六版），上海古籍出版社，2015年，第329—362页。

考古学》英文版中已经利用"交互作用圈"的理论来探讨中国新石器时代各区域文化的互动，并提出了"中国相互作用圈"[①]。

值得注意的是，尽管考古学范式从文化历史考古学到过程考古学再到后过程考古学发展有这种一般性趋势，但是并不是说他们是前后相继，单线发展的。相反，这些理论始终共存，即使在考古学理论发达的美国，文化历史考古学的阐释和方法也从未退出历史舞台。而理论的趋同也是近些年出现的一种现象[②]。

二、国　　内

1921年殷墟发掘以来，国人尽管将西方科学的考古学引入中国，但是长期以来中国考古学对于理论是漠视的[③]。考古工作和考古发现很多，但是理论层面的探讨较少。直到20世纪80年代中期后，随着改革开放和对外交往的日益增多，国外的考古学理论才更多地进入中国。也是从这个时期，国内更多学者开始关注并从中国丰富的考古材料出发尝试阐述考古学的理论、方法。尤其是和本书研究相关的传播、考古学文化交流方面确有不少讨论。

陈星灿先生的《文化变迁的历史考察》一文是较早关于文化变迁的发明和传播理论的探讨[④]。这里的文化变迁其实就是空间上的文化差异，时间上的文化变化。在梳理了历史上各学派对文化变迁的阐释后，他指出传播的途径有迁徙、贸易、战争、通婚几种，传播的程度具有等次性，强势文化传播至弱势文化会同化后者，同样两者势力相当则会融合；传播包括实体传播和观念传播，文化内部之间和文化之间传播；文化的变迁在考古学上主要表现为文化的断层、同化、融合、"插花"与"飞地"四种。严文明先生对花厅墓地的研究堪称文化交流的经典案例，该文同时总结一个遗址中存在着不同文化来源的因素有四种情形：一，对别文化的仿制，带有自身文化痕迹；

---

①　Chang K C. The Archaeology of Ancient China, 4th Edition. New Haven: Yale University Press, 1987.

②　参见布鲁斯·G·特里格著，陈淳译：《考古学思想史》（第2版），中国人民大学出版社，2010年，第374—382页。

③　张光直和陈淳均讨论过中国考古学的这个特征。参见布鲁斯·炊格尔著，蒋祖棣、刘英译，王宁校：《时间与传统》，生活·读书·新知三联书店，1991年，该书序言中张光直讨论过这个问题；陈淳：《考古学理论：回顾与期望》，《中国考古学年鉴·2016》，中国社会科学出版社，2017年，第3—25页。

④　陈星灿：《文化变迁的历史考察》，《东南文化》1989年第1期。

二，多个文化交界处的遗址；三，贸易或相互馈赠；四，掠夺性战争和强迫纳贡①。这是基于材料的理论总结。

十几年后魏峻先生对于传播和变迁又进行了讨论，他介绍了国外19世纪以来文化演变和文化传播的研究，指出贸易、迁徙和文化扩散是文化传播的三种方式并结合国内考古材料从理论方法上对传播论进行阐述与辨析，同时对文化变迁的动力提出了自己的认识②。随后，焦天龙先生指出欧美考古学界自20世纪90年代出现了对人群移动的再讨论，这已经成为欧美考古学理论的新动向之一。他将这些新的理论研究介绍到国内，并认为中国考古学者应该在丰富的考古材料的基础上更多地参与到考古学理论的探讨。对于人群移动理论他认为应该慎重研究现有材料的有效性，并积极设计新的研究方法，在理论层面上提出了几点考虑：一个移民遗址或文化在遗物类型、聚落形态和埋葬习俗上应该是与该地区同时代遗址或文化有较大的差异；一个移民遗址或文化与该地区前一个时期的文化应该没有任何渊源关系；应该能够在其他地区找到该移民文化的母文化，母文化和分支文化在总体上有明显的渊源关系；移民文化的年代晚于母文化年代；移民文化若在较大范围内取代原来的文化，那么其在生产方式、军事技术、社会结构及意识形态方面的优势一定在考古学材料中有所反映③。

区域传播和交流的理论探讨，国内学者更多是在考古学文化的框架内进行的。"文化因素文化分析法"是研究区域交流和考古学文化之间关系和联系常用到的方法。这一方法最早是俞伟超、李伯谦先生提出并上升至理论角度进行讨论的④。何驽先

①　严文明：《碰撞与征服——花厅墓地埋葬情况的思考》，《史前考古论集》，科学出版社，1998年，第262—266页。

②　魏峻：《文化传播与文化变迁》，《华夏考古》2003年第2期。

③　焦天龙：《人群移动与考古学文化的变迁》，《中国文物报》2005年2月25日；焦天龙：《人口迁徙与长江下游新石器时代晚期文化的变迁——从"广富林遗存"的发现谈起》，《中国文物报》2005年8月19日。

④　20世纪70年代末80年代初，俞伟超带领学生调查和研究楚文化时用到了文化因素分析法，并在1981年楚文化研究会第一次会议上，在讨论楚文化内涵时具体提到了文化因素分析的方法（参见俞伟超：《关于当前楚文化的考古学研究问题》，《湖南考古辑刊》（第一集），岳麓书社，1982年，第39—46页），后来在1985年楚文化研究第三次会议上明确提出"文化因素分析法"的概念（参见俞伟超：《楚文化的研究与文化因素的分析》，《楚文化研究论集》（第一集），荆楚书社，1987年，第1—15页）。李伯谦先生在1977年研究吴城文化时已经运用了文化因素分析方法（参见李伯谦：《试论吴城文化》，《文物集刊》（3），文物出版社，1981年，第133—143页），之后1985年在晋文化座谈会上提出在不断完善地层学和类型学方法的同时，自觉地将文化因素分析法运用于考古文化内涵的研究（参见李伯谦：《文化因素分析与晋文化研究——1985年在晋文化研究座谈会上的发言》，《中国青铜文化结构体系研究》，科学出版社，1998年，第294—296页）；1988年李伯谦对文化因素分析法做了理论论述（参见李伯谦：《论文化因素分析方法》，《中国文物报》1988年11月4日）。

生将传播和考古学文化因素结合起来，对具体的考古学文化因素的传播模式进行了讨论。他总结了考古学文化因素传播实现必须具备的三个条件：年代相近；愿意接受或无力抵御外来强势文化；地理交通的可行性。此外他对传播的不同模式进行了案例分析，还定义了封闭型和开放型两种社会及其对文化传播的不同反应①。

高蒙河先生提出了考古学文化的"漩涡地带"的概念，并就漩涡地带的结构特点、文化特征、文化性质及漩涡地带如何进行考古学文化的分类、分群的区系研究做了探讨②。宋豫秦在之后提出的"文化交汇区"和这里的漩涡地带类似，都是指的这种位于文化相邻地区，文化与文化之间进行广泛的碰撞与分化、渗透与融合的区域③。

张立东和田明利两位先生在2000年前后分别对考古学文化传播的理论做了探讨。张立东先生借用西方现代传播学的理论，对考古学上传播的几种形式和判断考古学上传播存在的几种因素做了探讨和分析④。田明利先生则将文化传播分为六种方式：借鉴、贸易、通婚、贡赐、战争、零星迁徙，并根据传播的深度和广度划分了三个等级，初级——借用，中级——融合，高级——创新⑤。文章重点讨论了文化迁徙的差异性和复杂性，难能可贵的是用考古学文化呈现的错综复杂、广泛多样的变迁的具体实例来表述这种差异和复杂，为今后同类考古学文化现象的阐释提供了思路。

卜工先生认为泛泛地指出某一考古学文化中有其他地区文化因素，依当今考古学发展水准审视属于描述，而称不上研究⑥。他主张关于考古学文化传播路径与内容的探讨只能选择具有特殊性的例证，在宏观的文化背景和复杂的文化态势中加以揭示。文章选取大石铲、牙璋、彩陶为特定物品，通过他们的传播路线的勾勒，强调这些物品背后代表的礼制的强力穿透性。礼制能够穿透不同考古学文化的障碍，通过相邻考古学文化的传递及自身改造，凭借适当的路径，能够辐射到比人们所预料的更遥远的地方。这种选取代表性特殊物品探讨传播方式、机制、路线的研究目前仍值得借鉴。

李伯谦先生《关于考古学文化互动关系研究》一文，是关于考古学文化互动关系研究较为全面的理论总结⑦。他认为考古学研究应树立一个基本观念：考古学文化本质上是运动的。开展考古学文化互动关系研究实际上就是通过考古发现的遗迹、遗物乃至遗迹现象探讨当时人们共同体之间的互动关系。在对考古学文化互动关系的主要研究成果总结基础上，结合考古学实践，他提出了十点认识。首先，指出考古学文化之

---

① 何驽：《考古学文化因素分析法与文化因素传播模式论》，《考古与文物》1990年第6期。

② 高蒙河：《试论"漩涡地带"的考古学文化研究》，《东南文化》1989年第1期。

③ 宋豫秦：《夷夏商三种考古学文化交汇地域浅谈》，《中原文物》1992年第1期。

④ 张立东：《考古学文化传播刍议》，《中原文物》1998年第3期。

⑤ 田明利：《考古学文化的传播与迁徙》，《中原文物》2001年第3期。

⑥ 卜工：《考古学文化传播的路径与内容》，《中国文物报》2004年9月10日。

⑦ 李伯谦：《关于考古学文化互动关系研究》，《南方文物》2008年第1期。

间是互动的，互动有快慢、强弱和主动、被动之别。其次，从强势、弱势和势均力敌不同角度分析考古学文化之间不同的互动，这里的势均力敌的各文化间存在类似前文提到的"平等整体"的互动。再次，指出考古学文化互动的一种重要方式就是传播，并重点对传播的形式如直接传播、中介传播做了分析；就传播的内容做了探讨，尤其重点探讨了技术层次、精神文化领域的传播；而针对传播在社会人群的上下层之间的不同也进行了分析。最后，对于研究考古学文化互动关系的步骤提出四点建议：分期和年代必须确定，动态地观察考古学文化互动关系，互动关系的对象都要作文化因素分析，注意社会结构的分析。

三、经典案例研究综述

综合国内外理论的讨论，拟从人群迁移、交换和贸易两个方面对一些经典研究予以综述。

（一）人群迁移

焦天龙先生将西方人群迁徙理论介绍到国内并对这一理论进行了思考补充，同时利用人群迁徙理论对广富林文化进行了研究，探讨人口迁徙与长江下游新石器时代晚期文化变迁的关系。他认为"广富林遗存"在环太湖地区的出现，不仅仅是单纯的文化渗透，而是较大规模的人口从北方侵入的结果，即在良渚文化的末期，长江三角洲一带曾有大规模的人口从北方侵入，这些新人群所带来的新文化取代了良渚文化，造成了新石器时代晚期长江三角洲社会和文化的重大震荡和变迁[①]。其实持此观点的学者很多，宋建、张敏先生都曾指出广富林文化是一种外来文化，是豫东的王油坊类型的人群南下形成的[②]。张敏先生具体指出南下过程中在里下河形成周邶墩和南荡遗存。随着研究的深入，王油坊类型龙山文化南下的路线、中间形成的遗存及广富林这支子文化和母文化王油坊类型龙山文化的区别、联系等细节逐渐厘清[③]。可以说广富林文化来

① 焦天龙：《人口迁徙与长江下游新石器时代晚期文化的变迁——从"广富林遗存"的发现谈起》，《中国文物报》2005年8月19日。

② 上海博物馆考古研究部：《上海松江区广富林遗址1999～2000年发掘简报》，《考古》2002年第10期；宋建：《王油坊类型与广富林遗存》，《华夏文明的形成与发展》，大象出版社，2003年，第183—190页；张敏：《南荡遗存的发现及其意义》，《华夏文明的形成与发展》，大象出版社，2003年，第172—182页；陈杰：《广富林文化初论》，《南方文物》2006年第4期。

③ 徐峰：《王油坊类型龙山文化南徙路线重建——兼论江淮地区的"廊道"性》，《中原文物》2012年第2期；王程：《试论广富林文化侧装三角鼎足的来源》，《上海文博论丛》2013年第2期。

源形成研究是人群迁徙的经典研究之一。

此外关于大汶口文化晚期尉迟寺类型的出现和河南很多地区出现大汶口文化典型文化因素的现象，不少学者指出这主要是大汶口人群持续西迁造成的。这也是考古学上人群迁徙研究的经典案例。详细参见本书第三章。

值得注意的是，上述两个经典案例中论证人群迁徙的方法主要仍是依据考古学文化因素的特征分析，一种考古学文化成组的典型特征在另一空间批量出现了，且和当地传统的文化没有渊源关系，而和来源地的母文化有明显的渊源关系，基本判定背后存在人群的迁徙。大汶口文化人群迁徙主要依据一组大汶口文化的典型陶器组合和陶器特征、大汶口的特殊葬俗及拔牙等文化特征来判定。而广富林文化人群迁徙证据中没有葬俗及其他特殊文化特征，仅仅依据陶器或石器反映的文化面貌来判断，这样尽管对文化因素的分析大体相同，但是量的分析无法把握，进而导致同样的材料同样运用文化因素分析法，得出截然不同的结论[①]。这也是文化因素分析法的缺陷。近年也有学者在分析生业模式转变的原因时考虑到了背后的人群迁徙和文化交流，很显然这是一种很好的研究视角，但是就生业模式的转变和人群的迁徙二者之间存在怎样的变化关系，如何在考古学上通过生业模式转变推导出人群的迁徙和文化的交流还有待学者进一步深入思考。关于人群移动在历史时期考古学的研究，近年牛津大学考古学院的安可以中国西南地区与北方草原文化的关系为例反思了中外学者对文化传播和人群移动研究的得失。她指出现在大部分学者似乎达成一致的意见是，没有一个文明是在孤立状态下出现的。一方面我们应该注意当地的延续性和发明创造，另一方面则应关注外来的交流影响以及当地创造性的适应。同时，她重点指出前人研究的一些不足：含糊地用传播作为相似性的概括性解释；普遍具有模糊性的术语系统，如"观念""特征""相似性""文化""交流"等词汇；对传播、移民机制研究较少；忽视本地特殊性；过于关注单个器物或特征；忽视具体情境，跨越巨大考古发现的缺环；倾向于宏大叙事，忽略各种交流中本地发展进程和先决条件。据此，她提出了一些建议：建立可靠的年代学框架；使用准确定义的术语；提倡把地区性和超地区的发展进程、理论问题和经验性研究结合在一起的多维度研究方法[②]。

---

①　曹峻和陈杰就对广富林文化来源和性质得出不同的结论。参见曹峻：《广富林文化的本土与外来因素》，《东方考古》（第12集），科学出版社，2015年，第28—40页。

②　安可著，陈心舟译：《文化传播、人群移动和文化影响：以西南地区与北方草原文化关系的研究为例》，《南方民族考古》（第十一辑），科学出版社，2015年，第67—90页。

（二）交换和贸易

交换和贸易研究自20世纪60年代日益成为欧美考古界关注的重要领域。科林·伦福儒认为："交换是考古学的一个中心概念。说到货品、日用品时，它略等同于贸易。但是交换的含义更广，被社会科学家用来描述人与人之间的所有接触，因此所有的社会行为皆可视为物品的交换，既包括物质上的，也包括非物质上的。从这个广泛的意义上，交换包含信息的交流。"[1]基于交换如此广的含义，其实对于交换的方方面面的研究也就是在研究互动和交流。目前在交换贸易研究中，西方学界注意把交换和贸易的整个流程中的每个环节进行研究，包括贸易物品来源、原产地生产方式、交换过程和方式、消费等，并重视交换在整个文化系统中的作用[2]。

如果能分辨研究的材料如陶器、石器、玉器等的产地，当某地点发现的人工制品能被确定源自另一地点，那么两地之间就存在交往。而且还可以一定程度上复原两地的交通路线。这种研究有一定的前提条件，首先原料产地不是很多，比如一般的陶器就不易做产地分析。其次，可以通过一些科技手段从人工制品中辨识出其原料的具体产地。再次，是古人较为珍视的物品，在不少遗址中发现。这类研究中一个经典案例就是科林·伦福儒关于近东新石器早期黑曜石的研究[3]。研究中主要采用递减分析、中子活化产地分析。这里递减分析是一种基于贸易品的数量随距离的增加而减少的基础上，绘制的关于数量和产地的一条递减曲线。可喜的是近年国内类似的研究逐渐增多，只是具体方法上有一些变化。产地分析除了中子活化，如白陶、绿松石的产地分析已经运用多种新的手段。以绿松石为例，目前学者深入研究指出二里头遗址绿松石制品的矿源地集中在湖北十堰、竹山[4]或商洛地区的洛南[5]。在产地明晰的基础上，笔者曾利用考古发现的二里头时期遗址的分布情况和之后历史文献的线索具体考察了二

---

① 科林·伦福儒、保罗·巴恩著，陈淳译：《考古学：理论、方法与实践》（第六版），上海古籍出版社，2015年，第329页。

② 科林·伦福儒、保罗·巴恩著，陈淳译：《考古学：理论、方法与实践》（第六版），上海古籍出版社，2015年，第329—362页。

③ 科林·伦福儒、保罗·巴恩著，陈淳译：《考古学：理论、方法与实践》（第六版），上海古籍出版社，2015年，第348—349页。

④ 叶晓红、任佳、许宏，等：《二里头遗址出土绿松石器物的来源初探》，《第四纪研究》2014年第1期；任佳、叶晓红、王妍，等：《二里头遗址绿松石的红外光谱产地识别》，《光谱学与光谱分析》2015年第10期。

⑤ 北京科技大学冶金与材料史研究所、陕西省考古研究院：《陕西洛南河口绿松石矿遗址调查报告》，《考古与文物》2016年第3期；先怡衡、樊静怡、李欣桐，等：《陕西洛南绿松石的锶同位素特征及其产地意义——兼论二里头出土绿松石的产源》，《西北地质》2018年第2期。

里头时期商洛地区到二里头文化的核心洛阳盆地的道路网络[①]。最近陆青玉主要利用岩相学和化学成分分析对龙山时期丁公及其周边遗址出土白陶的研究，基本也是这种研究思路。文章得出白陶作为奢侈品，从原料来看，鲁北地区龙山文化时期同一区域或同一遗址的产品生产并未出现垄断，权贵阶层对于白陶的生产控制并不严格。根据陶器中矿物构成，结合遗址规模、遗址周边地质环境和同时期遗址的白陶成分构成分析，可知在龙山文化时期，桐林向西经前埠、史家到丁公遗址一线，存在着部分白陶的流通现象[②]。这也进一步验证了史前鲁北山前平原地带东西向交流通道的存在。

涉及消费的研究国内开展得不多，国外的研究参看科林·伦福儒的介绍[③]。而关于交换系统，笔者的理解这里其实是指交换网络，是交换这种行为和背后的人群、社会构成的一个保证交换存在的复杂系统。这个网络就宏观来看其实也正是前文美国考古学家约瑟夫·考德威尔提出的交互作用圈，张光直先生引入这一概念后利用中国丰富的材料提出了"中国相互作用圈"。他将公元前4000年的中国新石器文化分为九个文化系统，并指出："到了约公元前4000年，我们就看见了一个会持续一千多年的有力的程序的开始，那就是这些文化彼此密切联系起来，而且它们有了共同的考古上的成分，这些成分把它们带入了一个大的文化网，网内的文化相似性在质量上说比网外的为大。到了这个时候我们便了解了为什么这些文化要在一起来叙述：不但它们的位置是在今天的中国的境界之内，而且是因为它们便是最初的中国。"[④]他接着指出："这个在公元前4000年前开始形成，范围北自辽河流域，南到台湾和珠江三角洲，东自海岸，西至甘肃、青海、四川的"相互作用圈"，我们应该如何指称？我们也可以选择一个完全中立的名称而称之为X，可是我们也不妨便迳称之为中国相互作用圈或中国以前相互作用圈——因为这个史前的圈子形成了历史期间的中国的地理核心，而且在这圈内所有的区域文化都在秦汉帝国统一的中国历史文明的形成之上扮演了一定的角色。"[⑤]

---

① 参见：庞小霞、王丽玲：《齐家文化与二里头文化交流探析》，《中原文物》2019年第4期；庞小霞、高江涛：《试论二里头文化时期洛阳盆地和江汉平原的交流通道》，《南方文物》2020年第2期。

② 陆青玉、王芬、栾丰实，等：《丁公及周边遗址龙山文化白陶的岩相和化学成分分析》，《考古》2019年第10期。

③ 科林·伦福儒、保罗·巴恩著，陈淳译：《考古学：理论、方法与实践》（第六版），上海古籍出版社，2015年，第354—356页。

④ 张光直：《中国相互作用圈与文明的形成》，《庆祝苏秉琦考古五十五年论文集》，文物出版社，1989年，第2页。

⑤ 张光直：《中国相互作用圈与文明的形成》，《庆祝苏秉琦考古五十五年论文集》，文物出版社，1989年，第6页。

关于"中国相互作用圈"模式的提出在中国考古学上的意义，李新伟先生认为，提出"中国相互作用圈"模式既不设置中心，摆脱了"大一统"思想的束缚，又以考古资料可以清晰描述的区域间互动作为将各地区维系成"最初的中国"的纽带，为以考古学为基础重建中国的史前基础，解答关于"最初的中国"的一系列重要问题提供了基本学术框架[①]；为运用考古学方法明确辨认和论证史前"中国"，进而探讨中国文明起源提供了重要的方法论[②]。就本书的研究内容来看，正是基于这种宏观的区域交流互动的理论认识，才能给予区域互动以充分的关注，并研究互动对文明发展的重要意义。也正是在此认识基础上，李新伟具体借鉴西方学界关于"领导策略""社会上层交流网"等具体案例的研究，结合中国丰富的考古学资料，逐步形成了其关于"中国史前社会上层远距离交流网"的诸多见解。这是目前关于交换网络中国最经典的研究案例，值得借鉴和思考。李新伟2004年文章的重要性在于，辨识出公元前3500年前后各地出现的相似相近特征的一些贵重物品，论证了自公元前3500年前后中国上层远距离交流网形成[③]。他2015年的文章最重要的启发在于，针对具体的交流物品所反映的背后交流的知识、观念、技术等给予了解释，并针对交流方式和特征做了概括，指出红山文化和凌家滩文化之间存在人员互访的直接交流方式，而大汶口文化在其间是中介；特征方面体现为：各取所需，独立发展；没有中心，自愿平等[④]。互动关系中交流的思想、观念、技术这一点是国内外学者尤其后过程考古学着力强调的。但是之前国内很少有研究能深入到这个层次。这种深入研究为本研究提供了很好的思路和范本。

最后需要特别指出的是，近年来有几位学者分别就先秦时期海岱和中原、龙山时代海岱和南邻区域及龙山时期海岱地区和周边区域的互动交流为专题进行研究[⑤]。其中靳松安先生的博士论文已经作为专著出版，王清刚和赵江运的研究均还属于博士学位论文。他们的研究目的、内容和本书不同，但是研究方法、理论也给本书以很大借鉴和参考。

---

① 李新伟：《中国相互作用圈和"最初的中国"》，《光明日报》2014年2月19日。

② 李新伟：《重建中国的史前基础》，《早期中国研究》（第1辑），文物出版社，2013年，第11页。

③ 李新伟：《中国史前玉器反映的宇宙观——兼论中国东部史前复杂社会的上层交流网》，《东南文化》2004年第3期。

④ 李新伟：《中国史前上层远距离交流网的形成》，《文物》2015年第4期。

⑤ 靳松安：《河洛与海岱地区考古学文化的交流与融合》，科学出版社，2006年；王清刚：《龙山时代海岱地区与南邻文化区互动关系研究》，山东大学博士学位论文，2018年；赵江运：《海岱龙山文化的扩散与传布研究——以文化因素分析为中心》，山东大学博士学位论文，2021年。

第四节　两个基本概念与研究方法

一、考古学文化

考古学文化这个概念是英国著名考古学家戈登·柴尔德在1925年提出来的，经历了近100年的发展。西方学界对这个概念的内涵及涉及的考古学的研究对象都有很多反思和扬弃[①]。中国学者对于考古学文化和族群的关系一直有所讨论，对于考古学文化的概念、内涵及相关问题也有根据中国考古实践的一些总结性思考[②]。参考中外学者的研究，笔者认为考古学文化的内涵至少有4层含义：（1）考古学文化具有物质遗存特性，即考古学文化包含特定时空范围内有固定特征的一类实物遗存。（2）考古学文化还包括那些隐含在实物遗存中的精神领域、思想认知等方面的内容。（3）考古学文化不同于考古发现中揭露的遗迹遗物，它不是一个客观实物，是为了研究的方便而建构的一个概念。（4）考古学文化不代表社会组织，不能和族群、酋邦、国家等画等号。基于这几层含义，笔者认为，考古学文化没必要用"风格"代替，曾经考古学文化在谱系研究中发挥了重要作用，这种基础研究并非毫无用处，这是进一步开展社会、组织、功能、系统等研究的基石。我们可以把考古学文化更多地看作是考古学研究的基本单位，以往的研究，重视考古学文化之间的关系和看重考古学文化的性质，由此中国考古发明了考古学文化因素分析法，并几乎运用到了极致。但同时我们对于考古学文化内部的关系，各个类型的研究则长期忽视。以本书研究的海岱地区大汶口文化为例，大汶口文化内部的多个类型之间的关系，纵的类型的演变，横的同期类型之间的关系均亟待进一步深入研究，并在研究方法上进行突破。同时考古学文化和聚落考古如何在考古研究中衔接、整合也是面临的问题。所以考古学文化本身及相关的研究都亟待拓展和深入，笔者认为今后结合新的研究范式，这个基本概念仍可以在透物见人的考古学阐释领域发挥作用，尤其在史前考古领域，区域互动研究的基本单位仍主要是考古学文化。

---

① 焦天龙：《西方考古学文化概念的演变》，《南方文物》2008年第3期。

② 王巍：《考古学文化及其相关问题探讨》，《考古》2014年第12期；徐良高：《文化理论视野下的考古学文化及其阐释》，《南方文物》2019年第1、2期。

二、族　　群

族群的定义很复杂，学术界的定义也有很多种。笔者认为族群本质上是成员对自己身份归属的一种主观认同。巴斯强调族群的边界在族群研究中的重要性，这个族群的边界可能有相应的地理边界，但是更重要的是社会边界[①]。承认族群的边界，也就可以进一步探讨族群的认同、认同的变迁等。希安·琼斯关于族群的概念主要是强调自我感知和认识，她认为族群就是："任何根据感知的文化差异和/或共同渊源的认识，将自己与其他相互来往和共存群体分开的一批人群。"[②]王明珂结合中国材料将历史记忆引进族群认同研究中，非常有意义。从历史记忆的角度看，他认为："古代文献记载与文物遗存可当作是人群记忆的遗存，它们是在某种个人或社会的主观'意图'下被创作以及被保存的。在这种研究中主要探索的并非过去的事实（但并非否定研究史实的重要性），而是古人为何以文献与文物保存某种组织、保存某种记忆，也就是探索古人的'意图'及其社会背景。"[③]本书关于东夷在文献、金文中分时段的分析和对出现不同记载的背景的解释，就是从历史记忆的视角进行研究的尝试。

本书涉及的族群主要是指先秦时期生活于海岱及周边的一些人群，王明珂先生关于族群的一些认识对于理解本书所谈到的族群具有重要参考意义。如"一个族群的形成，是在特定的社会经济情景中，一些人以共同族源来凝聚彼此，遗忘与现实人群无关的过去（结构性失忆），并强调共同的起源记忆与特定族称以排除异己，建立并保持族群边界。"[④]而族群边界的形成和维持，"是人们在特定的资源竞争关系中，为了维护共同资源而产生。"[⑤]他还强调"由于族群的本质由'共同的祖源记忆'来界定及维系，因此在族群关系中，两个互动密切的族群经常互相'关怀'甚至干涉对方的族源记忆。失去对自身族源的诠释权，或是接受强势族群给予的族源记忆，经常发生在许多弱势族群之中。"[⑥]

[①]　弗雷德里克·巴斯主编，李丽琴译，马成俊校：《族群与边界：文化差异下的社会组织》，商务印书馆，2014年，第7—8、15—16页。

[②]　希安·琼斯著，陈淳、沈辛成译：《族属的考古：构建古今的身份》，上海古籍出版社，2017年。

[③]　王明珂：《华夏边缘：历史记忆与族群认同》，社会科学文献出版社，2006年，第33页。

[④]　王明珂：《华夏边缘：历史记忆与族群认同》，社会科学文献出版社，2006年，第55页。

[⑤]　王明珂：《华夏边缘：历史记忆与族群认同》，社会科学文献出版社，2006年，第4页。

[⑥]　王明珂：《华夏边缘：历史记忆与族群认同》，社会科学文献出版社，2006年，第4页。

三、研究方法

地理学、考古学的基本研究方法都是本书常用到的研究方法，将两门学科的研究方法结合起来则是本书特色。先秦时期海岱地区的地理景观包括古地貌、古河流、海岸线、古环境等，现今学者对这些古代地理景观的复原是全文研究的基础，这些都是历史地理最基本研究的内容。在对考古遗址的分析中不仅仅是年代和文化内涵，本书经常综合遗址的地理位置、自然地理、人文地理的特点来综合定性一个遗址。至于各个时期人文地理分布格局的分析更是从人文地理视角对考古材料的再研究。关于考古学文化背后的人群问题，史前时期主要利用的是文化互动理论，历史时期则是主要运用族群地理的分析方法，借鉴族群边界理论来揭示东夷族群的内部整合、分化并最终融入华夏的地理进程。总之，本书主要是将考古学与历史地理学相结合进行跨学科的多角度、多层次研究。本研究更多关注的是文化空间关系，重要资源（如铜、锡金属和盐等）配置、人文地理机制、社会空间结构等问题。

本项研究主要使用的是考古学、古文字、传统文献三方面的资料。目前在考古学、历史学等不少学科领域的研究中非常提倡三个方面相结合的研究方法。也有说是"二重证据法"或"三重证据法"。特别要说明的是，一定要谨慎理解这种"二重证据法"或"三重证据法"，尽管笔者对陈淳先生关于夏文化的认识并不都赞成，但是他最近有关"二重证据法"的认识正是笔者想表达的意思，特引述之："文字资料与考古材料的历史重建应该是各自领域所获信息和证据的互补，而非两门学科之间对考古材料或文字记载之间的简单互证与穿凿附会。"①"历史学适合自上而下的重建，可以将文献看作是一种社会层累记忆的政治史。而地下的考古之材适合自下而上的重建，将其看作是古人行为和日常生活的物质遗存。虽然物质文化无法像文字那样不证自明，但是它们能够通过学科交叉和科技整合手段来提炼各种信息，重建社会结构、生计活动、经济贸易、手工艺技术、人口数量和变迁、社群规模与结构、食谱、营养与病理、生态环境、种群分布与迁徙、意识形态等方面的发展过程。"②

关于文献和考古结合的方法论问题最直接反映在夏文化的探索上。夏文化探索近年又呈现一个小的高潮。如果选择代表人物，一方是许宏先生，另一方是孙庆伟先生，目前双方分歧较大。其实这个问题本质上还是如何认识传说时代或口述历史时期的史事和史实的问题。史实是放在那里的真实，需要多角度、多层次发掘和理解，重

---

① 陈淳：《从考古学理论方法进展谈古史重建》，《历史研究》2018年第6期。
② 陈淳：《科学方法、文明探源与夏代信史之争》，《广西师范大学学报（哲学社会科学版）》2020年第3期。

现和完全复原几乎不可能。史事记载有传世文献也有出土文献，只是一种我们认识那个时代史实的手段和工具，本身这个史事载述有个人角度有国家层面，层累的历史或曰历史记忆都存在。因为存在这种现象就认为所有史事的记载都是子虚乌有或有一条能验证真实就都不容置疑，都是走极端。甲骨文是成熟的文字系统，但是目前发现的甲骨卜辞只是甲骨文记载的涉及社会少数领域的信息。如果承认商代有成熟的史官体系，在商之前呢？相关的知识有传承，那么具体史事、史实都可探讨，对考古学材料的理解更是可以讨论。陈淳先生指出的很多简单使用二重证据法的确有问题，传说时代包括夏这段历史，权且存疑也是可以的。但是如今在一些考古学家中出现了新的趋势，就是将传说时代的文献记载认为是神话，根本无意义而漠视之，或者片面理解罗泰所言"考古学必须从文献史学的束缚中解放出来。只有在不受文献史学外在干扰的情况下，考古学才能提供一种认识论上的独立认识。解放了的考古学将会大幅度拓宽历史学的研究范围。"①而过分强调考古学独立性，实际上在中国传说时代，考古学虽不必要证经补史，二者也仍可以有结合研究的地方。从考古材料获得的大量信息可以补充文献历史，并为文献研究提供一种全新的视野。而文献学也要改变视角，从史料中寻找各种问题，探究文字记载产生的背景和蕴含的社会意义②。

尤其值得一提的是，近年李旻先生在应用史料以及如何看待三代考古与先秦史料的关系上给今后的研究提供了一个很好的典范。李旻先生从历史地理、气候环境、聚落形态、显赫物品、宗教礼仪等宏观背景出发，审视了中原地区从龙山时期至三代的政治格局变迁，认为周人叙述的夏代史迹可能拼合了公元前三千纪晚期到前二千纪前半期不同地点的几段政治历史，积累和层叠书写了不同时代的社会记忆。在他看来，夏即使并非史实，对于这个时代的传说也可能反映了先秦时期对社会秩序和共同价值观的核心表述③。

最后，考古学文化的研究在国内目前还多局限于框架体系构建和区系类型等基础研究。在现代考古学整个学科呈现一种和其他学科交叉综合研究的大趋势下，考古学文化的研究并不是在建立起基本谱系后就退出历史舞台了，它同样需要我们拓展研究角度，开展综合研究，尤其是史前时期，考古学文化目前还是研究的基本单位。今后将考古学文化和文化背后的人、社会如何联系起来，作为一个系统研究，整个系统演变的过程、背景等都有待深入。而本书仅是从区域互动视角对考古学文化进行跨学科研究的尝试。

---

① 罗泰著，吴长青、张莉、彭鹏，等译：《宗子维城：从考古材料的角度看公元前1000至前250年的中国社会》，上海古籍出版社，2017年，第12—13页。

② 陈淳：《从考古学理论方法进展谈古史重建》，《历史研究》2018年第6期。

③ 李旻：《重返夏墟：社会记忆与经典的发生》，《考古学报》2017年第3期。

第二章　海岱地区先秦时期自然地理概况与地理单元分区

海岱地区是一个相对独立的人文地理区域。其形成、发展、演变直至最终融入整个华夏文化圈显然与其自然地理环境有着一定的联系。而海岱地区自新石器时代以来，区域内海岸变迁、河流改道、湖泊潴淤等使得地貌发生了巨大变化。本章主要利用历史自然地理、第四纪古环境、考古学等多学科的研究成果谈谈海岱区先秦时期的自然地理概况，同时结合人文因素讨论一下海岱区的地理单元分区。

第一节　海岱地区的自然地理概况

一、海岱地区现代的地貌、气候简况

海岱地区位于我国地势划分的第三大阶梯中，海拔高度较低，地势起伏较小[①]。现代地貌特征表现为：地势中部高四周低，水系呈放射状；山丘强烈分割，平原广阔坦荡；半岛海岸曲折多港湾。具体来看，海岱区中部泰、鲁、沂、蒙几座山组成中部山地的主体。许多河流发源中部山地，南侧有沂河、沭河；西侧有大汶河、泗河；北侧有淄河、孝妇河、弥河、潍河等；平原主要分布于省境北、西部，对山地、丘陵呈半包围之势。鲁北、鲁西属于黄河冲积平原，向东与泰、鲁、沂山地北麓山前平原和胶莱平原连成一片，渤海沿岸为海拔5米以下的海积平原；山东半岛和苏北海岸线长，海岸地貌典型。

海岱地区气候属于暖温带季风性气候，雨热同期，春秋短暂，冬夏较长。年平均气温在11—14℃，一年中，最高平均气温在7月，温度在24—27℃；最低平均气温在

[①]　由于海岱地区主要部分即今山东省，豫东、皖北、苏北等地与之接壤，地貌、气候均和邻近山东地区近似。所以本部分关于现代自然地理情况主要以山东省为主。参看：孙庆基、林育真、吴玉麟，等：《山东省地理》，山东教育出版社，1987年；山东省地方史志编撰委员会：《山东省志·自然地理志》，山东人民出版社，1996年。

1月，在-4—-2℃之间。夏季盛行偏南风、高温多雨；冬季受寒潮侵袭，气温低，降水少；春季干旱多风，蒸发大；秋季天气晴朗，雨水少。由于地理位置不同，苏北、鲁东南沿海及胶东半岛和鲁西北平原、鲁中南山地的气候差别明显。

全年无霜期也由东北沿海向西南递减，鲁北和胶东一般为180天，鲁西南地区可达220天。各地大于10度的积温一般在3800—4600℃之间，可以满足农作物"一年两熟"的热量需求。

二、海岱地区先秦时期的地貌

海岱地区地势较低，进入历史时期以来，由于人为和自然等诸多原因所致，境内地貌古今变化最显著的是河流水系、湖沼及海岸线。

今天海岱境内的黄河、徒骇河、马颊河、泗河、沂河、沭河等古今变化巨大。同时，今天的鲁西北平原在先秦时期还存在一些已消失的古水，如济水及其支流濮水等。而小清河、大清河、弥河等则是唐宋以后逐渐形成今天的水道。据学者研究，至少始于夏代，至迟战国中期，黄河下游河道主要分布在今天的海河流域平原[①]。黄河在今浚县西南大伾山之西的古宿胥口即分为东北、北两支大分流。东北支分流的流路，《汉书·地理志》所载最详，故简称《汉志》河；北支分流流路，《山海经·山经》和《尚书·禹贡》记载最详，故称《禹贡》和《山经》河。其中的《汉志》河部分流经海岱地区，即自浚县分流后至今濮阳市西南，又东北至今馆陶县东北，折而东流至今高唐县东南，又北折今平原、东光西侧，转而东北流，至今黄骅市东南注入渤海。总之，先秦时期，黄河仅有部分河道流经鲁西北平原，和今天经由鲁西北至利津入海的情况大不相同。

济水是至少汉代还畅通于中原地区的一条大河，与河、淮、江并称四渎。济水早已断流，今日地面几乎见不到济水古道。史念海先生研究认为，济水乃黄河的一条支津，济水自今荥阳市东北从黄河分流出来，流经古荥泽（今古荥镇东南）后分成南济和北济，南济古道由今原阳县东南，开封市北，封丘县南，兰考县北，菏泽县（今菏泽市牡丹区）西南，再经定陶县（今菏泽市定陶区）和曹县之间，绕定陶县城的东北，至巨野县西境流入巨野泽；北济概与南济平行，主要经今河南原阳县南、封丘县北、长垣县西南，山东菏泽吕陵店南、定陶县北，至郓城县南入巨野泽。出巨野泽后南济和北济合为一条，济水出巨野泽后的故道在济南市及其以上地区大部分为今黄河

① 谭其骧：《西汉以前的黄河下游河道》，《历史地理》创刊号，上海人民出版社，1981年，第48—64页；张修桂：《中国历史地貌与古地图研究》，社会科学文献出版社，2006年。

所占用，济南市以下则流于今黄河以南，与小清河一样东入于海，但并非小清河，中间几度为小清河穿过而已①。史念海先生所考证的主要是《水经注》所记载的济水流路，而《水经注》所记载水系情况主要是郦道元生活的北魏时的情况。同时史念海先生认为，北魏时济水早已经堙塞，郦道元所描述的实乃济水古道。但是此济水古道并不能上推至夏商甚至更早时期，具体先秦时期的济水水道究竟如何？谭其骧先生主编的《中国历史地图集》中西周时期全图已经出现济水的具体水道，并没有南济和北济水的区分②。此外，对《禹贡》济水的具体水道蒙文通先生也有考证，和《中国历史地图集》相差不大③。张新斌先生的研究也明确指出："由荥泽到巨野泽，其间的水道由一股而变成二股，这是汉魏时期的济水与先秦济水的区别。"他还具体指出了先秦济水的水道是由荥泽东、经阳武（今原阳）南，封丘县（今封丘西南）北、平丘县（今封丘东）南、济阳县（今兰考东北）北、冤句（今菏泽西南）、定陶县（今定陶西北）南，并在乘氏县（今巨野西南）东北汇注巨野泽。"④由于西周之前，生产力水平较低，人们对地貌河流的改变较小，本书整个新石器时代到西周时期的济水暂以目前《中国历史地图集》中西周时期全图中的流路代表。

徒骇河与马颊河最早见于成书于汉初的《尔雅·释水》曰："徒骇、太史、马颊、覆釜、胡苏、简、絜、钩盘、鬲津。九河。"⑤后世学者多认为此即《禹贡》河所播之九河。张修桂先生研究认为，《尔雅》所载的九河实乃《汉志》河下游的分流系统。徒骇河在《禹贡》时代属于《禹贡》九河分流的最南一派与主干道；马颊河则属于先秦西汉时期《汉志》河的下游分流入海河道，流域范围在今东光以东地区。所以《尔雅》之徒骇河、马颊河与今山东境内的徒骇河、马颊河完全没有直接关系⑥。今天的徒骇河、马颊河，张修桂先生认为也是早期黄河下游的分流入海河道，其后经自然演变和人工疏浚，主要是明清时期的多次疏浚始成目前的流路形态。张修桂先生关于二河成因之说可从，但是汉唐文献中关于今天二河所在地区的河流另有名称记载，如《汉书·地理志》载平原郡平原"有笃马河，东北入海"⑦，流路大致同今马颊河。

① 史念海：《论济水和鸿沟》，《陕西师范大学学报（哲学社会科学版）》1982年第1、2、3期。

② 参看谭其骧主编：《中国历史地图集》（第一册），中国地图出版社，1982年。下凡用到该图集第一册的，版本与此同，不再注出。

③ 蒙文通：《古史甄微》，巴蜀书社，1989年，第44—45页。

④ 张新斌等：《济水与河济文明》，河南人民出版社，2007年，第169、175页。

⑤ （晋）郭璞注，（宋）邢昺疏，王世伟整理：《尔雅注疏·释水第十二》，上海古籍出版社，2010年，第376页。

⑥ 张修桂：《中国历史地貌与古地图研究》，社会科学文献出版社，2006年，第368—375页。

⑦ （汉）班固撰，（唐）颜师古注：《汉书》卷二八，中华书局，1962年，第1579页。

而至清朝的《大清一统志》曰："笃马河即马颊河也。"可见，《尔雅》九河中的徒骇、马颊二河的名称如何离开原来地区而转用来命名今天二河所在河道的过程，以及二河古今河道的演变都还值得梳理文献，进一步研究。总之，海岱地区今天徒骇河与马颊河所在的流域先秦时期无此二河，但是可能存在一些分流黄河入海的小河道，确切名称目前文献中尚无法找到对应的。

先秦时期泰山以北地区主要的河流还有淄水和潍水。对比中国历史地图和今天的地图，潍淄二水古河道在西周和春秋时期和今天河道相比变迁不太大。推测夏商乃至更早时期二水的水道和西周、春秋时期相比变化或许更小，所以本书先秦时期的淄水暂以目前《中国历史地图集》中西周时期全图中的流向为代表，潍水则以同书春秋时期全图中的流向为代表。

泗水，古代属于淮河水系。据《水经注疏·泗水》，泗水发源于今泗水下桥，西南流，过鲁城（今曲阜），西南过今兖州，至今鱼台西合菏水。又东南至彭城（今徐州）合卞水，又东南沿今废黄河至下邳（今邳州市西南）合沂水、沭水，东南至下相（今宿迁市）合睢水，又沿今废黄河至角城（今清江西）注入淮水[①]。近代对淮河水系的研究表明[②]，先秦至北宋时期淮河水系相对稳定、干流独自入海，其间偶有黄河南泛入淮，但对淮河水系未构成严重影响。故推测先秦时期泗水的水道应和前述《水经注》的记载大同小异，而今天的泗河实际仅是先秦时期泗水的上游而已。

沂沭二水古代也属于淮河水系，《水经注》的时代二水属于泗水的支流。据《水经注疏·沂水》的记载，沂水发源于泰山盖县（今沂源县境），南流经东莞县（今沂水县）古城西，又流经临沂（今费县）东，开阳（今临沂市北）县东，又南过郯县（今郯城）西，至今睢宁县北注入泗水[③]。同时据《水经注疏·沭水》，沭水发源于沂水县的沂山，东南过莒县，又南过阳都县（今沂南县）、即丘县（今临沂市东南），又西南流经厚丘县（今沭阳县西北），最后至淮阳宿预县（今宿迁市东南）注入泗水[④]。将沂水、沭水与今天二水河道相比，二水上游在今山东境内古今变化不大。宋代黄河由泗入淮，才导致下游二水河道发生巨大变化。

海岱地区湖沼古今变化巨大。据邹逸麟先生研究，先秦时期整个黄淮海平原见于

---

① 《水经注疏》卷二十五《泗水》下杨守敬、熊会贞疏（参见（北魏）郦道元注，杨守敬、熊会贞疏：《水经注疏》，江苏古籍出版社，1989年，第2095—2158页，下文有关《水经注》的版本与此同）。并参考邹逸麟：《山东运河历史地理问题初探》，《椿庐史地论稿》，天津古籍出版社，2005年，第151页。

② 水利部淮河水利委员会《淮河水利简史》编写组：《淮河水利简史》，水利电力出版社，1990年；张修桂：《中国历史地貌与古地图研究》，社会科学文献出版社，2006年，第355页。

③ 《水经注疏》卷二十五《沂水》下。

④ 《水经注疏》卷二十六《沭水》下。

文献记载的湖沼约有40个，但显然由于文献遗漏，绝不仅此。而其中位于海岱地区的湖沼就有20个，比较出名的有大野（巨野）泽、菏泽、雷夏泽及孟诸泽①。这些湖沼属于天然湖沼，大致处于早全新世黄河冲积扇前缘与中全新世黄河冲积扇前缘之间，多是在古黄河冲积扇前缘湖沼带洼地的基础上发育形成，由黄河通过其分流济水和濮水等为其提供水源。先秦时期的湖沼到汉唐时期分布格局未有大的变化，主要自宋代以后，对于本书研究区域则是自南宋黄河南泛后开始发生巨大变化。这个时期大量湖泊消失，对于消失原因邹逸麟先生指出：首先，一些湖沼因泥沙的淤积，由深变浅，由大变小，加上人工围垦，逐渐湮为平地，如商丘东北的孟诸泽、孟泽，定陶东北的菏泽，鄄城南的雷夏泽，江苏丰县的丰西泽等。其次，一些湖沼受泥沙淤积，但水源条件未变，水体向低洼处移动，后水短缺，再经人为垦殖，终为农田所取代②；本区内的巨野泽就是如此消亡的，《水经注》时代巨野泽尚为一漭漭巨浸，宋代巨野泽南部淤高，在其北岸的梁山周围形成梁山泊。关于梁山泊的消亡，贾长宝博士的研究指出："'大野泽—梁山泊'的干涸与黄河开始夺淮入海是完全同步的，1168年河决李固渡，黄河分成了两支：干流东南夺淮入海，岔流横贯鲁西南，过梁山泊之后又与主流汇合。但到了1180年，岔流断绝，全河南行入淮，梁山泊很快干涸。1181—1182年，金朝招徕大量百姓在梁山泊原来的湖盆上屯田，很快形成聚落。"③当然除了一些湖沼消失，还有新的湖泊形成。原来一些地区曾为洼地，后来水灌注，宣泄不畅，蓄水成新的湖泊。今天鲁西南、苏北的南四湖就是这样形成的④。

先秦时期海岸线和今天相比也有较大差异。山东北部渤海湾西岸海岸线、苏北海岸线、胶东半岛沿海海岸线据学者研究自全新世早中期以来均逐渐向东推进⑤。具体来说，在天津附近渤海湾西岸有3条高出地面呈带状的古贝壳堤，其中最西面的小王庄—巨葛庄—沙井子贝壳堤，向南延伸由黄骅市武帝台入山东北部地区，与海兴县常庄、边庄，无棣县邢家庄、马山子、杨庄子，滨州市沾化区西山后、久山等地发现的贝

①　邹逸麟：《历史时期华北大平原湖沼变迁述略》，《椿庐史地论稿》，天津古籍出版社，2005年，第246—269页。

②　邹逸麟：《千古黄河》，上海远东出版社，2012年，第134、143—146页。

③　贾长宝：《从大野泽到梁山泊：公元12世纪末以前一个黄河下游湖泊的演变史》，社会科学文献出版社，2019年。

④　邹逸麟：《历史时期华北大平原湖沼变迁述略》，《椿庐史地论稿》，天津古籍出版社，2005年，第246—269页。

⑤　中国科学院《中国自然地理》编辑委员会：《中国自然地理·历史自然地理》，科学出版社，1982年，第227—248页；赵希涛：《渤海湾西岸全新世海岸线变迁》，《华北断块区的形成与发展》，科学出版社，1980年，第302—310页；韩有松、孟广兰、王少青：《山东半岛沿海地区晚第四纪海相地层、古海岸线及海平面变化的初步研究》，《中国海平面变化》，海洋出版社，1986年，第98—105页。

壳堤连为一线，据^{14}C测定这条贝壳堤距今3800—3000年，约相当殷商时期[①]。夏商时期，苏北海岸线曾一度在赣榆—沭阳—泗阳—洪泽—高邮—江都—扬州一线间，而且其间有所反复，至距今3200年时岸线恢复至与龙山阶段晚期，岸线经赣榆九里，绕中云台，过灌云—灌南—阜宁东接东冈转至泰州—扬州一线[②]。

三、海岱地区先秦时期环境、生业的几个特点

关于先秦时期的气候，据竺可桢先生的研究，公元前3000—前1100年黄河流域安阳、西安一带的年平均气温大致比现在高2℃，并发现许多生活于今亚热带的动植物种类[③]。具体到海岱地区，不少学者通过孢粉分析得出大致相同的结论：在全新世中期（约公元前3000—前1000年）气温比现在高2—4℃，气候较全新世早期干燥，然而和今天相比仍较温暖湿润[④]。现有的考古学和古环境科学研究成果显示，距今7000—6000年前后，山东西南部的汶泗流域存在现今生活在长江流域的扬子鳄；距今5000—4000年前后，山东东南部的日照一带生长着刚竹，而现代的刚竹自然生长区域是在江淮之间；辽东半岛和华北平原第四纪沉积物中的孢粉等记录了全新世早期的温暖湿润气候和全新世中期气候逐渐冷干的变化过程[⑤]。总之，目前无论是整个全新世的气候还是对于海岱地区的气候研究成果都说明，在整个新石器时代海岱地区的气候都比现在温暖湿润，相当于现代的江淮地区。但是正如靳桂云先生所指出的，目前这种研究时间分辨率普遍偏低，时间跨度太长[⑥]。各个具体时期，有什么样的波动等还有待进行更深入的探讨。

---

①　王青、朱继平、史本恒：《山东北部全新世的人地关系演变：以海岸变迁和海盐生产为例》，《第四纪研究》2006年第4期。

②　吴建民：《苏北史前遗址的分布与海岸线变迁》，《东南文化》1990年第5期；朱诚、程鹏、卢春成，等：《长江三角洲及苏北沿海地区7000年以来海岸线演变规律分析》，《地理科学》1996年第3期。

③　竺可桢：《中国近五千年来气候变迁的初步研究》，《考古学报》1972年第1期。

④　童国榜、张俊牌、严富华，等：《华北平原东部地区晚更新世以来的孢粉序列与气候分期》，《地震地质》1991年第3期；许清海、王子惠、吴忱，等：《30 ka B. P. 来鲁北平原的植被与环境》，《中国海陆第四纪对比研究》，科学出版社，1991年，第188—199页；赵济等：《胶东半岛沿海全新世环境演变》，海洋出版社，1992年；王永吉、李善为：《青岛胶州湾地区20000年以来的古植被与古气候》，《植物学报》1983年第4期；齐乌云、袁靖、梁中合，等：《从胶东半岛贝丘遗址的孢粉分析看当时的人地关系》，《考古》2002年第7期。

⑤　靳桂云、王传明：《海岱地区新石器时代气候与环境》，《古地理学报》2010年第3期。

⑥　靳桂云：《海岱地区新石器时代人类生业与环境关系研究》，《环境考古研究》（第四辑），北京大学出版社，2007年，第117—129页。

海岱地区大汶口文化中晚期，鲁北地区为典型的旱作农业，粟为主，黍次之，同时可能种植大麻；皖北地区总体上为稻旱混作农业类型。采集野生植物作为食物补充仍然存在[1]。大汶口文化晚期到龙山文化时期，强化型农业与稻作农业发展达到了史前时代的高峰，但是进入岳石文化时期，旱作农业强化而稻作农业萎缩[2]。赵志军先生研究指出，夏商时期，黄河中下游地区的农作物种类"五谷"已经存在了。粟、黍在农作物中占有主导地位，水稻、小麦普遍在遗址中发现，水稻在商代的经济生活可能占有很重要的地位，小麦在经济生活中的地位如何，是否被大面积普遍栽种尚不清楚[3]。而陈雪香博士对大辛庄遗址植物遗存的个案分析可以使我们对于海岱地区泰山以北地区商代农业状况有一个直观的认识。农业经济是大辛庄商代遗址居民利用植物的主要来源，其农作物包括粟、黍、稻、小麦、大豆和大麻。粮食作物以粟和黍为主，它们是人们日常生活的主要消费品。稻在农业中的地位逐渐提高，小麦仍然没有普及种植。这些粮食作物的某些品种可能用于酿制不同档次的粮食酒。油料作物有大豆和大麻，紫苏可能也是油料作物的来源之一。农田可能分布在居民点周围，耕地与丛林、草甸混杂在一起，远处有山地森林。在遗址附近种植有栽培桃，并且有野生葡萄资源，为遗址居民提供了时令水果和浆果，这些水果和浆果也可能用于酿酒。野生草本植物为人们提供更多的食物选择和保障，他们可能会在不同季节选择采集豆科、藜科、蓼科、苋科、十字花科、马齿苋科等植物的嫩叶、茎秆、种子或地下茎。这些草本植物也为畜牧业提供了良好的饲料资源[4]。

海岱地区动物考古学方面也有系统的研究成果。整个新石器时代海岱地区先民们对动物遗存利用的主要方式就是获取肉食资源，不管是从周围自然环境中渔猎动物捕捞贝类，还是驯化并饲养家猪和牛等，都是为了满足广大先民的肉食需要；此外，他们还会利用食剩的动物骨骼的坚硬部分制作各种人工制品，包括日常生产和生活用品、装饰品及特殊用途的制品等。海岱地区的先民有意识地选取一些特殊的动物或骨骼部位，在不同的地方（灰坑、灰沟或房址）中埋藏的行为从北辛文化就出现了，整个史前阶段，龙山文化达到高峰[5]。

---

①　吴瑞静：《大汶口文化生业经济研究——来自植物考古的证据》，山东大学硕士学位论文，2018年

②　靳桂云、郭荣臻、魏娜：《海岱地区史前稻遗存研究》，《东南文化》2017年第5期。

③　赵志军：《关于夏商周文明形成时期农业经济的特点的一些思考》，《华夏考古》2005年第1期；赵志军、何驽：《陶寺城址2002年度浮选结果及分析》，《考古》2006年第5期；赵志军、方燕明：《登封王城岗遗址浮选结果及分析》，《华夏考古》2007年第2期。

④　陈雪香：《海岱地区新石器时代晚期至青铜时代农业稳定性考察——植物考古学个案分析》，山东大学博士学位论文，2007年。

⑤　宋艳波：《海岱地区新石器时代的动物考古学研究》，山东大学博士学位论文，2012年。

第二节　海岱地区地理单元分区

一、海岱地区以自然地貌为标准的地理分区

海岱地区以山东省为主，山东省地势以泰鲁沂山地为中心，四周逐渐低下。泰山海拔1545米，鲁山海拔1108米，沂山海拔1032米，它们共同组成鲁中山地的一条东西向分水岭，分水岭南北两侧由低山丘陵过渡到山前平原，西侧从鲁西湖泊带过渡到黄河冲积扇，东侧则是以莱山山脉为骨干的山东半岛，直接深入黄海之中。根据山东省地形、地貌的这种特点一般将山东省地貌划分成三个大区：鲁中南山地区、鲁西北平原区、鲁东丘陵区[①]。这种地貌分区主要是根据地貌形态成因的区域性相似原则所作的区划，不考虑人文因素。由于本文所探讨的海岱地区除了今山东省境还包括豫东和苏北部分地区，综合前人分区意见，海岱地区的自然地貌可以简单分成四个大区：鲁西北平原区、鲁中南山地丘陵区、鲁东丘陵区、豫东鲁西南平原区。其中豫东鲁西南平原区包括原属于鲁西北平原区的鲁西联合扇形高地区、鲁西扇形中部坡洼地区、鲁西扇形边缘湖沼洼地区，此外再加上豫东平原、皖北平原。鲁中南山地丘陵区和鲁东丘陵区则分别向南延伸包含苏北部分地区。

二、先秦时期海岱地区人文地理分区的讨论

海岱地区整个先秦阶段的自然地理特征相对来说是稳定的，该地区在不同阶段的区域划分具有相似性和延续性。特别是自大汶口文化中晚期以来的先秦时期从考古学文化的分布可以看出地理单元分区上的一些相似性和规律性。因而前人关于海岱地区新石器时代地理分区的讨论对于夏商周时期的分区仍有借鉴意义。总结前人研究，可分成两大类七种不同意见。

第一类，主要是在苏秉琦先生区、系、类型理论指导下对海岱地区整个考古学文化的分区。郑笑梅先生系统研究了泰山南北从北辛文化至岳石文化的考古学文化发展

---

① 这是关于山东地貌的一级分区，学界看法基本一致。一级地貌下有的仅分出二级地貌，也有的再分出三级，具体小区域划分意见不同，详见看：孙庆基、林育真、吴玉麟，等：《山东省地理》，山东教育出版社，1987年，第88—94页；山东省地方史志编撰委员会：《山东省志·自然地理志》，山东省人民出版社，1996年，第12—13页。

序列后，将海岱地区（其称为泰沂文化区）分成六个地理区域[①]：（1）胶莱河以东的半岛类型；（2）胶莱平原类型；（3）鲁西北类型；（4）汶、泗类型；（5）鲁东南地区的沂、沭类型；（6）西南黄泛平原类型。其将海岱地区分成泰山南北的划分有重要的借鉴意义。韩榕先生强调了独立的海岱文化区内至少存在以胶东半岛为中心的海文化系统和以泰沂山脉为中心的岱文化系统。其将海岱文化区分成四个地理单元，即构成山东半岛主体的胶东低山丘陵区；介于鲁中南山地和胶东丘陵之间的胶莱平原区；以泰沂山脉为主干的鲁中南低山、中山丘陵地带；包括鲁西、豫东、皖北、苏北等部分在内的黄淮平原[②]。韩榕先生的划分显然更多地考虑了自然地貌因素，而其所言的海文化和岱文化正是在考虑到地理环境、自然生态、气候条件不同的基础上给予的划分。栾丰实先生同样将海岱地区先区分为泰山南北两大部分，然后按照地理位置的不同把泰沂山脉以北地区分成三个小区，泰沂山脉以南则分成四个小区[③]。其划分的七个小区如下：（1）胶东半岛区；（2）潍、弥河流域；（3）鲁西北平原区；（4）鲁东南地区；（5）鲁中南地区；（6）鲁豫皖地区；（7）淮河下游的淮海地区。

　　第二类，仍是在区系类型理论的指导下主要针对岳石文化所作的类型划分，以往研究主要有四种夏商时期海岱地区的地理分区意见：其一是严文明先生将其分成五个地区，并对应以相应的考古学文化类型[④]；其二是方辉先生将其分成六个地区，并冠以不同的类型名称[⑤]；其三是栾丰实先生将其分成七个地区，各区域也有不同的类型名称[⑥]；其四是张国硕先生将其分成东西两大区，两大区下又各分出两个小区系[⑦]。以上前三种意见是将泰沂山系分成南北两大部分后再作的细分。鲁北地区的分区，严文明先生将其分成胶东半岛区（照格庄类型）和鲁西北平原区（郝家庄类型），而方辉和栾丰实两位先生的划分较细，自东向西依次为胶东半岛地区（照格庄类型）、潍淄河流域（郝家庄类型）、鲁西北地区（王推官类型）。鲁南地区的分区，严文明和方辉两位先生的划分大致相同，自东向西分成三区：鲁东南区包括苏北连云港、淮阴一

　　①　郑笑梅：《论泰沂文化区》，《海岱考古》（第一辑），山东大学出版社，1989年，第344—349页。

　　②　韩榕：《海岱文化刍议——关于考古学文化"区、系、类型问题"的研究》，《中国考古学论丛》，科学出版社，1993年，第72—82页。

　　③　栾丰实：《东夷考古》，山东大学出版社，1996年，第6—11页。

　　④　严文明：《东夷文化的探索》，《文物》1989年第9期。

　　⑤　方辉：《岳石文化区系类型新论》，《海岱地区青铜时代考古》，山东大学出版社，2007年，第137—169页。

　　⑥　栾丰实：《岳石文化的分期与类型》，《海岱地区考古研究》，山东大学出版社，1997年，第318—347页。

　　⑦　张国硕：《岳石文化的类型划分》，《郑州大学学报（哲学社会科学版）》1992年第2期。

带（土城类型）①，汶泗流域（尹家城类型），鲁西南、豫东、皖西北区（安邱堌堆类型）。栾丰实先生对泰山以南地区的划分较细些，汶泗流域、鲁西南划分基本相同，最大不同是将鲁东南和苏北分成两个区。其中沂沭河上游和日照、连云港的北部划为一个小区，称为土城类型；以陇海铁路一线为北界，南至淮河这一江苏北部淮河下游地区划分成又一个地区，称为万北类型。与前三种意见不同，张国硕先生对岳石文化作类型划分时，首先仅考虑文化面貌的差异划分成两大区，即将胶东、鲁东南和鲁中南山地丘陵划为一个大区（典型岳石文化），将潍淄河以西的鲁西北和豫东、鲁西南、皖西北划为一个大区（非典型岳石文化）；然后再结合地理环境分成若干小区域，主要不同在于对豫东、鲁西南、皖西北区的划分较细，又细分出三个小区。

　　综合以上学者的地理分区可以看出，第一大类的分区是通盘考虑各个地理单元内长期（新石器时代特别是自大汶口文化中晚期）以来考古学文化的连续性，换言之，认为这些地理单元在不同时期尽管考古学文化不同，但是这些不同的考古学文化前后属于同一个谱系，由同一族系的人们所创造出来，在长期发展中形成了相对独立的文化区，同时又强调各个不同时期的边界不重合，不同时期的核心区也是不同的。第二大类则是仅对岳石文化时期的分区，分区的标准主要是各个地理单元内岳石文化的具体文化面貌呈现的差异性，区内自然地理环境的差异仅是参考因素。总之，上述分区的理论依据是苏秉琦先生的考古学文化区系类型理论，主要人文要素标准是考古学文化，他们的分区对本书的分区有重要的参考作用和借鉴意义。下面笔者对海岱地区所作的分区将拟从以下多个标准来进行：考古学文化内涵上的区域性差异；自然地貌中河流山脉所起的自然界标作用；稻、粟、黍等主要农作物的分布；古史传说系统中海岱地区古族、古国的分布。

　　海岱地区进行人文地理分区时，按泰、沂、蒙山脉的走向可以区分成南北两大部分。郑笑梅、栾丰实先生均先将海岱地区分成泰山南北后再细分。但是他们并未细谈如此划分的原因，本书对此作一分析。目前尽管整个海岱地区从新石器至商周的考古学文化序列已经基本搞清，但是从后李文化（公元前6500年）到大汶口文化早中期（公元前3500年）大约3000年中，泰山南北地区的考古学文化区别明显，特别是胶东半岛地区地方特色更突出些，很难说这一时期海岱地区的考古学文化属于同一文化谱系。延续这样不同的文化系统，尽管大汶口中晚期至岳石文化以来整个海岱地区文化面貌较为一致，但是泰山南北地区的差异仍然是存在的。岳石文化时期胶东半岛的岳石文化仍然有自己的独特之处，泰山以南鲁中南和鲁东南地区的岳石文化和泰山以北地区区别较大。商代，商文化在泰山南北的分布和商人在南北的统治方式均不同。进

────────────

①　岳石文化鲁东南区类型的名称、分布范围学界存在较大争议，有下庙墩、土城、苏北、万北等多个名称，分布范围也各不同，详可参看本书第五章90页注①。

入西周以后泰山以南地区是鲁、莒等国，泰山以北是以齐为主的诸侯国，文化习俗、生活方式等方面差异较大。

古史传说中，约当五帝时期，泰山以南的汶泗流域很可能主要是少昊族团生活的地域，泰山以北鲁西北地区则可能主要是蚩尤族团活动的地域①。进入夏代，鲁北地区仍然主要是以姜姓为主的本地族群并有姜姓的有逄氏和姒姓的夏人迁入，而鲁南则可能生活着嬴姓的蓝夷、商奄等本地族群②。植物考古研究表明，夏商时期泰山南北农作物品种也可能不同，泰山以南的鲁东南和汶泗流域主要是稻作区，而鲁西北则以粟、黍等旱作农作物为主③。而《禹贡》关于东夷集团三大族系莱夷、嵎夷、淮夷的分布地域和风俗特产的记载或可以说是对这种泰山南北不同族属和生产方式的更具体直观的阐释④。总之，泰山南北生活族群、生业方式的不同直接导致两地人文面貌的差异。

明确泰沂山系所起的分界作用后，海岱地区目前可以分成以下六个区域。

Ⅰ.鲁西北平原区：该区从淄河向西，西北达德州、惠民，南到梁山、郓城等泰山以北地区。属于古济水、小清河流域。该区域内主要为冲积平原，古文化遗址发现较多。本区大汶口文化时期的焦家遗址属于区域内的核心性遗址，岳石文化时期属于王推官类型的分布地区，商文化遗址在本区发现数量多、规格高，商人自早商就已控制了该地区，而且得到持续发展，成为商王朝在东土的重要统治中心之一。

Ⅱ.潍淄河流域：该区东起胶莱河，西达淄河，北止于渤海，南到鲁山、沂山。区域内南部为低山丘陵，北部为山前平原。本区大汶口文化中期以前的遗址发现较少，龙山文化遗址较多，岳石文化时期属于郝家庄类型分布地域，商文化遗址多集中该区西部的淄河、弥河流域，晚商阶段青州一带成为商人在东土的一个统治中心，而潍河以东很少见到商文化遗址。

Ⅲ.胶东半岛区：该区分布于胶莱河以东，包括半岛大陆和沿海岛屿。胶东半岛中部地势较高，由西向东几座东北至西南走向的山脉是大泽山、艾山、牙山、昆嵛山。

---

① 参看栾丰实：《太昊和少昊传说的考古学研究》，《中国史研究》2000年第2期；徐旭生：《中国古史的传说时代》，文物出版社，1985年；许顺湛：《五帝时代研究》，中州古籍出版社，2005年，第112—130页。

② 王献唐：《山东古代的姜姓统治集团》，《山东古国考》，青岛出版社，2007年，第239—290页；方辉：《浅谈岳石文化的来源及族属问题》，《海岱地区青铜时代考古》，山东大学出版社，2007年，第170—193页。

③ 靳桂云：《海岱地区史前稻作农业初步研究》，《农业考古》2001年第3期；靳桂云、王春燕：《山东地区植物考古的新发现和新进展》，《山东大学学报（哲学社会科学版）》2006年第5期。

④ 《禹贡》的记载传统认为反映的是战国时期的情况，但是很显然一地的这些风俗、特产非短时形成，应该由来已久。而近年关于《禹贡》成书年代的提前也使我们相信其中的记载或可反映夏商时期的情况。

河水主要向南北两侧入海。半岛丘陵三面环海，沿海港湾、岛屿罗列，多滨海小平原。该区自新石器时代早期文化面貌上地方特色较浓厚，岳石文化时期属于岳石文化照格庄类型，终商一代，商文化未占据该区，这里始终为东夷土族所占据。考虑到其地理位置的封闭性，将其作为一个单独的人文地理区域应该成立。

Ⅳ. 鲁豫皖地区：该区先秦时期是三个主要的湖沼带之一，古遗址多为堌堆遗址。包括鲁西南的菏泽地区，豫东的商丘、周口及皖西北的萧县、太和、涡阳等地区。本区地处中原、海岱、长江下游等多个文化区的交汇地区，自新石器时代以来文化面貌呈现一种混合型，特别是龙山文化阶段，究竟属于中原系统抑或海岱系统学术界尚有较大争议。岳石文化前期属于岳石文化安邱堌堆类型的分布地区，自早商三期开始纳入商文化控制区。早中商时期均和核心区商文化面貌保持一致，晚商时显示出一定的地方特色形成晚商文化的一个地方类型——安邱类型。

Ⅴ. 汶泗流域：该区包括泰山以南的古汶水、泗水流域。西起今南四湖左近，东到蒙山，南包括徐州、宿迁等地区，目前材料南界概在安徽宿州至江苏泗阳一线，推测应不过淮河，与Ⅳ区的分界大致在今萧县至宿州市一线。本区是整个海岱文化区的中心地区，古遗址发现较多，考古工作做得较多，自北辛至岳石文化序列清晰，是北辛、大汶口等文化的标准类型所在地。本区岳石文化时期属于尹家城类型的分布地区，中商时商文化逐渐占领这一地区，商末时成为商王朝在东土的统治中心之一。

Ⅵ. 鲁东南区：本区西自蒙山，北起沂山、胶州湾，南界概不过淮河，包括古沂水、沭水流域、鲁东南沿海地区及苏北淮河以北地区，是广义的鲁东南。本区大汶口文化中晚期至龙山文化早中期的遗存发现较多，且规格高。岳石文化时期本区多是考古调查、小规模试掘材料，文化整体面貌不很清晰，导致对于该类型的命名、分布范围等都存在较大争议。目前材料，很可能终商一代，商文化并未控制沂沭河以东地区。

第三章 大汶口文化中晚期海岱地区的
文化互动

海岱地区从大汶口文化中期开始社会进入剧烈变革时期，社会分层成为一种普遍现象，聚落分为中心聚落和普通聚落，聚落内部出现掌握财富和权力的富有家族和一般家族的对立；到晚期聚落形成大、中、小三级的层级结构，贫富分化加剧，聚落间关系规范化，有学者指出大汶口文化晚期阶段至少在某些小的区域如大汶口小区、陵阳河小区、野店小区等已经进入早期国家阶段[①]。海岱地区的这种早期国家和良渚国家及之后的陶寺国家的性质和内涵是有所差别的，但无论如何海岱地区从大汶口文化中晚期开始，社会等级分化明显，复杂化程度更高是显而易见的。而大汶口文化也正是在这个时期表现出很强的对外扩张性，和长江下游的良渚文化、长江中游的屈家岭文化、中原地区的庙底沟二期文化均存在密切的互动。同时大汶口文化内部的分化使得一些具有核心性地位的大型遗址凸显，如鲁东南的陵阳河、鲁北的焦家、鲁南的大汶口，很显然这一情况的出现主要是海岱地区内部力量整合互动的结果。有鉴于此，本书关于海岱地区先秦时期的文化互动的讨论选择从大汶口文化中晚期开始。与此同时，笔者认为从大汶口文化中晚期开始，海岱地区族群的分化、流动、融合加快，这也是海岱地区内部文化的交流、外部文化的互动最直接的结果。因此本章主要利用考古材料考察这种文化的交流互动并尝试分析产生这种互动交流的背景和原因。

第一节 大汶口文化中晚期海岱地区文化分布格局
及内部的互动

大汶口文化晚期，是海岱文化区的鼎盛时期，主要依据小的地理区域内文化特征的不同，并根据大汶口文化的分期，整个海岱地区的大汶口文化可以再细分为不同的区域类型。目前大汶口文化晚期的类型可分为六个：汶泗流域的大汶口类型，沂沭上

---

① 栾丰实：《大汶口文化的社会发展进程研究》，《古代文明》（第2卷），文物出版社，2003年，第13—52页。

游的陵阳河类型，淮河下游皖北、鲁西、豫东的尉迟寺类型，潍河、弥河和胶莱河流域的三里河类型，胶莱河以东胶东半岛的杨家圈类型，鲁西北的焦家类型①。

与大汶口文化中期相比，尉迟寺和陵阳河是晚期新出现的两个类型。此外鲁西北地区近年因为焦家遗址的大规模发掘，对于认识鲁西北地区乃至整个海岱地区大汶口文化的分布、聚落变迁、区域互动、人群扩散与流动等均有重要意义。因此本节以鲁豫皖、鲁西北和鲁东南三个区域的大汶口文化为切入点，尝试通过对这三个区域内大汶口文化中晚期遗存的分析探讨文化格局和互动。

一、鲁豫皖与鲁东南地区的互动与交流

尉迟寺类型主要分布于皖北、豫东地区，主要遗址有安徽蒙城尉迟寺②、萧县花家寺③、宿州古台寺和小山口④、固镇垓下⑤、宿州杨堡⑥、河南鹿邑栾台⑦、郸城段寨⑧、商水章华台⑨、淮阳平粮台⑩、永城黑堌堆⑪等。尉迟寺类型近年最重要的发现就是在安徽固镇垓下发现的大汶口晚期的城址。垓下遗址位于固镇县东南濠城镇垓下居委会。遗址现地貌为一台地，四周有土垣，土垣高出外侧2—3米，但与内侧地面近

————————

①　栾丰实：《黄淮下游地区的大汶口文化》，《栾丰实考古文集》，文物出版社，2017年，第169页。

②　中国社会科学院考古研究所：《蒙城尉迟寺——皖北新石器时代聚落遗存的发掘与研究》，科学出版社，2001年；中国社会科学院考古研究所、安徽省蒙城县文化局：《蒙城尉迟寺》（第二部），科学出版社，2007年。

③　安徽省博物馆：《安徽萧县花家寺新石器时代遗址》，《考古》1966年第2期。

④　中国社会科学院考古研究所安徽队：《安徽宿县小山口和古台寺遗址试掘简报》，《考古》1993年第12期。

⑤　安徽省文物考古研究所：《安徽省固镇垓下遗址发掘的主要收获》，《中国社会科学院古代文明研究中心通讯》（第19期），2010年，第31—36页。

⑥　安徽省文物考古研究所、武汉大学历史学院考古系：《皖北小孙岗、南城孜、杨堡史前遗址试掘简报》，《考古》2015年第2期。

⑦　河南省文物研究所：《河南鹿邑栾台遗址发掘简报》，《华夏考古》1989年第1期。

⑧　郸城县文化馆：《河南郸城段砦出土大汶口文化遗物》，《考古》1981年第2期；曹桂岑：《郸城段寨遗址试掘》，《中原文物》1981年第3期。

⑨　商水县文化馆：《河南商水发现一处大汶口文化墓地》，《考古》1981年第1期。

⑩　河南省文物研究所、周口地区文化局文物科：《河南淮阳平粮台龙山文化城址试掘简报》，《文物》1983年第3期。

⑪　李景聃：《豫东商邱永城调查及造律台黑孤堆曹桥三处小发掘》，《中国考古学报》（第二册），商务印书馆，1947年，第83—120页。

平。勘探表明现台地土垣即为城址城墙，其外侧平坦低地为壕沟，城内面积约15万平方米。城墙周长1510米，城墙缺口9处，东城墙基宽约24.7米，残存高度最高处达3.8米，系堆筑而成。此外在尉迟寺遗址还发现了大型环壕。尉迟寺类型发现的遗迹还有房址、墓葬、灰坑等。在垏下和尉迟寺遗址均发现了排房建筑，尉迟寺遗址的建筑结构为浅穴木骨泥墙，每间房址都有独立进出门，个别房址开有两个门。而垏下遗址的5间排房内地面和墙壁均抹白灰面，是否为浅穴从目前的报道尚不清楚。墓葬分为成人墓与儿童墓两类，成人墓多为长方形竖穴土坑，儿童墓多瓮棺葬。瓮棺葬这类葬式在大汶口文化其他类型几乎不见，但在中原地区仰韶文化早期就已经有大量儿童瓮棺葬的实例，所以瓮棺葬是尉迟寺类型的特色，很可能是受到豫西关中的仰韶文化葬俗的影响。墓葬的葬俗中，头骨的枕骨变形、拔牙等大汶口其他类型常见的习俗在这里几乎不见。陶器组合主要是釜形鼎、罐形鼎、深腹罐、碗形豆、盘形豆、器盖、鼎形甗、盆、缸等。

尉迟寺类型的出现，目前学术界一般认可这个地区的大汶口文化是东部海岱地区的大汶口文化西迁而来，但是具体是东部海岱地区哪个类型或者哪个小的地区迁徙而来，学界看法不一。杜金鹏先生认为来自汶泗流域[①]。栾丰实先生认为是山东东部沿海地区的大汶口人向西迁徙导致的结果[②]，最有可能是从苏北地区迁徙而来，对于这个论点他从文化因素和大汶口文化的空间分布变迁两个方面来分析论证。他总结出6个分布在豫东、皖北的尉迟寺类型的文化特征，其中的第4个特征为偏早阶段（如亳州付庄[③]）有一定数量的多人同性合葬墓，流行拔牙习俗，其特殊之处是上下牙齿都拔；第6个特征为存在图像文字，并且都刻于大口尊的外表，均一器一字，有的还涂朱。然后根据这两个尉迟寺类型的非地理环境因素形成的文化特征，剖析其他地区早于这个时期具有相同文化因素或特征的遗存，如果也具备这两个特征，则可能尉迟寺文化来源于此地。这个论证方法是可行的，但关键是如果这里所言的文化特征不是尉迟寺这类遗存的，而是早于尉迟寺类型，那么就值得思考了。

亳州付庄发现的这批大汶口文化墓葬的年代相当于栾丰实先生大汶口文化分期的7、8段，即大汶口文化中期偏晚至晚期偏早阶段。栾先生在文中也指出是偏早阶段。那么这批墓葬是否属于尉迟寺类型呢？关于尉迟寺类型的分布范围和年代等问题早年

①　杜金鹏：《试论大汶口文化颍水类型》，《考古》1992年第2期。

②　栾丰实：《太昊和少昊传说的考古学研究》，《中国史研究》2000年第2期。

③　杨立新：《安徽淮河流域的原始文化》，《纪念城子崖遗址发掘60周年国际学术讨论会文集》，齐鲁书社，1993年，第166—174页。

已有学者做过研究，多把亳州付庄归属尉迟寺类型[①]。但是近年随着淮河流域新材料的发表及对大汶口文化向西扩张的深入研究，笔者认为尉迟寺类型包括的范围和年代有必要重新界定。苏鲁豫皖交界地区是大汶口文化和西边的中原地区及南边的长江中游地区文化互动的通道区域，这一区域的文化面貌复杂，大汶口文化向中原地区的扩张在早于尉迟寺类型的时代就开始了。如在大河村M9[②]及尉氏椅圈马的M6[③]发现的大汶口墓葬，根据其出土器物的特征判断年代约当栾先生大汶口文化分期的6段。显然无论是从年代还是空间地理看大河村和尉氏椅圈马的墓葬不能归属尉迟寺类型。同样道理，笔者认为亳州付庄尽管在空间上属于尉迟寺类型的范围内，但是从年代上看明显是早于尉迟寺类型的年代的。尉迟寺类型的年代，根据报告提供的10个[14]C测年数据，其年代应在公元前2800—前2600年之间。同时仔细分析亳州付庄的这批大汶口文化墓葬，一共13座，有单人葬、二人、三人和五人合葬，有拔牙习俗，显然这和尉迟寺及小山口等遗址的葬俗是不同的。尉迟寺及周边遗址中的墓葬没有合葬墓，流行儿童瓮棺葬。同时尉迟寺考古报告内可以确认是否存在拔牙习俗的30个（不计未成年个体）个体中，仅有4例存在拔牙，但是其中的3例女性拔牙除了拔除左右侧门齿还拔除了犬齿，这和大汶口文化居民普遍拔牙形式是不同的。也就是说在尉迟寺遗址其实仅有1例男性的拔除上颌左右侧门齿的情况符合大汶口文化的拔牙习俗。因而综合年代和墓葬内涵笔者认为付庄遗址不能归属于尉迟寺类型，它很可能是早期大汶口文化西迁过程中留下的遗存，其西迁的背景及和中原地区的互动笔者将在下一节再详细分析。

　　剔除了付庄的特殊情况，从苏北、皖北、豫东及沂沭河上游地区的大汶口文化在早、中、晚三期的分布变迁看，笔者认为栾丰实先生的论证是很有道理的，即苏北、皖北及沂沭河上游的大汶口文化空间分布的变迁的确暗合了苏北大汶口人群向皖北、豫东及沂沭河上游地区的迁徙。另外，从空间分布看，邳州梁王城[④]、宿州古台寺、萧县金寨[⑤]、亳州付庄等年代可早到大汶口文化中期偏晚的这几个遗址，地理位置处于淮

① 栾丰实：《大汶口文化的分期和类型》，《海岱地区考古研究》，山东大学出版社，1997年，第69—113页；王吉怀：《试论大汶口文化尉迟寺类型》，《考古求知集：'96考古研究所中青年学术讨论会文集》，中国社会科学出版社，1997年，第213—223页；苗霞：《大汶口文化尉迟寺类型及其年代与分期》，《考古与文物》1998年第6期。

② 郑州市博物馆：《郑州大河村遗址发掘报告》，《考古学报》1979年第3期。

③ 郑州大学考古系、开封市文物工作队、尉氏县文物保管所：《河南尉氏县椅圈马遗址发掘简报》，《华夏考古》1997年第3期。

④ 南京博物院、徐州博物馆、邳州博物馆：《梁王城遗址发掘报告·史前卷》，文物出版社，2013年。

⑤ 安徽省文物考古研究所、萧县博物馆：《安徽萧县金寨遗址新石器时代墓葬发掘简报》，《考古》2023年第10期。

水北岸丘陵地带，正位于大汶口文化从苏北向皖北、豫东迁徙的中间过渡区域。大汶口文化西迁最初先在此处过渡，之后再沿淮水北侧支流溯河而上，正是西迁的路线。

然而正是从文化因素考虑，有些现象和这种观点仍有抵牾。假如尉迟寺类型和陵阳河类型的人群若真是从苏北地区迁徙过去，那么在器物特征或者至少葬俗方面这两个地区应该保留有苏北地区早中期大汶口文化的一些特征。然而遗憾的是，苏北大汶口文化的刘林、花厅类型常见的拔牙埋葬习俗几乎不见于大汶口文化尉迟寺和陵阳河两个类型中，而随葬獐牙现象也很少见于陵阳河类型。因而要确认尉迟寺类型和陵阳河类型的一部分从苏北地区迁徙而来，笔者认为今后还需关注这种迁徙中为何有些特征消失了，有些新的特征又出现了的情况。

既然尉迟寺是目前除陵阳河类型之外发现图像文字最多的遗址。那么尉迟寺类型和陵阳河类型究竟有何关系呢？

陵阳河类型主要分布于鲁东南的沂沭河流域及东部沿海地区。这个类型已经发掘的遗址包括莒县陵阳河[①]、大朱村[②]和杭头[③]，日照东海峪[④]，此外还有临沂王家三岗[⑤]及苍山庄坞[⑥]，此外较著名的遗址就是五莲丹土[⑦]。陵阳河类型目前发现的主要遗迹以墓葬为主，均为长方形竖穴土坑墓，葬式以单人仰身直肢葬为主，未见合葬墓。陵阳河类型突出特征是饮酒风尚盛行，在陵阳河的45座大汶口文化墓葬中，随葬的高柄杯多达663件。这些高柄杯有薄胎镂空和厚胎带盖两种，其功能学者基本都认可是用来饮酒的[⑧]。这个类型的另一显著特征是发现众多原始图像文字，这些文字刻画在一类特殊的大型陶器——大口尊的固定部位。在陵阳河类型的墓葬中，头部枕骨变形、拔牙、手握獐牙等现象很少见。

由于陵阳河类型发现的主要是墓葬类遗迹，因而只能比较两种类型的墓葬特点。关于尉迟寺及陵阳河在海岱地区聚落结构中的地位和等级，大汶口晚期陵阳河应该属

---

① 山东考古所、山东省博物馆、莒县文管所、王树明：《山东莒县陵阳河大汶口文化墓葬发掘简报》，《史前研究》1987年第3期。

② 山东省文物考古研究所、莒县博物馆：《莒县大朱家村大汶口文化墓葬》，《考古学报》1991年第2期；苏兆庆、常兴照、张安礼：《山东莒县大朱村大汶口文化墓地复查清理简报》，《史前研究》（辑刊），1989年，第95—113页。

③ 山东省文物考古研究所、莒县博物馆：《山东莒县杭头遗址》，《考古》1988年第12期。

④ 山东省博物馆、日照县文化馆东海峪发掘小组：《一九七五年东海峪遗址的发掘》，《考古》1976年第6期。

⑤ 冯沂、杨殿旭：《山东临沂王家三岗新石器时代遗址》，《考古》1988年第8期。

⑥ 苍山县图书馆文物组：《山东苍山县新石器时代墓葬清理简报》，《考古》1988年第1期。

⑦ 山东省文物考古研究所：《五莲丹土发现大汶口文化城址》，《中国文物报》2001年1月17日。

⑧ 燕生东、尹秀蛟：《论陵阳河大汶口文化墓葬所反映的社会分层——从文化人类学和民族学角度说起》，《江汉考古》2001年第1期。

于第一等级的地区性聚落中心遗址，目前海岱地区与此规模等级类似的遗址还有泰安大汶口、邹县野店、滕州西康留、五莲丹土、章丘焦家等。陵阳河的墓地资料体现出社会分化严重，已有专门的权贵埋葬区，墓葬可以划分为多个层次，高等级墓葬中有鳄鱼骨板、玉器、刻画有图像文字的大口尊、白陶等出土。而尉迟寺则属于第二等级的聚落，其墓葬资料体现出当时的社会分化并不明显[①]。尽管两个类型不属于同一个等级，但是比较两个类型的墓葬葬俗，会发现一些共同特点：（1）墓葬头向几乎均朝东南向，陵阳河类型一般在105°—130°之间，尉迟寺类型则多数135°；（2）小型墓葬随葬品的陶器组合相似：包括炊器（鼎）、饮器（杯）、食器（盖、碗）、储藏器（罐和壶，未见瓮和缸）及豆、鬶和鬲等；（3）都发现了刻在大口尊上的原始图像文字；（4）在海岱地区同期大汶口文化的其他小区中多见的枕骨人工变形、拔牙现象在这两个类型都不多见。

尉迟寺和陵阳河都发现图像文字的特点需要进一步解释。这些图像文字都刻于大口尊的外表，均一器一字，有的还涂朱。目前发现图像文字的遗址主要有8处，分别是莒县陵阳河、大朱家村、杭头和诸城前寨、日照尧王城、五莲丹土、蒙城尉迟寺、南京北阴阳营[②]。从遗址的分布看，除了南京一处，其余主要是鲁东南的陵阳河类型和皖北的尉迟寺类型。从图像文字的形态结构看，它们大多是实物的摹画，用圆圈表示"日"，用五峰表示"山"，也有一些是工具锛、钺的实物摹画，这些图像或单独出现或组合出现，目前学者对其解读各不一致。但是笔者相信古人对其意思肯定是清楚明白的。而且这些图像几乎均刻画在一类被称为大口尊（或大口缸）的器物上，很显然其代表的含义是得到尉迟寺和陵阳河两地人的共同认同的。从刻画图像的大口尊的出土背景来看，尉迟寺刻画图像的大口尊主要出自祭祀坑和作为儿童瓮棺葬的葬具，目前仅有2例出自地层，出自墓葬的共5例，出自祭祀坑的2例；杭头、大朱家村和陵阳河除了采集品，其余则都出自墓葬；五莲丹土2例分别出自灰坑和地层；日照尧王城2例出自地层；诸城前寨为采集品。总之目前出土大口尊的墓葬共14例，除了尉迟寺属于儿童瓮棺葬，其余多属于大型墓葬，仅有一两座中型墓葬，墓主的性别也以男性为主。从刻画图像的大口尊的具体出土位置看，有在椁外，也有椁内，墓主身侧、脚下居多。栾丰实先生将目前发现的图像文字分为8类（图3.1），其中尉迟寺发现两类，主要是A类圆圈、半月和山峰组合及圆圈和半月图像组合，另有1例H类台形图像。而鲁东南地区则8类图像都有发现。我们可以综合其出土背景来考察这些文字体现的功能。

---

① 王芬：《海岱地区和太湖地区史前社会复杂化进程的比较研究》，山东大学博士学位论文，2006年，第130—131页。

② 栾丰实：《论大汶口文化的刻画图像文字》，《桃李成蹊集：庆祝安志敏先生八十寿辰》，香港中文大学中国考古艺术研究中心，2004年，第121—138页。

A类（1—7）、B类（8—10）

1、2、3、5. 尉迟寺（M96：2、JS4：1、M177：1、M215：1）　4、8、10. 陵阳河采集　6. 大朱家村采集

7. 前寨采集　9. 陵阳河M7

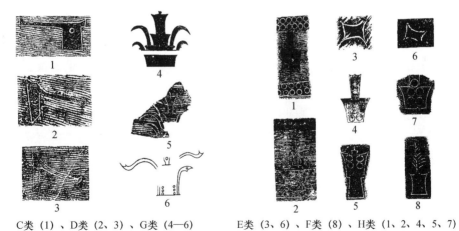

C类（1）、D类（2、3）、G类（4—6）　　　　E类（3、6）、F类（8）、H类（1、2、4、5、7）

1、2. 陵阳河采集　3. 杭头M8：49　4. 陵阳河M17　　　1、4. 陵阳河采集　2. 尉迟寺T3828⑤：1　3. 陵阳河

5. 陵阳河M11　6. 北阴阳营H2：1　　　　　　　M19：40　5—7. 大朱家村（M17：1、M26：2、采集）

8. 陵阳河M25：1

图3.1　大汶口文化刻画图像文字

（来源：采自栾丰实《论大汶口文化的刻画图像文字》，2004年）

这些图像符号主要刻画在大口尊上,而又多出现在祭祀坑和墓葬中,尤其是尉迟寺祭祀坑10的出土场景在石家河文化也有大量发现,学者多认为是一种特殊的祭祀。因此出现于祭祀坑内大口尊上的这类图像很可能和祭祀有关。而这种祭祀的具体寓意就是祭日出与祈求光明和丰收,或曰是用陶大口尊作为祭祀用器来祭祀刻画的图像所代表的日出这种行为。下文对大口尊上图像的具体含义的分析可以解释笔者的这种看法。

与此同时,绝大多数带有文字图像的大口尊出土于墓葬或直接用作葬具,因而这类文字图像是专门展示给非生者所在世界的,通过文字图像表达某种思想或理念。其表达的思想和理念是什么呢?我们可以从具体的最常见于尉迟寺和陵阳河两个地区的A类和B类图像来分析,笔者赞同其中的圆圈是太阳,下面的山峰就是山,而中间的半月牙形状则是云气。代表的含义就是太阳从云气中升起来,或太阳从云气和山中升起来,两类图像代表的含义是相同的。而整个组合不一定非得释为今天的某个字,它其实就是组合起来表达一种直观的意思。这种组合代表的更进一步的含义就是古人对太阳的崇拜,对于太阳这种东升西落,恒久不变,以及日出既能带来光明,驱走黑暗又能带来植物生长的原始崇拜。因此这里A、B两类图像多出现于墓葬或直接刻画于葬具上就是古人企望在死后的彼岸世界中也有这种恒久的光明和祈求永生。

陵阳河类型三个遗址中出土图像文字大多出自墓地中最大的墓葬,墓主几乎为清一色的男性似乎昭示这类图像文字在陵阳河的社会中仅由那些地位显赫的上层权贵人物所掌控。而图像中C类是带柲的钺,D类是带柄的锛,G类是羽冠状图像,笔者赞同栾丰实先生的分析,这三类图像直观地表达了地位和权势,结合其出土墓葬的分析更说明是身份和地位的象征。其余的F和H类图像笔者也赞同是祭祀类场景的摹画,F类是高台正中有一植物,王树明先生认为是陵阳河人社坛植树的图像文字,或称社祭图像[①],刘斌先生认为H类图像是台形"祭祀场所的一种摹画"[②]。栾丰实先生的认识与之相近[③]。关于E类图像,学者认识各有不一,笔者目前对此没有自己的看法,留待以后再思考。

从陵阳河和尉迟寺共同发现的文字图像来看,两个地区在上层精神理念方面有一定的共通之处,在祭日方面的祭祀活动中体现了共同的信仰,两地的人群有密切的联系是一定的。

陵阳河类型的另一个主要特征是墓葬中随葬数量巨多的高柄杯,这里高柄杯有

---

　① 王树明:《陵阳河墓地雏议》,《史前研究》1987年第3期。

　② 刘斌:《大汶口文化陶尊上的符号及与良渚文化的关系》,《青果集:吉林大学考古专业成立二十周年考古论文集》,知识出版社,1993年,第118页。

　③ 栾丰实:《论大汶口文化的刻画图像文字》,《桃李成蹊集:庆祝安志敏先生八十寿辰》,香港中文大学中国考古艺术研究中心,2004年,第121—138页。

薄胎高柄杯和厚胎带盖高柄杯两种（图3.2）。高柄杯的功能目前学界多认为是饮酒的酒器，最近在焦家遗址中通过对高柄杯残留物提取来检测有机酸，发现了酒石酸，说明高柄杯确实是饮酒器具[①]。薄胎高柄杯制作复杂，多泥质、光滑、壁薄，多认为是龙山文化磨光蛋壳陶的前身。厚胎高柄杯制作相对较粗糙，而且多有盖。这两类杯子有学者指出仅仅是使用的场合和层次上的差异，与夏商时期以随葬青铜或陶质酒器

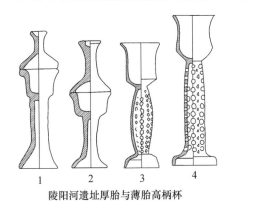

陵阳河遗址厚胎与薄胎高柄杯

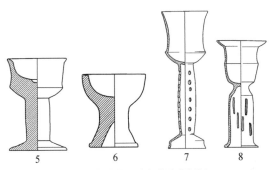

尉迟寺遗址厚胎与薄胎高柄杯

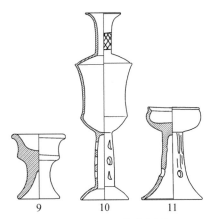

大汶口遗址厚胎与薄胎高柄杯

焦家遗址厚胎高足杯与薄胎高柄杯

图3.2　重要遗址出土厚胎与薄胎高柄杯

1. 凌阳河79M24：11　2. 凌阳河79M25：43　3. 凌阳河79M25：51　4. 凌阳河79M6：147　5. 尉迟寺T3912⑩：2
6. 尉迟寺F14：14　7. 尉迟寺M141：12　8. 尉迟寺M171：7　9. 大汶口M49：6　10. 大汶口M25：1
11. 大汶口M98：19　12. 焦家M152　13. 焦家M17：19

（来源：1—4采自《史前研究》1987年第3期；5—8采自《蒙城尉迟寺》，2001年，第146、267页；9—11采自《大汶口新石器时代墓葬发掘报告》，1974年，第81页；12采自《考古》2018年第7期；13采自《考古》2019年第12期）

---

①　张强：《大汶口文化中晚期的葬仪与社会权力分配——以宴饮器具的情境考古研究为中心》，山东大学硕士学位论文，2018年。

组合的多寡来表示墓主身份高低的情况极其相似①。仔细分析，高柄杯的盖是一个不可忽视的部件，其功能除了饮器或许还有其他功能，笔者从盖的功能考虑，高柄杯可能盛放的是一类给死者的供品，且这类物品需要带盖保存，而且带盖高柄杯多是厚胎，目前大汶口遗址也发现薄胎高柄杯带盖使用的情况。总之高柄杯的功能今后值得进一步研究。另外需要特别说明的是，各个遗址出土高柄杯的形状并不完全相同，尉迟寺遗址发掘者所言的小高柄杯在陵阳河类型中很少见，和焦家遗址中的高足杯相似（图3.2）。在比较这类器物时要把各个遗址报告编写者命名不同但器形相近的一类杯子放在一起综合考虑。由于在建新遗址的居址中发现有厚胎高柄杯，在尉迟寺遗址的居址中发现有薄胎高柄杯，显然这两类杯子都不是专门为丧葬而制作的明器。根据有学者对于尉迟寺遗址中居址和墓葬出土的饮器——杯数量的对比②，发现此类器物在居址和墓葬中的出土数量相差不大，显然随葬的高柄杯不是在死后才大量烧制仅在葬仪中使用的。

当然尉迟寺发现的墓葬没有大型墓，但是至少反映在当时一般聚落的葬俗中高柄杯并不需要特意死后临时大量烧制。而陵阳河遗址由于没有遗址资料可资对比，高柄柄的来源和具体使用情境我们认为可能有两种：一是死者的身份地位高，则占有财富多，陵阳河作为生产高柄杯的中心聚落，控制高柄杯生产的显然是聚落的这些上层权贵人物及其家族。通过对陵阳河墓地空间分布和随葬品的综合研究，有学者已指出，在陵阳河社会实际存在着几个权贵家族轮流执政的情况③。某个权贵人物死后其家族继承者将控制的社会公共资源烧制的高柄杯大量随葬于墓葬是轻而易举的事情。同时更有可能是举行丧葬的权贵家族在这种葬仪中通过具体的宴饮仪式来凝聚民众，提高自身社会威望，实现自己继续统治的合法性和正当性。二是高柄杯相当大部分也可能是来自送葬者，因为死者的社会地位高，来送葬的家族成员本身多是富裕人群，送葬的物品肯定多，而其他族群来送葬的人自然也多，由于葬仪中要举行宴饮，高柄杯显示送葬者的身份，举行完葬仪后同时赠送死者随葬。从这种角度看，陵阳河社会随葬大量高柄杯并很重视丧葬仪式中的宴饮就易于理解了。同时我们也看到在陵阳河社会中并不是仅有大墓才随葬高柄杯，在一些小型墓，如杭头遗址的M4和M5均无葬具，仅有19件随葬品，却发现也各随葬有1件薄胎高柄杯，这似乎说明其实在陵阳河社会普遍重视丧葬中的宴饮葬仪，不过是上层权贵家族可控制的高柄杯资源更多罢了。而尉迟寺的墓葬尽管是小型墓，其实也反映了丧葬活动中对宴饮葬仪的重视。根据乔玉的研

①　燕生东、尹秀蛟：《论陵阳河大汶口文化墓葬所反映的社会分层——从文化人类学和民族学角度说起》，《江汉考古》2001年第1期。

②　乔玉：《尉迟寺遗址大汶口文化聚落陶器使用情况分析》，《南方文物》2015年第4期。

③　王芬：《海岱地区和太湖地区史前社会复杂化进程的比较研究》，山东大学博士学位论文，2006年。

究，在尉迟寺的墓葬中杯类是最普遍的随葬器物，在21座墓葬中出现，并且在墓葬全部随葬陶器种类中杯类所占的数量最多，且多葬于等级较高的墓中；居址中有陶杯、陶尊集中分布的情况，而且能够组织与饮器集中使用相关活动的社会成员应该有特殊地位①。我们认为尉迟寺遗址也多在丧葬活动举行宴饮仪式。

总之，尉迟寺和陵阳河发现相同图像符号，两个区域墓葬均发现较多的高柄杯随葬、墓主头向相同、其他类型常见的拔牙习俗都不常见，这些现象表明两地在宗教信仰、祭祀、丧葬等精神文化理念方面有共通之处，两地区应有密切的人员流动、文化交流，不排除有人群的直接迁徙。尉迟寺人群的来源和陵阳河人群的来源应该存在密切的关系，目前的线索来源苏北沿海地区比来自泗水流域的大汶口类型更有说服力。沂沭河上游、皖北豫东地区分别位于汶泗流域的东西近邻区域，均属于淮水流域。陵阳河、尉迟寺、大汶口三个类型所在的小区域的文化总体陶器特征近似，器物组合相同，葬仪中均有使用高柄杯宴饮的仪式（大汶口的情况详见下文），在建筑方面多为半地穴，挖基槽，每间房几乎均有灶坑等也体现了相似的文化特征。这些共性体现了各个小区之间交流互动的认同状态。同时也应看到三个小区域的不同：在墓主头向、头骨枕骨变形、拔牙等方面，汶泗流域都不同于陵阳河和尉迟寺；手握獐牙的习俗则在尉迟寺和汶泗流域比较流行，在陵阳河则很少见；汶泗流域的儿童墓用瓦片覆盖头部或全身的情况和尉迟寺流行的儿童瓮棺葬显然有近似的地方，但是在陵阳河则不见这种儿童葬俗。其实这也是一种交流互动，只是这种更多地体现了交流互动后各自的选择。

二、鲁南与鲁北的互动与交流

焦家遗址位于山东省济南市章丘区西北20千米处的泰沂山系北侧的山前平原地带，遗址西边500米处有巨野河自东南向西北流过，南面距离城子崖遗址约5千米。遗址分布于焦家、苏官、董家和河阳店等村庄之间。遗址总面积超过100万平方米，主要为大汶口文化中晚期阶段，下限为汉代。1987年调查发现，20世纪90年代有过调查和试掘②。

2016—2017年春夏，山东大学考古与博物馆学系两次发掘该遗址，南区和北区合计发掘面积约2117平方米。两个年度共发现大汶口文化墓葬215座、房址116座，在发现的974座灰坑中，绝大多数属于大汶口文化，此外还包括少量龙山文化、岳石文化和

---

① 乔玉：《尉迟寺遗址大汶口文化聚落陶器使用情况分析》，《南方文物》2015年第4期。
② 章丘市博物馆：《山东章丘市焦家遗址调查》，《考古》1998年第6期。

汉代灰坑[1]。

　　焦家遗址距离著名的龙山文化和岳石文化城址——城子崖遗址只有5千米。夯土城墙、环绕城墙的壕沟、一大批高等级墓葬和祭祀坑等，加之大批量的高端产品——玉器、白陶和彩陶的发现，昭示着在大汶口文化中晚期阶段，焦家遗址已成为鲁北古济水流域具有政治、经济和文化中心意义的聚落。而大汶口遗址早中晚期均属于大汶口文化的中心性遗址，早中期还是唯一发达的中心性遗址，其作为大汶口文化发源的中心和焦家的关系值得探索。

　　从文化内涵来看，两者都发现了房屋建筑，有地面和半地穴式两种，大汶口遗址由于目前发现的系统发表材料的房屋建筑仅有3座，这3座房址彼此相隔40—50米，其间发现同年代的灰坑和墓葬，年代属于大汶口文化早期。从这些材料中看不出聚落的布局，和墓地的关系均无法得知。焦家发现房址年代属于大汶口文化中期偏晚和晚期两个不同阶段，初步发现和墓地之间属于居葬分开的关系。焦家和大汶口遗址亦发现了数量可观的墓葬，大汶口遗址有学者已指出其大汶口文化中晚期的墓地是连续使用的，墓地长期保持着稳定性的结构，宗族数量并没有发生很大的变化[2]。而且大汶口墓地中大型墓和中小型墓属于同一区域，没有出现野店和陵阳河墓地中大中型墓单独分区埋葬的现象。从发表的南北两区的墓葬平面分布图来看，焦家遗址大汶口中晚期的墓地也在一起连续使用，大中小墓葬呈南北分列分布，也没有出现单独的大中型墓分区埋葬的情况。

　　从墓葬的葬具、随葬品情况看，大汶口墓地的晚期大型墓使用葬具的3座，占全部大型墓的一半，占全部大中型墓的23%。大型墓共计6座，其中随葬品的数量最少的M60为41件，最多的M10为206件，其余一般都在七八十件。随葬品中，墓主使用的个人物品如各种饰品、龟甲器、骨牙雕筒、玉钺等放置墓主身体相应部位，各类质地的工具等放在墓主身体附近，而陶质饮器和食器则多被放置于墓主头脚两端。

　　焦家遗址墓地使用葬具的比例较高，趋势也是大中型墓使用葬具，其中20多座大中型墓，除了1座是重椁一棺，其余均一棺一椁。经统计，焦家遗址墓地目前发现的葬具使用率已超过60%，这在同时期墓地中较为少见[3]。大中型墓随葬品的数量多的几十件，少的十余件。M152是唯一一座两椁一棺大型墓，墓主为老年男性，仰身直肢。墓

　　①　山东大学考古学与博物馆学系、济南市章丘区城子崖遗址博物馆：《济南市章丘区焦家新石器时代遗址》，《考古》2018年第7期。

　　②　王芬：《海岱地区和太湖地区史前社会复杂化进程的比较研究》，山东大学博士学位论文，2006年。

　　③　山东大学考古学与博物馆学系、济南市章丘区城子崖遗址博物馆：《济南市章丘区焦家新石器时代遗址》，《考古》2018年第7期；山东大学考古学与博物馆学系、济南市章丘区城子崖遗址博物馆：《济南市章丘区焦家遗址2016～2017年大型墓葬发掘简报》，《考古》2019年第12期。

内出土39件随葬品，其中棺内墓主身边器物多为玉器，包括耳饰、指环、臂钏、钺和刀等；另有龟甲器、蚌片、骨梳、骨雕筒等随葬品；陶器27件，多位于棺椁之间或内外椁之间，有鼎、背壶、豆、高足杯等，其中有少量彩绘陶器（图3.3、图3.4）。

从大汶口和焦家两个遗址发现的墓葬的随葬品的种类、摆放位置来看，两地大中型墓葬随葬的情况近似，如大中型墓主要随葬品有白陶器、各类玉器、彩陶器、骨牙雕筒、龟甲器、鳄鱼骨板等。玉石器包括玉石钺、玉璧、玉刀等玉礼器及玉镯、玉坠、玉环等玉饰品，还出土不少绿松石。不管是普通闪石玉还是绿松石，海岱地区都不是矿源地，因而材质本身属于远距离而来的稀有贵重物品。而且这些稀有贵重物品在大墓中的组合、数量等方面都没有一定的规制，但是向大墓及大中型墓集中的趋势很明显。上述稀有贵重物品中骨牙雕筒是海岱地区独有的，白陶器、玉牙璧、有领璧也是海岱地区最早出现的，相当于大汶口时期海岱地区独有的。骨牙雕筒有学者做过统计和研究，加上近年焦家遗址出土的10件，共计60件左右[①]。其中仅大汶口遗址15座墓中发现26件，此外在鲁南汶泗流域等级稍低的在岗上、野店、东魏庄等遗址也有发现。单从中心性遗址来看，陵阳河41座中晚期墓葬中仅2座出土2件骨牙雕筒，大汶口和焦家两个遗址出土的骨牙雕筒占据目前出土总数的60%，至少说明后两个中心性遗址对骨牙雕筒这类贵重物品更重视，具有相同的认可度。由于汶泗流域大汶口遗址发现的骨牙雕筒总的数量最多，年代上尽管焦家遗址也有2件属于中期，但是相较而言，汶泗流域大汶口遗址中期的数量是整个海岱地区出土最多的，且目前对骨牙雕筒A、B、C三种分类中，大汶口遗址的中期三种类型已经全部具备，焦家遗址中期还未见到B型[②]。因而不排除骨牙雕筒这类物品最初出现于大汶口的汶泗流域，之后再交流至其他小区。最近已有学者利用新的方法对海岱各个区域间发现的贵重物品的生产和流通开展研究，如对鲁北龙山时期白陶的研究[③]；对鲁南鲁北彩陶的交流互动研究[④]。除了贵重物品的互动交流，海岱各个区域的一些技术也存在互动交流，如玉器的镶嵌技术、璧环加工为边刃的技术等都是在海岱地区大汶口中晚期出现，并在海岱地区内部

①　栾丰实：《大汶口文化的骨牙雕筒、龟甲器和獐牙勾形器》，《栾丰实考古文集》，文物出版社，2017年，第1125—1143页。焦家遗址的数据是来自山东大学吴昊博士的一篇文章，尚未发表，承蒙使用，在此感谢！

②　骨牙雕筒的分类参见杨晶：《大汶口文化的骨牙"雕筒"》，《故宫博物院院刊》2003年第1期。吴昊的分类与此文相同，焦家的资料仍参见吴昊文章。

③　陆青玉、王芬、栾丰实，等：《丁公及周边遗址龙山文化白陶的岩相和化学成分分析》，《考古》2019年第10期。

④　武昊、王芬：《鲁中南和鲁北地区彩（绘）陶艺术的比较研究——以大汶口和焦家遗址为例》，《华夏考古》2023年第1期。

图3.3　焦家遗址M152平面图

（来源：采自《考古》2018年第7期）

图3.4　焦家遗址M152出土玉器

（来源：采自《中国考古学年鉴·2018》，2019年）

逐渐普及[1]。总之，目前大中型墓随葬品的情况显示焦家和大汶口遗址之间上层贵族可能存在共同的理念和认同，上层之间甚至存在稀有贵重物品及制玉等技术的交流。

从两墓地反映的葬俗看，墓主的头向都以东向为主，鲁中南的大汶口类型多见手握獐牙，而鲁北焦家遗址不常见。同时关于使用高柄杯举行葬仪，鲁南和鲁北并不相同。笔者认为焦家遗址在丧葬中可能不像陵阳河和尉迟寺那样存在着使用高柄杯宴饮的葬仪。截止到2018年5月，张强统计的焦家遗址发掘的墓葬，发现7座随葬高柄杯，这7座墓葬中5座为空间分布在一起的一组墓葬，都是大型墓。其中1座为墓地最高等级的墓葬，为一棺两椁，还有1座一棺一椁尽管随葬的高等级物品不多，但有龟甲随葬，推测墓主可能是掌握焦家社会内部巫术卜算的人，这类人或许财富不太多，但社会地位很高[2]。由此可知焦家遗址目前发现随葬高柄杯的墓葬都是具有较高社会地位的人。但是笔者认为大型墓随葬高柄杯并不是一种普遍现象，焦家遗址截至2018年初发掘的墓葬共计215座[3]，大型墓至少20多座，仅有7座随葬高柄杯，比例最多1/3。而小型墓更是一座也没有随葬，因而笔者认为焦家社会中并不存在丧葬中的宴饮葬仪。大墓中高柄杯很可能只是作为稀有物品，而且这种所谓的稀有物品并不是被所有上层人士认可的，至少不是被当时社会的全部上层人物都认可为贵重物品。也可以说这个时期随葬稀有、贵重物品并没有在权贵阶层中形成规制，同时我们发现玉钺、玉镯、骨牙雕筒、白陶鬶、白陶背壶、白陶杯和彩陶等这些所谓的稀罕贵重物品在大墓中的出现也没有一定的规律，常常是某一两种或几种的随意组合。这和之后的龙山时代陶寺大墓的随葬品种类、数量均组合规整的情况是不同的。

目前海岱地区高柄杯尤其薄胎高柄杯最早出现于大汶口文化中期，在汶泗流域的大汶口遗址中期的M67和M98两座小型墓中分别随葬了1件和2件高柄杯。其余发现的高柄杯多属于大汶口文化的晚期阶段。大汶口文化晚期阶段，在大汶口遗址10座墓葬共随葬高柄杯51件，尽管10座中的8座都属于第一、二等级的大墓。但是仍在两座小型墓中发现，说明即使到大汶口晚期高柄杯并非是上层垄断的贵重物品。这和白陶的情况不同，白陶在大汶口文化晚期一出现就被社会上层贵族所垄断[4]。高柄杯和绿松石两种资源类似，这个时期均有向大墓集中的趋势，主要为上层人员所控制，但是常常也有一些特例情况出现，会在一些小墓中发现。从鲁中南大汶口类型出土高柄杯总数的统

① 王强、杨海燕：《西玉东传与东工西传——黄河流域龙山时代玉器比较研究》，《东南文化》2018年第3期。

② 张强：《大汶口文化中晚期的葬仪与社会权力分配——以宴饮器具的情境考古研究为中心》，山东大学硕士学位论文，2018年。

③ 山东大学考古学与博物馆学系、济南市章丘区城子崖遗址博物馆：《济南市章丘区焦家新石器时代遗址》，《考古》2018年第7期。

④ 栾丰实：《海岱地区史前白陶初论》，《考古》2010年第4期。

计来看[1]，这个地区的出土数量仅次于陵阳河，但是并非集中于大汶口文化的晚期。而建新遗址的92座大汶口墓葬中出土190件高柄杯，其中大多数的是厚胎高柄杯，似乎说明这个遗址对于丧葬中宴饮葬仪也是推崇的。总之从随葬高柄杯的情况来看，大汶口类型中似乎在丧葬中也流行用高柄杯宴饮的葬仪。对比鲁北地区，茌平尚庄遗址的17座大汶口文化墓葬中，出土高柄杯4件；广饶傅家遗址的144座大汶口文化墓葬中，出土高柄杯4件；景芝镇遗址的7座大汶口文化墓葬中，出土高柄杯8件。因此鲁北地区似乎不流行使用高柄杯进行宴饮的葬仪。而大汶口文化时期，海岱地区的稻作遗存主要发现于鲁南地区，也表明鲁南地区在农业生产方面和鲁西北地区有一定的差异。

焦家所在的鲁北地区和大汶口所在的鲁南地区之间，除了上层权贵阶层的互动交流，下层之间也许还有具体的人员迁徙。目前焦家遗址锶同位素的研究表明首先M133的数据与本地差异性最大，而与大汶口遗址表现出极大的相似性。推测其极可能从大汶口遗址迁徙而来，而有意思的是这座墓葬是一座儿童墓，显然儿童不可能自己单独迁徙，很可能跟随父母等成年人一起来的，所以今后焦家遗址或许会有更多的"大汶口"遗址锶同位素比值特征的个体发现[2]。

总之，从整个海岱地区看，汶泗流域的大汶口文化年代早、发展水平高，在大汶口文化的早中期阶段一直属于大汶口文化唯一的发达中心区。进入中期晚段，焦家遗址兴盛起来，鲁北新出现了另一个中心。进入大汶口晚期阶段，陵阳河兴盛起来，又一个大汶口文化的中心出现。但是这种三个中心的并立可能仅仅在大汶口文化晚期早段比较突出，进入晚期晚段焦家逐渐衰落，大汶口中心也逐渐衰落，晚期晚段陵阳河类型才是最发达的中心。鲁南地区陵阳河和尉迟寺两个小区有更多的互动，二者存在更密切的联系，在人群来源上可能有相同的来源。整个鲁南地区由于地域、环境等自然资源的接近，如粟作农业的基础上都最先发展起了稻作农业，因而一些丧葬礼仪上，如使用高柄杯宴饮的葬仪相比整个鲁北有更多的相同之处。同时也应看到整个海岱地区大汶口中晚期上层权贵之间也存在着交流网，贵重稀有物品如白陶、彩陶、薄胎高柄杯、骨牙雕筒、绿松石器、各类玉器等在海岱地区内部可能有很多的交流，而下层的人群则可能存在相互的迁徙。这些互动交流使得海岱地区在技术（建筑、琢玉、制陶等）、宗教信仰、丧葬理念、治理社会等诸多方面形成了一些共识和认同，因而在物质文化上才体现更多的相同之处。至于各个小区内部互动交流的形式，可分为两种，其一是主动的小规模的人员直接接触导致的互动交流，主要是少数社会上层的旅行、各个小区间的交换贸易及婚姻和结盟等行为；其二是客观上大规模、大范围的互动交流，主要是冲突战争、自然环境恶化引起的人群迁徙。

---

①　本段关于高柄杯的出土数据的统计信息均来自张强硕士论文。张强：《大汶口文化中晚期的葬仪与社会权力分配——以宴饮器具的情境考古研究为中心》，山东大学硕士学位论文，2018年。

②　房书玉：《焦家遗址人口迁徙的锶同位素研究》，山东大学硕士学位论文，2018年。

第二节　大汶口文化中晚期海岱地区和外部的交流互动

大汶口文化中晚期，海岱地区和中原地区、长江中游地区、长江下游地区都存在互动交流。本节就海岱地区和上述地区互动交流的内容、特点、交流的路线等问题作一综合研究。

一、大汶口文化的西进

大汶口文化中期，大汶口文化自身迅速发展，与此同时庙底沟文化衰落，少数大汶口人群开始向豫东、豫西、皖北迁徙。由于文化的滞后性，我们目前在上述地区发现的大汶口文化遗存多属于中期偏晚阶段，其实其迁徙和交流时间应该是早于这个时期就发生了。目前发现此期遗存的遗址有亳州付庄、尉氏椅圈马、周口烟草公司[①]、郑州大河村[②]，此外还有郑州林山寨[③]、郑州西山[④]、荥阳点军台[⑤]、汝州北刘庄[⑥]、禹州谷水河[⑦]等遗址。上述前4个遗址发现的遗存主要是典型的大汶口文化的墓葬，学界一般认可是由大汶口人群迁徙到这些地区形成的。后5个遗址没有明确的墓葬发现，但是都发现了大汶口文化的典型器物，甚至有的还有典型的灰坑等遗迹。而上述这9个遗址除了亳州付庄、周口烟草公司在海岱和中原文化区的交界地区，其余都是在中原地区的核心区域，并非在文化的交汇区。所以如果说是文化边界地带受到多个文化的影响而出现的似乎难以成立。其实如果考虑这些遗址所在的水系或许容易理解，上述遗址均分布于先秦时期的淮水水系北侧的诸多支流近旁。从泗水流域向西经古代汳水很容易就达开封的尉氏和郑州地区，而经沙水、颍水上行则可以经淮阳、周口而达颍水上游地区。泗水古代也是淮水的支流，所以海岱地区的大汶口文化向西沿淮水诸多支流上溯迁徙是易行且快捷方便的。仍需说明的是，郑州以西的林山寨、西山、点军台出

---

① 周口地区文化局文物科：《周口市大汶口文化墓葬清理简报》，《中原文物》1986年第1期。

② 郑州市博物馆：《郑州大河村遗址发掘报告》，《考古学报》1979年第3期。

③ 河南省文化局文物工作队第一队：《郑州西郊仰韶文化遗址发掘简报》，《考古通讯》1958年第2期。

④ 国家文物局考古领队培训班：《郑州西山仰韶时代城址的发掘》，《文物》1999年第7期。

⑤ 郑州市博物馆：《荥阳点军台遗址1980年发掘报告》，《中原文物》1982年第4期。

⑥ 河南省文物研究所：《河南临汝北刘庄遗址发掘报告》，《华夏考古》1990年第2期。

⑦ 河南省博物馆：《河南禹县谷水河遗址发掘简报》，《考古》1978年第4期；中国社会科学院考古研究所洛阳工作队：《1975年豫西考古调查》，《考古》1978年第1期。

现的大汶口文化因素毕竟只是大汶口的类似器物，其更可能是迁徙至大河村的大汶口人群和这些地区互动交流影响的结果。

大汶口文化晚期，出现一个大汶口人群西迁的高潮，最突出的体现就是大汶口文化尉迟寺类型的出现，主要分布在皖北、豫东、鲁西，具体向北概到商丘，西到周口，南到淮河以北，东到南四湖。必须明确是，其实这一波的大汶口人西迁仍然是沿着中期的淮水支流逐步上溯的，时间上相同，甚至迁徙的背景也相同。鲁豫皖地区集中的这些遗址形成一个目前考古学文化定义的尉迟寺类型，实际上这个类型也是方便考古学研究而定义的。然而同样用这样的框架和定义，如果承认有尉迟寺类型，则所谓的颍水类型①可能就不存在，因为颍水类型的东部很多遗址其实就在尉迟寺类型空间范围内，如商水章华台②、郸城段寨③发现的典型的大汶口文化墓葬，其归属尉迟寺类型更合适。而且颍水类型也不符合我们对考古学文化和类型的定义，它既无典型遗址，更重要的是所谓颍水类型的周口以西地区的范围都不在大汶口文化分布范围内，这个地区的文化主要是庙底沟二期文化和郑州地区的大河村五期遗存。那么如何认识平顶山寺岗和偃师滑城的大汶口墓葬呢？我们认为这可能就是考古学文化互动中的"文化飞地"现象。当年在尉迟寺、固镇垓下等整个皖北文化面貌都不清晰的情况下，针对当时的材料就大汶口西进提出颍水类型的探讨尤其西进对于东夷族群和中原族群的融合讨论都有积极意义。晚期这次西进还应看到，目前在众多遗址发现的大汶口文化遗存可能并非都是人群迁徙的结果，应该有相当多是迁徙至一个地区的大汶口人群再和周围文化互动交流之后的结果，不少遗址可能只是文化因素的到来，并没有真正的人群在那里生活，应该具体遗址具体分析。

大汶口文化西进的背景和动因，应根据不同时间具体分析。始于大汶口文化中期并持续至晚期的人口不断西迁的总体背景和这个时期大汶口文化势力总体增强，人口繁荣要开拓新的生存空间，而又恰逢中原地区庙底沟文化的衰落有关。而且西迁的大汶口人群目前从中原地区发现的大汶口文化墓葬多拔牙和手握獐牙的葬俗来看，似多来源于汶泗流域。而大汶口文化晚期阶段尉迟寺类型和陵阳河类型的突然兴起，笔者赞同栾丰实先生的意见，即生活于苏北地区的大汶口人群可能迫于良渚文化北上的压力或水患而被迫向北面的沂沭河上游或沿淮水向西边的皖北豫东迁徙④。

值得注意的是，大汶口文化中晚期的西进在文化交流、族群融合和交通通道上均具有重要意义。大汶口文化沿淮水西进，向西北经各个支流则沟通了中原腹地和海

---

① 杜金鹏：《试论大汶口文化颍水类型》，《考古》1992年第2期。

② 商水县文化馆：《河南商水发现一处大汶口文化墓地》，《考古》1981年第1期。

③ 曹桂岑：《郸城段寨遗址试掘》，《中原文物》1981年第3期；郸城县文化馆：《河南郸城段砦出土大汶口文化遗物》，《考古》1981年第2期。

④ 栾丰实：《太昊和少昊传说的考古学研究》，《中国史研究》2000年第2期。

岱，早期庙底沟的彩陶东传很可能也是沿着同样的路线到达汶泗流域的。而淮水南侧各个支流则沟通了海岱和长江中游地区，在周口地区发现的屈家岭文化的遗存应该就是沿着淮水及其南侧的这些支流到达的①，同样在长江中游地区也发现了大汶口文化的因素。苏鲁豫皖交界地区属于中原、海岱、长江中游等几个文化区交汇的地方，是文化互动交流的关键区域，而淮水及其支流在沟通海岱和中原、海岱和南方则起到了文化廊道的作用。淮水的水路沟通在之后的龙山时代和夏商时期逐步发展形成了明确的水路交通路线及水路、陆路复合路线。之后龙山时代中原和海岱地区的交流最重要的路线就是南线的淮水及其支流构成的水路，二里头时期夷夏互动，商时期的商夷联盟，甚至商晚期的商人大举东进，征夷方等一系列重大事件几乎都离不开苏鲁豫皖交汇区和淮水北侧支流汳水、睢水、颍水等构成的交通通道。

大汶口文化中晚期开始的这种人口迁徙、文化拓展是先秦时期中原和海岱地区族群融合的第一个高潮。这些大汶口文化人群在进入龙山时代不久就融入了当地人群中，我们认为这种伴随着人群迁徙的区域间互动，带来的技术、文化的影响是快捷和深刻的。目前我们在同时代的中原文化中发现明显的海岱大汶口文化因素或二者相结合的众多物质遗存就是明证。而更引人关注的是年代稍晚的陶寺文化、二里头文化中也发现众多海岱地区的东方文化因素，尤其在礼乐制度，贵重物品如玉器、绿松石的制作技术等领域，海岱地区对陶寺和二里头影响深刻，毫无夸张地说海岱大汶口文化和龙山文化是以礼乐文明为主要特征的三代文化的重要来源之一。关于海岱地区究竟有什么样的历史遗产传承下去，本书将在第四章第二节详细论述。

二、大汶口文化晚期海岱和安徽江淮及长江中游地区的互动

大汶口文化早期和巢湖以南皖东南地区的凌家滩文化之间应该有一定的互动交流，目前在凌家滩文化中发现有与大汶口文化相类似的背壶、高柄杯、实足鬶等器物②。同时二者中都发现了八角星纹图案，大汶口彩陶和凌家滩玉器上的八角星纹图案，均出土于大中型以上的墓葬，推测为各自社会的上层所拥有，可能是进行特定祭祀活动的重要法器③。到大汶口晚期，皖东南地区发现的含有海岱文化因素的遗址较

---

① 刘敦愿：《试论古代黄淮下游之与江汉地区间的交通关系》，《纪念顾颉刚学术论文集》，巴蜀书社，1990年，第685—692页；刘敦愿：《云梦泽与商周之际的民族迁徙》，《江汉考古》，1985年第2期。

② 张鑫：《大汶口文化研究》，吉林大学博士学位论文，2018年。

③ 栾丰实：《中国史前文化中的八角星图案初探》，《栾丰实考古文集》，文物出版社，2017年，第1032—1049页。

少，这和该地区整体发现这个时段的遗址较少有关，目前仅在安徽含山大城墩遗址发现大汶口较典型的竖篮纹鼎的口沿、黑陶高柄杯、带凹槽铲形鼎足等[①]。

大汶口文化中晚期，大汶口和薛家岗文化有了一定交流，薛家岗文化大致分布于皖西南至巢湖以西、大别山以东，长江淮河之间的河湖平原地带。薛家岗文化晚期受到大汶口文化的影响开始增多，薛家岗文化中常见的实足鬶及长颈鬶，是受到大汶口文化影响而产生的，此外在薛家岗遗址第五期出现的捏流袋足鬶很可能也是受到了大汶口文化的影响。而薛家岗晚期出现的折腹篮纹罐形鼎、觚形杯、薄胎黑陶高柄杯等则能看到大汶口文化尉迟寺类型的影子。薛家岗文化还以发现的多孔石刀为突出特征，当然这种石刀在良渚和北阴阳营文化中也常见到。而在大汶口文化花厅遗址也发现有多孔石刀，其来源不排除来自皖西南的薛家岗文化。皖西南地区在薛家岗文化之后是张四墩类型，年代相当于大汶口文化晚期和龙山文化早期，这一阶段该地区仍有较多海岱地区文化因素出现，包括篮纹鼎、钵形豆和黑陶蛋壳高柄杯等[②]。

大汶口文化沿着淮水向西向南似乎没有止步于长江，同样江汉平原的屈家岭文化分布到南阳盆地并影响了河南中南部的信阳、驻马店、许昌、平顶山、漯河等地区。甚至一些文化因素在豫东南周口地区也能见到。江汉地区和海岱地区的大汶口文化的互动还体现在目前在江汉平原的屈家岭—石家河文化早期中也发现了常在大汶口文化中出现的一类器物——大口尊。屈家岭—石家河文化早期，目前发现的这类大口尊据统计有200多件[③]，年代从屈家岭文化晚期到石家河早期。这类大口尊，一般折沿敞口，微鼓腹，壁厚，或尖圜底或小平底，腹部多附加宽带纹，上腹部也常有刻画符号（图3.5）。和海岱地区的尉迟寺和陵阳河常出土的大口尊相比形制相近，但刻画符号不同。两地大口尊出土的形式也有相同的地方如都以相互套接的方式出现在遗址的地面或浅坑中。学者多认为尉迟寺和邓家湾发现的这种套接大口尊是一种祭祀现象，或体现某种礼仪。总之，两地之间一定存在互动和交流，尤其在某些宗教理念方面是存在共同的认同的。

---

① 张敬国：《含山大城墩遗址第四次发掘的主要收获》，《文物研究》（第4辑），黄山书社，1988年，第104—177页。

② 王清刚：《简论大汶口文化到龙山文化之交海岱地区文化因素的南下》，《东南文化》2017年第3期。

③ 郑铎：《新石器时代大口尊研究》，南京航空航天大学硕士学位论文，2008年。也有叫大口缸的，其实为同一类器物。吴梦蕾：《长江、黄河下游新石器时代大口缸研究》，南京大学硕士学位论文，2018年。

三、大汶口文化中晚期海岱地区和太湖流域的互动

海岱和太湖流域很早就有文化的交流。在大汶口文化中期，良渚文化兴起，二者的交流互动中整体来看良渚文化处于主导和强势地位。关于双方互动交流的内容、特点试概述之。

大汶口文化中晚期（栾丰实先生分期的四、五期，相当于分段的7、8、9段）由于良渚文化约公元前3400年或前3300年起始，这个时期约相当于良渚文化分期三期说的中晚期，如果是四期说相当于二期末到四期。这个时期良渚文化对大汶口文化的影响体现在空间上的强势北进和人群上直接迁徙。

良渚文化的主要分布区在环太湖的东、南、北部区域。杭嘉湖平原属于核心区，长江沿岸的宁镇地区基本是其北部的边缘区。而关于江苏北部的江淮之间发现的良渚文化遗存学者间的认识有分歧。有学者认为属于良渚文化的分布区[①]，也有学者认为不能划入良渚文化分布范围[②]。但无论如何，在远离良渚文化核心分布区的江淮间发现的越来越多的良渚文化遗存表明了良渚文化的强势北进。这类遗存除了早年发掘的海安青墩[③]、阜宁陆庄[④]、东台开庄[⑤]等遗址外，近年尤以兴化和东台交界地区的蒋庄遗址最为引人注目。该遗址在2011年及2015年两次发掘中共发掘墓葬284座、房址8座、灰坑100余座以及水井、灰沟等，出土玉器、石器、陶器、骨器等遗物近1200件。蒋庄良渚文化墓地是在长江以北首次发现随葬琮、璧等玉礼器且文化面貌单纯的等级较高的良渚文化墓地。该墓地为良渚文化核心区之外已知发现数量最多、埋葬最密集的良渚文化墓地。葬式、葬俗丰富多样，部分人骨及葬具保存较好，是迄今为止发现的保存骨骸最完整和丰富的良渚文化墓地资料[⑥]。江淮之间的这批良渚文化遗存尤其蒋庄墓地的发掘表明确有良渚的人群曾突破长江来到里下河区域定居。

此外从空间上看，在今苏北一带尽管属于大汶口文化分布区，但是这些大汶口文化遗存中发现了较多良渚文化因素，其中最能反映文化碰撞和交融的就是江苏新沂花

① 栾丰实：《良渚文化的分期与分区》，《栾丰实考古文集》，文物出版社，2017年，第1202—1212页。

② 朔知：《良渚文化的范围——兼论考古学文化共同体》，《南方文物》1998年第2期。

③ 南京博物院：《江苏海安青墩遗址》，《考古学报》1983年第2期。

④ 韩明芳等：《阜宁陆庄遗址发现晚期良渚文化遗存的意义》，《中国文物报》1995年7月9日。

⑤ 盐城市博物馆、东台市博物馆：《江苏东台市开庄新石器时代遗址》，《考古》2005年第4期。

⑥ 南京博物院：《江苏兴化、东台市蒋庄遗址良渚文化遗存》，《考古》2016年第7期；南京博物院：《江苏兴化蒋庄遗址良渚文化高等级墓葬发掘简报》，《东南文化》2022年第5期。

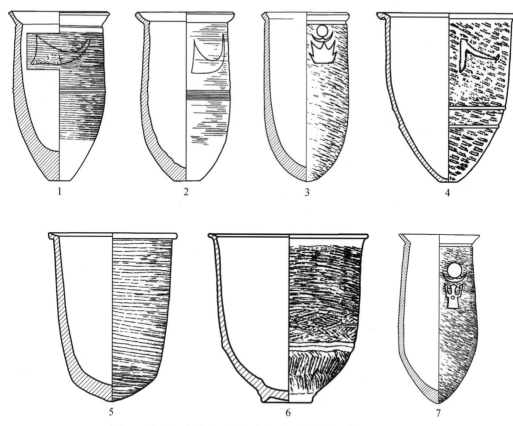

图3.5　大汶口文化和石家河文化出土带有刻画符号的大口尊

1. 肖家屋脊JY7：9　2. 邓家湾套缸2：23　3. 尉迟寺JS10：2　4. 杭头M8：49　5. 肖家屋脊H152：1
6. 大汶口M8：7　7. 尉迟寺M177：1

［来源：1、5采自《肖家屋脊》，1999年，第171—172页；2采自《邓家湾》，2007年，第157页；3采自《蒙城尉迟寺》（第二部），2007年，第102页；4采自《考古》1988年第12期；6采自《大汶口》，1974年，第90页；7采自《蒙城尉迟寺》，2001年，第256页］

厅墓地，墓地中呈现良渚和大汶口文化交融的现象一经发现就吸引了学者的关注，关于墓地的文化属性，导致这种现象的背景和原因有诸多分析和探讨。多数学者认为墓地属性仍属于大汶口文化，至于良渚文化因素出现在此地的原因有学者认为花厅北区墓葬就是良渚人群中北上征战的将士墓葬[①]。还有学者做了更深入的分析，认为花厅墓地还见到薛家岗文化的影响，这里位于淮水北侧，受到来自西南方向淮水南侧的薛家岗文化影响从地理交通上是很容易实现的，比之良渚核心区这里距离更近便；此外花厅墓地体现出来的多元文化交流融合的结果主要见于大型墓和少数中型墓，而小型墓

----

① 严文明：《碰撞与征服——花厅墓地埋葬情况的思考》，《史前考古论集》，科学出版社，1998年，第262—266页。

中极少见到①。这个现象说明良渚文化的确对花厅大汶口文化产生了重要影响，但是影响的广度和深度限于社会上层。由于兴化蒋庄大规模良渚墓葬的发现及上述多处良渚文化遗址在江淮之间发现，又根据陆庄遗存的年代②，对比蒋庄的材料，笔者认为这几处遗址的年代大致相当，相当于良渚文化的二、三期，以三期为主。鉴于至少在良渚文化二期偏晚已有大批良渚人群北迁到江淮之间，那么同时或稍早有良渚人群渡过古淮水来到花厅的可能性是很大的。而目前在鲁南、鲁北甚至胶东半岛发现的良渚文化因素，这些因素应该是受到传播和影响而所致的③。

　　大汶口文化晚期晚段，相当于良渚文化的四期，随着良渚文化的衰落，而皖北大汶口文化的兴盛。除了在苏北地区南部还有少量良渚文化因素，而且这些因素更大可能是前一时期到达这里的文化的延续，海岱地区已基本不见良渚文化因素。

　　当然在太湖流域的崧泽文化和良渚文化中也发现有大汶口文化的因素④。如崧泽文化中的实足鬶、平底觚形杯、高柄杯，这三类器物都是大汶口文化的典型器物，在大汶口文化中出现时间早，出土数量大，少量出现在崧泽文化中，应该是来源于大汶口文化。此外良渚文化中实足鬶、袋足鬶及背壶也都是来自大汶口文化的因素。

　　良渚文化和大汶口中都发现一类相类似的器物——大口尊，在大口尊或陶器、玉器上刻画了一类图像符号，这些相同或近似的图像符号也在两地均有发现。关于出土大口尊及图像符号，学者的研究成果很多⑤，其中的台型图像在蒋庄遗址也有出土。大口尊在黄河、长江下游地区及长江中游地区均有出土，具体出土地点有墓葬、祭祀遗迹以及生活遗址等。出土于生活遗迹中的大口尊主要承担着盛储器的功能，用于盛放闲置陶器或食物，不排除是盛放酒的容器，甚至也可能是作为酿酒的酒器。但是作为出土于墓葬中的随葬器，大口尊在各个地区新石器墓葬中的埋葬形态各有不同，有的直接作为葬具使用。在海岱地区大口尊随葬的墓葬随着时代发展有一个逐步向高等级墓葬随葬的趋势，体现了社会不平等加剧的同时各种礼仪制度也在逐步形成。但是即使是在大汶口文化晚期仍在个别小型墓葬中发现有随葬大口尊的例子，表明这个时期丧葬礼仪等并未规范化和制度化。

---

　　① 黄建秋：《花厅墓地研究》，《华夏考古》2011年第3期。

　　② 栾丰实：《论陆庄新石器时代遗存的文化性质和年代》，《考古》2000年第2期。

　　③ 栾丰实：《良渚文化的北渐》，《中原文物》1996年第3期。

　　④ 栾丰实：《论大汶口文化和崧泽、良渚文化的关系》，《海岱地区考古研究》，山东大学出版社，1997年，第134—155页。

　　⑤ 大口尊（缸）的研究包括研究简史参见吴梦蕾：《黄河、长江下游新石器时代大口缸研究》，南京大学硕士学位论文，2018年；图像符号研究及相关研究简史参见栾丰实：《论大汶口文化的刻画图像文字》，《桃李成蹊集：庆祝安志敏先生八十寿辰》，香港中文大学中国考古艺术研究中心，2004年，第121—138页。

　　大口尊最早出现在良渚文化中，大汶口文化中出现的大口尊可能就是随着良渚人群的北徙受到良渚文化的影响而出现的。但是大口尊器形大，又是陶质，应不是器物的直接传播，而是将原来的大口尊的制作技术及大口尊代表的理念、祭祀功能等传播影响到海岱地区后，利用当地的资源在当地制作生产的。而花厅、尉迟寺、大朱村等遗址出土大口尊的产地测试也表明大口尊的确是本地生产[①]。

　　前文已说明长江中游的大口尊可能是受到海岱地区传播影响而产生的。排除大口尊的实用功能，但就大口尊在丧葬祭祀方面的功能来看三地之间在这种精神信仰和理念上存在着互动交流和相互影响，在某些精神信仰上大汶口和良渚之间有共同的认同。目前来看大汶口和良渚可能存在对土地神和五谷神的相同祭祀，上述的两地共同发现的这类高台形图像就是祭祀场景的描绘。而大汶口文化和长江中游地区的祭祀活动也有相同的认同。对此前文已有论述，不再赘述。有意思的是，三地在大口尊和刻画图像上面体现的精神信仰理念并不是相通的，长江中游和良渚之间似乎找不到共同的认同，长江中游也没有发现类似两地的刻画图像。文化的传播尤其这种精神信仰等意识形态领域的交流在进入各地后的取舍是最复杂的，大汶口文化强势西进，但是中原地区却没有见到大口尊一类器物的随葬，也没有相近似的刻画图像发现。今后在研究区域互动和交流中这种体现精神信仰等意识形态领域的遗存和现象仍值得我们特别关注。

　　谈到大汶口文化和外部的互动交流，大汶口文化发现的众多玉器是最直接的体现。海岱地区没有绿松石矿，显然海岱地区绿松石原料产地研究对于研究文化间互动交流、交换贸易等均具有重要意义。而原料产地研究需要对各个遗址出土的绿松石制品进行各种科技分析检测，再和几大绿松石矿带的古矿点进行对比，推测来源地。目前海岱地区出土的绿松石制品几乎没有进行地球化学特征方面的检测，如主量元素、微量元素及稀土元素分析、同位素分析等，仅有焦家遗址的部分产品做过红外光谱及拉曼光谱的分析。海岱地区绿松石具体的产地来源及由此基础上开展的各类研究也都有待开展。海岱地区出土的其他材质的玉器有学者指出软玉的玉料主要来源于辽宁岫岩[②]。也有学者指出软玉还有部分来自甘肃，同时海岱地区还有一些可能来自贝加尔湖，野店遗址某些玉器器形和工艺与海岱地区北部广大的东北亚地区存在密切联

　　① 南京博物院：《花厅：新石器时代墓地发掘报告》，文物出版社，2004年，第222页；徐安武、杨晓勇、孙在泾，等：《大汶口文化陶大口尊产地的初步研究》，《考古》2000年第8期；徐安武、杨晓勇、林辉，等：《安徽蒙城尉迟寺遗址大口尊古陶器的稀土元素地球化学研究》，《稀土》1999年第3期。

　　② 赵朝洪、员雪梅、徐世炼，等：《从玉器原料来源的考察看红山文化与大汶口文化的关系》，《红山文化研究：2004年红山文化国际学术研讨会论文集》，文物出版社，2006年，第456—463页。

系。璧环类器物最早见于旧石器时代晚期的贝加尔湖一带，至距今5500年前后，开始大规模向东南方向扩散，我国的东北三省、内蒙古、海岱地区乃至日本列岛均可见其踪迹[①]。这些物品或许源自远程贸易，或许如有学者所言的史前贵族上层交流网[②]。

---

①　王强、杨海燕：《西玉东传与东工西传——黄河流域龙山时代玉器比较研究》，《东南文化》2018年第3期；王强、邓聪、栾丰实：《海岱地区与东北亚史前玉器文化交流——以野店遗址所出璧环类玉器为例》，《考古》2018年第7期。

②　李新伟：《中国史前玉器反映的宇宙观——兼论中国东部史前复杂社会的上层交流网》，《东南文化》2004年第3期；李新伟：《中国史前社会上层远距离交流网的形成》，《文物》2015年第4期。

第四章　龙山文化时期海岱地区的文化分布格局与互动

　　海岱地区龙山文化分布于黄河和淮河下游地区，栾丰实先生将其大致分为早晚两大阶段6期，又据海岱地区当时的测年数据，认为其绝对年代大概公元前2600—前2000年[①]。由于我们研究海岱地区龙山文化互动重要的内容是和周边地区同时代考古学文化的互动交流，因而就必须明确周边地区龙山文化的年代。这就不得不解释另一个概念"龙山时代"。龙山时代用以指称和龙山文化大体同时的黄河、长江流域大部地区文化所处的时代。而对于龙山时代的具体年代，学界有不同的认识，主要有两种看法：一种是严文明先生认为大体在公元前26—前21世纪之间的龙山文化时期[②]；另一种看法把大汶口晚期、庙底沟二期这类向龙山文化过渡的阶段看作是龙山时代早期，这样其年代上限就早到了公元前三千纪之初，龙山时代历时近1000年[③]。本文涉及龙山时代、龙山文化的认识赞同严文明、韩建业先生的看法，即龙山时代上限始于公元前三千纪中叶。然而近20年来新的测年数据的不断出现，尤其学者普遍认识到两个前后相接的考古学文化绝对年代应该是存在重叠的，这也就是常说的"文化滞后"问题。因而龙山时代的绝对年代已经和之前稍有不同。笔者综合对淅川下王岗遗址、陶寺遗址、二里头遗址和新砦文化的研究，认为目前中原地区龙山时代的下限晚至公元前1800年前后。

---

　　① 栾丰实：《海岱龙山文化的分期和类型》，《海岱地区考古研究》，山东大学出版社，1997年，第229—282页。后又调整为公元前2400年—前1800年。参见栾丰实：《试析海岱龙山文化东、西部遗址分布的区域差异》，《海岱考古》（第九辑），科学出版社，2016年，第402页。

　　② 严文明：《龙山文化和龙山时代》，《文物》1981年第6期；韩建业：《龙山时代：新风尚与旧传统》，《华夏考古》2019年第4期。严文明先生也曾将大汶口晚期划归龙山时代，但多数仍坚持最初看法的情况，参见韩建业先生的这篇文章。

　　③ 中国科学院考古研究所：《庙底沟与三里桥》，科学出版社，1959年，第118页；中国社会科学院考古研究所：《新中国的考古发现和研究》，文物出版社，1984年，第68—85页。

第一节 龙山文化时期海岱地区的文化分布格局

依据栾丰实先生对海岱龙山文化的分期意见，龙山文化的早期阶段包括龙山文化分期的一、二、三期，龙山文化的晚期阶段则包括龙山文化分期的四、五、六期[①]。目前海岱地区已经发现的龙山文化遗址有1500多处，经过发掘的也有近百处[②]。本节将龙山文化分成早晚两个阶段对海岱地区龙山时期的文化分布格局分别进行分析。

一、龙山文化早期阶段

海岱地区龙山早期的分布格局和大汶口晚期有所不同，同时也没有形成龙山文化晚期的6个地方类型并立的局面。总体来看龙山文化早期海岱文化区内的豫东区域和大汶口晚期区别较大，淮河下游的皖北和苏北由大汶口文化过渡为龙山文化，性质仍属于海岱文化系统，其余区域则基本由大汶口文化过渡为龙山文化。鲁东南地区遗址分布最密集，大型遗址数量最多，鲁中南的汶泗流域、鲁北中部潍河上游、胶莱平原、弥河流域及白浪河流域本期龙山文化繁盛，而鲁西北地区属于本期的遗址明显较少。

鲁豫皖区域可以分成豫东和皖北两个小区域。豫东区域是海岱和中原地区文化交汇区，大汶口晚期大汶口人群的强势西进，这个区域属于海岱文化区。龙山文化早期有了较大变化，和大汶口文化晚期遗址密集分布的情况相比，总体来看遗址是大大减少了，暗示这个区域的人群大大减少。主要根据高天麟和张国硕两位先生对于豫东龙山文化早期遗存的认识[③]，目前发现的这个时期的遗存主要有柘城山台寺早期[④]、永

---

① 栾丰实：《海岱龙山文化的分期和类型》，《海岱地区考古研究》，山东大学出版社，1997年，第229—282页。

② 王芬：《海岱地区和太湖地区史前社会复杂化进程的比较研究》，山东大学博士学位论文，2006年，第132页。龙山时期遗址分布图可参见此文图4.39。

③ 中国社会科学院考古研究所、美国哈佛大学皮保德博物馆中美联合考古队：《山台寺龙山文化研究》，《考古》2010年第10期；郑州大学历史学院考古系：《民权牛牧岗与豫东考古》，科学出版社，2013年，第215—221页。

④ 中国社会科学院考古研究所、美国哈佛大学皮保德博物馆：《豫东考古报告》，科学出版社，2017年。

城黑堌堆遗址的下层[1]、郸城段寨遗址中期[2]、鹿邑栾台二期早段[3]等。以山台寺早期为代表的龙山文化早期遗存，陶器以夹蚌末的夹砂陶居多，纹饰以篮纹为主，陶器组合为鼎、深腹罐、甗、小口高领罐、盉、器盖、高柄杯等。其中鼎足有扁凿形、侧面捏花边形及鸟首形（俗称鬼脸形）。深腹罐大口方唇，盉短流细腰瘦袋足。其中高柄杯和鼎的一些特征呈现典型海岱龙山文化特征，而陶器的整体组合尤其深腹罐特征又和邻近的郝家台类型接近，某些鼎足的特点、篮纹特征则又延续当地大汶口文化晚期的特征。山台寺早期遗存发现的房屋建筑，有夯土台基式建筑，木骨泥墙；还有六间连在一起的排房建筑，仍然是木骨泥墙，室内抹草泥再抹白灰。山台寺早期遗存的年代目前[14]C测年的数据偏晚[4]，根据其器物特征应该和海岱龙山文化分期的二、三期相当。总之山台寺早期遗存整体文化风格和内涵既有延续该地的大汶口文化晚期的特征，又有新的海岱龙山文化特征，同时又融合了很多邻近的王湾三期文化郝家台类型因素，我们认为其已进入龙山时代，属于龙山文化早期，整体内涵不宜归属郝家台类型。但是又因为发现遗存较少，暂时称为山台寺早期遗存。

皖北地区主要是指淮河以北今安徽境内区域，以芦城孜遗址龙山时期一、二期[5]，孟城遗址4—6层等遗存[6]为代表，主要继承本区大汶口文化尉迟寺类型。文化面貌整体还属于海岱文化系统。从分布范围看，大汶口文化晚期尉迟寺类型多沿淮水及其北侧支流分布，向西的阜阳、周口等地基本都在尉迟寺类型范围内。而龙山文化早期阶段阜阳、亳州、周口等区域是属于海岱文化还是中原文化，目前由于材料很少尚不清晰。而有研究者曾简单指出在龙山文化早期中原和海岱文化区的分界线基本在蚌埠—徐州一线，以东属于海岱龙山文化系统，以西属于中原地区龙山文化[7]，但遗憾其并无具体论证。笔者认为这一分界基本代表龙山晚期造律台文化与芦城孜类型的分界。

淮河下游的苏北地区，自北辛文化以来均属于海岱文化区的一部分，这个地区龙山文化早期发现的遗址主要以藤花落为代表。该遗址位于江苏连云港市郊区，发现有

①　李景聃：《豫东商邱永城调查及造律台黑孤堆曹桥三处小发掘》，《中国考古学报》（第二册），商务印书馆，1947年，第83—120页。

②　曹桂岑：《郸城段寨遗址试掘》，《中原文物》1981年第3期。

③　河南省文物研究所：《河南鹿邑栾台遗址发掘简报》，《华夏考古》1989年第1期。

④　中国社会科学院考古研究所、美国哈佛大学皮保德博物馆中美联合考古队：《山台寺龙山文化研究》，《考古》2010年第10期。

⑤　叶润清：《安徽省宿州市芦城子遗址发掘简报》，《文物研究》（第9辑），黄山书社，1994年，第118页；安徽省文物考古研究所、宿州市文物管理局、宿州市博物馆：《宿州芦城孜》，文物出版社，2016年。

⑥　朔知：《固镇孟城新石器时代遗址》，《文物研究》（第11辑），黄山书社，1998年，第78—88页。

⑦　张小雷：《淮河流域新石器时代文化格局研究》，山东大学博士学位论文，2018年。

内外两圈龙山文化时期的城址，内圈面积约4万平方米，外圈面积约14万平方米。发掘报告认为，内外两圈城址是同时并存的[①]（图4.1）。有学者研究指出这一结论并不确切，并着重从内外城墙的层位关系、相关遗迹包含物的年代等方面入手，对藤花落内外圈城墙进行了分析和讨论，认为内圈城址的营建时间可以早到大汶口文化晚期的偏晚阶段，使用期延续到龙山文化早期；外圈城址的营建时间约在龙山文化早期后段，一直使用到龙山文化中期偏晚阶段[②]。藤花落与邻近的日照尧王城和两城镇、五莲丹土等遗址发现的城址，在城墙结构、年代、内外城址的关系等方面基本一致，都是先修筑一座小城，随着社会的发展和人口的增多，在小城不能满足日益增长的社会需求时，人们就在小城的外围建造起大城，而内部的小城则因为失去了存在价值而废弃。

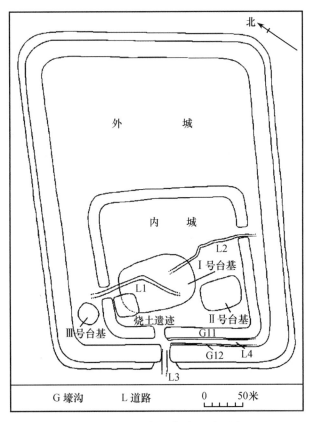

图4.1 连云港藤花落城址平面图

（来源：许宏：《先秦城邑考古》，2017年，第122页）

---

① 南京博物院、连云港市博物馆：《藤花落：连云港市新石器时代遗址考古发掘报告》，科学出版社，2014年。

② 王芬：《藤花落龙山文化城址试析》，《江汉考古》2017年第5期。

笔者赞同藤花落内外城址前后相继的关系。此外在连云港二涧村①、连云港朝阳②、赣榆下庙墩③、邳州梁王城④、新沂三里墩⑤等遗址也发现有这个时期的遗存。苏北地区的这几处遗址多是从大汶口晚期延续到龙山文化早中期，从城址的建造到具体房址和陶器特征等体现的文化内涵看，也都和鲁东南的两城镇、尧王城相差不大。因此苏北连云港一带龙山文化早中期整体还属于海岱文化区，区域内聚落结构还有待材料丰富后再做研究。

　　龙山文化早期一个值得重点关注的区域是鲁东南区域，这个区域考古工作最多。尤其以日照为中心的鲁东南沿海区域。根据目前龙山文化遗址材料有学者将这个区域分成日照两城镇小区、尧王城小区、沂河中游及其支流所在的临沂市西区、沭河中游及其支流汤河所在的临沂市东区四个小区⑥。在鲁东南日照地区的两城镇和尧王城都发现了内外两圈的城址，分别是所在小区域的中心聚落。近年在沂河上游沂源县东里镇东安村发现龙山文化时期的夯土城垣，由于仅做了调查和试掘，目前对龙山城址的面积、年代（始建、使用及废弃年代）、布局等都不清晰⑦。总之鲁东南区域沂沭河中上游、临沂、费县等区域调查和发掘资料均较少，龙山文化早期面貌尚不清晰。

　　鲁东南不少遗址是在大汶口晚期出现，并在龙山文化早期阶段持续发展，但也有遗址在龙山文化中期已不见，最大变化是龙山文化晚期，此期遗址数量剧减。以日照调查区域为例，龙山文化时期共发现遗址536个，仅见早期遗存的95个，早中期俱见的70个，早中晚期俱见的12个，仅见中期66个，仅见晚期的1个⑧。由此，含有早期遗存遗址175个，含有中期遗存遗址148个，含有晚期遗存的遗址仅13个。藤花落、丹土和尧王城均发现始建于大汶口文化晚期的城址延续使用至龙山文化早期，之后再向外建设龙山文化中期城址。内外城圈的关系基本是"由里及外，由小到大，由早及晚"逐渐扩建的。从聚落规模看，城址普遍出现并进一步扩大，两城镇虽然没有大汶口文化

---

① 江苏省工作队：《江苏连云港市二涧村遗址第二次发掘》，《考古》1962年第3期。

② 南京博物院、连云港市博物馆：《江苏连云港朝阳遗址发掘简报》，《东南文化》2004年第2期。

③ 南京博物院：《江苏赣榆新石器时代至汉代遗址和墓葬》，《考古》1962年第3期。

④ 南京博物院、徐州博物馆、邳州博物馆：《梁王城遗址发掘报告（史前卷）》，文物出版社，2013年。

⑤ 南京博物院：《江苏新沂县三里墩古文化遗址第二次发掘简介》，《考古》1960年第7期。

⑥ 栾丰实：《海岱龙山文化的分期和类型》，《海岱地区考古研究》，山东大学出版社，1997年，第229—282页。

⑦ 沂源县文物管理所：《沂源东安古城》，文物出版社，2016年；朱晓琳：《沂源东安故城调查与浮来、盖邑考略》，山东大学硕士学位论文，2010年。

⑧ 中美日照地区联合考古队：《鲁东南沿海地区系统考古调查报告》，文物出版社，2012年，第302页。

的基础，但是于龙山文化早中期之交迅速成为和尧王城并列的中心性聚落遗址，这和距离两城镇仅有两千米的丹土遗址在大汶口文化晚期是区域内最大的聚落有一定关系。但整个龙山文化早中期区域内似乎没有发现绝对的中心性聚落，区域内的两城镇和尧王城分别是所在小区的中心性聚落，但是二者在自然地理上的位置及各自周围聚落形态上的差异都表明二者分属于两个独立的政体[①]。这种分布格局和中原陶寺文化模式中陶寺城址一家独大的局面完全不同。两城镇所在小区域基本以两城镇遗址为中心，距离两城镇不超过20千米的范围内较为密集地分布着众多的聚落。很明显这些聚落至少可以分为三个等级：两城镇是该区域内聚落等级最高者，属一级聚落，当为中心聚落；两城镇周边的甲旺墩、凤墩村、张家大庄、西寺、南张家庄、夏庄等，属于二级聚落，或为次中心，大概有12处；中心聚落与次中心聚落周边聚集着普通的面积较小的聚落，实际面积一般在5万平方米以下，应属三级聚落，甚至面积更小者仅数千平方米，等级更低。值得注意的是，中心聚落与次中心聚落及其周边聚落多呈聚合之态，形成较为明显的小聚落群，中心与周边聚落之间应该存在有控制关系，也许是不同等级的社会组织机构的反映。此外，从整个区域看，次中心聚合的12处聚落群又大体围绕两城镇中心聚落群，形成向心式布局的形态[②]。同样的，尧王城所在的小区域也有这样的聚落等级与布局特征。

胶东半岛龙山文化时期遗址已经发掘的有栖霞杨家圈[③]、蓬莱紫荆山[④]、乳山小管村[⑤]、栖霞北城子[⑥]、海阳司马台[⑦]、长岛砣矶大口[⑧]、长岛北庄[⑨]、平度逄家庄[⑩]、招

①　中美日照地区联合考古队：《鲁东南沿海地区系统考古调查报告》，文物出版社，2012年，第306—308页。

②　栾丰实：《鲁东南沿海地区龙山文化时期的聚落结构和人口》，《栾丰实考古文集》，文物出版社，2017年，第767—773页。

③　北京大学考古实习队、山东省文物考古研究所：《栖霞杨家圈遗址发掘报告》，《胶东考古》，文物出版社，2000年，第151—206页。

④　山东省博物馆：《山东蓬莱紫荆山遗址试掘简报》，《考古》1973年第1期。

⑤　北京大学考古实习队、烟台地区文物管理委员会：《乳山小管村的发掘》，《胶东考古》，文物出版社，2000年，第220—243页。

⑥　韩榕：《栖霞县北城子龙山文化及岳石文化遗址》，《中国考古学年鉴·1989》，文物出版社，1990年，第171页。

⑦　烟台市文管会、海阳县博物馆：《山东海阳司马台遗址清理简报》，《海岱考古》（第一辑），山东大学出版社，1989年。

⑧　中国社会科学院考古研究所山东队：《山东省长岛县砣矶岛大口遗址》，《考古》1985年第12期。

⑨　北京大学考古实习队、烟台地区文管会、长岛县博物馆：《山东长岛北庄遗址发掘简报》，《考古》1987年第5期。

⑩　高明奎、曹元启、于克志：《平度市逄家庄龙山文化与汉代遗址》，《中国考古学年鉴·2003》，文物出版社，2004年，第203—204页。

远老店[①]等。上述龙山文化遗址年代多为龙山文化早期阶段，仅栖霞杨家圈有龙山文化第六期遗存。这一区域的龙山文化被称为龙山文化的杨家圈类型[②]。近年在平度逄家庄和招远老店发现了龙山文化早中期的环壕聚落，逄家庄环壕聚落位于遗址中南部的缓坡上，仅存东、西、北三面，从保存范围看，平面近似圆角长方形，东西约110—140米，南北残长160米；壕沟宽12—14米，深2米左右。胶东半岛龙山文化遗址部分面积已达25万平方米，出现了环壕聚落，已经出现了中心性聚落和一般聚落的区分，但是聚落内部的详细等级划分、从墓葬和房址等角度对聚落结构的分析还有待材料的丰富。

鲁北潍淄流域位于海岱地区的腹心地带，周边不与其他考古学文化直接接壤，文化面貌相对单纯。这个区域龙山时期考古学文化类型被称为姚官庄类型。区域内西朱封、边线王分别是弥河上下游小区内各自的中心。西朱封遗址经多次调查、试掘，遗址面积共计60多万平方米，"银子崖"台地属于遗址的中心区，分布有平民和贵族墓葬，龙山时期大墓是1987年发掘的M1和1988年发掘的M202及M203。西朱封所在的弥河上游地区根据调查报告共发现遗址36处，其中绝大多数遗址存在龙山时期遗存，仅有张阁店遗址发现大汶口遗存，龙山时期遗址面积在10万以上的共计8处[③]。从西朱封已发掘的龙山大墓的规格及遗址的总面积，综合所在流域内其他遗址的情况，西朱封应是该区的中心性遗址。边线王遗址位于寿光市孙家集镇边线王村，在村北的高埠上发现了龙山时期的城址，早期小城平面呈东西较长的圆角长方形，东西长约185米，南北宽约110米，面积近2万平方米。东面正中有城门缺口，南、西两面城垣破坏严重，但南垣尚存门道。大城环绕早期小城，平面呈西北—东南走向的抹角菱形，面积约5.5万平方米。东、西、北三面有城门迹象，南面不详[④]。也有学者认为边线王城墙基槽是环绕在遗址周围的壕沟，对于城墙存疑，可能属于环壕聚落[⑤]。尽管边线王城址面积小，但是从目前材料来看该遗址在弥河下游区域仍为中心性遗址。姚官庄遗址1960年

---

①　魏成敏、杨文玉：《招远市老店龙山文化和商时期遗址》，《中国考古学年鉴·2008》，文物出版社，2009年，第245—246页。

②　栾丰实：《海岱龙山文化的分期和类型》，《海岱地区考古研究》，山东大学出版社，1997年，第229—282页。

③　参见中国社会科学院考古研究所、山东省文物考古研究院、山东临朐山旺古生物化石博物馆：《临朐西朱封：山东龙山文化墓葬的发掘与研究》，文物出版社，2018年，第16—83页。此处相关数据是根据报告第二章《弥河、汶河流域及其附近地区聚落考古调查》中的原始资料统计得出。

④　山东省文物考古研究所、潍坊市博物馆、寿光市博物馆：《寿光边线王龙山文化城址的考古发掘》，《海岱考古》（第八辑），科学出版社，2016年，第1—55页。

⑤　栾丰实：《关于海岱地区史前城址的几个问题》，《东方考古》（第3集），科学出版社，2006年，第67—78页；栾丰实：《海岱地区史前考古的新进展》，《山东大学学报（哲学社会科学版）》2006年第5期。

曾做过较大面积发掘，出土遗物丰富[①]。尽管没有高规格遗存发现，但是遗址面积较大，逾15万平方米，综合该区域其他龙山文化的材料，姚官庄可能属于白浪河流域的中心性遗址。潍河上游和胶莱河平原尚未发现中心性遗址，其中诸城呈子[②]和胶县三里河[③]分别为两区域已经发掘的重要遗址。

　　鲁南汶泗流域位于海岱文化区的偏西南部，这里文化常常可以看到来自西边的中原和南边江淮下游文化的影响。汶泗流域龙山文化也较为发达，但是和其他区域相比似乎城址发现得较少，目前仅在滕州市庄里西疑似发现一座[④]。滕州位于薛河流域，这里龙山文化遗址密集，根据目前材料庄里西很可能是这个区域的中心性遗址。尹家城遗址目前由于受到破坏，遗址的剩余面积较小，但是已经发现的5座龙山文化时期大墓，规模大，出土遗物规格高[⑤]。尹家城遗址在龙山文化时期绝非一般性的聚落，综合区域内目前发现的遗址情况，很可能是泗水流域的中心性遗址。西吴寺遗址在兖州市西北部，面积近10万平方米，龙山文化堆积丰富，该遗址位于汶泗两河之间，属于冲积平原，应该是区域的中心性遗址。本区在大汶口晚期到龙山文化早期阶段，在人文地理分布上一个重要的现象，孙波先生已经指出过，即大汶口晚期和龙山文化早期遗存在时间上在本区是紧密衔接的，但在空间上却存在距离。具体表现是在同一遗址中很少见到大汶口文化晚期和龙山文化早期遗存同时存在的，像鲁东南那样甚至存在地层叠压关系的更不见。同时，同一遗址存在大汶口文化和龙山文化遗存的往往是二者之间有较长的时间缺环，如尹家城遗址存在丰富的龙山文化遗存，甚至还有早到龙山文化之初的，但是其大汶口文化遗存相对较少，而且属于大汶口文化中期；而建新遗址大汶口文化遗存主要是以晚期为主，遗址发现的龙山文化时期遗存则基本是中晚期了[⑥]。

　　鲁西北平原区域地处黄河、徒骇河和小清河流域，行政区划包括聊城、德州、济南、滨州及淄博和东营市的一部分。龙山文化时期区域内经过发掘的重要遗址有城子

　　①　山东省博物馆：《山东潍坊姚官庄遗址发掘简报》，《考古》1963年第7期；山东省文物考古研究所、山东省博物馆、中国社会科学院考古研究所山东队，等：《山东姚官庄遗址发掘报告》，《文物资料丛刊》（5），文物出版社，1981年，第1—83页。

　　②　昌潍地区文物管理组、诸城县博物馆：《山东诸城呈子遗址发掘报告》，《考古学报》1980年第3期。

　　③　中国社会科学院考古研究所：《胶县三里河》，文物出版社，1988年。

　　④　燕生东、刘延常：《滕州市庄西里新石器时代至汉代遗址》《中国考古学年鉴·2003》，文物出版社，2004年，第205—206页。

　　⑤　山东大学历史系考古专业教研室：《泗水尹家城》，文物出版社，1990年。

　　⑥　孙波：《再论大汶口文化向龙山文化的过渡》，《古代文明》（第6卷），文物出版社，2007年，第12—33页。

崖[1]、丁公[2]、桐林[3]、邢亭山[4]、尚庄[5]、宁家埠[6]、西河[7]等。鲁西北区域一个重要特点是，发现的城址是海岱地区最多的。龙山文化早中期鲁西北区域有三个小区域值得注意：其一，以城子崖城址为中心的历城、章丘，属于泰山北侧的浅山丘陵和山前平原地带。城子崖龙山城址南北最长540米，东西宽455米，面积约20万平方米。城子崖城址在龙山文化早期偏晚阶段建立，持续到龙山文化晚期（图4.2）。其二，以丁公龙山城址为中心，包括邹平、桓台、高青等地。丁公龙山城址为内外两个城圈，分属于两个时期，早期城址面积小，面积约6万平方米，时代为龙山文化早期；晚期城址面积较大，面积约11万平方米，为龙山文化中晚期至岳石文化（图4.3）。其三，以桐林龙山城址为中心包括临淄、张店、广饶、博兴等地。桐林龙山城址中心区约40万平方米，有内外两个城圈，内城时代较早，外城时代略晚，内城废弃后外城建成，内城约15万平方米，外城约35万平方米。聚落考古显示，中心区外围有8处聚落。聊城和阳谷区域龙山早期没有城址，甚至整个区域龙山早期的遗址都较少，龙山文化中期景阳冈城址建立。景阳冈城址面积约38万平方米，年代从龙山文化中期晚段至晚期早段[8]。

---

①　山东省文化考古研究所：《城子崖遗址又有重大发现 龙山岳石周代城址重见天日》，《中国文物报》1990年7月26日；山东省文物考古研究院、北京大学考古文博学院：《济南市章丘区城子崖遗址2013～2015年发掘简报》，《考古》2019年第4期。

②　山东大学历史系考古专业、邹平县文化局：《山东邹平丁公遗址试掘简报》，《考古》1989年第5期；山东大学历史系考古专业：《山东邹平丁公遗址第二、三次发掘简报》，《考古》1992年第6期；山东大学历史系考古专业：《山东邹平丁公遗址第四、五次发掘简报》，《考古》1993年第4期。

③　魏成敏：《淄博市田旺龙山文化城址》，《中国考古学年鉴·1993》，文物出版社，1995年，第163—164页；孙波：《淄博市桐林新石器时代至战国时期遗址》，《中国考古学年鉴·2003》，文物出版社，2004年，第201—202页。

④　严文明：《章丘县邢亭山大汶口文化至商代遗址》，《中国考古学年鉴·1986》，文物出版社，1988年，第135—136页。

⑤　山东省博物馆、聊城地区文化局、茌平县文化馆：《山东茌平县尚庄遗址第一次发掘简报》，《文物》1978年第4期；山东省文物考古研究所：《茌平尚庄新石器时代遗址》，《考古学报》1985年第4期。

⑥　济青公路文物考古队宁家埠分队：《章丘宁家埠遗址发掘报告》，《济青高级公路章丘工段考古发掘报告集》，齐鲁书社，1993年，第1—114页。

⑦　佟佩华：《章丘市西河新石器时代遗址》，《中国考古学年鉴·1992》，文物出版社，1994年，第224页；山东省文物考古研究所、章丘市城子崖博物馆：《章丘市西河遗址2008年考古发掘报告》，《海岱考古》（第五辑），科学出版社，2012年，第67—138页。

⑧　王守功、李繁玲、王绪德：《试析景阳岗龙山文化城址——也谈海岱文化对中原文明的影响》，《东方考古》（第2集），科学出版社，2005年，第119—134页。

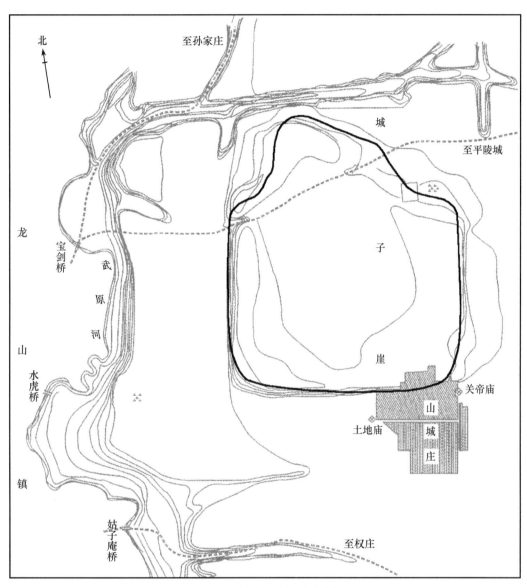

图4.2 城子崖城址平面示意图

（来源：采自许宏：《先秦城邑考古》，2017年，第120页）

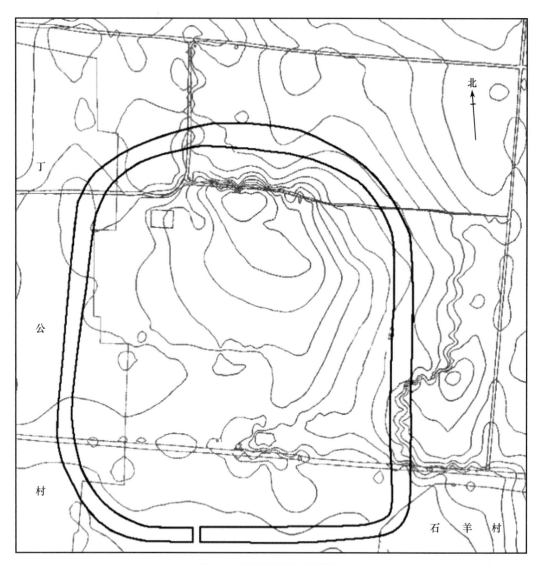

图4.3　丁公城址平面示意图

（来源：采自许宏：《先秦城邑考古》，2017年，第122页）

二、龙山文化晚期阶段

龙山文化晚期海岱地区文化分布格局与早期最大的不同是以下三个区域：位于海岱文化区边缘区域的豫东、鲁西南和皖西北；鲁东南、苏北地区；鲁西北马颊河流域。边缘区域的豫东、鲁西南和皖西北的造律台文化崛起，其文化内涵复杂，文化性质争议较大。皖北区域在继承龙山早期基础上，这个时期皖西北和皖东北可能分属不同的文化。而鲁东南遗址大量减少，鲁西北遗址明显增加。

学界对于豫东、鲁西南和皖西北地区龙山文化晚期遗存的研究较多，关于考古学文化分布的范围、年代等问题学界争议不大，但是考古学文化的名称和性质则争议较大。主要以李伯谦先生为代表的一种观点认为这个地区的龙山文化既不属于海岱龙山文化也不属于中原龙山文化，而是可独立为造律台文化[1]；而主要以栾丰实先生为代表的学者认为这个地区的龙山文化称为王油坊类型，属于海岱龙山文化的一个地方类型[2]；以靳松安先生为代表的一种观点认为可以称为造律台文化，但是性质属于中原地区文化[3]。近年来在对海岱文化区考古学文化互动、族群迁徙等做深入研究基础上，笔者深感其实如豫东、鲁西南和皖北这些文化交汇区域，其文化性质没必要非得分清黑或白，因为这些地区本身就是混合文化，人群混杂迁徙变动较快。所谓的中原、海岱更多的也是就整体人群，是就较为核心的区域而言，而文化性质的内涵其实就是探讨其背后的人群，具体边缘地区人群是变动和复杂的，性质自然并不固定也不容易分辨清晰。而且陶器和使用者的关系也十分复杂，仅仅依靠陶器并不能断定其背后的人群。所以笔者认为其实对于文化交汇区域，完全可以淡化在文化性质上的种种纠结，而关注其形成历程和这个区域与各方核心区的互动、交流及影响等。基于这种认识，笔者认为自龙山时代开始，目前豫东区域这类遗存绝大部分其实是包含海岱和中原核心特征的很多文化因素的复合体，其实主要就是海岱和中原族群长期融合形成的，不排除还有部分江淮人群的贡献。这类遗存中也有部分在旧有基础上改造形成的新东西，显然这类遗存的整体文化面貌既不同于海岱龙山文化，也和中原龙山文化有较大区别，因此我们赞同将其独立作为一类遗存来探讨。是称为王油坊类遗存或王油坊文化，还是独立为造律台文化都可以探讨。本书暂将这类遗存称为造律台文化。造律台

---

① 李伯谦：《论造律台类型》，《文物》1983年第4期。

② 栾丰实：《王油坊类型初论》，《海岱地区考古研究》，山东大学出版社，1997年，第283—300页。

③ 靳松安：《河洛与海岱地区考古学文化的交流与融合》，科学出版社，2006年。

文化在龙山文化晚期进入繁盛阶段。目前已经发掘的遗址有杞县鹿台岗和段岗[①]、民权牛牧岗[②]、淮阳平粮台[③]、永城王油坊[④]、造律台和黑堌堆[⑤]、鹿邑栾台[⑥]、三里堌堆[⑦]、曹县莘冢集[⑧]、安邱堌堆[⑨]、定陶十里铺北[⑩]、菏泽青邱崮堆[⑪]、梁山青堌堆[⑫]、蒙城尉迟寺[⑬]、花家寺[⑭]等。平粮台、鹿台岗、牛牧岗、王油坊、尉迟寺、定陶十里铺北、菏泽青邱堌堆、栾台等遗址较为重要，这些遗址均有一定规模的发掘，且取得重要收获，多属于所在地区的中心性遗址，其中平粮台发现了城址。从豫东、鲁西南和皖西北的自然地理环境看，这一区域属于黄淮海平原区，历史上黄河多次泛滥，这个区域的遗址多属于堌堆遗址，一般面积不大，定陶十里铺北遗址面积为9万平方米，已经属于堌堆遗址中面积较大的[⑮]。

---

①　郑州大学考古专业、开封市文物工作队、杞县文物管理所：《河南杞县鹿台岗遗址发掘简报》，《考古》1994年第8期；郑州大学文博学院、开封市文物工作队：《豫东杞县发掘报告》，科学出版社，2000年。

②　郑州大学历史学院考古系：《民权牛牧岗与豫东考古》，科学出版社，2013年，第19—53页。

③　河南省文物研究所周口地区文化局文物科：《河南淮阳平粮台龙山文化城址试掘简报》，《文物》1983年第3期；河南省文物考古研究院、北京大学考古文博学院、周口市文物考古管理所，等：《河南淮阳平粮台遗址2018年度发掘简报》，《华夏考古》2019年第4期。

④　中国社会科学院考古研究所河南二队、河南商邱地区文物管理委员会：《河南永城王油坊遗址发掘报告》，《考古学集刊》（第5集），中国社会科学出版社，1987年，第79—119页。

⑤　李景聃：《豫东商邱永城调查及造律台黑孤堆曹桥三处小发掘》，《中国考古学报》（第二册），商务印书馆，1947年，第83—120页。

⑥　河南省文物研究所：《河南鹿邑栾台遗址发掘简报》，《华夏考古》1989年第1期。

⑦　张志清：《夏邑县三里堌堆新石器时代至汉代遗址》，《中国考古学年鉴·1990》，文物出版社，1991年，第242—243页。

⑧　菏泽地区文物工作队：《山东曹县莘冢集遗址试掘简报》，《考古》1980年第5期。

⑨　北京大学考古系商周组、山东省菏泽地区文展馆、山东省荷泽市文化馆：《菏泽安邱堌堆遗址发掘简报》，《文物》1987年第11期。

⑩　高明奎、孙明、张克思，等：《菏泽市定陶十里铺北先秦时期堌堆遗址》，《中国考古学年鉴·2015》，中国社会科学出版社，2016年，第200—201页。

⑪　陈雪香、高继习、赵永生：《菏泽市牡丹区青邱堌堆龙山文化至清代遗址》，《中国考古学年鉴·2019》，中国社会科学出版社，2021年，第288—289页。

⑫　中国科学院考古研究所山东发掘队：《山东梁山青堌堆发掘简报》，《考古》1962年第1期。

⑬　中国社会科学院考古研究所：《蒙城尉迟寺——皖北新石器时代聚落遗存的发掘与研究》，科学出版社，2001年；中国社会科学院考古研究所、安徽省蒙城县文化局：《蒙城尉迟寺》（第二部），科学出版社，2007年。

⑭　安徽省博物馆：《安徽萧县花家寺新石器时代遗址》，《考古》1966年第2期。

⑮　此处造律台文化分布图制作有清晰图因审图原因未出版。

皖北地区考古学文化面貌在龙山晚期也有了新的变化。皖东北属于这个时期的遗址或遗存主要有固镇孟城第③层[①]，芦城孜遗址龙山文化遗存第三期[②]，小山口H1、H2[③]，南城孜第二期及杨堡第二期遗存[④]，固镇垓下[⑤]等。关于这类遗存的名称学界目前称为芦城孜类型[⑥]。皖西北则主要属于造律台文化，典型遗址主要有尉迟寺遗址龙山文化遗存[⑦]。根据皖北两类遗存的分布空间，大致以津铺铁路为界即今蚌埠—徐州一线，东边淮河以北的皖东北区域属于芦城孜类型，西边的皖西北区域属于造律台文化。芦城孜类型如果分析其文化内涵，尽管以海岱龙山文化为主，但是可以看到仍然含有多种文化因素，包括中原龙山文化、淮河南侧的禹会村类型，甚至某些器物可追溯至当地的大汶口文化尉迟寺类型。因而其性质仍然类似豫东、皖西北的造律台文化，是至少四种文化融合交流的结果，是文化交汇区特有的体现。

淮河下游的苏北地区在龙山文化晚期尤其龙山文化最晚阶段遗址很少，藤花落遗址已经废弃，二涧村这个时期并不清晰。从学者对藤花落龙山遗址废弃原因的探讨看，藤花落遗址曾经历突变性的水生环境而废弃，不是海侵而是由于龙山晚期的气候异常而导致的河流泛滥[⑧]。假如这种分析可信，则显然河流泛滥、洪水增多绝非是某一个遗址所遭遇的情况，应该是沂沭河下游平原面临的共同环境。笔者认为这也正好解释了目前在苏北沂沭河下游平原龙山晚期遗址发现很少的原因。

---

① 朔知：《固镇孟城新石器时代遗址》，《文物研究》（第11辑），黄山书社，1998年。

② 叶润清：《安徽省宿州市芦城子遗址发掘简报》，《文物研究》（第9辑），黄山书社，1994年，第101—120页；安徽省文物考古研究所、宿州市文物管理局、宿州市博物馆：《宿州芦城孜》，文物出版社，2016年。

③ 中国社会科学院考古研究所安徽队：《安徽宿县小山口和古台寺遗址试掘简报》，《考古》1993年第12期。

④ 安徽省文物考古研究所、武汉大学历史学院考古系：《皖北小孙岗、南城孜、杨堡史前遗址试掘简报》，《考古》2015年第2期。

⑤ 安徽省文物考古研究所：《安徽省固镇垓下遗址发掘的主要收获》，《中国社会科学院古代文明研究中心通讯》（第19期），2010年，第31—36页。

⑥ 安徽省文物考古研究所、宿州市文物管理局、宿州市博物馆：《宿州芦城孜》，文物出版社，2016年，第299页。

⑦ 主要是尉迟寺报告第一部中的龙山文化遗存，笔者也赞同尉迟寺报告第二部的龙山文化遗存多属于大汶口文化晚期。参见许晶晶：《安徽淮河流域龙山文化研究》，山东大学硕士学位论文，2016年；中国社会科学院考古研究所：《蒙城尉迟寺——皖北新石器时代聚落遗存的发掘与研究》，科学出版社，2001年。

⑧ 李兰、朱诚、姜逢清，等：《连云港藤花落遗址消亡成因研究》，《科学通报》2008年S1期。

　　鲁西北平原地区在龙山文化晚期和早期相比有明显不同，偏晚阶段，鲁西北的遗址逐渐增多，龙山文化晚期阶段尤其龙山文化四期和五期进入繁荣阶段，绝大多数遗址都有这两期的遗存。据栾丰实先生统计，整个海岱西部遗址中90.3%的遗址均有龙山文化晚期阶段遗存，而其统计的海岱西部31处遗址中，分布于鲁西北平原的小清河、徒骇河、马颊河流域的遗址占据16处[①]。同时，在聊城地区出现一组密集的龙山城址，已经发掘的有景阳冈、教场铺，此外见于报道的还有阳谷的皇姑冢、王家庄；茌平的大蔚、乐平铺和尚庄；东阿的王集和前赵[②]。由于多数遗址没有开展系统的勘探和发掘工作，目前明确有城址存在的是景阳冈遗址。景阳冈城址平面近似长方形，包括城墙在内面积38万平方米，北、西、南各发现一个城门，城址内部发现5个台地[③]。教场铺遗址2001年以来有过数次发掘[④]，学界对于教场铺遗址是否存在城墙有争议，发掘者认为属于城墙，而栾丰实先生认为可能为环壕聚落，环壕内面积约4万平方米[⑤]。孙波先生认为黄淮下游地区为适应易发水患的低湿环境，而将遗址构建于以沙土为材料修筑而成的台基之上，形成沙基堌堆遗址[⑥]。教场铺遗址和上述两组8座龙山城址的城墙结构应该属于沙基堌堆遗址外缘用沙土加固居住台基的简单工程，与景阳冈遗址的龙山文化城墙脱离台基并用黄土夯筑的结构并不一致[⑦]。

　　总之，龙山文化晚期除了苏北地区遗址稀少，鲁东南地区的遗址也大大减少，远不及早期繁荣。相邻北部的胶莱平原和潍河上游也呈现同样局面。与之相应在鲁西北地区教场铺和景阳冈小区则集中出现了一些龙山城址，并有较多龙山文化遗址涌现。豫东鲁西南的造律台文化在龙山文化晚期则进入文化繁盛阶段。

---

　　① 栾丰实：《试析海岱龙山文化东、西部遗址分布的区域差异》，《海岱考古》（第九辑），科学出版社，2016年，第401—411页。

　　② 山东省文化考古研究所、聊城地区文研室：《鲁西发现两组八座龙山文化城址》，《中国文物报》1995年1月22日；张学海：《鲁西两组龙山文化城址的发现》，《中国文物报》1995年6月4日；张学海：《鲁西两组龙山文化城址的发现及对几个古史问题的思考》，《华夏考古》1995年第4期。

　　③ 山东省文物考古研究所、聊城地区文化局文物研究室：《山东阳谷县景阳岗龙山文化城址调查与试掘》，《考古》1997年第5期。

　　④ 中国社会科学院考古研究所山东队、山东省文物考古研究所、聊城市文物局：《山东茌平教场铺遗址龙山文化城墙的发现与发掘》，《考古》2005年第1期。

　　⑤ 栾丰实：《黄河下游地区龙山文化城址的发现与早期国家的产生》，《栾丰实考古文集》，文物出版社，2017年，第716—725页。

　　⑥ 孙波：《黄淮下游地区沙基堌堆遗址辨析》，《考古》2003年第6期。

　　⑦ 孙波：《山东龙山文化城址略论》，《中国聚落考古的理论与实践——纪念新砦遗址发掘30周年学术研讨会论文集》，科学出版社，2010年，第357—375页。

三、龙山文化时期人文地理格局变化的背景和动因

总之，龙山文化时期宏观人文地理分布格局正如前文的分析，海岱地区龙山文化早期鲁东南沿海地带繁荣，而鲁西、豫东（行政区划包括德州、聊城、菏泽及商丘、周口等）遗址稀少，龙山文化晚期则出现逆转的现象。关于龙山文化早晚期存在的文化分布空间的相逆过程，或曰背后的族群存在龙山文化早期自西向东、晚期则自东向西迁徙的背景和原因，已有学者做过详细分析[①]。孙波先生对于宏观历史背景的分析提供了一种可能。海岱和中原的族群冲突和斗争在早期文献中有很多记载，龙山文化早期的西部遗址减少和族群的向东迁徙变动可能正发生于中原黄帝族群和东方蚩尤族群的战争冲突背景下。当然要充分认识到其实战争冲突也不可能持续两百年，在海岱和中原总体关系是冲突背景中，也有两大族群之间的暂时的和平交往和融合。所以笔者认为孙波先生指出大汶口文化晚期、龙山文化早期的鲁西向鲁东推移而导致的真空的说法并不确切，而实际考古遗址的分布也并非真空。两个过程都是文化衰落可能更符合情理和考古发现。关于龙山文化晚期鲁东南沿海遗址普遍衰落和鲁西的重新繁荣，笔者认为栾丰实先生综合考虑自然原因和社会原因的分析很有道理。而自然原因栾丰实先生认为更可能是强台风引发的大洪水，对此相关学者对藤花落遗址废弃原因的探讨[②]及鲁东南日照两城镇的发掘都对大洪水之说提供了证据。

此外值得注意的是，自然原因方面气候学多关注的"厄尔尼诺现象"值得重视。而且学界研究，厄尔尼诺现象不只是近现代发生，很可能在全新世已经有了厄尔尼诺现象[③]。如此，鲁东南在龙山文化中期开始的西迁很可能和古代厄尔尼诺现象导致的降水、极端气候有关。社会原因栾丰实先生认为可以和文献中的后羿代夏的事件相呼应。结合造律台文化、后冈二期文化与新砦文化的关系，笔者认为新砦文化是海岱龙山文化在龙山文化中期以来持续向豫东鲁西、河济之间施加影响并和王湾三期文化互动的大背景下的产物，具体说其植根于本地王湾三期文化，吸收造律台类文化的精华，又受到后冈二期文化的影响而形成。有关新砦文化的来源和性质，笔者20年前曾有硕士论文讨论，最近结合新资料又进行了梳理[④]。限于主题不再赘述。

---

① 孙波：《再论大汶口文化向龙山文化的过渡》，《古代文明》（第6卷），文物出版社，2007年，第12—33页；栾丰实：《试析海岱龙山文化东、西部遗址分布的区域差异》，《海岱考古》（第九辑），科学出版社，2016年，第401—411页。

② 李兰、朱诚、姜逢清，等：《连云港藤花落遗址消亡成因研究》，《科学通报》2008年S1期。

③ 刘利：《厄尔尼诺影响新探》，《海洋世界》1989年第9期；S. Monani著，高莉玲编译：《寒冷气候条件下的古厄尔尼诺》，《海洋地质动态》2003年第2期。

④ 庞小霞：《聚落、资源与道路：早期中国中原与周边的文化互动与交流》，中国社会科学出版社，2024年。

第二节　龙山文化时期海岱地区和中原地区的互动交流

龙山文化时期海岱地区和中原地区存在互动交流。本节试就海岱地区和中原地区互动交流的内容、特点等问题作一综合研究。

（一）陶器、玉器领域

从阶段性特征看，海岱和中原在龙山文化早期的互动交流似乎陷入一个短暂的低潮，前文关于这个时期豫东、鲁西南的文化分布格局充分说明这一特点。同时学者分析这个时期在中原地区内部所见到的海岱龙山文化因素也不多，只在淮阳平粮台、杞县鹿台岗与孟庄、安阳后冈、汤阴白营、郑州站马屯、汝州李楼和古城东关等几处遗址中见到为数不多的一些典型器物[①]。同样海岱地区这时受到中原影响的地区集中于西部的汶泗流域和鲁西北地区，也是仅见一些典型中原器类和纹饰等。所以这种互动交流更多的是文化接壤的交汇区的互动和交流，而且互动更多的是日常领域下层的交流，似乎未见到上层贵族之间的交流互动。

龙山文化晚期，两地的互动交流明显增多，关于陶器领域两地的互见因素已有学者做过详细分析[②]，不再赘述。然而有意思的是尽管在中原的核心区域洛阳盆地很少见到海岱龙山文化的影响，而在晋南的龙山文化中我们却发现了诸多海岱的因素，主要体现在某些贵重器物、装饰纹饰、葬猪习俗、毁墓习俗等。首先在陶寺文化早期一些大中型墓中，部分彩绘陶器和山东大汶口文化晚期—龙山文化早期的同类器极其相似。器类主要有大口罐、折腹尊、高领尊、折腹盆、圆肩壶、小折腹罐、大口尊（大口缸）等。如陶寺M2035：6与三里河M250：11，陶寺H335：2与野店M51：19，陶寺M2202：2与大朱村M02：25，陶寺M2079：5与野店M51：9，陶寺M3016：5与大汶口M3：11，陶寺M3073：2与大汶口M13：21（图4.4）。

在晋南地区的陶寺、下靳、清凉寺发现了源自海岱风格的玉器。最典型器物是牙璧，关于牙璧有学者做过系统研究，认为这是一类和陶鬶一样的指征性器物，其最早产生于海岱地区的东部和辽东半岛一带，后来随着海岱系文化的向外扩散，牙璧也被传播到了其他地区[③]。目前所知的陶寺、下靳和清凉寺3处遗址中均发现有牙璧，形态

①　靳松安：《论龙山时代河洛与海岱地区的文化交流及历史动因》，《郑州大学学报（哲学社会科学版）》2010年第3期。

②　靳松安：《论龙山时代河洛与海岱地区的文化交流及历史动因》，《郑州大学学报（哲学社会科学版）》2010年第3期；栾丰实；《论城子崖类型与后冈类型的关系》，《考古》1994年第5期。

③　栾丰实：《牙璧研究》，《文物》2005年第7期。

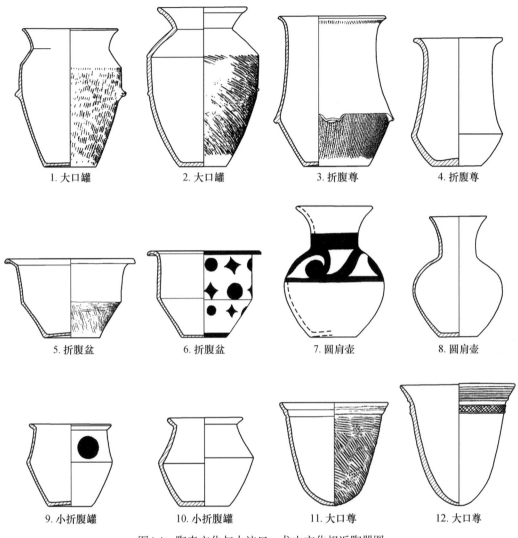

图4.4　陶寺文化与大汶口—龙山文化相近陶器图

1.陶寺M2035：6　2.三里河M250：11　3.陶寺H335：2　4.野店M51：19　5.陶寺M2202：2

6.大朱村M02：25　7.陶寺M2079：5　8.野店M51：9　9.陶寺M3016：5　10.大汶口M3：11

11.陶寺M3073：2　12.大汶口M13：21

［来源：1、3、5、7、9、11采自《襄汾陶寺》，2015年；2采自《胶县三里河》1988年；4、8采自《邹县野店》，1985年；6采自《史前研究》（辑刊），1989年；10、12采自《大汶口》，1974年］

各具特色，但均未超出海岱地区所见的牙璧型式①。琮也是值得注意的，此器物目前发现于晋南的陶寺和清凉寺，多数是石质，少数是玉质。琮是良渚文化的代表性器物，在良渚文化中，仅出土于大型墓。但是在晋南地区如陶寺墓地发现的玉石琮主要出土

---

① 栾丰实：《简论晋南地区龙山时代的玉器》，《文物》2010年第3期。

于中晚期的大中型墓，已经失去原在良渚文化中所代表的意义和地位[①]。而且晋南发现的琮尽管整体形制和良渚琮差别不大，但整体造型简单，素面或饰简单的凹旋纹，基本不见于良渚文化，却多见于海岱的大汶口文化晚期和龙山文化时期。而海岱大汶口和良渚有密切的交流互动，山东又在空间距离上和晋南更为接近。所以晋南地区出现玉石琮更可能是接受海岱琮的技术和使用理念。

还有一种现象，玉器中璧类在良渚及凌家滩墓葬中多放置于胸腹部或身体周边。而海岱地区大汶口—龙山文化发现的大量的璧几乎都是套戴于手腕或臂上，同样在晋南地区下靳、清凉寺、陶寺等墓地发现的璧类器物的佩戴使用和海岱地区相同。因而关于璧类装饰使用方式，晋南地区可能也是吸收借鉴了海岱地区。

（二）某些贵重物品

在陶寺大墓中发现了一类重要乐器"鼍鼓"，这是一类用鳄鱼皮蒙在木鼓上用以敲击的乐器（图4.5）。目前在山东大汶口遗址的大汶口文化晚期遗存中发现了最早的鼍鼓，此外大汶口文化晚期还发现有鳄鱼皮制品。之后的海岱龙山文化时期西朱封、尹家城的大墓中都发现了随葬的鳄鱼骨板，经考证都是鼍鼓，在晋南地区的清凉寺、陶寺等龙山时期墓葬中也发现了鳄鱼骨板（鼍鼓）。而陶寺发现的鼍鼓有学者研

1. 鼍鼓M3015：15　　　　　　　　　2. 鼍鼓复原

图4.5　陶寺大墓出土鼍鼓

（来源：1采自《襄汾陶寺》，2015年，彩版二一；2采自《中国陶寺遗址出土文物集萃》，2018年）

---

① 栾丰实：《简论晋南地区龙山时代的玉器》，《文物》2010年第3期。

究发现已经形成了一对鼍鼓和一件石（特）磬的固定组合，并且只随葬大墓固定位置（图4.6），这种固定组合和固定位置随葬表明此时的鼍鼓显然已是礼乐器，且在使用中已形成了较为严格的规制，表明了礼乐制度在陶寺社会已经初步形成[①]。由鼍鼓的出现和在晋南地区的发展，笔者倾向认为鼍鼓一类的乐器是发源于海岱地区，并且其自

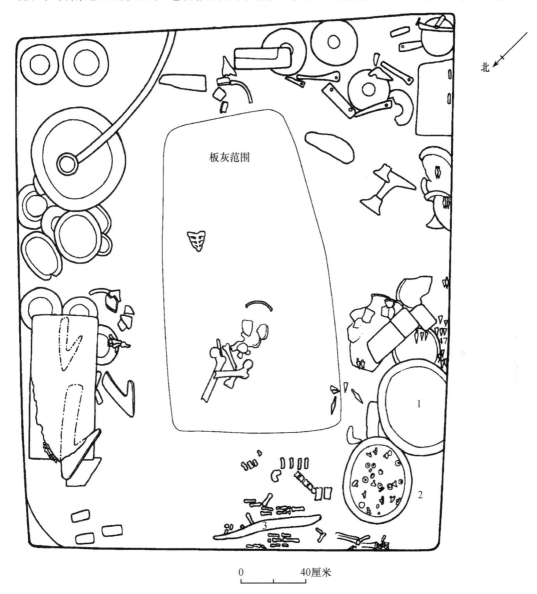

图4.6　陶寺M3015鼍鼓、石（特）磬出土位置图

（来源：采自《襄汾陶寺》，2015年，第452页）

1、2.鼍鼓　3.石（特）磬

---

① 高江涛：《黄河流域龙山时代的鳄鱼骨板探析》，《东方考古》（第17集），科学出版社，2020年，第58—71页。

身内涵也为晋南接受，只是在晋南陶寺形成了严格的规制。

绿松石镶嵌器物在海岱地区的大汶口文化晚期已经流行，龙山文化时期进一步发展[①]。在大汶口文化时期常见到钺和象牙雕筒上镶嵌有绿松石，在花厅墓地还见有镶嵌于漆器上的绿松石片。西朱封龙山时期的墓葬M202中，墓主头部左侧发现了980多片绿松石薄片，M203也发现绿松石薄片95片，这些绿松石小片则是镶嵌于冠饰上的。两城镇也发现了镶嵌绿松石薄片的腕饰[②]。而在晋南的陶寺发现有镶嵌绿松石薄片的玉簪，下靳墓地M76和M136都发现了类似两城镇的戴在墓主手腕的镶嵌绿松石的腕饰。由于海岱地区使用绿松石和镶嵌传统较早，我们赞同晋南地区这种绿松石薄片装饰镶嵌器物的技术和风格应主要来源于海岱[③]。

（三）丧葬习俗

丧葬中有一些重要习俗，晋南地区可能也是受到海岱地区的深刻影响所致。根据孙丹博士对史前墓葬随葬猪下颌骨的研究，从全国范围看，黄河下游龙山文化分布范围内随葬猪下颌骨的现象比较显著，在尹家城、三里河遗址随葬猪下颌骨的势头达到最高峰；在长江中游地区的石家河文化有集中发现，但随葬猪下颌骨的兴盛程度大大减弱；在黄河上游齐家文化的几处遗址，猪下颌骨与当地的特殊随葬品——小石块（子）一起构成了随葬品的主体；黄河中游则少见猪下颌骨随葬[④]。罗运兵先生的研究也指出不仅猪下颌骨，其他葬猪头、猪蹄等各类猪骨的分布在龙山文化时期也有相同的规律[⑤]。同时二人的研究还揭示，在黄河中游的中原地区即现今河南中北部、河北、山西境内，整个仰韶文化时期基本不见猪下颌骨和各类猪骨随葬的实例，到了龙山文化时期上述地区除了晋南猪下颌骨和各类猪骨随葬也非常少见（仅在大河村遗址见有1例）。因而根据二人的研究可知在墓中随葬猪下颌骨和葬猪头、猪蹄等猪不同部位的习俗在史前的海岱地区从大汶口到龙山盛行近2000年，而这种习俗在黄河中游的河南中北部、豫北、山西北部则几乎不见。有意思的是，晋南地区到龙山文化时期则成了黄河中游地区的特例。陶寺遗址1975—1985年发掘的45座墓中，葬有猪、羊、鹿共计578个个体，其中猪最多，有572个个体。肢解后较完整的猪（"10座墓10个

---

① 庞小霞：《中国出土新石器时代绿松石器研究》，《考古学报》2014年第2期。

② 中美两城地区联合考古队：《山东日照市两城镇遗址1998~2001年发掘简报》，《考古》2004年第9期。

③ 王强：《试论史前玉石器镶嵌工艺》，《南方文物》2008年第3期；庞小霞：《陶寺文化出土绿松石腕饰初步研究》，《中原文物》2023年第2期。

④ 孙丹：《中国史前墓葬随葬猪下颌骨习俗研究》，中国社会科学院研究生院硕士学位论文，2013年。

⑤ 罗运兵：《中国古代猪类驯化、饲养与仪式性使用》，科学出版社，2012年。

个体"），都是一类和二类甲型墓，年代均为早期。再加上后来发掘的M22，该墓更是随葬有10头整猪。猪下颌：34座墓中随葬562个个体，最多的M2200达到132个（图4.7）。猪下颌骨多置于墓底（22座）和壁龛（8座），少量置于二层台上（3座）和填土中（2座）。34座墓中可辨性别的男性26座，女性2座。34座墓的等级中二类墓11座、三类墓11座、五类墓10座、不明2座。34座墓的年代：早期12座，409个个体；晚

图4.7　陶寺M2200随葬十三组猪下颌骨

（来源：采自《襄汾陶寺》，2015年，第487页）

期8座，82个个体（其中M2087填土中75个，其余每墓1个）①。同时晋南的清凉寺也发现有猪骨随葬②。

　　根据上述信息，由于在海岱的大汶口文化中已经发现较多的整猪、猪头随葬及猪下颌骨随葬，所以笔者赞同晋南龙山文化时期的这种葬猪的习俗来源于海岱地区。同时我们发现在海岱和晋南两地的互动交流中，随葬整猪或者猪各个部位的习俗在陶寺文化中主要是上层贵族所接受，而且在陶寺文化中期以后伴随着陶寺各种礼制形成和国家形态的成熟，贵族阶层的形成，贵族阶层中也更盛行这种炫富炫贵风俗。因为这种随葬直接体现死者或死者家族生前的财富和地位，因而只有非富即贵者才能具体施行，这应该也是李新伟先生所提出的上层交流网交流的内容之一。而随葬猪下颌骨的情况从目前材料来看主要是体现在陶寺的早中期，晚期这种习俗少见。而且这个葬俗在晋南地区具体呈现的情况和海岱地区相一致，如在各个阶层的墓葬中均有发现，男性较多，和墓葬的面积规模不是成正比，但是整体上看趋势都是等级高的墓葬随葬的猪下颌骨多。这说明猪下颌骨的随葬习俗晋南地区在接受海岱传统后，随葬猪下颌骨这种行为背后所代表的理念、信仰等意识形态领域的东西也被晋南地区接受了。

　　值得注意是，大口尊这类在海岱地区流行、在长江中游一度盛行的代表了一定宗教信仰的器物尽管在晋南的陶寺也已经发现，但是陶寺发现的量很少，而且目前也没有发现套接或作为葬具的情况。更重要的是在海岱地区常常出现在这类大口尊上的符号目前在晋南也没有发现。所以大口尊在长江和淮河流域尽管在互动交流中各地代表的理念和信仰也已有所不同，但是在晋南地区的大口尊目前似乎看不到宗教祭祀等方面的内涵，更可能仅仅是生活中的酿酒或盛储器。所以同类器物或习俗尽管在互动交流中被接纳，但是接纳吸收的形式、内涵等等也都会发生变化甚至变异。

　　还有一种毁墓现象也是值得思考的。目前在海岱的大汶口文化焦家遗址北区的五座大墓有"毁墓"现象，但是具体毁墓的细节等信息简报尚无具体的披露。同时在尹家城遗址的龙山文化中也发现了大中型墓被毁的现象。尹家城的墓葬扰乱的墓室的位置十分准确，即对准墓葬内棺室的一端向下挖③。推测有墓上的标识，当然也可能是下葬的时间并不长，参与毁墓的人中有清楚知道墓葬具体位置的人员。无独有偶在晋南地区的陶寺同样存在毁墓现象（图4.8）。且有两个显著特点：毁墓对象均是当时身份地位崇高者，且以王者为最主要对象。毁墓者有意而为，目标明确，目的就是掘坟曝

---

　　①　罗运兵：《陶寺墓地葬猪现象及其习俗来源》，《光被四表　格于上下：早期都邑文明的发现研究与保护传承暨陶寺考古四十年发掘与研究国际论坛论文集》，科学出版社，2021年，第146—159页。

　　②　山西省考古研究所、运城市文物工作站、芮城县旅游文物局：《清凉寺史前墓地》，文物出版社，2016年。

　　③　山东大学历史系考古专业教研室：《泗水尹家城》，文物出版社，1990年，第43页。

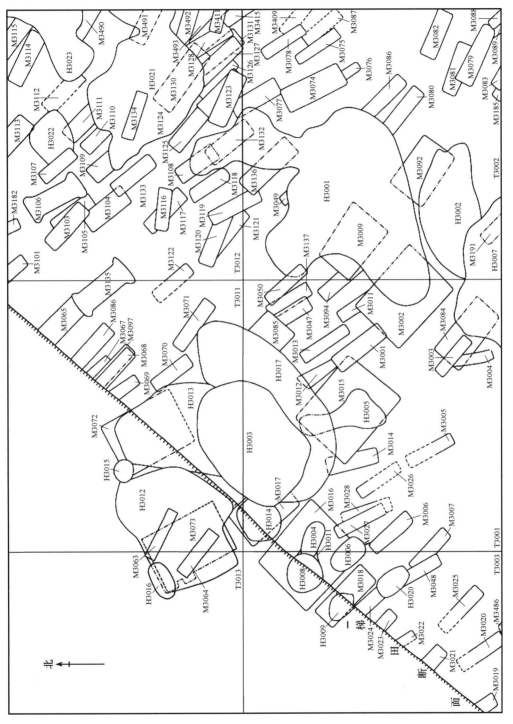

图4.8　陶寺早期墓地大墓被扰坑段墓平面图
（来源：采自《襄汾陶寺》，2015年，第442页）

尸；毁墓行为直指墓室中部以及头端，且深至墓底甚至穿透，破坏性很强。晋南地区的清凉寺也同样发现了毁墓现象。同样也是捣毁位置精准，大墓为主。可见以上无论海岱和晋南存在共同的毁墓情况，这些毁墓目的显然和后世以取得财物为主的盗墓不同。关于毁墓的原因，高江涛先生认为陶寺遗址是有意识地针对某一当政家族的政治报复，也不排除是外来人群所为[①]。而韩建业先生认为清凉寺属于外族入侵，即老虎山文化南下而引起的族群冲突发生的毁墓[②]。外族入侵，有一个现象无法解释，为何单单仅对几座大墓捣毁，中型墓都不涉及。笔者更倾向于是内部各个家族集团权力争夺而导致的毁墓。但是关于海岱和晋南先后出现的这种毁墓现象，笔者认为和这个时代的大背景也有关。龙山时期宗教色彩大大淡化和减弱，世俗实用观念增强，墓坑的规模形制、葬具的配套、随葬品的配伍关系等制度性差别越来越突出，一套通行于社会上层的丧葬制度逐步形成[③]。与此同时聚落繁盛，人口激增，而海岱地区的龙山文化墓葬的特点和陶寺晚期墓葬的布局特点都显示家族作为基础社会组织的地位和作用在不断强化和突出。城址的大量涌现和短期使用则凸显了不同地域、族群之间的冲突加剧。正是这种等级世俗制度逐渐形成背景中，族群冲突和报复不断出现使得各种不可思议的行为随之出现，纯粹为了报复的挖坟掘墓也就正式登上了历史舞台。

（四）大汶口文化和龙山文化对中原二里头文化的影响

海岱地区和中原地区的互动还体现在对之后崛起于洛阳盆地的二里头文化的影响。邹衡先生早就指出："觚、爵、鸡彝、瓦足皿，大都来自东方，或者同东方有着密切的关系。"[④]栾丰实先生更是明确指出了在二里头文化中明显存在海岱地区龙山时期的因素，其中直接东方因素的器形有贯耳壶、长颈壶、圈足盘、瓦足盆、盆形豆、大平底盆，而鬶、鼎则属于间接东方因素，即海岱大汶口文化晚期传播至中原，在中原本地龙山文化中发展，二里头又从本地龙山文化中传承而来[⑤]。这里的大平底盆在海岱地区龙山文化尤其邻近的豫东造律台文化中较为流行，又在新砦文化中大量发现，却在中原王湾三期文化中较少见到。笔者认为其实它和折壁器盖相同，应该都是新砦文化遗存受到海岱龙山文化的间接影响，吸收成为新砦文化重要因素并传递给二里头

① 高江涛：《试析陶寺遗址的"毁墓"现象》，《三代考古》（七），科学出版社，2017年，第345—354页。

② 韩建业：《葬玉、殉葬与毁墓——读〈清凉寺史前墓地〉》，《中国文物报》2017年6月13日。

③ 孙波：《再论大汶口文化向龙山文化的过渡续——也谈仰韶时代与龙山时期之间的转折》，《早期中国研究》（第1辑），文物出版社，2013年，第146—165页。

④ 邹衡：《试论夏文化》，《夏商周考古学论文集》（2版），科学出版社，2001年，第153页。

⑤ 栾丰实：《二里头遗址中的东方文化因素》，《中原文物》2006年第3期。

文化的产物。

二里头文化的侧装三角形足鼎和Y字形足鼎，也是从新砦文化继承而来，但是追溯新砦文化这类因素的来源时，笔者认为有两种可能的来源：其一是来源于豫东造律台文化。对此最近魏继印等学者有专文论述[①]。其二和丹淅流域的下王岗、沟湾等王湾三期文化的乱石滩类型有一定渊源。

首先从年代来看，下王岗、沟湾等遗址出现这类鼎的年代较早。下王岗侧装三角形足鼎出现于该遗址龙山文化的早期，Y字形足鼎出现于中期偏早阶段，且发现的量很大。高江涛认为下王岗龙山文化的早中晚三期大体相当于王湾三期文化分期中韩建业、杨新改"五期说"的后三期和靳松安"两期四段说"的后三段[②]。也就是说下王岗侧装三角形足鼎的最早年代约相当于煤山一期、郝家台三期、王城岗一二期，Y字形足鼎还要稍晚些。而就造律台文化而言，要明确的是，前文提到的山台寺早期遗存不属于造律台文化，造律台文化整体属于龙山文化晚期，造律台文化分期有三期说[③]和两期说[④]。其和王湾三期文化的对应年代关系，学界研究得不多，以出土器物丰富的王油坊为例，其下层（早期）要比煤山一期早，将王油坊中、上层（即中晚期）出土遗物和王湾三期文化的煤山、王城岗等遗址相对比，笔者认为王油坊的中层和煤山一期、王城岗的一二期、郝家台三期年代相近，而王油坊上层和王城岗三期、四期，郝家台的四期、五期约相当。由于在王油坊下层侧装三角形足鼎就已经出现，因此单从年代看，豫东这类鼎在造律台文化早期已经出现，年代确实早于下王岗，甚至早在龙山文化早期山台寺已经出现了侧装三角形足鼎，这类鼎和较早的扁凿形足鼎共存，豫东、鲁西南和皖西北是这类鼎的源头是正确的。但是同时要看到造律台文化早期侧装三角形、扁凿形、鹅头形、鬼脸形等鼎足并存，侧装三角形足鼎在造律台文化鼎中占的比例并不高，在整个器物群中更少。而到了该文化的中晚期这类鼎才数量增多，也正是中晚期才是这支文化的兴盛期，也是对外辐射和影响最强的时期。同样丹淅流域下王岗遗址在其龙山文化的中晚期数量大增，这个中晚期相当于煤山二期、郝家台四、五期及王城岗的三、四、五期。因此下王岗遗址龙山文化的中晚期有相当长一段和造律台

①　魏继印、王志远：《新砦文化深腹罐和侧装三角形扁足鼎的来源问题》，《中原文物》2022年第5期。

②　中国社会科学院考古研究所：《淅川下王岗：2008~2010年考古发掘报告》，科学出版社，2020年。

③　主要据王油坊遗址下、中、上三层得出早、中、晚三期。中国社会科学院考古研究所河南二队、河南商邱地区文物管理委员会：《河南永城王油坊遗址发掘报告》，《考古学集刊》（第5集），中国社会科学出版社，1987年，第79—119页；商丘地区文物管理委员会、中国社会科学院考古研究所洛阳工作队：《1977年河南永城王油坊遗址发掘概况》，《考古》1978年第1期。

④　董琦：《虞夏时期的中原》，科学出版社，2000年。

文化中晚期是重合的，而且两者重合的时段又都是各自龙山文化最繁盛的时期。而下王岗遗址的龙山文化晚期的最晚阶段文化面貌和新砦文化有些类似，高江涛先生认为是该遗址龙山文化的延续，只是受到新砦文化的影响，年代上和新砦文化相当[①]。

其次从鼎足的具体形制看，造律台文化、丹淅流域和新砦文化的侧装三角形足鼎，足侧边均有按窝。但是相比造律台文化同类器，丹淅流域乱石滩类型中这两类鼎和新砦文化更接近，造律台文化侧装三角形鼎足普遍较短，而新砦文化和丹淅流域的鼎足则普遍较长（图4.9）。

此外，下王岗龙山文化晚期偏早还出现了1件（下王岗T6②：80）和新砦文化（T6⑦-⑧：902）极其近似的盉，同时丹淅流域龙山晚期还有一批和新砦文化、二里头文化形态接近的盉出现（图4.10）；新砦文化陶器盖兽面纹的梭形眼和蒜头鼻更可能来自江汉平原的肖家屋脊文化。总之，种种现象表明丹淅流域在稍早于新砦文化以及新砦文化时期和新砦文化所在的颍汝流域有密切的互动交流。因而不排除新砦文化的侧装三角形鼎是受到了丹淅流域影响而产生的。Y字形足鼎目前在造律台文化中并没见到，因此新砦文化的这类鼎更可能是受到丹淅流域影响的结果。

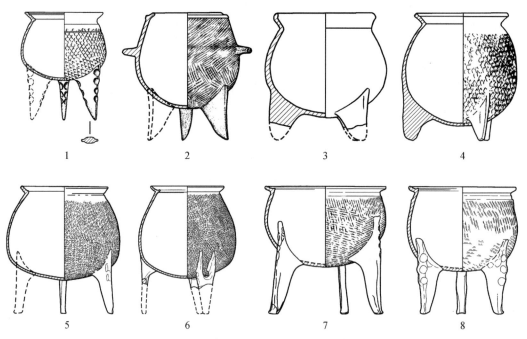

图4.9　新砦、王油坊、下王岗出土陶鼎

1. 新砦T6⑧：777　2. 新砦T6⑧：779　3. 王油坊H21：1　4. 王油坊H21：2　5. 下王岗T4H241：1
6. 下王岗T11④B：7　7. 下王岗T2H157：2　8.下王岗T2H159：1

（来源：1、2采自《新密新砦》，2008年；3、4采自《考古》1978年第1期；5—8采自《淅川下王岗》，2020年）

---

①　中国社会科学院考古研究所：《淅川下王岗：2008～2010年考古发掘报告》，科学出版社，2020年。

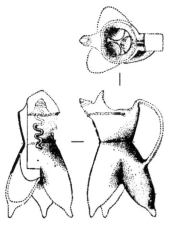

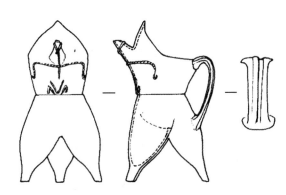

下王岗T6②：80　　　　　　　　　　新砦T6⑦-⑧：902

图4.10　下王岗和新砦出土的盉

（来源：采自《淅川下王岗》，1989年，第260页；《新密新砦》，2008年，第312页）

新砦文化和二里头文化受到长江中游、丹淅流域影响的不仅仅是这两类鼎，还有壶形盉、袋足盉等。而这两类盉追溯最初的来源都和海岱地区大汶口文化、龙山文化有着密切关系。盉的种类多样，学界一般赞同盉是由陶鬶演化来的。高广仁、邵望平二位先生在对陶鬶的研究中将一类封顶盉归属鬶的一个类型，详细对其类型、年代、流布进行了系统研究①。而杜金鹏先生更是对于封顶，袋足，顶盖上前部有流、后部有口，单鋬的一类封顶盉进行了深入研究②。这两篇文章关于二里头文化的封顶壶形盉及袋足盉的来源都认为可追溯到山东海岱地区，应是海岱陶鬶在发展演变过程中一种新的变体。笔者曾对封顶壶形平底盉做过研究。对于二里头文化的封顶壶形盉，笔者曾指出其是由海岱地区的陶鬶辗转到长江中游地区、丹淅流域并发展演变最后在中原地区二里头文化二期出现③。

二里头文化二期封顶袋足陶盉的来源，笔者认为二里头文化二期出现的袋足盉主要来源于新砦文化中的陶盉，而新砦文化陶盉则有三种可能的来源：其一，大汶口文化的陶鬶传播至中原地区变体为盉，在中原地区发展演变最终形成新砦文化的盉；其二，海岱地区大汶口文化的陶鬶传播至长江中游、丹淅流域之后，在这一地区发展演变为陶盉，再影响新砦文化的盉；其三，海岱地区大汶口陶鬶同时向中原和长江中游、丹淅流域辐射，各自演变发展变体为盉，并在龙山晚期加速互动交流，最终形成

---

① 高广仁、邵望平：《史前陶鬶初论》，《考古学报》1981年第4期。

② 杜金鹏：《封顶盉研究》，《考古学报》1992年第1期。

③ 庞小霞、高江涛：《先秦时期封顶壶形盉初步研究》，《考古》2012年第9期。

新砦文化的陶盉（图4.11）^①。

　　二里头文化的陶爵，杜金鹏先生认为极可能是从豫西的王湾、三里桥类型和豫北的后冈龙山文化晚期的一种原始陶爵发展而来的[2]，目前来看这种认识仍有意义。笔者认为与盉类似，爵也是在受到山东大汶口文化陶鬶的影响，并在本地龙山晚期原始陶爵的基础上新创造的器物。

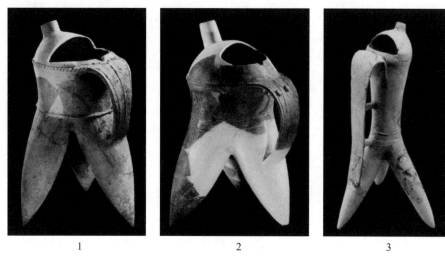

图4.11　二里头遗址出土二里头文化二期陶盉

1. 2006 V T117剖⑤C∶19　2. 2002 V M3∶30　3. 2001 V M1∶7

　　值得注意的是，器物传播流布的同时有一个需要关注的问题，那就是器物的功能问题。鬶在山东主要是温酒，而盉、爵在二里头文化中的功能，传统的认识都归属于酒器，饮酒器或温酒器一类。最近李旻先生从文化人类学角度出发，提出爵，尤其是带有管状流的一类爵，这类二里头新出现的器物可能是吸食致幻剂的器具[3]。考察此类爵的形状，笔者认为这种认识很有道理。而更为重要的是，盉、爵在二里头文化已成为礼器且形成较固定的礼器组合。

　　二里头文化玉器和海岱地区的关系。栾丰实先生也有专文研究，一种方形玉钺上穿双孔和用绿松石圆饼镶嵌其中一孔的装饰手法在海岱地区大汶口文化、龙山文化有着悠久历史传统，玉戚上的扉齿及齿状弧刃也与海岱地区新石器时代文化中的工艺传

---

①　庞小霞：《聚落、资源与道路：早期中国中原与周边的文化互动与交流》，中国社会科学出版社，2024年。

②　杜金鹏：《陶爵研究——中国古代酒器研究之一》，《夏商周考古学研究》，科学出版社，2007年，第695—711页。

③　Li Min. Social Memory and State Formation in Early China. Cambridge: Cambridge University Press. 2018.

统有密切关系[①]。至于二里头文化的玉刀和玉牙璋其来源可能不是海岱地区，问题较为复杂，本文在此不再赘述。

二里头镶嵌绿松石铜牌饰来源问题，笔者曾撰文指出这类器物的来源应该考虑铜牌饰中铜底托和其上绿松石两类器物的来源。而陈国梁、王青等学者将铜牌饰分解为铸造铜底托的工艺、镶嵌绿松石的技术（包括使用绿松石传统）和牌饰上纹饰寓意几个方面来探讨来源的思路和方法体现了研究的深入[②]。结合二里头铜器铸造技术的来源看，铜牌饰的青铜铸造技术源头可追溯至中亚、北亚地区的冶金术，而河西走廊、西北地区的马厂文化、西城驿文化、齐家文化等在冶金术的本土化和传播中的主动改造和利用值得重视，也应看到二里头文化对于整个冶金生产体系的再次重塑[③]。铜牌饰是这种新的冶金生产体系创造的一系列新产品的一种。绿松石的使用传统，笔者认为来源于中原本地和海岱地区[④]。铜牌饰的镶嵌工艺通过最近对于龙山时期绿松石镶嵌腕饰的专文研究[⑤]，结合玉器镶嵌工艺的起源传播，笔者赞同铜牌饰镶嵌绿松石的工艺应该来源于海岱地区[⑥]。关于牌饰上的纹饰寓意比较复杂，目前看铜牌饰的部分纹饰来自海岱地区，对此笔者在另一本书已有详论[⑦]。不再赘述。

"在相邻社会之间的交换和借用是一种持续发生的状态，社会文化更多的是通过拒绝，而不是接受借用（外来因素），来定义自我认同。"[⑧]这是理解史前社会文化多元性，以及对物质文化的变化进行政治解读的重要原则。由于技术选择是社会边界的显著标志，互动交流中的拒绝正是最能体现自我认同的最好方式。上文我们谈到晋南

①　栾丰实：《二里头遗址出土玉礼器中的东方因素》，《中原地区文明化进程学术研讨会文集》，科学出版社，2006年，第283—298页。

②　陈国梁：《二里头文化嵌绿松石牌饰的来源》，《三代考古》（七），科学出版社，2017年，第65—83页；王青：《试论镶嵌铜牌饰的起源和传布——从日照两城镇遗址的新发现说起》，《三代考古》（八），科学出版社，2019年，第151—177页。

③　李水城：《西北与中原早期冶铜业的区域特征及交互作用》，《考古学报》2005年第3期；陈坤龙、梅建军、王璐：《中国早期冶金的本土化与区域互动》，《考古与文物》2019年第3期。

④　庞小霞：《中国出土新石器时代绿松石器研究》，《考古学报》2014年第2期。

⑤　庞小霞：《陶寺文化出土绿松石腕饰初步研究》，《中原文物》2023年第2期。

⑥　王强：《试论史前玉石器镶嵌工艺》，《南方文物》2008年第3期；陈国梁：《二里头文化嵌绿松石牌饰的来源》，《三代考古》（七），科学出版社，2017年，第65—83页；王青：《试论镶嵌铜牌饰的起源和传布——从日照两城镇遗址的新发现说起》，《三代考古》（八），科学出版社，2019年，第151—177页。

⑦　庞小霞：《聚落、资源与道路：早期中国中原与周边的文化互动与交流》，中国社会科学出版社，2024年。

⑧　Mauss M. Techniques, Technology and Civilization. Edited by Nathan Schlanger. Oxford: Berghan Books, 2006: 44.

的陶寺和洛阳盆地的二里头在自身形成和发展中都吸收了大量东方甚至良渚的文化因素，但是同时这种为我所用中又有所排斥，是一种选择性借用，而正是这种选择性借用凸显陶寺和二里头的自我认同，形成了各自独特的文化特色。

此外，互动交流中，器物功能性研究意义重要，这也是过程考古学强调的。还有，器物的产生究竟是突变还是渐变，还是二者结合？恐怕要具体器物具体分析，曾经高广仁先生关于史前陶鬶、杜金鹏先生关于封顶盉和陶爵、栾丰实先生关于牙璧等研究成为出土器物研究的典范。笔者认为在今后此类研究中，我们还应该关注器物的功能研究，同时考虑互动交流的时代背景和互动交流中的拒绝性。

第五章 岳石文化时期海岱地区人文地理分布格局及相关问题

岳石文化是分布于海岱地区大致和中原地区的二里头、早商及中商时期相当的一支考古学文化。本章在简单介绍岳石文化的概况后重点考察了该文化四个阶段的人文地理分布格局，并分析了格局形成的原因、背景及引起的内在的人群迁徙和流动情况。海岱地区进入岳石文化后，文化面貌呈现"衰落"迹象并进而失去其独立发展的地位，最后纳入以中原地区为中心的发展轨道，这其中必有原因，在对以往观点分析后本章也对此问题作出了新的解释。

第一节 岳石文化相关问题

岳石文化是继山东龙山文化之后主要分布于海岱地区的一支考古学文化。岳石文化遗存早在20世纪20年代就已被发掘出来，但由于资料所限，在很长时间里人们未能把它从龙山文化中分离出来。20世纪六七十年代在对平度东岳石、泗水尹家城、牟平照格庄几处遗址进行发掘后，人们逐渐认识到这类遗存的特殊性。1981年有学者提出了岳石文化的命名，之后伴随着众多岳石文化遗址的发掘，有关岳石文化内涵、分期、年代、分布、类型、族属等问题的研究逐渐深入。下面主要就上述诸问题简单谈谈学界的研究概况。

一、文化内涵、分期和年代

岳石文化的文化内涵表现在诸多方面。目前已经发现了章丘城子崖[①]、阳谷景阳

---

① 张学海：《章丘县城子崖古城址》，《中国考古学年鉴·1991》，文物出版社，1992年，第203—204页；山东省文物考古研究院、北京大学考古文博学院：《济南市章丘区域子崖遗址2013～2015年发掘简报》，《考古》2019年第4期；朱超：《也谈城子崖龙山至岳石城址防御设施的演变》，《南方文物》2020年第5期。

冈①、定陶十里铺北②等岳石文化的城址，城墙采用了版筑技术，并以集束棍为夯具。在桓台史家③、连云港藤花落④、章丘榆林⑤则发现岳石文化的环壕。

岳石文化的房址有半地穴式、地面式、台基式三种，以地面式为主，平面多呈方形和长方形。开间大多为单间，也有少数双间或多间者。灰坑的平面形状主要有圆形、椭圆形、长方形和不规则形等，以前两种形状居多。在桓台史家还发现有专门的木构架坑，规模较大、结构奇特⑥。墓葬发现较少，仅在长岛大口、济南彭家庄、章丘城子崖等遗址发现数座，墓内多不见随葬品。

岳石文化的遗物主要有铜器、石器、骨角蚌器和陶器等。铜器发现不少，多为青铜小件工具如铜镞、铜刀、铜锥等，这表明岳石文化已进入早期青铜时代。石器数量多、种类全，有斧、锛、凿、铲、镢、镰、刀、钺、矛、镞等，以石镰和半月形石刀最富特色，是岳石文化所独有的器物。陶器分为夹砂和泥质两类。前者多为夹粗砂，亦有夹云母者，采用慢轮制作或手制，颜色以不纯正的褐色为主，多斑驳不均，外表常见刮抹痕迹；后者多采用快轮制作，陶胎也较厚，颜色纯正，以灰黑色居多。器表以素面和抹光为主，纹饰主要有附加堆纹、弦纹、凸棱、绳纹、方格纹、之字纹、云雷纹、泥饼、镂孔和彩绘。主要器类有素面甗、尊形器、内带凸棱的浅盘豆、子母口鼓腹罐、子母口三足罐、蘑菇纽器盖、深腹罐、大平底盆、圆锥形足鼎、盒、舟形器、子母口瓮等。炊器以甗、深腹罐为主，部分地区鼎的数量也不少。器物造型以平底器、三足器和圈足器为主，许多器物有盖。器物口部流行子母口、卷沿有领、叠唇等式样。

① 陈昆麟、孙淮生：《阳谷景阳岗龙山文化城址》，《中国考古学年鉴·1995》，文物出版社，1997年，第150—151页；王守功、孙淮生：《阳谷县景阳岗龙山文化城址》，《中国考古学年鉴·1996》，文物出版社，1998年，第157—158页；山东省文物考古研究所、聊城地区文化局文物研究室：《山东阳谷县景阳岗龙山文化城址调查与试掘》，《考古》1997年第5期。

② 高明奎、王龙、王世宾，等：《定陶县十里铺北岳石文化及商代遗址》，《中国考古学年鉴·2016》，中国社会科学出版社，2017年，第291—292页。

③ 张光明：《山东桓台史家遗址发掘收获的再认识》，《夏商周文明研究》，中国文联出版社，1999年，第1—14页。

④ 南京博物院、连云港市博物馆：《藤花落：连云港市新石器时代遗址考古发掘报告》，科学出版社，2014年，第453—457页。

⑤ 朱超、孙启锐：《章丘榆林遗址》，《考古年报2016》，山东省文物考古研究所，2016年，第22—23页。

⑥ 淄博市文物局、淄博市博物馆、桓台县文物管理所：《山东桓台县史家遗址岳石文化木构架祭祀器物坑的发掘》，《考古》1997年第11期。

岳石文化的分期，早年学界有不同意见，有二期、三期和四期说等[①]。近年认识渐趋统一，四期说基本得到学界认可[②]。本书赞同四期说。

岳石文化的年代约与二里头文化一期至中商三期相当，个别地区其年代下限也许更晚。从岳石文化地层出土含碳样品的测定数据看[③]，排除若干明显偏早、偏晚的数据，其年代范围与上文的推断大致相合。

二、分布与类型

岳石文化的分布范围东至大海，南达江淮，西到鲁西南和豫东，北及辽东半岛的南端。由于周边考古学文化及自身文化的势力消长，不同时期岳石文化的分布范围不同。鼎盛时期，以今山东省境为主，西北以德州—聊城一线为界，西边和西南不过范县—长垣—兰考—杞县—太康—淮阳—项城—新蔡一线，南边大致以皖苏两省的太和—宿州—淮阴一线为界。

如此广的分布范围内，由于自然地理环境、历史文化传统及时代差异和外部文化等因素的影响，反映在文化上的差异也显而易见，这些差异亦是考古学文化中类型划分的依据。岳石文化的类型划分随着材料的不断丰富而增加，学者先后将该文化分成三个、五个、四个、六个类型[④]。本书将岳石文化分成六个类型，这六个类型的分布地区大致和本书对于海岱地区的地理分区相合，分别是胶东半岛的照格庄类型，潍弥河流域的郝家庄类型，鲁西北平原的王推官类型，鲁豫皖地区的安邱堌堆类型，汶泗河流域的尹家城类型，沂沭河流域的下庙墩类型。其中沂沭河流域包括鲁东南地区在内

①　中国社会科学院考古所：《中国考古学·夏商卷》，中国社会科学出版社，2003年，第442—443页；山东省文物考古研究所：《山东20世纪的考古发现和研究》，科学出版社，2005年，第298—299页。

②　方辉、栾丰实、王迅等学者都将岳石文化分成四期，但是在具体遗址的期别划分上稍有差异，详可参见方辉：《岳石文化的分期与年代》，《考古》1998年第4期；栾丰实：《岳石文化的分期和类型》，《海岱地区考古研究》，山东大学出版社，1997年，第318—347页；王迅：《东夷文化与淮夷文化研究》，北京大学出版社，1994年，第10—13页。

③　方辉：《岳石文化的分期与年代》，《考古》1998年第4期；龙腾文、Mayke Wager、Pavel E. Tarasov，等：《海岱地区史前遗址[14]C测年数据的贝叶斯分析——审视考古年代学》，《东方考古》（第15集），科学出版社，2018年，第92—112页。

④　山东省文物考古研究所：《山东20世纪的考古发现和研究》，科学出版社，2005年，第308—309页。

的岳石文化类型的具体名称、分布范围等争议较大①。基于目前材料，笔者暂从方辉先生的划分，将沂沭河上游和苏北地区暂不分开，与之稍有不同的是将孝妇河以东、淄河以西的地区划归王推官类型。至于江淮之间发现的一些具有岳石文化特征的遗存，如高邮的龙虬庄遗址、周邶墩遗址等，其形成过程比较复杂，尚待更多发掘工作和深入研究来确定遗址属性。鉴于此，岳石文化在苏北地区的南界可能向南有所延伸，但似乎不过淮河。

三、源流、族属及其他相关问题

岳石文化来源目前主要有三种意见。其一，本地说。以栾丰实先生为代表，认为山东龙山文化与岳石文化之间是继承发展关系，岳石文化渊源于山东龙山文化②。其二，北来说。以张国硕先生为代表，认为岳石文化不是由山东龙山文化直接发展而来，二者之间是"突变关系"，岳石文化的主体文化因素系来源于夏家店下层文化早期阶段，并吸收了部分辽东半岛于家村下层文化、山东龙山文化及其他文化因素，从而形成了一个独特的考古学文化③。其三，西来说。以方辉先生为代表，认为山东龙山

---

① 由于这一地区以往所作工作不多，许多资料多为调查材料，所以出现目前这种分歧较大的现状。方辉先生将此区定名为"下庙墩类型"，其所言的分布范围主要是沂沭河流域，包括鲁东南的临沂、苏北的连云港，最南可达淮阴一带（方辉：《岳石文化区系类型新论》，《海岱地区青铜时代考古》，山东大学出版社，2007年，第137—169页）。此前张国硕先生曾提出下庙墩可作为尹家城类型之下的一个地方亚型；严文明先生曾提出沂沭河流域可划出一个地方类型，暂称之为"土城类型"，所指范围和方辉的下庙墩类型大致相同［参看张国硕：《岳石文化的类型划分》，《郑州大学学报（哲学社会科学版）》1992年第2期；严文明：《东夷文化的探索》，《文物》1989年第9期］；《山东20世纪的考古发现和研究》一书采用"土城类型"一称，但分布范围有所北缩，不包括苏北地区的沭阳、灌云等地（山东省文物考古研究所：《山东20世纪的考古发现和研究》，科学出版社，2005年，第314—315页）；栾丰实先生则将本区分成两个小区，北部以鲁东南沂沭河中上游为主，包括日照、连云港北部沿海在内的沂蒙地区，称为土城类型，将今陇海铁路以南的区域单独划出，称为万北类型（栾丰实：《岳石文化的分期和类型》，《海岱地区考古研究》，山东大学出版社，1997年，第318—347页）；王迅先生将徐州、灌云、赣榆等苏北地区划分出苏北类型（王迅：《东夷文化与淮夷文化研究》，北京大学出版社，1994年，第35、44页）；《中国考古学·夏商卷》与上述诸说区别较大，其尹家城类型的范围向东扩展，包括栾丰实所言的土城类型范围，而万北类型的范围则东起大海，西过大运河，北以陇海铁路为界与尹家城类型为邻，南则近抵长江北岸（中国社会科学院考古所：《中国考古学·夏商卷》，中国社会科学出版社，2003年，第453页）。

② 栾丰实：《论岳石文化的来源》，《纪念城子崖遗址发掘六十周年国际学术讨论会文集》，齐鲁书社，1993年，第266—282页。

③ 张国硕：《文明起源与夏商周文明研究》，线装书局，2006年，第176—191页。

文化晚期至岳石文化时期，山东地区的考古学文化发生了"极为显著的变化"，其突变原因，当归结于夏代前后山东地区古代部族的变迁，其中既有土著古东夷族的向外迁徙，也有众多异姓部族的入居①。从目前的材料来看，岳石文化继承了山东龙山文化的部分因素，又大量融合了邻境诸考古学文化因素。

岳石文化的去向主要有两种。一是融入商文化；二是发展为新的考古学文化——珍珠门文化，最终融入周齐文化之中②。随着中原商文化的入侵，岳石文化在各地结束的时间也大致自西向东推迟，但是不同地区岳石文化的去向则并不清晰，值得进一步深入研究。

岳石文化的族属与来源是紧密联系的。主张岳石文化主要来源于龙山文化的学者，都认为岳石文化是东夷族的文化。主张岳石文化西来说的学者则认为夏代的东方地区有不少族群迁进迁出，岳石文化的族属已非单一的东夷族，而是包括有姒姓、任姓和姜姓等姓族的成分。本书对于岳石文化来源、族属问题考虑尚不成熟，暂不发表意见。尽管岳石文化的来源学界尚有争议，但是显然大家都认识到岳石文化和山东龙山相比文化面貌发生了显著变化，或言"衰变"，发生这种突变的原因不少学者进行了探讨③。但是也有学者指出，岳石文化尽管从陶器面貌看不如龙山时期的精美，但是其文化分布范围广度超过龙山时期，具有超前的成套石质农业生产工具、先进的城墙夯筑技术与青铜器冶炼技术④。笔者认为其实我们所言的"衰变"，并非社会发生大的倒退，只是整体上相比龙山时期的文化面貌发生了重大改变，在一些领域很少见到龙山时期优美精良的器物，但并非所有方面都是倒退的。本书对这一突变的原因也做了新的分析，详见下文。此外，岳石文化的墓葬制度、聚落结构、政治体制、文明形态等重大问题，因材料的限制尚无法深入探讨。

第二节　岳石文化时期海岱文化区人文地理格局演变探析

岳石文化是海岱文化区内一支重要的考古学文化，同时期其邻近地区活跃着二里头文化、先商文化及其后继的二里冈商文化。多年来对这些考古学文化的分期、年代、分布等的深入研究取得了丰硕成果，这使我们可以对这一时期夷、夏、商三大集

---

① 方辉、崔大勇：《浅谈岳石文化的来源及族属问题》，《中国考古学会第九次年会论文集1993》，文物出版社，1997年，第93—107页。

② 栾丰实：《海岱地区史前文化的发现和研究》，《栾丰实考古文集》，文物出版社，2017年，第7—8页。

③ 参看本章第三节。

④ 燕生东：《"夷夏东西"格局下的岳石文化》，《海岱学刊》2016年第2期。

团的人文地理分布格局有一个宏观的认识。然而，在利用聚落考古研究成果及考古学文化因素分析等方法对相关遗存作一分析时，发现这个时间段内海岱文化区的人文地理格局是一个变化较大的动态时期，大体可分为四个明显的阶段。本节主要利用考古学研究的成果，结合历史文献，从历史文化地理学的视角出发对岳石文化时期夷、夏、商三大集团的分布、对峙、交流、融合，特别是海岱文化区内东夷族群的分布、流变作一初步研究，以复原四个阶段该地区人文地理格局，同时尝试分析造成这种格局的原因。

一、公元前2000年前后

公元前2000年前后海岱文化区文化面貌发生了一系列重大变化，从而使该区域呈现出不同于龙山时代的人文地理分布格局，主要体现在考古学文化遗址比之前的龙山时代数量剧减。

目前海岱文化区内所发现的岳石文化遗址不过300多处，与之前发现的1000多处龙山文化遗址相比大幅度减少[1]，而且这种减少的现象几乎发生在海岱文化区的各个小的地理区域内[2]。从目前材料看，已发掘的、年代大体接近公元前2000年的岳石文化遗址更是很少，比较明确的有尹家城[3]、照格庄[4]、安邱堌堆[5]、王推官庄[6]、邢亭山[7]等几处。此外，对日照地区系统调查表明龙山时代约425处遗址中绝大多数遗址属于龙山文

---

[1] 山东省文物考古研究所：《山东20世纪的考古发现与研究》，科学出版社，2005年，第218、284页。

[2] 刘莉著，陈星灿等译：《中国新石器时代：迈向早期国家之路》，文物出版社，2007年，第252页。其统计数据为整个山东地区的遗址，但基本上能反映海岱文化区的情况。此外，鲁东南沿海地区考古调查做得十分详细，也提供了详细数据，岳石文化时期比龙山时期同样大大减少。具体参看中美日照地区联合考古队：《鲁东南沿海地区系统考古调查报告》，文物出版社，2012年，第302—312页。

[3] 山东大学历史系考古专业教研室：《泗水尹家城》，文物出版社，1990年。

[4] 中国社会科学院考古研究所山东队、烟台市文物管理委员会：《山东牟平照格庄遗址》，《考古学报》1986年第4期。

[5] 北京大学考古系商周组、山东省菏泽地区文展馆、山东省菏泽市文化馆：《菏泽安邱堌堆遗址发掘简报》，《文物》1987年第11期。

[6] 山东省文物考古研究所：《山东章丘市王推官庄遗址发掘报告》，《华夏考古》1996年第4期。

[7] 严文明：《章丘县邢亭山大汶口文化至商代遗址》，《中国考古学年鉴·1986》，文物出版社，1988年，第135—136页。

化早中期（公元前2600—前2200年），龙山晚期遗址仅发现8处，数量大幅度减少；岳石文化遗址数量也很少，约14处[①]。扩至更大范围的整个鲁东南沿海地区的调查也有同样的情况[②]。近年沭河流域的调查也得出大体相同的结果[③]（表5-1）。

表5-1　公元前2000年前后海岱地区重要遗址统计表

遗址名称	地理位置	出处
尹家城	泗水县金庄镇尹家城村西南	《泗水尹家城》，1990年
照格庄	烟台市牟平区宁海镇照格庄村西	《考古学报》1986年第4期
安邱堌堆	菏泽市佃户屯乡曹楼村东南	《文物》1987年第11期
王推官庄	章丘市宁家埠镇王推官庄村	《华夏考古》1996年第4期
邢亭山	章丘市曹范镇邢亭山	《中国考古学年鉴·1986》
城子崖	章丘市龙山镇城子崖	《中国文物报》1990年7月26日
教场铺	聊城市茌平区教场铺村	《考古》2005年第1期
桐林田旺	淄博市临淄区路山镇桐林村南	《中国考古学年鉴·1993》
边线王	寿光市孙家集镇边线王村	《中国文物报》1988年7月15日
丁公	邹平县苑平镇丁公村	《考古》1989年第5期
尚庄	聊城市茌平区乐平铺镇尚庄村	《华夏考古》1995年第4期
茌平南陈	聊城市茌平区杜郎口镇南陈村	《考古》1985年第4期
尹家城	泗水县金庄镇尹家城村西南	《泗水尹家城》，1990年
两城镇	日照市两城镇	《考古》1997年第4期
程子崖	济宁市长沟镇程子崖村	《文物》1991年第7期
邢寨汪	禹城市梁家镇邢寨村西北	《考古》1983年第11期

各地区在遗址数量均减少的同时，遗址在空间分布上呈现不均衡的特征。鲁东南的日照两城地区在大汶口晚期直到龙山早中期文化比较发达、遗址数量较多，且出现了一些中心性聚落。但公元前2000年前后遗址很少，有不少区域出现了空白。而鲁西北地区虽然遗址总数也在减少，但其减少比例相对不是很大。栾丰实先生也有同样的认识，认为地处东部地区（大概以淄河、鲁山、蒙山一线为界）的龙山文化遗存多属于第一、二、三期，第四期以后的龙山遗存很少。相反，在西部地区龙山文化遗存

①　方辉、栾丰实、丁海广，等：《1995～2004年日照地区系统考古调查的新收获》，《东方考古研究通讯》（第5期），2005年，第7—12页。

②　方辉、文德安、加里·费曼，等：《鲁东南沿海地区聚落形态变迁与社会复杂化进程研究》，《东方考古》（第4集），科学出版社，2008年，第253—287页；中美日照地区联合考古队：《鲁东南沿海地区系统考古调查报告》，文物出版社，2012年，第299—310页。

③　齐乌云、梁中合、高立兵，等：《山东沭河上游史前文化人地关系研究》，《第四纪研究》2006年第4期。

中，属于晚期的遗存比比皆是，分布十分普遍①。城子崖、教场铺和田旺的夯土墙在龙山文化晚期仍被使用或重建，具有较强的延续性和稳定性。以上现象表明鲁西北地区文化格局似乎不如鲁东南变化剧烈。

公元前2000年前后海岱文化区遗址的大量减少，说明这一地区的人口数量可能在锐减，尤其是鲁东南地区人口的减少更是惊人的。有些地区遗址的空白可能预示该地已无人居住。关于这些人群的去向，文献史料及考古学文化因素分析提供了两种可能。

其一，可能是向鲁西北和河南中西部地区移动。学者一般将鲁西北与古史传说中的后羿或者夷羿的活动范围联系在一起，而在《左传》《楚辞·天问》《离骚》等文献中都有夏初"后羿因夏民以代夏政""帝降夷羿，革孽夏民"的记载。联系二里头文化早期含有大量的山东龙山文化因素，李伯谦先生指出二里头文化是"后羿代夏"之后的夏文化②。因此，鲁东南人口的突然消失可以作出这样一种推测，他们中一部分可能因环境气候、地理因素、人口压力等原因首先迁徙至鲁西北地区，而后在夏初的夷夏战争中一部分可能来到了河南中西部的洛阳等地。

其二，这些人群也可能向安徽江淮地区迁徙。安徽江淮地区约夏时期分布着斗鸡台文化。该文化中除了当地土著文化、河南龙山文化及二里头文化等因素之外，在斗鸡台一期、二期遗存中（年代相当于公元前2000年前后）还发现了较多山东龙山文化晚期和岳石文化因素，可能是夏代的淮夷文化③。与斗鸡台文化分布邻近的皖北地区目前仅在涡阳、太和一线以北发现有岳石文化的遗址，显然斗鸡台文化和岳石文化分布地域并不接壤。斗鸡台文化中的大量岳石文化因素的出现，应不是因地域相接并受岳石文化影响的结果，很可能是山东地区鲁东南东夷族群一部分迁徙至此的结果。可见，约公元前2000年东夷族群已开始分化，鲁东南东夷族群的一部分融入淮夷。

海岱文化区内人口的迁徙流动，使得该区域的人文地理分布呈现出新格局，其原因值得探索。

首先，公元前2000年前后发生的大规模气候降温事件是重要原因之一。对此学者之前已有所论述④，此不赘述。最近，沭河上游地区环境考古方面的分析初步表明龙山文化结束至岳石文化初期该地区出现了冷凉干燥气候，但其后的气候条件又开始好

---

① 栾丰实：《海岱龙山文化的分期和类型》，《海岱地区考古研究》，山东大学出版社，1997年，第265—267页；栾丰实：《试析海岱龙山文化东、西部遗址分布的区域差异》，《海岱考古》（第九辑），科学出版社，2016年，第401—411页。

② 李伯谦：《二里头类型的文化性质与族属问题》，《文物》1986年第6期。

③ 王迅：《东夷文化与淮夷文化研究》，北京大学出版社，1994年，第54、84页。

④ 吴文祥、刘东生：《4000aB. P. 前后降温事件与中华文明的诞生》，《第四纪研究》2001年第5期；王巍：《公元前2000年前后我国大范围文化变化原因探讨》，《考古》2004年第1期。

转①。对沂沭河流域薛家窑剖面的考察，也得出大致相同的结论，认为公元前2260年前后此地进入降温时期，气候环境较差，公元前2140年至前1880年气温相对较低，并推测此次降温的幅度在1.5℃左右②。气温大幅度降低以及由此引起的环境灾难严重影响了当时人们的生产、生活，表现在考古学上是古文化遗址数量锐减，人口也大量减少，进而对龙山文化的结束和岳石文化的发展进入一个低谷产生巨大影响。

其次，海岱地区内各地理区域所受的影响是不同的。前文已明确指出鲁西北地区相对于鲁东南地区影响较小，以致可能使鲁东南人口向鲁西北迁移。鲁东南地区在龙山早中期文化发达，遗址数量骤增。日照地区则发现由多个遗址群组成、以两城镇为中心的四级聚落结构。鲁东南龙山文化早中期聚落数量的增加、规模的增大显示该地人口的空前繁盛。人口的增加可能导致人口和资源之间的矛盾，据艾伦估计，用石锄手耕旱地作物的农业经济，每公顷的产量约550公斤，其土地载能大约能供养12人/平方千米③。另据王建华先生的研究，龙山晚期莒县一带人口密度为12.79人/平方千米④。显然，龙山晚期鲁东南的莒县一带人口压力是存在的。而缓解人口与资源矛盾的措施主要有两种。一是对外移民或对外战争掠夺其他地区资源。二是通过内部调整，如可以因地制宜地在生产实践中利用原有的驯化经验驯化出新的农作物品种或直接引进其他品种，以增加农作物产量；还可以通过加强社会组织的管理职能提高原来社会集团内部的农业生产效率，这种生产效率的提高是以人们能在当地生产为前提的。然而鲁东南地区农作物的栽培情况似乎使原来的人口压力雪上加霜。据目前的研究，海岱地区东部的胶州赵庄及东南部连云港藤花落发现古稻田遗迹⑤，而且在多个遗址中发现了水稻遗存⑥，表明龙山文化时期稻作农业已在粮食生产中占有重要地位。同时在对稻类遗存的空间分布进行考察后发现，泰沂山系以东、以南地区水稻遗存数量显著高于泰沂

①　齐乌云、梁中合，高立兵，等：《山东沭河上游史前文化人地关系研究》，《第四纪研究》2006年第4期。

②　高华中、朱诚、曹光杰：《山东沂沭河流域2000BC前后古文化兴衰的环境考古》，《地理学报》2006年第3期。

③　Allan W. Ecology，techniques and settlement patterns. In: Ucko P J, Tringham R, Dimbleby G W. Man，Settlement and Urbanism. London: Gerald Duckworth，1972: 211-226.

④　王建华：《黄河中下游地区史前人口研究》，山东大学博士学位论文，2005年，第98—99页。

⑤　靳桂云、燕生东、宇田津彻郎，等：《山东胶州赵家庄遗址4000年前稻田的植硅体证据》，《科学通报》2007年第18期；汤陵华：《连云港藤花落遗址的水稻植物蛋白分析结果》，《藤花落：连云港市新石器时代遗址考古发掘报告》，科学出版社，2014年，第692—695页。

⑥　靳桂云、栾丰实：《海岱地区龙山时代稻作农业研究的进展与问题》，《农业考古》2006年第1期。

山系以西、以北地区，而鲁北平原甚至尚未发现[①]。两城镇遗址土壤样品植硅体的研究表明，龙山文化早中期阶段，水稻在鲁东南地区的经济生活中占有比粟和黍等更重要的地位[②]。沂沭河流域环境考古研究显示，公元前2260年左右开始的气候明显转向冷干，使得气候条件不能很好地满足水稻生长的需求，使其产量大幅度下降。粟、黍虽然耐干冷，但产量太低无法弥补水稻产量下降造成的巨大粮食空缺[③]。总之，鲁东南地区龙山晚期就已经存在着人口压力，气候的异常更使得人们在这里的生活举步维艰，在内部无法调整的情况下人们只好选择向外迁移。

此外，鲁东南地区特殊的区域地理也影响了该地人群的迁移去向。鲁东南地区东部即是大海，南部的苏北地区地势低下，在气候干凉的环境中更不适宜人类居住。鲁中南山地丘陵同样是以水稻为主的地区。这样的区域地理环境也使得鲁东南人群似乎只有选择适宜粟、黍种植的鲁西北或者更远的水稻种植中心地域的安徽江淮地区迁移。

由以上分析，海岱文化区在公元前2000年前后由于气候环境、人口剧增与资源的矛盾、特殊的区域地理位置以及夷夏战争等多种原因导致海岱文化区内遗址数量锐减，人口迁徙流动，最终使该区的人文地理分布格局发生重大变化。

二、二里头文化二期至四期

二里头文化二期至四期时，海岱地区主要是岳石文化的分布区。依据各地文化面貌的差异，在整个岳石文化分布范围内可细分为六个不同的类型，即照格庄类型、郝家庄类型、王推官类型、安邱堌堆类型、尹家城类型、下庙墩类型。

从文化的总体分布格局来看，岳石文化的各个类型的分界几乎均和自然地貌的分割相吻合，每个文化类型的分布范围多属于一个小的地理单元，很少有横跨两个地理单元的类型。山东中部的泰、鲁、沂、蒙山将六个类型分成南北两列，不存在以某个类型为中心、周围其他类型环绕分布的向心式分布格局。

此外，岳石文化目前似乎并不存在一个中心分布区。换言之，岳石文化整个分布范围内找不出一个遗址分布较密集且伴有规模较大、等级较高聚落出现的地区。然而

① 靳桂云：《海岱地区新石器时代人类生业与环境关系研究》，《环境考古研究》（第四辑），北京大学出版社，2007年，第117—129页。

② 靳桂云、栾丰实、蔡凤书，等：《山东日照市两城镇遗址土壤样品植硅体研究》，《考古》2004年第9期；凯利·克劳福德、赵志军、栾丰实，等：《山东日照市两城镇遗址龙山文化植物遗存的初步分析》，《考古》2004年第9期。

③ 高华中、朱诚、曹光杰：《山东沂沭河流域2000BC前后古文化兴衰的环境考古》，《地理学报》2006年第3期。

对于大体同时期的中原地区二里头文化来说，该文化明显存在一个中心分布区——伊洛平原。目前在二里头文化的主要分布区，共发现二里头文化的遗址约250处，而仅伊洛平原就有125处，基本遍布整个流域，而且以古伊、洛河及合流后的伊洛河两岸的二级阶地最为密集[①]。区域内遗址面积最大的是二里头遗址，达300万平方米，也是所有二里头文化遗址中面积最大的，且该遗址从内涵看，应属都邑性质。此外，面积超过50万平方米的特大遗址也多集中于该区域，数量有5处之多。显然伊洛平原是二里头文化的中心分布区（表5-2）。

表5-2　二里头二期至四期海岱地区重要遗址统计表

遗址名称	位置	出处
尹家城	泗水县金庄镇尹家城村西南	《泗水尹家城》，1990年
天齐庙	泗水县泗张镇天齐庙村北	《文物》1994年第12期
兖州西吴寺	兖州市小孟乡西吴寺村东南	《兖州西吴寺》，1990年
二疏城	枣庄市峄城区峨山镇萝藤村	《考古》1984年第4期
高皇庙	徐州铜山县柳泉镇高黄庙村	《考古学报》1958年第4期
梁王城	邳州市戴庄镇李圩村西	《中国文物报》1996年8月4日
铜山丘湾	铜山县茅村镇檀山村东	《考古》1973年第2期
照格庄	烟台市牟平区宁海镇照格庄	《考古学报》1986年第4期
芝水	烟台市芝罘区只楚镇芝水村西	《中国考古学年鉴·1984》
司马台	海阳市行村镇庶村北	《海岱考古》（第一辑）
小管村	威海市乳山市乳山镇小管村	《考古》1990年第12期
长岛北庄	长岛县大黑山岛北庄村东北部	《考古》1987年第5期
长岛大口	长岛县砣矶岛大口北村	《考古》1985年第12期
栖霞北城子	栖霞臧家庄镇北城子村	《中国考古学年鉴·1989》
郝家庄	青州市黄楼镇郝家庄村西	《中国考古学年鉴·1984》
东岳石	青岛平度市大泽山乡东岳石村	《考古》1962年第10期
邹家庄	潍坊市昌乐县北岩镇邹家庄村西	《考古》1987年第5期
后于刘	潍坊市昌乐县朱留镇后于刘村西北	《中国考古学年鉴·1991》
老峒峪	安丘市雹泉镇峒峪村	《考古》1992年第9期
火山埠	寿光市孙家集镇后胡营村北	《海岱考古》（第一辑）
王推官庄	章丘市宁家埠镇王推官庄村	《华夏考古》1996年第4期

---

① 中国社会科学院考古研究所：《中国考古学·夏商卷》，中国社会科学出版社，2003年，第82—86页；中国社会科学院考古研究所二里头工作队：《河南洛阳盆地2001～2003年考古调查简报》，《考古》2005年第5期。

续表

遗址名称	位置	出处
红地堆	阳谷县张秋镇许楼村	《华夏考古》1996年第4期
黑土坑	阳谷县范海乡常楼村	
黑堌堆	阳谷县张秋镇刘楼村	
城子崖	章丘市龙山镇城子崖	《城子崖》，1934年
邢亭山	章丘市曹范镇邢亭山	《中国考古学年鉴·1986》
马彭北	章丘宁家埠镇马彭北村	《考古》1995年第4期
茌平南陈	聊城市茌平县杜郎口镇南陈村	《考古》1985年第4期
东阿冢子	东阿大桥镇韩庄村	《华夏考古》1996年第4期
大辛庄	济南市王舍人镇大辛庄村	《东方考古》（第4集）
邹平丁公	邹平县长山镇丁公村	《考古》1992年第6期
史家	桓台县田庄镇史家村南	《中国文物报》1997年5月18日
安邱堌堆	菏泽市佃户屯乡曹楼村东南	《文物》1987年第11期
鹿邑栾台	鹿邑县王皮溜镇普大庄村	《华夏考古》1989年第1期
清凉山	夏邑县马头镇魏庄村西北	《考古》1997年第11期
鹿台岗	杞县裴村店乡鹿台岗村	《豫东杞县发掘报告》，2000年
淮阳双冢	淮阳王店乡双冢村	
山台寺	柘城县申桥乡李庄村	
倪丘堌堆	阜阳市太和县倪邱镇	
聊城权寺	聊城市东昌府凤凰办事处权寺村西	
下庙墩	赣榆县龙河镇盐城村	《考古》1962年第3期
姑子坪	沂源县南麻镇西鱼台村南	《考古》2003年第1期
土城子	临沂市区	《考古》1961年第11期
后明坡	临沂市兰山区南坊镇原南坊乡	《考古》1989年第6期
大伊山	灌云县伊山镇河东村	《文物》1991年第1期
塘子	莒县城阳镇塘子村东300米	《莒县文物志》，1993年

鲁西北地区，岳石文化主要与下七垣文化相对分布。以往研究表明，惠民、阳信一带属于岳石文化的分布区[①]。而阳谷红堌堆、黑堌堆、黑土坑，东阿王集、冢子，章丘邢亭山、乐盘、火化场、王推官庄、马彭北，茌平南陈庄等均属于岳石文化王推官类型的遗址[②]。另据宋豫秦先生的研究，濮阳以东的范县、鄄城、菏泽一线是岳石文化

---

① 徐基：《试论岳石文化》，《辽海文物学刊》1993年第1期。

② 刘延常：《试论岳石文化王推官类型及其相关问题》，《刘敦愿先生纪念文集》，山东大学出版社，1998年，第244—254页。

在此一带的分布西缘①。下七垣文化豫北、冀中南地区自北而南主要有三个类型，分别是下岳各庄类型、漳河型、辉卫型，它们在东部的分布，唐河以北不过运河，唐河以南地区不过卫河②。同时，据谭其骧先生的研究，汉以前至少可以上推到新石器时代，黄河下游一直是取道河北平原注入渤海的。战国之前黄河在今浚县西南大伾山之西的古宿胥口即分为东北、北两支大分流。具体来看，《汉志》河属于东北支流，其流至今濮阳县西南，又东北至今馆陶县东北，折而东流至今高唐县东南，又北折今平原、东光西侧，转而东北流，至今黄骅市东南注入渤海③。《禹贡》河与《山经》河属北流一支，沿太行山东麓冲积扇前缘洼地北上在今曲周县纳漳水后，自深州以北，《山经》河北流汇滹沱河水、滱水，经今安新南、霸州北，东流今天津市区东北入海，《禹贡》河过深州后通过今邢台市任泽区—深州之间的广阔平原分散成许多分流同注入渤海④。可见，黄河下游河道正好属于岳石文化和下七垣文化在这一带的天然分界线，或许这也是这一带成为两种考古学文化分布的空白地带的原因。

豫东地区的商丘境内根据以往的考古调查和发掘⑤，至今尚未发现确凿的二里头文化遗址。二里头文化从西部而来，主要发现于杞县的段岗⑥、朱岗⑦、牛角岗⑧等遗址。下七垣文化主要从北部而来，在商丘西部的惠济河流域发现了多处遗址，向西可

①　郑州大学文博学院、开封市文物工作队：《豫东杞县发掘报告》，科学出版社，2000年，第257—259页。

②　沈勇：《保北地区夏时代两种青铜文化之探讨》，《华夏考古》1991年第3期；邹衡：《试论夏文化》，《夏商周考古学论文集》（2版），科学出版社，2001年，第89—170页。

③　谭其骧：《西汉以前的黄河下游河道》，《历史地理》创刊号，上海人民出版社，1981年，第48—64页。

④　谭其骧：《〈山经〉河水下游及其支流考》，《长水集》（下），人民出版社，1987年，第39—55页；张淑萍、张修桂：《〈禹贡〉九河分流地域范围新证——兼论古白洋淀的消亡过程》，《地理学报》1989年第1期。

⑤　中国社会科学院考古研究所河南二队、商丘地区文物管理委员会：《1977年豫东考古纪要》，《考古》1981年第5期；中国社会科学院考古研究所河南一队、商丘地区文物管理委员会：《河南柘城孟庄商代遗址》，《考古学报》1982年第1期；商丘地区文物管理委员会、中国社会科学院考古研究所河南二队：《河南商丘县坞墙遗址试掘简报》，《考古》1983年第2期；北京大学考古学系、商丘地区文管会：《河南夏邑县清凉山遗址1988年发掘简报》，《考古》1997年第11期；郑州大学历史学院考古系：《豫东商丘地区考古调查简报》，《华夏考古》2005年第2期。

⑥　郑州大学文博学院、开封市文物工作队：《豫东杞县发掘报告》，科学出版社，2000年，第161—252页。

⑦　郑州大学考古专业、开封市博物馆、杞县文物保管所：《河南杞县朱岗遗址试掘报告》，《华夏考古》1992年第1期。

⑧　郑州大学历史系考古专业、开封市博物馆考古部、杞县文物保管所：《河南杞县牛角岗遗址试掘报告》，《华夏考古》1994年第2期。

达杞县。今包河以东及浍河、沱河流域则主要是岳石文化而几乎不见下七垣文化遗址。相比而言，岳石文化主要从东部而来，分布于周口全境，并延伸至商丘，西达杞县的鹿台岗。因而可以推测，商丘境内西部惠济河流域至包河流域（行政区划包括民权、睢县、柘城以及周口的鹿邑、杞县的东部等地区）属于下七垣和岳石文化的交汇区。在杞县发现了下七垣文化和岳石文化共存于同一个遗址——鹿台岗遗址的现象，这种类似现象亦发现于民权的李岗、吴岗、牛牧岗遗址①。而鹿台岗遗址西部十多里即发现有二里头文化的牛角岗遗址。可见，杞县属于二里头、岳石、先商三种文化的交汇区。

豫东南地区，二里头文化遗址分布于最东和最南的遗址主要有商水朱集、良台寺、王田寺，太康方城，项城高寺砦、骆驼岭，淮阳范丹寺、双冢，西华陆城、后于王庄、泥土店、后段庄、商高宗冢，扶沟林砦，沈丘东冢②等。而在柘城山台寺、郸城汲冢、沈丘古冢、亳州两河口及太和县倪丘孤堆③均发现岳石文化的典型遗存。所以，豫东南和皖西北一带，西边的太康—淮阳—项城—新蔡一线与东边的柘城—郸城—沈丘—阜阳一线之间应属于二里头和岳石文化的交汇区④。

上述海岱文化区内岳石文化的分布格局在二里头二期至四期一直基本稳定。而在豫东地区，特别是商丘西部及杞县境内，自二里头文化三期之末开始，文化分布格局发生了一些变化，最终形成了岳石、二里头、下七垣三种文化的交汇区。在两种或几种文化分布的边缘地带，文化分布的边界是不易区分的，所以形成了文化的交汇区，而这种外在的文化分布地域的收缩和扩张往往体现了该文化所代表的族群势力的消长。

导致杞县一带在二里头三期偏晚形成三种文化彼此交错的分布格局有一定的内在背景或原因。早在二里头二期末，代表夏族的二里头文化来到了杞县西部的段岗、牛角岗等遗址。约在二里头文化的三期中段，代表夷人系统的岳石文化向西扩张到达杞县境内，占据鹿台岗遗址并与相距不到10千米的二里头文化遗址东西相对峙。约在二里头三期偏晚阶段代表商族势力属于先商文化的下七垣文化也南下来到了鹿台岗遗址。需要特别提及的是，鹿台岗遗址的先商文化和岳石文化在二里头四期是共存的，

---

① 郑州大学历史学院考古系：《豫东商丘地区考古调查简报》，《华夏考古》2005年第2期；郑州大学历史学院考古系：《民权牛牧岗与豫东考古》，科学出版社，2013年。

② 中国社会科学院考古研究所：《中国考古学·夏商卷》，中国社会科学出版社，2003年，第85页。

③ 郑州大学文博学院、开封市文物工作队：《豫东杞县发掘报告》，科学出版社，2000年，第257—258页。

④ 郑州大学文博学院、开封市文物工作队：《豫东杞县发掘报告》，科学出版社，2000年，第259页。

且形成了被视为岳石—先商或先商—岳石的"混合型文化"[①]。对杞县这类两种不同性质的考古学文化共存于同一个遗址的情况，已有学者指出这反映了夏末商初的商夷联盟关系[②]。而杞县这种夷商文化居东，夏文化居西的东西对峙分布的格局则无疑为商夷组成联盟共同对付夏王朝的立论提供了考古依据。

三、早商时期

本部分的商代考古学文化采用"早商—中商—晚商"的编年序列。早商时期海岱文化区基本是岳石文化的延续，只是在早商三期时商文化开始出现。

目前，多数学者认为海岱腹地明确属于早商文化的仅有济南大辛庄遗址1处[③]。大辛庄遗址商文化的第一期年代大体相当于二里冈上层一期，即早商三期。这一时期海岱文化区呈现出广泛分布的岳石文化中孤显一处商文化遗址的文化格局。值得注意的是，这一处商文化遗址不是出现于岳石文化分布的边缘区，也不是与其他同时期文化的交汇区，而是岳石文化分布区内。换言之，该商文化遗址处于夷族岳石文化的包围中。海岱地区有关商文化的发现、调查、发掘以及研究已历经70多年，似乎应该不是早商遗址考古工作不足的问题。那么海岱地区早商时期考古学文化呈现的此类地理分布格局的内在原因值得深思。

实际上，这一问题包含两个方面，一是中原腹地的早商文化怎样进入海岱地区的，二是如何认识大辛庄商代早期遗存。可以肯定的是，早商文化不能越过岳石文化而分布其中，所以第一个问题也就是早商文化进入海岱地区的路线问题，即所谓的商文化东渐路线问题。

商王朝初年，其统治中心区主要是原二里头文化的腹地，从考古材料看，早商一期商文化主要分布于中原腹地的郑州—偃师一带。随着商王朝统治的巩固，早商二

---

① 郑州大学文博学院、开封市文物工作队：《豫东杞县发掘报告》，科学出版社，2000年，第141页。

② 宋豫秦：《论杞县与郑州新发现的先商文化》，《中国商文化国际学术讨论会论文集》，中国大百科全书出版社，1998年，第133—148页；张国硕：《论夏末早商的商夷联盟》，《郑州大学学报（哲学社会科学版）》2002年第2期。

③ 山东省文物管理处：《济南大辛庄遗址试掘简报》，《考古》1959年第4期；蔡凤书：《济南大辛庄商代遗址的调查》，《考古》1973年第5期；任相宏：《济南大辛庄龙山、商遗址调查》，《考古》1985年第8期；山东大学东方考古研究中心：《大辛庄遗址1984年秋试掘报告》，《东方考古》（第4集），科学出版社，2008年，第288—521页；方辉：《2003年济南大辛庄遗址的考古收获》，《2004年安阳殷商文明国际学术研讨会论文集》，社会科学文献出版社，2004年，第517—522页。

期之时，商文化开始向北、西、南三面扩展。向西北扩展进入晋南运城盆地和临汾盆地，形成商文化东下冯类型；向南扩至汉水以东的长江中游涢、澴、滠诸水流域，形成商文化盘龙城类型；向北扩至洹河以南、沁水东北的太行山东麓山前平原地带，形成商文化琉璃阁类型[①]。值得注意的是，商文化在扩至豫北之后不是向东或向东北平原地带扩张而进入鲁西北，而是继续沿太行山东麓山前平原向北经洹河流域过渡地带进入冀南发展[②]，以至更北形成藁城台西类型。在豫北、冀南与鲁西北相接的一带迄今未见早商文化遗址分布。此外，无论是早商二期还是早商三期整个洹河流域以及冀南仅有较少的几处遗址，可见商文化在这些区域实力还是比较弱的，无法与之后洹北商城出现并在周围广泛分布中商文化遗址的面貌相比，也不如之前下七垣文化至少30处遗址分布之密集[③]。区域向东虽是广阔平原，但却有古黄河且分两大支流相阻隔。在这种情况下，商文化从此越过黄河进入鲁西北以至整个海岱地区的困难较大。

　　早商二期时，商文化在向南扩张的同时有向豫东或豫东南发展的趋势。周口地区鹿邑栾台遗址发现有Ⅰ式陶鬲[④]，发掘者认为其与郑州二里冈C1H9出土的同类器基本一致。该陶鬲绳纹较粗，形制特征整体上应与二里冈Ⅰ式陶鬲C1H17：118[⑤]更为相似，年代应属于早商二期[⑥]。至早商三期时，商文化开始代替岳石文化进入豫东地区[⑦]。豫东与鲁西南平原之间无大河相阻，豫东商文化易于进入鲁西南。从考古材料看，在鲁西南发现有属于早商三期的少量遗物，透出商文化在这一时期进入海岱地区的迹象。菏泽安邱堌堆遗址商文化第一段陶鬲T13⑦：50，翻沿方唇，足跟较高，颈部

---

①　关于早商文化几个类型的相关研究参看中国社会科学院考古研究所：《中国考古学·夏商卷》，中国社会科学出版社，2003年，第188—203页，此不赘述。

②　洹河流域发现的属于早商文化的遗址非常少，目前主要是安阳西郊乡遗址发现有相当于二里冈上层一期的早商文化遗存。据侯卫东研究洹河流域早商文化面貌具有琉璃阁类型和台西类型之间过渡的特征，参见侯卫东：《洹河流域下七垣文化与商文化关系研究》，中国社会科学院研究生院硕士学位论文，2008年，第71页。

③　中国社会科学院考古研究所安阳队：《河南安阳洹河流域的考古调查》，《考古学集刊》（第3集），中国社会科学出版社，1983年，第90—97页。据侯卫东统计至少有30个，见《洹河流域下七垣文化与商文化关系研究》，中国社会科学院研究生院硕士学位论文，2008年，第3页。

④　河南省文物研究所：《河南鹿邑栾台遗址发掘简报》，《华夏考古》1989年第1期。

⑤　河南省文化局文物工作队：《郑州二里冈》，科学出版社，1959年，第19页；图壹，2。

⑥　张翠莲在《试论豫东东部地区的岳石文化遗存》一文中提到夏邑清凉山遗址见有与二里冈C1H17：118、119形制相似的鬲，时代即笔者所言的早商二期，但未见具体器物发表，见《考古与文物》2001年第2期。查看清凉山发掘报告笔者认为T1⑥出土的鬲应稍晚于早商二期，所以夏邑清凉山是否有早商二期遗存暂存疑。

⑦　中国社会科学院考古研究所：《中国考古学·夏商卷》，中国社会科学出版社，2003年，第188页。

饰有同心圆圈纹[1]，形制特征与二里冈VI式陶鬲C1H1：20[2]相近，年代应大体相同。宋豫秦先生对安邱堌堆陶鬲作型式划分[3]，上述鬲属A型Ⅱ式鬲，还见有A型Ⅰ式鬲，形制与前者相同，只是唇面起棱，表现出较早的特征。整体上看，安邱堌堆遗址应该存在属于早商三期商文化遗存。而在鲁西北古济水附近的茌平李孝堂遗址考古调查发现有方唇、颈饰同心圆圈纹的陶鬲[4]；在泗水流域的兖州梓椤树村遗址考古调查发现的夹砂灰陶鬲[5]，形制与安邱堌堆陶鬲T13⑦：50大体相同，只是颈部未饰圆圈纹，时代上或许稍晚。因此，早商文化很有可能是从豫东经鲁西南进入了海岱腹地。

关于济南大辛庄遗址早商文化遗存的年代，1984年秋的发掘将其商文化遗存分为七组（期），其中第一至三期称为大辛庄商代文化前期[6]。关于此三期商文化的年代，徐基先生有较为详细的论述，认为第一期与二里冈C1H1大致同时，即邹衡先生提出的郑州商文化第Ⅴ组，第二期相当于第Ⅴ、Ⅵ组之间，第三期当于Ⅵ组[7]，可以信从。而二里冈C1H1属于本书所言的早商三期。可见，大辛庄遗址的商文化第一期的时代大体与安邱堌堆商文化第一段遗存相当，即均属早商三期，而其第二期和第三期为中商文化时期。大辛庄遗址出土的铜器[8]及考古发掘表明[9]，遗址存在丰富的早商时期遗存，且规格较高。

大辛庄商文化遗存中包含有显著的岳石文化系统的因素，称为第二类遗存。大辛庄遗址未见到岳石文化地层，但岳石文化时期大辛庄遗址所在区域属于岳石文化分布区，周围分布有大量的岳石文化遗址，商人来到大辛庄吸收岳石文化是很自然的。或许在大辛庄最早的商文化时期，其周围仍同时存在岳石文化遗址。从遗址空间分布看，这一时期大辛庄及其周围的区域内目前仅发现一处商文化，而岳石文化在大辛庄及其周围区域属于王推官类型，并分布有大量遗址，其中的王推官庄、城子崖等遗址

①　北京大学考古系商周组、山东省菏泽地区文展馆、山东省菏泽市文化馆：《菏泽安邱堌堆遗址发掘简报》，《文物》1987年第11期。

②　河南省文化局文物工作队：《郑州二里冈》，科学出版社，1959年，第19页；图壹，9。

③　宋豫秦：《论鲁西南地区的商文化》，《华夏考古》1988年第1期。

④　陈昆麟、马允华、孙淮生：《山东茌平县李孝堂遗址的调查》，《华夏考古》1997年第4期。

⑤　中国科学院考古研究所山东工作队：《山东泗水、兖州考古调查简报》，《考古》1965年第1期。

⑥　山东大学历史系考古专业、山东省文物考古研究所、济南市博物馆：《1984年秋济南大辛庄遗址试掘述要》，《文物》1995年第6期。

⑦　徐基：《关于济南大辛庄商代遗存年代的思考》，《中原文物》2000年第3期。

⑧　齐文涛：《概述近年来山东出土的商周青铜器》，《文物》1972年第2期。

⑨　山东大学东方考古研究中心、山东省文物考古研究所、济南市考古研究所：《济南市大辛庄商代居址与墓葬》，《考古》2004年第7期；山东大学历史文化学院考古系、山东省文物考古研究所：《济南大辛庄遗址139号商代墓葬》，《考古》2010年第10期。

晚期延至二里冈上层阶段[①]。此外，大辛庄第二类遗存有一个逐渐消失的过程。大辛庄第一期商文化遗存中含有大量岳石文化因素，而第二期时开始减少，第三期时已经较少见到。商人初来大辛庄，在周围有岳石文化的背景下，自然吸收了其大量因素，而随着中商之时商文化较广泛地涌入鲁西南、汶泗流域以及小清河流域，属于土著的岳石文化因素逐渐减少而消失，这是可以理解的（表5-3）。

表5-3　早商时期海岱地区重要遗址统计表

	遗址名称	位置	出处
商文化遗址	安邱堌堆	菏泽市佃户屯乡曹楼村东南	《文物》1987年第11期
	大辛庄	济南市历城区王舍人镇大辛庄村	《东方考古》（第4集）
岳石文化遗址	尹家城	泗水县金庄镇尹家城村西南	《泗水尹家城》，1990年
	天齐庙	泗水县泗张镇天齐庙村北	《文物》1994年第12期
	兖州西吴寺	兖州市西吴寺乡小孟村西南	《兖州西吴寺》，1990年
	照格庄	烟台市牟平区宁海镇照格庄	《考古学报》1986年第4期
	芝水	烟台市芝罘区只楚镇芝水村西	《中国考古学年鉴·1984》
	司马台	海阳市行村镇庶村北	《海岱考古》（第一辑）
	小管村	乳山威海市乳山市乳山镇小管村	《考古》1990年第12期
	长岛北庄	长岛县大黑山岛北庄村东北部	《考古》1987年第5期
	长岛大口	长岛县砣矶岛大口北村	《考古》1985年第12期
	栖霞北城子	栖霞县臧家庄镇北城子村	《中国考古学年鉴·1989》
	郝家庄	青州市黄楼镇郝家庄村	《中国考古学年鉴·1984》
	东岳石	青岛平度市大泽山乡东岳石村	《考古》1962年第10期
	邹家庄	潍坊市昌乐县北岩镇邹家庄村西	《考古》1987年第5期
	后于刘	潍坊市昌乐县朱留镇后于刘村西北	《中国考古学年鉴·1991》
	老峒峪	安丘市雹泉镇峒峪村	《考古》1992年第9期
	火山埠	寿光市孙家集镇后胡营村北	《海岱考古》（第一辑）
	王推官庄	章丘市宁家埠镇王推官庄村	《华夏考古》1996年第4期
	红固堆	阳谷县张秋镇许楼村	《华夏考古》1996年第4期
	城子崖	章丘市龙山镇城子崖	《城子崖》，1934年
	邢亭山	章丘市曹范镇邢亭山	《中国考古学年鉴·1986》
	邹平丁公	邹平县苑平镇丁公村	《考古》1992年第6期
	史家	桓台县田庄镇史家村南	《中国文物报》1997年5月18日

---

① 刘延常：《试论岳石文化王推官类型及其相关问题》，《刘敦愿先生纪念文集》，山东大学出版社，1998年，第244—254页。

　　由上述可见，早商文化时期，除属于文化交汇区的豫东发现有一些商文化外，整个岳石文化分布区内目前仅有安邱堌堆和大辛庄两处存在这一时期商文化遗存，兖州梓椟树村限于材料早商文化遗存更少。显然，商文化在岳石文化的分布区只有零星的几处插入点，或许是商人在该区域内的几处据点。从岳石文化的角度看，或许其允许这几处商文化与之共存。

　　夏末商初，商人与夷人关系密切，有学者认为商、夷联盟灭夏，共同建立了商王朝，而且这一联盟关系延至商代早期[①]。早商时期海岱地区考古学文化的这一分布格局从宏观上反映了商夷联盟关系。

　　从具体的大辛庄和安邱堌堆遗址也能看出这一点，大辛庄商文化早期遗存含有大量的岳石文化因素，安邱堌堆商文化层中发现早商文化碎陶片和岳石文化陶片混杂[②]。同时，耐人寻味的是，这两处遗址的商文化都不是单纯地直接取代岳石文化。大辛庄商文化层之下未见叠压有岳石文化层，也就是说商人来到大辛庄时此处并无夷人生存。安邱堌堆遗址虽有岳石文化遗存，但其最晚相当于"先商期第一段第Ⅱ组"[③]，说明商人来到安邱堌堆是建立在已废弃很久的遗址上，当时此处亦无夷人。以上种种侧面反映了商、夷联盟亲密关系的存在。至中商时期，随着前文所言的商对北方、西方、南方拓疆扩张的结束，商王朝开始着力经略东方，商夷联盟失去存在意义。从考古材料看，中商文化遗址在海岱地区开始大量取代岳石文化遗址而广泛分布。

四、中商时期

　　中商时期，商文化开始大规模地向东扩展，同时土著的岳石文化则逐渐退缩，原岳石文化分布的区域逐步被商文化取代，海岱地区人文地理分布格局较前大为改观。

　　从中商文化的分布看，这一时期海岱地区可分为三个较为集中的区域。一是豫东鲁西南平原地区；二是古济水、小清河流域；三是汶泗流域，包括薛河流域。豫东鲁西南分布区实际上主要是古济水分流后的南济水流域。目前，这一区域内的安邱堌

---

　　①　张国硕：《论夏末早商的商夷联盟》，《郑州大学学报（哲学社会科学版）》2002年第2期。

　　②　邹衡：《论菏泽（曹州）地区的岳石文化》，《夏商周考古学论文集》（续集），科学出版社，1998年，第77页。

　　③　邹衡：《论菏泽（曹州）地区的岳石文化》，《夏商周考古学论文集》（续集），科学出版社，1998年，第77页。

堆，杞县鹿台岗，民权吴岗、李岗、牛牧岗，睢县襄台、周龙岗①，柘城孟庄②等遗址发现有中商遗存。该区域中商文化因距离商文化核心区较近，具有典型商文化特征，同时又有一定的地方特点，是否属中商文化的一个地方类型，有待进一步地发掘与研究。

　　古济水、小清河流域的中商文化多沿河流两岸狭长分布，目前见有济南大辛庄③，长清前平④，茌平南陈庄⑤，章丘马彭北⑥，禹城蒋芦、周尹、齐河尹屯、曹河⑦，邹平丁公⑧等。值得注意的是由于在阳谷、东阿一带也发现一批中商遗存⑨。这样在地域上就与以洹北商城为中心的周围区域东部如濮阳马庄⑩等中商遗存基本上连接起来。另外，在大辛庄和前平发现有这一时期的青铜器以及出土铜器的墓葬⑪，这两处遗址距离很近，二者所在小区域应是这一流域中商文化的中心。

　　汶泗流域的中商遗存有泗水天齐庙⑫、尹家城⑬，济宁凤凰台⑭、潘庙⑮、玉皇

①　郑州大学历史学院考古系：《豫东商丘地区考古调查简报》，《华夏考古》2005年第2期。报告中的白家庄期的商文化即相当于笔者所言中商文化。

②　中国社会科学院考古研究所河南一队、商丘地区文物管理委员会：《河南柘城孟庄商代遗址》，《考古学报》1982年第1期。报告对商代遗存年代分析欠妥，其年代应大体相当于中商时期。另可参见王立新：《早商文化研究》，高等教育出版社，1998年，第56—57页。

③　山东大学东方考古研究中心、山东省文物考古研究所、济南市考古研究所：《济南市大辛庄商代居址与墓葬》，《考古》2004年第7期。

④　韩明祥：《山东长清、桓台发现商代青铜器》，《文物》1982年第1期。

⑤　山东大学历史系考古专业、聊城地区文化局、茌平县图书馆：《山东省茌平县南陈庄遗址发掘简报》，《考古》1985年第4期。

⑥　济南市文化局文物处、章丘县博物馆：《山东章丘马彭北遗址调查简报》，《考古》1995年第4期。

⑦　李开岭：《山东禹城、齐河县古遗址调查简报》，《考古》1996年第4期。

⑧　山东大学历史系考古专业、邹平县文化局：《山东邹平丁公遗址试掘简报》，《考古》1989年第5期；山东大学历史系考古专业：《山东邹平丁公遗址第二、三次发掘简报》，《考古》1992年第6期。

⑨　孙淮生、吴明新：《山东阳谷、东阿县古文化遗址调查》，《华夏考古》1996年第4期。

⑩　北京大学考古专业商周组，山西省考古研究所，河南省安阳、新乡地区文化局，等：《晋豫鄂三省考古调查简报》，《文物》1982年第7期。

⑪　山东大学东方考古研究中心、山东省文物考古研究所、济南市考古研究所：《济南市大辛庄商代居址与墓葬》，《考古》2004年第7期；山东大学考古学与博物馆学系、山东省文物考古研究院、济南市考古研究所：《济南市大辛庄遗址商代墓葬2010年发掘简报》，《考古》2020年第3期；韩明祥：《山东长清、桓台发现商代青铜器》，《文物》1982年第1期。

⑫　国家文物局田野考古领队培训班：《泗水天齐庙遗址发掘的主要收获》，《文物》1994年第12期。

⑬　山东大学历史系考古专业教研室：《泗水尹家城》，文物出版社，1990年，第244—259页。

⑭　国家文物局考古领队培训班：《山东济宁凤凰台遗址发掘简报》，《文物》1991年第2期。

⑮　国家文物局考古领队培训班：《山东济宁潘庙遗址发掘简报》，《文物》1991年第2期。

顶①，邹县西朝阳村②，滕州前掌大、轩辕庄、吕楼、大康留③、后黄庄④等。其中滕州
的这几处遗址发现有大体属于此期的青铜器。另外，在滕州后荆沟、北辛、西薛河、
后掌大等遗址调查发现有零星中商遗存⑤。可见，在滕州一带遗址较为密集，形成一个
中商文化聚落群。

　　商文化东进明显地重点经略两个区域，即上述古济水、小清河流域和汶泗流域，
这与二者十分重要的地理位置密切相关。古济水、小清河流域处于泰沂山脉北缘，为
山前平原地带，是连通东西的交通要道。向西沿济水可进入商文化统治中心，向东可
挺进潍淄流域以至胶东半岛。对于商王朝而言，既是东部的屏障，又是继续东进的要
地。从考古材料看，在淄河与弥河之间的青州萧家发现有中商遗存⑥，恰又反映了商文
化以该区域为基础进而向东挺入潍淄流域的趋势。

　　汶泗流域自史前就是多个连续考古学文化的分布区域，农业生产环境优越，控制
该区域就等于控制了鲁南地区的经济命脉。同时，该区域向东可进入沂蒙山腹地以及
沂沭流域，向南可进入皖北、苏北地区。从考古材料看，郯城小麦城、南泉东和南泉
北⑦、徐州高皇庙⑧，铜山丘湾⑨等发现有中商文化遗存，证明商文化确以汶泗流域为
基地向东或东南挺进上述地区。事实证明，这一区域一直是商、夷拉锯争夺的地带。
中商三期末商文化开始逐渐削弱，直至殷墟三期商人似乎退出该地区。目前仅济宁南
赵庄⑩、张山洼⑪见有殷墟二期偏早的器物，相反夷人土著文化则回归该地区。至殷墟

　　①　济宁市文物考古研究室、济宁市任城区文物管理所：《山东济宁市玉皇顶遗址发掘简报》，
《考古》2005年第4期。

　　②　中国社会科学院考古研究所山东队、邹县文物保管所：《山东邹县古代遗址调查》，《考古
学集刊》（第3集），中国社会科学出版社，1983年，第98—108页。

　　③　滕州市博物馆：《山东滕州市发现商代青铜器》，《文物》1993年第6期；滕州市博物馆：
《山东滕州市薛河下游出土的商代青铜器》，《考古》1996年第5期。

　　④　山东省文物考古研究院：《山东滕州后黄庄遗址发掘简报》，《海岱考古》（第十四辑），
科学出版社，2021年，第26—53页。

　　⑤　中国社会科学院考古研究所山东队、滕县博物馆：《山东滕县古遗址调查简报》，《考古》
1980年第1期。

　　⑥　王恩田：《山东商代考古与商史诸问题》，《中原文物》2000年第4期。

　　⑦　临沂地区文物管理委员会、郯城县文物管理所：《山东郯城县古文化遗址调查简报》，《考
古》1995年第8期。

　　⑧　江苏省文物管理委员会：《徐州高皇庙遗址清理报告》，《考古学报》1958年第4期。

　　⑨　南京博物院：《江苏铜山丘湾古遗址的发掘》，《考古》1973年第2期。

　　⑩　济宁市博物馆：《山东济宁市南赵庄商代遗址调查》，《考古》1993年第11期。

　　⑪　济宁市文物考古研究室、济宁市任城区文物管理所：《山东济宁市张山洼遗址发掘简报》，
《考古》2007年第9期。

四期时，商文化遗址在这一区域又较多地出现，而夷人似乎再次退出该地区。

　　相对于商文化的东进，土著文化的夷人很可能退缩至商文化未控制的区域。目前，在潍河流域及胶东半岛地区发现有楼子庄二期遗存[①]、芝水二期[②]及珍珠门文化早期[③]等相当于中商时期的夷人遗存。其他非商文化控制区如沂沭河流域研究薄弱，尚难断定确为土著夷人所居。但沂沭河流域一直属于岳石文化的分布区，今又无明确的中商文化遗址发现，推测应仍为夷人所占据。

　　中商时期海岱地区夷商文化分布格局反映的夷商之间的对峙和战争也可在相关文献中窥见一斑。古本《竹书纪年》曰："仲丁即位，征于蓝夷"，又曰："河亶甲整即位，自嚣迁于相。征蓝夷，再征班方"[④]。蓝夷所居，丁山先生考证在今滕州市东南，班方大概在汉代东海郡的襄贲[⑤]，也有学者考证班方在今泗水一带[⑥]。若然，中商时期夷商征战主要在汶泗流域，与上述考古材料的分析一致（表5-4）。

表5-4　中商时期海岱地区重要遗址统计表

遗址名称	位置	出处
安邱堌堆	菏泽市佃户屯乡曹楼村东南	《文物》1987年第11期
莘冢集	菏泽市曹县普连集镇莘冢集村东	《考古》1980年第5期
柘城孟庄	商丘市柘城县申桥乡孟庄村	《考古学报》1982年第1期
鹿台岗	杞县裴村店乡鹿台岗村	《豫东杞县发掘报告》，2000年
民权李岗	民权县城尹店乡李岗村	《华夏考古》2005年第2期
民权吴岗	民权县城尹店乡吴岗村	
牛牧岗	民权县人和镇牛牧岗村	《华夏考古》2005年第2期；《民权牛牧岗与豫东考古》，2013年
睢县周龙岗	睢县蓼堤镇周龙岗村	《华夏考古》2005年第2期
睢县襄台	睢县城内北湖	
大辛庄	济南市历城区王舍人镇大辛庄村	《东方考古》（第4集）
前平	长清区归德镇前平村西南	《文物》1982年第1期
茌平南陈	茌平南陈庄	《考古》1985年第4期

----

　　①　烟台市博物馆、龙口市博物馆：《龙口市楼子庄遗址发掘报告》，《海岱考古》（第十一辑），科学出版社，2018年，第126—242页。

　　②　北京大学考古实习队、烟台市博物馆：《烟台芝水遗址发掘报告》，《胶东考古》，文物出版社，2000年，第96—150页。

　　③　刘延常：《珍珠门文化初探》，《华夏考古》2001年第4期。

　　④　方诗铭、王修龄：《古本竹书纪年辑证》，上海古籍出版社，1981年，第26—27页。

　　⑤　丁山：《商周史料考证》，中华书局，1988年，第29—30页。

　　⑥　方辉：《岳石文化区域类型新论》，《海岱地区青铜时代考古》，山东大学出版社，2007年，第137—169页。

续表

遗址名称	位置	出处
马彭北	章丘宁家埠镇马彭北村	《考古》1995年第4期
邹平丁公	邹平县苑平镇丁公村	《考古》1992年第6期
禹城蒋芦	禹城市大程乡蒋芦村	《考古》1996年第4期
禹城周尹	禹城市城关镇周尹村	
齐河尹屯	齐河县花店乡尹屯村	
齐河曹庙	齐河县务头乡曹庙村	
黑堌堆	阳谷县张秋镇许楼村	《华夏考古》1996年第4期
王集	东阿陈集乡王集村	
天齐庙	泗水县泗张镇天齐庙村北	《文物》1994年第12期
尹家城	泗水县金庄镇尹家城村西南	《泗水尹家城》，1990年
潘庙	济宁市任城区南张镇潘庙村	《文物》1991年第2期
凤凰台	济宁市任城区南张镇凤凰台村	《文物》1991年第2期
玉皇顶	济宁市任城区安居镇史海村南	《考古》2005年第4期
西朝阳村	邹城市郭里镇朝阳村西	《考古学集刊》（第3集）
前掌大	滕州官桥镇前掌大	《滕州前掌大墓地》，2005年
轩辕庄	滕州官桥镇轩辕庄村南	《文物》1993年第6期；《考古》1996年第5期
吕楼	滕州官桥镇吕楼村西南	
大康留	滕州官桥镇大康留村村北	
后黄庄	滕州柴胡店镇后黄庄村	
后荆沟	滕州北辛街道后荆沟村	《考古》1980年第1期
北辛	滕州官桥镇北辛村	
西薛河	滕州市羊庄镇西薛河东南	
后掌大	滕州市官桥镇后掌大村西	
小麦城	临沂市郯城县店子乡小麦城村	《考古》1995年第8期
南泉东	郯城县归昌乡南泉村东南	
南泉北	郯城县归义乡南泉村	
高皇庙	徐州铜山县柳泉镇高黄庙村	《考古学报》1958年第4期
铜山丘湾	铜山县茅村镇檀山村东	《考古》1973年第2期
桓台史家	桓台县田庄镇史家村南	《夏商周文明研究》，1999年
芝水二期	烟台市芝罘区只楚镇芝水村西	《胶东考古》，2000年
楼子庄二期	山东烟台市龙口市北马镇楼子庄村	《中国文物报》2003年4月16日

此外，在江苏高邮发现了周邶墩第二类遗存①，其中含有大量的岳石文化因素，发掘者认为应来源于泗水流域的尹家城类型。这很可能表明的正是由于此次汶泗流域的夷商战争，夷人战败后沿古泗水南下，越过淮河到此一带。

综上所述，与中原地区相对而言，岳石文化大体经历了龙山文化之末至中商文化一个较长的时间段，这一时期是海岱地区人文地理格局较为复杂变动的关键时期，区域内多种考古学文化激烈碰撞、互动交流，文化代表的族群之间相互对峙的同时不断分化而又融合。整体而言，岳石文化在其初期表现较弱，由于环境气候、地理位置、人口压力等因素区域内人群流动分化却较频繁，族群不稳定，与其他考古学文化的交流不甚明显。之后岳石文化进入了一个比较稳定的发展时期，区域内各类型似乎相对平衡，与其他文化间的交流主要体现在文化边缘的交汇区。岳石文化末期，随着商文化的东进，商文化逐渐进入海岱文化区的腹地取代岳石文化，岳石文化不断退缩。夷、商对峙的同时又表现出文化的融合，尤其夷人上层较明显地接受了商人统治者的礼乐制度，为晚商以及西周时期文化融合走向一体的趋势奠定了基础。另外值得关注的是，海岱地区也正是从这个时期开始，此前处于独立发展的文明化进程被中原地区强势干预，海岱地区丧失了独立发展形成较为成熟国家形态的环境，逐步纳入了中原地区文明化进程的轨道。

第三节　岳石文化衰变原因的新探讨

公元前2000年前后，岳石文化在海岱地区代替龙山文化而出现，其持续约400多年，大体和中原地区的二里头及二里冈文化时代相当。岳石文化是一支青铜时代的文化且具有一定的先进性。然而值得注意的是，岳石文化和之前的山东龙山文化相比，在文化面貌上存在较大反差，而且似乎透漏出岳石文化发生了"衰变"。这种衰变已被学界所指出，并对产生衰变的原因给予了不同的解释。在学界不同的意见中，笔者认为一些学者将这种"衰变"现象和该地区文明化进程结合起来进行的深层次探讨值得重视②。岳石文化的出现的确改变了海岱地区的文化格局和向文明社会迈进的步伐。海岱地区的岳石文化没有继承龙山文化的繁荣而再创辉煌并首先在此地形成中国历史上最早的王朝国家，相反其被纳入到以中原夏商王朝为中心，或在其强烈影响下发展

---

①　南京博物院考古研究所、扬州博物馆、高邮文管会：《江苏高邮周邶墩遗址发掘报告》，《考古学报》1997年第4期。

②　王巍：《公元前2000年前后我国大范围文化变化原因探讨》，《考古》2004年第1期；许宏：《"连续"中的"断裂"——关于中国文明与早期国家形成过程的思考》，《文物》2001年第2期。

的轨道上来。对岳石文化的这种认识有助于我们对衰变原因进行宏观、系统地分析，同时也表明探讨这一问题对于海岱地区文明化进程的研究及中国古代文明形成的模式和机制等问题均具有重要意义。本节将在前人研究的基础上，对海岱地区岳石文化衰变的原因进行新探讨。

一、两种观点的不合理性剖析

对岳石文化的衰变原因的分析应包括两个方面：其一，为何龙山文化晚期如此繁荣的文化突然就变成了岳石文化这种看似落后的文化。换言之，就是考察发生这种"衰变"的突变原因。其二，为何岳石文化存在时间约400年，并没有一个发展的繁盛期，似乎一直比较稳定。换言之，我们要探讨其呈现出这种相对落后的文化面貌的长期原因。

关于岳石文化衰变原因，学界除了洪水说、气候变寒说还有另外两种解释。其一，认为经济繁荣和人口膨胀使岳石文化的制陶业向实用性和通俗化转变，从而总体看起来呈现衰变[1]。然而据目前的考古发现，岳石文化时期遗址的数量不仅比龙山文化时期大大减少，而且也大大少于其后的商文化遗址，这已经被在山东各地区进行的众多考古发掘和调查所证实。岳石文化遗址的减少、聚落规模的缩小表明这个时期相对于之前的龙山文化人口应是减少了。对史前人口进行研究的学者指出，山东省人口数量在龙山时代晚期为161.4万，二里头时代仅为34万。就整个黄河中下游地区而言，龙山时代的人口数量远远高于其后的二里头时代[2]，此处具体数据有待商榷，但人口明显减少情况应是可信。未与龙山文化进行对比而盲目地根据岳石遗址的分布就得出人口增加的结论，难免失之偏颇。至于岳石文化的经济繁荣一说，笔者认为学界对判断某一考古学文化的经济发展繁荣的标准持不同的看法，加之现有的考古学材料使得对岳石文化进行社会经济状况的分析困难较大，目前对此只能暂搁置。但是进入文献记载以来及现代社会经发展情况给我们的启示是：经济繁荣发展了，社会物质产品丰富了，人们的生活水平提高了，其日用品是朝着质量好、品种全的方向发展而不是反之。我们承认岳石文化的制陶传统发生了转变后并不一定意味着整个文化就真的大大退步了，但是将这种转变归结为经济繁荣和人口增加，与目前的考古实际是不符的。

---

[1]　王富强：《关于岳石文化陶器"骤变"原因的探讨》，《华夏考古》2001年第1期。

[2]　王建华：《黄河中下游地区史前人口研究》，山东大学博士学位论文，2005年，第101、135页。

其二，认为新兴产业特别是冶铜业的出现是导致岳石文化衰变的主要原因[1]。岳石文化目前和龙山时期相比尽管发现不少青铜器，但是都是小件制品且多属于工具类，形制简单，多为单面范铸，技术具有原始性。考古发现中日常工具主体是石器，日用品则以陶器为主。所以据发现的十几件青铜器很难推断出青铜业在当时的社会生活中占据重要地位，恰恰相反制陶业和石器加工业在社会生活中仍发挥着重要作用。新兴的青铜业就是在商代大放异彩之时也没有导致制陶业的衰退，进而使一个文化消退，即使是与之大体同时并有着较为先进的铸铜业的二里头文化仍未出现如此情况，因而这种观点比较牵强。

二、岳石文化突然衰变的直接原因

环境考古显示大约公元前2000年前后，在全国范围内普遍存在一次气候降温事件和大洪水[2]。在山东地区大致相当于龙山文化晚期和岳石文化早期这个时间段内同样表现出气候冷凉。气候冷凉导致人们的生存环境发生较大改变，特别是对于鲁东南和鲁中南的稻作农业区的影响更大，最终造成海岱文化衰落[3]。但是关于降温持续的时间及环境是否是导致文化衰变的主要原因等问题尚需进一步探讨。

多数学者认为全国范围内的这次降温时间在公元前2000年前后，而各地区由于区域地理位置的差异，起始和结束的时间可能会有所不同。山东沂沭河上游的环境考古表明，开始于龙山晚期的气候冷凉持续到岳石文化初期，其后岳石文化的气候条件又开始好转[4]。而这种结论在以前的自然剖面的定性分析中也曾得出现过[5]。显然这次气温降低可能导致岳石文化早期发展受挫，然而整个岳石文化约400年时间，早期之后的很长时间仍然表现文化面貌的落后恐不能用单一的气候问题来解释。

---

① 聂新民：《山东龙山文化部分石陶玉器制作工艺的探讨》，《史前研究》（辑刊），文物出版社，1988年，第272—277页。

② 吴文祥、刘东生：《4000aB. P. 前后降温事件与中华文明的诞生》，《第四纪研究》2001年第5期；夏正楷、杨晓燕：《我国北方4kaB. P. 前后异常洪水事件的初步研究》，《第四纪研究》2003年第6期。

③ 方辉：《岳石文化衰落原因蠡测》，《文史哲》2003年第3期。

④ 齐乌云、梁中合、高立兵，等：《山东沭河上游史前文化人地关系研究》，《第四纪研究》2006年第4期。

⑤ 王永吉、李善为：《青岛胶州湾地区20000年以来的古植被与古气候》，《植物学报》1983年第4期；韩有松、孟广兰：《青岛沿海地区20000年以来的古地理环境演变》，《海洋与湖沼》1986年第3期。

关于我国公元前2000年的大洪水，这在众多古文献和近年的燹公盨铭文中均有记载。考虑到海岱地区的地形和地貌，大洪水对这一地区的破坏和冲击要超过黄河流域的上、中游地区，特别是鲁西北平原地区可能更突出。当洪水来临，那些位于台地、堌堆的遗址可能被保住，但是农作物、周围植被等则可能遭受毁灭性破坏。显然洪水对于文化的衰变应起到一定作用。但与气候变冷事件相同，这种直接影响也应是一时的，而不可能持续影响近400年的整个岳石文化时期。

总之，低温和洪水对于岳石文化早期的发展确曾起到很大抑制作用，以致使岳石文化面貌呈现"衰落"迹象，这些自然环境因素应是岳石文化发生衰变的突变原因或直接原因。但是笔者不认为岳石文化的衰变主要由上述环境原因导致，长期落后或存在其他原因。

三、岳石文化突然衰变的重要原因

海岱地区龙山文化时期社会进一步向前发展，聚落和聚落群空前发展，聚落分化更加复杂，中心或核心聚落群出现。城址普遍出现，一些规模较大的城址很可能已具都城的雏形。大型墓葬的地位和规模凸显出来，墓葬的等级分化更为剧烈。总之，海岱地区至龙山文化晚期，社会阶层和等级分化严重，社会组织和结构复杂，官僚机构或已存在，王者雏形出现，礼制初步形成，社会进入了邦国阶段[①]。尽管海岱地区龙山文化晚期社会复杂化程度很高，但是和二里头国家相比，其社会内部并没有一个跨地理单元的强大政权存在。海岱地区聚落考古材料的分析表明，龙山文化晚期其内部呈现的是一种多中心或言多势力并立的政治格局，在这种政治控制系统中，一旦发生前文所言的低温、洪水甚至战争等天灾人祸，相对分散平衡的政权不易被集中并统一调配资源，其走向崩溃也就在所难免。

另一方面，近年有学者通过对遗址中墓葬、聚落及单个家户材料的分析，指出海岱地区的经济体系是一种以控制财富为主的财政结构，即贵族控制贵重物品的开发和生产，用其交换日用品，并将其作为等级象征物进行再分配。这种社会的经济策略是以贵重物品的生产和掌控为重心，这种社会通过特殊的居住和埋葬方式及使用贵重物品——特别是长途交换的贵族物品——来显示地位和权力[②]。笔者赞同上述观点，海岱地区的这种经济体系，尤其贵重物品的获得使得整个上层社会更多地依赖外部，这

---

①　高江涛：《中原地区文明化进程的考古学研究》，社会科学文献出版社，2009年，第488—499页。

②　刘莉著，陈星灿等译：《中国新石器时代：迈向早期国家之路》，文物出版社，2007年，第227—228页。

样一旦影响贵重物品获得的任何一个环节发生变化，这个社会的经济体系就会遭受重大打击，如资源产地社会发生变化、贵重物品的运输交通被破坏等。笔者曾对中国新石器时代出土的绿松石器作过研究，海岱地区并非绿松石的产地，但是从大汶口文化开始就一直对绿松石类器物情有独钟，而对花厅墓葬和西朱封墓葬中随葬绿松石产品的分析显示，海岱地区大汶口文化晚期及龙山时代，绿松石已经成为贵族专享的奢侈品[①]。而我国史前绿松石的主要产地之一很可能就是鄂西北、陕南及河南淅川一带。这一地区龙山文化晚期属于中原龙山文化区，绿松石的开采和运输被中原文化区的贵族所控制。特别是，中原地区在海岱龙山文化末期时已经进入最早的王朝国家，其对东方地区的政策可能是抑制其发展；而对于依赖贵重物品控制整个社会的海岱地区来说，中断和破坏绿松石的正常供给应是抑制该地区发展的重要手段之一。其实龙山文化晚期海岱地区内部已经有迹象表明，其贵重物品的供给出现了问题。蛋壳黑陶曾经很长一段时间是被海岱地区上层贵族控制的一种礼器或奢侈品。这种蛋壳陶曾经出现在距海岱地区很远的陶寺遗址的大墓中，但是在龙山时代末期，其首先在其生产地海岱地区消失了，这也许可看作以贵重物品的生产和掌控为重心的经济体系崩溃的表现。

总之，海岱地区在龙山文化末期，自身的政治体制和经济策略已经难以适应其社会发展的需要，其内部的政治经济控制系统失衡是导致岳石文化衰变的重要原因之一，在遭遇近百年难见的低温及洪水的袭击下，更难加以调控，直接导致整个社会更快地走向了崩溃。

四、岳石文化长期衰落的重要原因之一

相当于中原地区的二里头文化二期至四期这个阶段，岳石文化几乎分布海岱地区全境，并呈现一种比较稳定的状态。从文化的总体分布格局来看，岳石文化的各个类型的分界几乎均和自然地貌的分割相吻合，每个文化类型的分布范围多属于一个小的地理单元，很少有横跨两个地理单元的类型。如郝家庄类型主要分布于鲁北淄、潍、弥河流域；尹家城类型主要分布于汶泗流域；王推官类型分布于鲁西北古济水、徒骇河、马颊河的山前冲积平原；下庙墩类型主要分布于沂沭河流域。此外，岳石文化目前似乎并不存在一个中心分布区。换言之，岳石文化整个分布范围之内找不出一个遗址密集分布且伴有规模较大、等级较高聚落群出现的地区。或言岳石文化内部没有出现一个凌驾于其他类型之上的核心类型。岳石文化这种分布似乎显示其不存在如二里头国家这样强有力的政权中心，而很可能是由多个分散的规模势力大体相当并相互竞争的政治实体所组成的松散联合体。

---

① 庞小霞：《中国出土新石器时代绿松石器研究》，《考古学报》2014年第2期。

　　分析岳石文化因素两次向外大量扩散的背景我们更能得出岳石文化内部属于分散的若干政治实体的结论。岳石文化因素向外扩散有两个高潮期[①]。一是在夏末商初，这一时期主要是向郑州和洛阳地区扩散。二是在二里冈上层文化时期，扩散的地域主要是郑州地区、江淮东部和宁镇地区。

　　夏末商初，岳石文化因素可能主要由商夷联盟的下七垣人带到郑洛地区。正是在这种夷商联合的大好契机之下，主要代表商人的下七垣文化迅速进入郑州地区，吸收了来自岳石文化和二里头文化的大量因素，并逐渐融合，最终形成内涵丰富、生机勃勃的早商文化。与此同时，正如有学者指出的，下七垣文化内部从一种由多个酋邦控制政权转变为商王国的过渡也许正发生在灭夏之前不久[②]。可以说下七垣文化在夏末早商的战争背景中历经了一次质的突变和飞跃。而岳石文化尽管属于这个同盟军中的一员，而且具有举足轻重的地位，但在这种难得机遇中其似乎并没有太多的变化。主要体现在：在空间地域上，岳石文化仍局限于其在二里头文化三期之时就已占领的豫东地区，并未向西大力扩展自己的势力范围；就其内部来看，二里头和先商文化的影响主要在豫东、鲁西南地区，中部和东部的多数地区并没有这种战争留下的考古学证据。似乎仅有豫东、鲁西南的安邱堌堆类型的岳石人参与了这场战争。

　　二里冈上层时期，岳石文化因素大量扩散则主要是由于商文化强劲实力的东扩引起的。同样是扩张，此时的商文化更是表现出一种为我所用的心境和姿态，商文化腹地小双桥遗址大量岳石文化的出现是这种情况的最好注脚。而面临危机，岳石文化的实力表现不佳，鲁西南和鲁中这些地区的岳石人主要选择了逃离，其中一支就被迫迁徙远走他乡，这就是在安徽高邮所发现的周邶墩二期遗存[③]；还有些则可能逃亡到近处的鲁中南山地。同时鲁北大辛庄的岳石人则选择了与商文化的妥协，并最终融合成商人的一部分。岳石文化在商文化的东渐中不同地区表现的不同情况似乎印证了在其内部没有一个强大的中心性的统一的政治集团来应对外来的危机，更像是由中型规模势力相当的若干政治实体所组成的松散联合体。

---

　　①　赵海涛：《试论岳石文化与周围同时期文化的关系》，中国社会科学院研究生院硕士学位论文，2003年，第33页。

　　②　刘莉著，陈星灿等译：《中国新石器时代：迈向早期国家之路》，文物出版社，2007年，第218页。

　　③　1993年南京博物院在对周邶墩遗址发掘中发现一些遗存与第一类遗存风格迥异，内含有大量的岳石文化遗物，于是将这类遗存称"第二类遗存"。一些学者将周邶墩第二类遗存与尹家城类型的同类器物演变进行比较，并结合该遗址^{14}C测年，判断该遗存年代晚于尹家城类型，约在公元前1400年前后。笔者赞同该遗存可能是尹家城类型的一部分人群由于受到商人征伐而南迁的结果。可参看：张敏、韩明芳：《江淮东部地区古文化的初步认识》，《中国考古学会第九次年会论文集1993》，文物出版社，1997年，第108—124页；田名利：《试论宁镇地区的岳石文化因素》，《东南文化》1996年第1期。

　　总之，岳石文化内部政治实体的松散性使得这个政体在遇到内忧外患的重大社会问题时往往各找出路，很难统一调动整体力量来应对危机。尤其是在史前社会无法统一调配各类人力、物力就很难完成重大、复杂的事务，也就无法在这类事务管理中逐渐发展壮大，在发展中脱颖而出。岳石文化内部政治实体的松散性是导致岳石文化长期衰落的重要原因。

五、岳石文化长期衰落的重要原因之二

　　岳石文化周边的考古学文化中，除了斗鸡台文化、点将台文化、湖熟文化等少数几个吸收岳石文化因素较少外，其余的考古学文化和遗存均吸收、融合了大量的岳石文化因素；相反，岳石文化中则仅见到下七垣、夏家店下层、二里头、湖熟文化等文化因素，且包含的量相对少得多。这反映了岳石文化在与其他文化的交流中表现更多的是一种单向的输出式的交流，而非双向的输出与交流，或言双向互动①。换言之，岳石文化中少见其他文化因素的现象似乎表明该文化具有一定的封闭性。

　　从岳石文化与其他文化交流的空间地域来看，这种交流多发生在岳石文化与其他文化的交汇地区，从岳石文化和二里头、下七垣文化的交流看，后两种文化因素主要出现在岳石文化分布的西部边界。岳石文化中的二里头文化因素主要发现于豫东鹿台岗遗址，如该遗址T27⑤出土的舟形器、尊形器等②。岳石文化中具有下七垣文化特征的深腹盆和碗形豆同样是从鲁西北至鲁东、鲁南递减，越接近下七垣文化分布区，数量越多，卷沿绳纹罐则仅在鲁北地区发现③。与此同时，在岳石文化东部的照格庄类型甚至中部的郝家庄、尹家城类型都少见下七垣和二里头文化因素。相反，在下七垣、二里头文化的中心分布区均发现大量的岳石文化因素，如下七垣文化的容城④、永

---

　　①　庞小霞：《夏商时期海岱地区考古学文化的历史地理研究》，北京大学博士后出站报告，2009年；赵海涛：《试论岳石文化与周围同时期文化的关系》，中国社会科学院研究生院硕士学位论文，2003年。

　　②　郑州大学考古专业、开封市文物工作队、杞县文物管理所：《河南杞县鹿台岗遗址发掘简报》，《考古》1994年第8期。

　　③　赵海涛：《试论岳石文化与周围同时期文化的关系》，中国社会科学院研究生院硕士学位论文，2003年，第26页。

　　④　保北考古队：《河北省容城县白龙遗址试掘简报》，《文物春秋》1989年第3期，其中的浅盘豆H2：23、H4：17、H1：3。

年①、定州②、新乡③等地及二里头文化的伊洛河流域④。这至少说明，下七垣、二里头文化的兼容并蓄能力更强些，而岳石文化则相对要封闭些。

　　一个文化只有在不断地与其他文化的互动交流中，不断吸取其他文化先进因素，并加以融合使之成为自己的一部分，这样才可能在文化的互动交流中保持可持续发展与繁荣。中原地区的二里头文化恰恰具备了这种兼容并蓄，包纳四方的文化特性，这应该是导致其最终脱颖而出进入早期王朝国家的重要原因之一。正相反，岳石文化经历最初的创伤后，一蹶不振，文化面貌上长期落后于之前的龙山文化，更落后于二里头文化商文化，其文化的封闭性难辞其咎。

六、余　论

　　海岱地区在公元前2000年之后，岳石文化代替龙山文化出现，文化发生明显衰落，导致这一现象的原因有直接的环境原因，更主要是龙山晚期内部政治和经济控制系统的失衡。而岳石文化持续数百年一直没有繁荣发展，甚至被纳入到以中原夏商王朝为中心，或在其强烈影响下发展的轨道上来的原因更多更复杂，岳石文化的内部多中心松散政治统治及文化的封闭性是诸多原因中的两个。

　　值得注意的是，有学者研究一个文化衰落或崩溃原因时，指出山东岳石文化的衰落是由于中原核心区的兴起和强大导致的⑤，或曰中原地区龙山文化到二里头文化的兴起是导致周边山东龙山文化、陶寺文化、关中地区龙山文化、石家河文化，甚至良渚文化衰变、消亡的主要原因⑥。对这种认识，笔者认为这是不同的问题。文明的崩溃更多的是分析文明自身发展中正处于高度发展却突然出现了倒退现象的原因，而不只是谈周边地区衰落和一个中心地区发展的关系。不可否认的是，中心地区的发展的确对另一个地区的发展有抑制，但在华夏族群形成的早期阶段，中原地区的这种抑制并不

---

　　①　邯郸地区文物保管所、永年县文物保管所：《河北省永年县何庄遗址发掘报告》，《华夏考古》1992年第4期，其中的浅盘豆T9②：2及T12②：2。

　　②　河北省文物研究所、保定市文物管理处：《河北定州市尧方头遗址发掘简报》，《考古》2004年第9期，其中的素面罐H4：9。

　　③　河南省文化局文物工作队：《河南新乡潞王坟商代遗址发掘报告》，《考古学报》1960年第1期，其中的甗T3：88。

　　④　中国社会科学院考古研究所：《偃师二里头》，中国大百科全书出版社，1999年。

　　⑤　张锟：《东夷文化的考古学研究》，中国社会科学院研究生院博士学位论文，2010年，第90—100页。

　　⑥　徐良高：《文明崩溃理论与中国古代文化衰变现象研究》，《中国历史文物》2009年第4期。

起决定作用。

此外，还需要说明的是，社会发展进程不是直线前进的，不具有预定性和方向性。在早期文明起源的过程中，社会在向复杂化演进时会受到各种外部和内部因素的影响。外部因素如生态环境、地理资源等，内部因素则有社会经济体系、政治取向、礼仪力量、领导策略等。环境条件等外部因素至关重要，但并非是引起社会变化的唯一或主导因素。显然不同社会的政治和经济系统以及人类应对外部压力的各种活动才最终导致社会变化的产生[①]。因此，岳石文化衰落并最终没有进入国家形态原因是多方面因素综合作用的结果，但笔者认为，今后主要还应集中于对这些内部因素的分析。本部分对岳石文化的内在特性的分析正是这种尝试，相信今后随着反映岳石文化内涵的考古学材料增加，这种探讨将会更加深入。

---

① 刘莉著，陈星灿等译：《中国新石器时代：迈向早期国家之路》，文物出版社，2007年，第226—231页。

第六章 晚商时期海岱地区的人文地理分布格局及政治地理架构探讨

晚商时期，分布于海岱地区的考古学文化主要是东进的商文化和继承岳石文化的珍珠门文化。本章主要考察了晚商两个不同时段的人文地理格局及形成的原因和背景，同时对晚期时段的政治地理架构进行了分析。

第一节 晚商时期海岱地区人文地理分布格局演变探析

晚商时期由于商文化的持续东扩，整个海岱地区的人文地理分布格局呈现新的局面。这种分布格局在晚商历史中实际是动态变化的。限于资料，目前我们只能考察一个相对稳定的较长时段内的分布格局。本节试将晚商时期分成早晚两大时段考察海岱地区内人文地理分布情况并分析造成这种分布格局的具体原因及内在的历史背景。

一、晚商早期

晚商早期鲁豫皖区属于商文化的分布范围。目前这一区域内已发掘的晚商早期的遗址有山东菏泽安邱堌堆[①]、梁山青堌堆[②]，河南鹿邑栾台[③]、夏邑清凉山[④]、杞县段岗和鹿台岗[⑤]、民权牛牧岗[⑥]等。此外，在豫东商丘境内的虞城马庄、柘城山台寺、永城

① 北京大学考古系商周组、山东省菏泽地区文展馆、山东省菏泽市文化馆：《菏泽安邱堌堆遗址发掘简报》，《文物》1987年第11期；宋豫秦：《论鲁西南地区的商文化》，《华夏考古》1988年第1期；黄绍甲、王霖：《山东菏泽县古遗址的调查》，《考古通讯》1958年第3期。

② 中国科学院考古研究所山东发掘队：《山东梁山青堌堆发掘简报》，《考古》1962年第1期。

③ 河南省文物研究所：《河南鹿邑栾台遗址发掘简报》，《华夏考古》1989年第1期。

④ 北京大学考古学系、商丘地区文管会：《河南夏邑县清凉山遗址1988年发掘简报》，《考古》1997年第11期。

⑤ 郑州大学文博学院、开封市文物工作队：《豫东杞县发掘报告》，科学出版社，2000年。

⑥ 郑州大学历史学院考古系：《民权牛牧岗与豫东考古》，科学出版社，2013年，第3—107页。

造律台、夏邑马头、睢县襄台、民权李岗等20多处遗址也发现晚商遗存[1]。其中安邱堌堆与鹿邑栾台遗址面积较大，考古工作做得较多，但是未发现高等级遗存。这一地区是否围绕这两个遗址形成聚落群、聚落群内部的特征如何？限于目前的考古调查与发掘材料，尚无法深入考察。总体来看，该区内晚商早期遗存面貌与殷墟类型十分接近，但同时又有一定的地方特色，可以用学界曾提出的安邱类型命名[2]，但与之不同的是分布区不包含汶泗流域。

鲁南地区与中商时期相比，在济宁、枣庄一带形成的商文化聚落群多不复存在。目前经正式发掘并确认含晚商早期遗存的遗址有南赵庄[3]、潘庙[4]、凤凰台[5]、张山洼[6]、后黄庄[7]等。而像邹城城子窝、吕布台、灰城子、前瓦屋、鲁公村、横河、野户营[8]遗址，微山堂台、鲍楼、召庆寺遗址[9]，济宁刘林、吴家遗址[10]，滕州后荆沟、西薛河、郭楼遗址[11]，枣庄黄楼、古突子遗址[12]等仅做过调查，调查者认为这些遗址包含殷墟类型的遗存，但从目前已发表的调查材料看无法确定哪些遗址有本期遗存。徐淮地区在商代中期曾一度属于商文化的分布范围，此区已发现中商时期遗存的徐州高皇庙、丘湾，沭阳万北，郯城小麦城、南泉东、南泉北等遗址均不见晚商早期的遗存，甚至中商三期的遗存也很少见到，推测大约在中商三期或偏晚，商文化开始退出徐淮

① 张长寿、张光直：《河南商丘地区殷商文明调查发掘初步报告》，《考古》1997年第4期；郑州大学历史学院考古系：《豫东商丘地区考古调查简报》，《华夏考古》2005年第2期；郑州大学历史学院考古系：《民权牛牧岗与豫东考古》，科学出版社，2013年，第108—134页。

② 宋豫秦：《论鲁西南地区的商文化》，《华夏考古》1998年第1期；王迅：《东夷文化与淮夷文化研究》，北京大学出版社，1994年，第36—38页。

③ 济宁市博物馆：《山东济宁市南赵庄商代遗址调查》，《考古》1993年第11期。

④ 国家文物局考古领队培训班：《山东济宁潘庙遗址发掘简报》，《文物》1991年第2期。

⑤ 国家文物局考古领队培训班：《山东济宁凤凰台遗址发掘简报》，《文物》1991年第2期。

⑥ 济宁市文物考古研究室、济宁市任城区文物管理所：《山东济宁市张山洼遗址发掘简报》，《考古》2007年第9期。

⑦ 山东省文物考古研究院：《山东滕州后黄庄遗址发掘简报》，《海岱考古》（第十四辑），科学出版社，2021年，第26—53页。

⑧ 中国社会科学院考古研究所山东工作队、邹县文物保管所：《山东邹县古代遗址调查》，《考古学集刊》（第3集），中国社会科学出版社，1983年，第98—108页。

⑨ 济宁市博物馆：《山东微山县古遗址调查》，《考古》1995年第4期。

⑩ 济宁地区行署文化局文物普查队：《山东济宁县古遗址》，《考古》1983年第6期。

⑪ 中国社会科学院考古研究所山东队、滕县博物馆：《山东滕县古遗址调查简报》，《考古》1980年第1期。

⑫ 枣庄市文物管理站：《枣庄市南部地区考古调查纪要》，《考古》1984年第4期。

地区，至晚商一期阶段，这一地区已为当地土著文化所占据①。沂沭河以东的鲁东南地区目前几乎未见属于晚商早段的商文化遗址②，推测晚商早期商文化应尚未越过沂沭河这一天然地理界限，沭河以东的鲁东南地区很可能属于夷人文化分布区。

鲁西北平原地区经发掘属于这个时期的商文化遗址有茌平南陈③、济南大辛庄④、邹平丁公⑤、桓台史家⑥等。此外，齐河曹庙⑦，邹平史营、大河埝、郎君、廉家⑧等遗址经调查发现有该时期的遗存。阳谷、东阿县调查也发现一批属于晚商文化的遗址⑨，

---

① 中国社会科学院考古研究所：《中国考古学·夏商卷》，科学出版社，2003年，第265—266页。

② 鲁东南沿海地区目前发现有29处商代遗址，遗址面积均在2.5万平方米以下。调查者同时又言这一地区似乎尚不在商王朝的控制范围内，据此推测这29处商代遗址应不是典型的商文化遗址，具体属于商代哪一时期限于材料不得详知。参见方辉、文德安、加里·费曼，等：《鲁东南沿海地区聚落形态变迁与社会复杂化进程研究》，《东方考古》（第4集），科学出版社，2008年，第253—287页。另外据刘延常等学者的调查，沂沭河之间殷墟一期的遗址仅有临沂市河东区上郑庄村东1处，未发现殷墟二期的商文化遗址。参见刘延常、赵国靖、刘桂峰：《鲁东南地区商代文化遗存调查与研究》，《东方考古》（第11集），科学出版社，2014年，第453—489页。

③ 山东大学历史系考古专业、聊城地区文化局、茌平县图书馆：《山东省茌平县南陈庄遗址发掘简报》，《考古》1985年第4期。

④ 山东省文物管理处：《济南大辛庄遗址试掘简报》，《考古》1959年第4期；蔡凤书：《济南大辛庄商代遗址的调查》，《考古》1973年第5期；任相宏：《济南大辛庄龙山、商遗址调查》，《考古》1985年第8期；山东大学东方考古研究中心、山东省文物考古研究所、济南市考古研究所：《济南市大辛庄商代居址与墓葬》，《考古》2004年第7期；山东大学东方考古研究中心：《大辛庄遗址1984年秋试掘报告》《东方考古》（第4集），科学出版社，2008年，第288—521页；山东大学历史文化学院考古系、山东省文物考古研究所：《济南大辛庄遗址139号商代墓葬》，《考古》2010年第10期；山东大学考古学与博物馆学系、山东省文物考古研究院、济南市考古研究所：《济南市大辛庄遗址商代墓葬2010年发掘简报》，《考古》2020年第3期。

⑤ 山东大学历史系考古专业、邹平县文化局：《山东邹平丁公遗址试掘简报》，《考古》1989年第5期；山东大学历史系考古专业：《山东邹平丁公遗址第二、三次发掘简报》，《考古》1992年第6期。

⑥ 光明、龙国，连利，等：《桓台史家遗址发掘获重大成果》，《中国文物报》1997年5月18日；张学海：《史家遗址的考古收获与启示》，《中国文物报》1998年2月4日；韩明祥：《山东长清、桓台发现商代青铜器》，《文物》1982年第1期；张光明、夏林峰：《山东桓台县史家遗址发掘收获相关问题的探讨》，《管子学刊》1990年第4期；张光明：《山东桓台史家遗址发掘收获的再认识》，《夏商周文明研究》，中国文联出版社，1999年，第1—14页。

⑦ 李开岭：《山东禹城、齐河县古遗址调查简报》，《考古》1996年第4期。

⑧ 山东大学历史系考古专业、邹平县文化局：《山东邹平县古文化遗址调查》，《考古》1989年第6期。

⑨ 孙淮生、吴明新：《山东阳谷、东阿县古文化遗址调查》，《华夏考古》1996年第4期。

据发表的零星陶片无法判断具体为晚商早期抑或晚期。鲁北地区晚商时期夷商文化分界问题学术界研究较多，但是多就整个晚商时期来谈，少见进一步对晚商不同时期再做探讨的。目前该地区经发掘的、地理位置处于最东且面积最大的商文化遗址是桓台史家遗址，其年代为殷墟一期至商末。该遗址西北距孝妇河1.5千米，东距淄河尚有一定距离。此外，弥河流域的青州肖家庄[①]、昌乐宇家遗址[②]、寿光贾家庄遗址[③]可能有本期遗存。鉴于此，可以推知晚商早期，商人向东有所发展，主要是在大辛庄以东孝妇河流域的邹平、桓台一带重点经营，本期商人势力前锋或已进入淄弥流域。由于目前发现的遗址较少，且都未经正式发掘；此外，即使到了晚商晚期大量商文化遗址占据淄弥流域时，仍有较多遗址保留大量夷族文化因素，所以不排除淄河以东的上述几处遗址或许仅是含有商文化因素的珍珠门文化遗址。总之，依据目前的材料笔者认为晚商早期淄河以东地区可能仍主要为当地土著夷人文化——珍珠门文化所占据。

鲁北商文化控制地区内的大辛庄遗址和桓台史家遗址比较重要。近年的调查显示，大辛庄遗址商文化遗存的分布已达30万平方米。遗址中发现了属于晚商早期的甲骨卜辞和出土铜器的墓葬，如1984年发掘的Ⅳ11M5、Ⅳ11M4[④]，2010年发掘的M139[⑤]、M161、M154[⑥]等，这表明大辛庄遗址在本期属于鲁北地区的一个区域中心。桓台史家遗址近25万平方米，遗址多年来出土了不少青铜器，部分带有重要的铭文和族徽。该遗址还发现了大型环壕、大墓、祭祀坑等重要遗迹，遗址年代为殷墟一期至殷墟四期，在晚商早期可能属于鲁北地区的另一个区域中心。

总体来看，海岱地区晚商早期商文化东进的脚步和中商相比放缓很多。主要体现在鲁南地区，商文化明显比中商时期衰落了。商人已退出徐淮地区，汶泗流域及枣庄一带密集的遗址群不复存在，甚至少见中等规模的遗址。相对而言，豫东鲁西南区变化不大。鲁北地区的商文化延续中商时期势力范围的同时向东有所拓展。这与学者指

①　潍坊市博物馆：《山东潍坊地区商周遗址调查》，《考古》1993年第9期。

②　潍坊市博物馆、昌乐县文管所：《山东昌乐县商周文化遗址调查》，《海岱考古》（第一辑），山东大学出版社，1989年，第292—312页。

③　寿光县博物馆：《寿光县古遗址调查报告》，《海岱考古》（第一辑），山东大学出版社，1989年，第29—60页。

④　山东大学东方考古研究中心：《大辛庄遗址1984年秋试掘报告》，《东方考古》（第4集），科学出版社，2008年，第288—521页。

⑤　山东大学历史文化学院考古系、山东省文物考古研究所：《济南大辛庄遗址139号商代墓葬》，《考古》2010年第10期。

⑥　山东大学考古学与博物馆学系、山东省文物考古研究院、济南市考古研究所：《济南市大辛庄遗址商代墓葬2010年发掘简报》，《考古》2020年第3期。

出商人在对东方的军事上采取"重北轻南"战略或正相符[①]。然而需要说明的是，这种"重北轻南"战略并非贯穿有商一代，而可能仅存在于晚商早期这个阶段。近年刘延常先生对鲁东南进行了多次田野调查，尤其考察了临沂市、莒县、沂源县等多个县、市博物馆和库房的标本。通过调查，在鲁东南沂水流域的临沂市区及兰陵县（原苍山县）、费县等地发现不少晚商文化遗址，部分遗址还出土有青铜器[②]。而这些晚商文化遗址在殷墟二期、三期明显减少，出土青铜器的地点亦很少，也表明了商人在中商和殷墟一期持续对鲁南用力之后，的确在殷墟二期开始对鲁东南放松了统治。在商文化分布区之外的鲁中南山地，淄河以东的整个胶东半岛，鲁东南沂沭河以东，尤其沭河以东的区域则主要为珍珠门文化所占据。目前的研究表明，潍河流域、胶莱平原、胶东半岛分布着较单纯的夷人文化遗存，代表遗址有烟台珍珠门、芝水，潍坊会泉庄等。淄弥流域和苏北地区本期的珍珠门文化有较多商文化因素；鲁中南山地应为夷人文化分布区，但是目前尚未发现明确的遗址[③]（表6-1）。

表6-1　海岱地区晚商早期重要遗址统计表

		遗址名称	地理位置	出处
商文化遗址	鲁豫皖区	鹿邑栾台	鹿邑县王皮溜镇普大庄村	《华夏考古》1989年第1期
		梁山青堌堆	梁山县小安山镇董庄村	《考古》1962年第1期
		安邱堌堆	菏泽市佃户屯乡曹楼村东南	《文物》1987年第11期
		虞城马庄	商丘市虞城县谷熟镇马庄村镇北	《考古》1997年第4期
		柘城山台寺	柘城县申桥乡李庄村	
		永城造律台	商丘市永城市酂城镇造律台	
		夏邑马头	夏邑县马头镇马头集南街	《华夏考古》2005年第2期
		睢县襄台	睢县城内北湖	
		民权李岗	民权县城尹店乡李岗村	
	鲁南地区	南赵庄	济宁市中区赵庄村	《考古》1993年第11期
		潘庙	济宁市任城区南张镇潘庙村	《文物》1991年第2期
		凤凰台	济宁市任城区南张镇凤凰台村	
		张山洼	济宁市任城区南张镇张山村东南	《考古》2007年第9期

---

①　方辉：《商周时期鲁北地区海盐业的考古学研究》，《考古》2004年第4期。

②　刘延常、赵国靖、刘桂峰：《鲁东南地区商代文化遗存调查与研究》，《东方考古》（第11集），科学出版社，2014年，第453—489页。

③　可参见刘延常：《珍珠门文化初探》，《华夏考古》2001年第4期。该文指出在蒙阴县的垛庄镇西长明遗址有珍珠门文化遗存，但不知是否属于本期。

遗址名称			地理位置	出处
商文化遗址	鲁东南地区	杨谢南墩	平邑县柏林镇杨谢村南约500米处	《东方考古》（第11集）
		地方	平邑县地方镇进展村北100米处	
		杨谢天公庙	平邑县柏林镇杨谢村东约300米处	
		瓦子埠南	平邑县临涧镇瓦子埠村南	
		铜石村	平邑县铜石镇铜石村西南	
		曹车	费县费城镇曹车村东300米处	
		轴沟	费县新庄镇轴沟村东200米处	
		南匣石	沂南县孙祖镇南匣石村	
		西黄家庄	沂水县姚店子乡西黄家庄村西	
		大匡庄	沂水县黄山铺镇大匡庄村西	
		信家庄	沂水县龙家圈乡信家庄村南	《考古》1990年第8期
	鲁北地区	茌平南陈	聊城市茌平县杜郎口镇南陈村	《考古》1985年第4期
		大辛庄	济南市历城区王舍人镇大辛庄村	《考古》2004年第7期
		邹平丁公	邹平县长山镇丁公村	《考古》1992年第6期
		桓台史家	桓台县田庄镇史家村南	《考古》1982年第1期
		曹庙	齐河县焦庙镇曹庙村	《考古》1996年第4期
		邹平史营	邹平县好生镇史营村西	《考古》1989年第6期
		邹平廉家	邹平县礼参乡廉家村南	
		大河埪	邹平县好生镇大河埪村西	
		邹平郎君	邹平县邹平镇郎君村西	
珍珠门文化遗址		珍珠门	长岛县北长山岛西北部	《史前研究》1983年第1期
		乳山南黄庄	乳山市南黄镇南黄庄村	《考古》1991年第4期；《胶东考古》，2000年
		乳山寨山	乳山市乳山寨镇小管村西	《史前研究》1983年第1期
		沭阳万北	宿迁市沭阳县万匹乡万北村	《东南文化》1992年第1期
		烟台芝水	烟台市芝罘区只楚镇芝水村西	《中国考古学年鉴·1984》
		潍坊会泉庄	潍坊市寒亭区朱里镇会泉庄村	《中国文物报》1998年3月25日
		西长明	蒙阴县垛庄镇西长明村	《华夏考古》2001年第4期
混合性遗址		火山埠	寿光市孙家集镇后胡营村北	《海岱考古》（第一辑）
		临淄东古	临淄东古城村东北	《海岱考古》（第一辑）
		青州赵铺	青州市口埠镇赵铺村东，弥河古道西	《海岱考古》（第一辑）
		铜山丘湾	铜山县茅村镇檀山村东	《考古》1973年第2期

晚商早期呈现这种新的人文地理分布格局的背景和具体原因值得深思。进入晚商，商文化总体发展态势上表现为南方和西方的退缩而政治中心北移。具体在考古学上表现为：郑州商城、偃师商城在白家庄期衰落以致最终废弃，周边的山西夏县东下冯商城、垣曲商城及湖北盘龙城在这个时期衰落并于殷墟早期废弃；同时豫北、冀南几个中商时期的都城兴起并最终定都安阳。这种情况在甲骨文中也有所体现，据学者研究武丁时期发生的众多战争绝大多数是和商北方、西北方的土方、羌方等展开的[①]。正是在这样的背景下，商王可能暂时无暇顾及东方或者对东方着力较小，从而使东方地区相对稳定。本期鲁南与鲁北地区商文化分布拓展的不同则还有深层次的原因，鲁北盛产海盐，富有渔盐之利，是商王朝所需要的重要战略物资。而鲁南和鲁北的自然地理环境差异较大。以黄泛平原为主的鲁北地区，地势低平，无险可守，商人较容易占领；鲁中南地区以中低山地为主，间有山间平原和河谷盆地。此外，鲁南、鲁东南地区泗水、沂水、沭水等河流贯穿其间，这种地理形势使得战争中夷人退守空间较大。当商人势力较大时，夷人可避其锋芒，借山地、河流而移动转移；当商人势力减弱时，夷人则又可再次占领原来失去的地区[②]。

二、晚商晚期

晚商晚期是指殷墟文化的三、四期。约当商王廪辛、康丁、武乙、文丁、帝乙、帝辛时期。本期鲁豫皖区仍属于商文化的分布范围，主要遗址有菏泽安邱堌堆[③]、鹿邑栾台[④]、淮阳冯塘村[⑤]等。通过考古调查，在商丘境内还发现一批属于此期的遗址[⑥]。总之，本区在整个晚商时期一直属于商人控制区，与典型的殷墟商都文化差别不太大，其中商丘市及其以北、以东的曹县、菏泽等地或已属于商人的王畿地区[⑦]。

---

①　范毓周：《殷代武丁时期的战争》，《甲骨文与殷商史研究》（第三辑），上海古籍出版社，1991年，第175—239页。

②　徐基：《商文化东渐初论》，《南方文物》1994年第2期；朱继平：《从商代东土的人文地理格局谈东夷族群的流动与分化》，《考古》2008年第3期。

③　黄绍甲、王霖：《山东菏泽县古遗址的调查》，《考古通讯》1958年第3期；北京大学考古系商周组、山东省菏泽地区文展馆、山东省菏泽市文化馆：《菏泽安邱堌堆遗址发掘简报》，《文物》1987年第11期；宋豫秦：《论鲁西南地区的商文化》，《华夏考古》1988年第1期。

④　河南省文物研究所：《河南鹿邑栾台遗址发掘简报》，《华夏考古》1989年第1期。

⑤　淮阳县博物馆：《河南淮阳县出土一批晚商文物》，《文物》1989年第3期。

⑥　张长寿、张光直：《河南商丘地区殷商文明调查发掘初步报告》，《考古》1997年第4期；郑州大学历史学院考古系：《豫东商丘地区考古调查简报》，《华夏考古》2005年第2期。

⑦　林欢：《晚商地理论纲》，中国社会科学院研究生院博士学位论文，2002年，第33—35页。

鲁南地区本期商文化遗址增多，商文化分布范围可能较前一时期有所扩展。在苏北的铜山丘湾发现了晚商时期的社祀遗存，遗存的年代据原报告为商代晚期，具体应为殷墟文化四期。丘湾上层文化的面貌尽管与殷墟文化有一定差异，但是学界一般把它归入商文化，该社祀遗存多被认为乃商代侯伯之国大彭氏国族的社祀遗存①。沭阳万北则可能有属于晚商晚段的墓葬②。

鲁东南地区商文化遗址在殷墟四期呈现新特点。其一，遗址的年代多集中于四期晚段。目前发现8处遗址，包括费县朱田③、费县上冶双丘、平邑洼子地、临沂县革委会大院、兰陵东高尧④、兰陵密家岭、兰陵晒米城、沂源东安故城⑤。其中，仅费县上冶双丘遗址出土的青铜爵可能为四期早段，其余遗址出土的青铜器均以四期晚段为主。其二，这些遗址都出土有青铜器，但发现的陶器似乎不多。其中费县上冶双丘遗址和兰陵东高尧遗址面积分别为15万和16万平方米，可能是所在区域的聚落中心性遗址。其三，从8处遗址的分布空间看，除了沂源东安故城遗址在沂河东侧，其余遗址均位于沂河西侧及沂河的支流祊河附近。古代遗址位于河流旁的台地是常见的现象，但是殷墟四期出土青铜器的遗址的分布还有深层含义，详见下文分析。需要说明的是，学界目前一般认为商文化的分布范围，主要是通过以日用陶器为核心的物质遗存界定的。商式铜器的发现范围与商文化的分布范围并不完全一致。通常商式铜器的发现范围大于商文化的分布范围，晚商时期尤其如此。鉴于目前发现的商文化遗址均密集分布于泗水流域的济宁、枣庄地区。本期商文化应该已到达与枣庄地区紧邻的临沂地区。但是由于沂、沭河水作为天然屏障，终商一代商人势力可能并未真正控制沭河以东的区域。

鲁南地区商文化分布范围内有两个小区域值得重视：一是以滕州前掌大为中心的聚落群，二是泗水上游密集分布的遗址群。前掌大是一处以商末周初遗存为主的遗址⑥。目前仅墓地面积就有56万多平方米，墓地内发现带有两条墓道和带有一条墓道的大墓12座，出土较多带有铭文的青铜器。围绕前掌大遗址分布着种寨⑦、大韩村⑧、

①　南京博物院：《江苏铜山丘湾古遗址的发掘》，《考古》1973年第2期；王宇信、陈绍棣：《关于江苏铜山丘湾商代祭祀遗址》，《文物》1973年第12期。

②　谷建祥、尹增淮：《江苏沭阳万北遗址试掘的初步收获》，《东南文化》1988年第2期；南京博物院：《江苏沭阳万北遗址新石器时代遗址发掘简报》，《东南文化》1992年第1期。

③　程长新、曲德龙、姜东方：《北京拣选一组二十八件商代带铭铜器》，《文物》1982年第9期。

④　临沂文物收集组：《山东苍山县出土青铜器》，《文物》1965年第7期。

⑤　除了朱田和东高尧遗址，其余6处遗址情况均参见刘延常、赵国靖、刘桂峰：《鲁东南地区商代文化遗存调查与研究》，《东方考古》（第11集），科学出版社，2014年，第453—489页。

⑥　中国社会科学院考古研究所：《滕州前掌大墓地》，文物出版社，2005年。

⑦　齐文涛：《概述近年来山东出土的商周青铜器》，《文物》1972年第5期。

⑧　滕州市博物馆：《山东滕州市薛河下游出土的商代青铜器》，《考古》1996年第5期。

井亭①、龙堌堆②、庄里西③、金庄④等遗址。显然，前掌大遗址属于这一地区聚落群的中心。泗水上游一带在兖州李宫村⑤、邹县南关化肥厂⑥、小西韦⑦、西丁村⑧、泗水窖堌堆⑨、寺台村⑩等遗址都发现了晚商时期的青铜器，李宫村出土的青铜器带有铭文"钊"⑪，窖堌堆出土青铜器则带有铭文"史"。此外，在这一带据调查尚有济宁刘林、吴家⑫，邹城七女城、西朝阳村⑬等一批晚商遗址。近年在北距曲阜鲁国故城6千米的曲阜市小雪街道西陈村西发现商晚期遗址，遗址发现多种遗迹，有房址、窖穴、墓葬等，另发现20多处殉祭坑⑭。西陈遗址的年代以晚商时期为主，部分遗存年代可能已进入西周时期。上述遗址在该区域形成一个聚落群。

　　鲁西北平原区本期商文化遗址大量增加，遗址的分布范围向东、北均有所扩展。平原北部的徒骇河与马颊河入海口处曾发现惠民大郭⑮、滨县（今滨州市滨城区）兰家⑯两处出土典型商式青铜器的地点，另外惠民、利津、广饶等地也发现一批商文化遗

① 孔繁银：《山东滕县井亭煤矿等地发现商代铜器及古遗址、墓葬》，《文物参考资料》1959年第12期。

② 滕州市博物馆：《山东滕州出土商代青铜器》，《考古》1994年第1期。

③ 燕生东、王琦：《泗水流域的商代——史学与考古学的多重建构》，《东方考古》（第4集），科学出版社，2008年，第139页。

④ 中国社会科学院考古研究所山东队、滕县博物馆：《山东滕县古遗址调查简报》，《考古》1980年第1期。

⑤ 郭克煜、孙华铎、梁方建，等：《索氏器的发现及其重要意义》，《文物》1990年第7期。

⑥ 齐文涛：《概述近年来山东出土的商周青铜器》，《文物》1972年第5期；国家文物局考古领队培训班：《山东邹县南关遗址发掘简报》，《文物》1991年第2期。

⑦ 王言京：《山东省邹县又发现商代铜器》，《文物》1974年第1期。

⑧ 王军：《山东省邹城市西丁村发现一座商代墓葬》，《考古》2004年第1期。

⑨ 解华英：《山东泗水发现一批商代铜器》，《考古》1986年第12期。

⑩ 赵宗秀：《山东泗水发现商代青铜器》，《考古》1988年第3期。

⑪ 学界一般将该族徽铭文释作"索"或"剌"，笔者认为应释作"钊"，详见高江涛、庞小霞：《索氏铜器铭文中"索"字考辨及相关问题》，《南方文物》2009年第4期。

⑫ 济宁地区行署文化局文物普查队：《山东济宁县古遗址》，《考古》1983年第6期。

⑬ 中国社会科学院考古研究所山东工作队、邹县文物保管所：《山东邹县古代遗址调查》，《考古学集刊》（第3集），中国社会科学出版社，1983年，第98—108页。

⑭ 韩辉、张恒、徐深：《山东曲阜发掘西陈商代遗址》，《中国文物报》2020年4月3日；韩辉、张恒、徐深：《曲阜西陈商代遗址》，《中国考古学年鉴·2020》，中国社会科学出版社，2021年，第329—330页。

⑮ 山东惠民县文化馆：《山东惠民发现商代青铜器》，《考古》1974年第3期。

⑯ 王思礼：《惠民专区几处古代文化遗址》，《文物参考资料》1960年第3期。

址[①]，可见晚商时期商文化向北已扩展到近海地区。平原东部地区，目前在淄弥河流域已发现较多的商文化遗址，比较重要的如青州苏埠屯[②]、赵铺[③]、凤凰台[④]，此外还有寿光古城[⑤]、桓台玉皇阁[⑥]、昌乐邹家庄[⑦]、后于刘[⑧]等，而在昌乐一带的调查中还发现一批晚商遗址[⑨]。显而易见，晚商晚期商文化已到达淄弥河流域并控制这一地区。潍坊东部地区通过调查发现不少商代遗址[⑩]，但是否确为商文化遗址还有待进一步发掘。值得注意的是，其中位于潍河西岸的院上遗址[⑪]曾出土商式青铜器，由于无陶器遗存可资分析，该遗址是否为商文化遗址尚存疑。而东距潍河约5千米的会泉庄遗址的发掘[⑫]表明这是一处较单纯的当地土著文化遗存，珍珠门文化主要分布于胶莱平原及胶东半岛地区[⑬]。因此，终商一代商人很可能并未控制潍河以东的地区（表6-2）。

---

① 王思礼：《惠民专区几处古代文化遗址》，《文物参考资料》1960年第3期；广饶县博物馆：《山东广饶西杜疃遗址调查》，《考古与文物》1995年第1期；山东省文物考古研究所、广饶县博物馆：《广饶县五村遗址发掘报告》，《海岱考古》（第一辑），山东大学出版社，1989年，第61—123页。

② 山东省博物馆：《山东益都苏埠屯第一号奴隶殉葬墓》，《文物》1972年第8期；山东省文物考古研究所、青州市博物馆：《青州市苏埠屯商代墓发掘报告》，《海岱考古》（第一辑），山东大学出版社，1989年，第254—273页；齐文涛：《概述近年来山东出土的商周青铜器》，《文物》1972年第5期。

③ 青州市博物馆：《青州市赵铺遗址的清理》，《海岱考古》（第一辑），山东大学出版社，1989年，第183—201页。

④ 山东省文物考古研究所、山东大学历史系考古教研室、青州市博物馆：《青州市凤凰台遗址发掘》，《海岱考古》（第一辑），山东大学出版社，1989年，第141—182页。

⑤ 寿光县博物馆：《山东寿光县新发现一批纪国铜器》，《文物》1985年第3期。

⑥ 赵益超、郑同修：《桓台县玉皇阁商周时期遗址》，《中国考古学年鉴·2017》，中国社会科学出版社，2018年，第288—289页。

⑦ 北京大学考古实习队、昌乐县图书馆：《山东昌乐县邹家庄遗址发掘简报》，《考古》1987年第5期。

⑧ 潍坊市博物馆、昌乐县文物管理所：《昌乐县后于刘遗址发掘报告》，《海岱考古》（第五辑），山东大学出版社，2012年，第169—242页。

⑨ 潍坊市博物馆、昌乐县文管所：《山东昌乐县商周文化遗址调查》，《海岱考古》（第一辑），山东大学出版社，1989年，第292—312页。

⑩ 潍坊市博物馆、昌乐县文管所：《山东潍坊地区商周遗址调查》，《考古》1993年第9期。

⑪ 曹元启、单煜东：《坊子区院上遗址发现商代青铜器》，《海岱考古》（第一辑），山东大学出版社，1989年，第313—314页。

⑫ 山东省文物考古研究所、寒亭区文物管理所：《山东潍坊会泉庄遗址发掘报告》，《山东省高速公路考古报告集（1997）》，科学出版社，2000年，第119—132页。

⑬ 刘延常：《珍珠门文化初探》，《华夏考古》2001年第4期；曹艳芳、尹锋超：《淄潍河流域商周文化东渐历史背景之考古学观察》，《管子学刊》2006年第2期。

表6-2 海岱地区晚商晚期重要遗址统计表

遗址名称	地理位置	出处
鹿邑栾台	鹿邑县王皮溜镇普大庄村	《华夏考古》1989年第1期
梁山青堌堆	梁山县小安山镇董庄村	《考古》1962年第1期
安邱堌堆	菏泽市佃户屯乡曹楼村东南	《文物》1987年第11期
虞城马庄	商丘市虞城县谷熟镇马庄村镇北	《考古》1997年第4期
柘城山台寺	柘城县申桥乡李庄村	
永城造律台	商丘市永城市郊城镇造律台	《华夏考古》2005年第2期
夏邑马头	夏邑县马头镇马头集南街	
睢县襄台	睢县城内北湖	
民权李岗	民权县城尹店乡李岗村	
冯塘村	淮阳县冯塘乡冯塘村	《文物》1989年第3期
前掌大	滕州市官桥镇前掌大	《滕州前掌大墓地》，2005年
种寨村	滕州市姜屯镇种寨村	《文物》1972年第5期
庄里西	滕州市姜屯镇庄里西村	《东方考古》（第4集）
大韩村	滕州市官桥镇大韩村	《考古》1996年第5期
井亭	滕州井亭煤矿，后黄庄村西	《文物》1959年第12期
龙堌堆	滕州级索镇十一中校园内西南	《考古》1994年第1期
后荆沟	滕州北辛街道后荆沟村	《考古》1980年第1期
西薛河	滕州市羊庄镇西薛河东南	
铜山丘湾	铜山县茅村镇檀山村东	《考古》1973年第2期
沭阳万北	宿迁市沭阳县万匹乡万北村	《东南文化》1992年第1期
东高尧	苍山县庄坞镇东高尧村	《文物》1965年第7期
东田	费县拣选铜器	《文物》1982年第9期
上冶双丘	费县双上冶镇双丘村北	《东方考古》（第11集）
洼子地	平邑县流峪镇洼子地村东北	
临沂县革委大院	今临沂市兰山区	
密家岭	兰陵县神山镇西北	
晒米城	兰陵县下庄街道办事处葛庄村南	
东安故城	沂源县东里镇东安村西北	
兖州李宫村	兖州市嵫山区李宫村	《文物》1990年第7期
邹县南关	邹县南关化肥厂	《文物》1972年第5期，《文物》1991年第2期
泗水窑堌堆	泗水县泗张镇张庄村	《考古》1986年第3期
泗水寺台村	泗水县高峪乡寺台村	《考古》1988年第3期
邹县小西韦	邹县南关砖瓦厂	《文物》1974年第1期

（商文化遗址）

续表

遗址名称		地理位置	出处
商文化遗址	七女城	邹城市北宿镇南渐兴村东	《考古学集刊》（第3集）
	西朝阳村	邹城市郭里镇朝阳村西	
	滨州兰家	滨城区胡家乡兰家村	《文物》1960年第3期
	惠民大郭	惠民县麻店镇大郭村东南	《考古》1974年第3期
	长清小屯	长清区归德镇小屯村北	《文物》1964年第4期
	平阴洪范	平阴县洪范池镇臧庄乡	《文物》1992年第4期
	朱家桥	平阴县老湖镇	《考古》1961年第2期
	茌平南陈	聊城市茌平县杜郎口镇南陈村	《考古》1985年第4期
	大辛庄	济南市历城区王舍人镇大辛庄村	《考古》2004年第7期
	刘家庄	济南市天桥区刘家庄街道办事处	《东南文化》2001年第3期
	章丘宁家埠	章丘市宁家埠镇北邻近济青公路	《济青高级公路章丘工段考古发掘报告集》，1993年
	桓台史家	桓台县田庄镇史家村南	《夏商周文明研究》，1999年
	唐山	桓台县唐山镇西南	《东夷古国史研究》（第二辑）
	旬召	桓台县田庄镇东南	《东夷古国史研究》（第二辑）
	西杜疃	广饶县广饶镇西杜疃村西1500米处	《考古与文物》1995年第1期
	五村	广饶县城关镇五村	《海岱考古》（第一辑）
	郎君	邹平县邹平镇郎君村西	《考古》1989年第6期
	廉家	邹平县长山镇廉家村	
	寿光古城	寿光县古城人民公社	《文物》1985年第3期
	苏埠屯	青州市东夏镇苏埠屯村东	《海岱考古》（第一辑）
	青州凤凰台	青州市何官镇杨家营村东500米处	《海岱考古》（第一辑）
	邹家庄	昌乐县北岩镇邹家庄村西	《考古》1987年第5期
	后于刘	昌乐县朱刘镇后于刘村西北角	《海岱考古》（第五辑）
	呙宋台	孙家集镇后胡营村东南，呙宋台村西	《海岱考古》（第一辑）
珍珠门文化遗址	珍珠门	长岛县北长山岛西北部	《史前研究》1983年第1期
	乳山南黄庄	乳山市南黄镇南黄庄村	《考古》1991年第4期；《胶东考古》，2000年
	乳山寨山	乳山市乳山寨镇小管村西	《史前研究》1983年第1期
	沭阳万北	宿迁市沭阳县万匹乡万北村	《东南文化》1992年第1期
	烟台芝水	烟台市芝罘区只楚镇芝水村西	《中国考古学年鉴·1984》
	潍坊会泉庄	潍坊市寒亭区朱里镇会泉庄村	《中国文物报》1998年3月25日
	西长明	蒙阴县垛庄镇西长明村	《华夏考古》2001年第4期

续表

	遗址名称	地理位置	出处
混合性遗址	火山埠	寿光市孙家集镇后胡营村北	《海岱考古》（第一辑）
	临淄东古	临淄东古城村东北	《海岱考古》（第一辑）
	青州赵铺	青州市口埠镇赵铺村东	《海岱考古》（第一辑）
	铜山丘湾	铜山县茅村镇檀山村东	《考古》1973年第2期

鲁北地区商文化分布范围内有三个小区域属于商人重点经营区。其一，大辛庄聚落群。该区域位于鲁西北古济水流域，范围大致包括今聊城市区、东阿县，济南市区、平阴县以及德州市齐河县。在古济水沿岸分布有济南大辛庄、平阴洪范[①]、长清前平[②]、长清小屯[③]、济南刘家庄[④]等出土青铜器的遗址，同时还有平阴朱家桥[⑤]、茌平南陈庄[⑥]等规格较低的遗址。此外，在齐河、东阿等地的调查中还发现一批属于本期的遗存[⑦]。值得注意的是，济南大辛庄遗址发现了属于殷墟二、三期的甲骨卜辞，殷墟三期的墓葬M72、M86[⑧]、M225、M256[⑨]、M235、M275[⑩]等，这表明该遗址在本期早段（殷墟三期）可能并未衰落，仍然为区域中心。而考虑到附近的刘家庄遗址、小屯遗址曾出土殷墟三、四期的青铜器，推测殷墟四期时，该区域的统治中心可能转移至这两处遗址。总之，以大辛庄遗址为中心的聚落群在本期早段仍然存在，且依然繁荣。其二，桓台史家聚落群。其范围大致包括今济南市章丘区，淄博市区、桓台县，东营

① 平阴县博物馆筹建处：《山东平阴洪范商墓清理简报》，《文物》1992年第4期。

② 韩明祥：《山东长清、桓台发现商代青铜器》，《文物》1982年第1期。

③ 山东省博物馆：《山东长清出土的青铜器》，《文物》1964年第4期。

④ 李晓峰、杨冬梅：《济南刘家庄商代青铜器》，《东南文化》2001年第3期；济南市考古研究所：《济南市刘家庄遗址商代墓葬M121、M122发掘简报》，《中国国家博物馆馆刊》2016年第7期；济南市考古研究所：《济南市刘家庄遗址商代墓葬发掘报告》，《海岱考古》（第十一辑），科学出版社，2018年，第243—334页。

⑤ 中国科学院考古研究所山东发掘队：《山东平阴县朱家桥殷代遗址》，《考古》1961年第2期。

⑥ 山东大学历史系考古专业、聊城地区文化局、茌平县图书馆：《山东省茌平县南陈庄遗址发掘简报》，《考古》1985年第4期。

⑦ 李开岭：《山东禹城、齐河县古遗址调查简报》，《考古》1996年第4期；孙淮生、吴明新：《山东阳谷、东阿县古文化遗址调查》，《华夏考古》1996年第4期。

⑧ 山东大学东方考古研究中心、山东省文物考古研究所、济南市考古研究所：《济南市大辛庄商代居址与墓葬》，《考古》2004年第7期。

⑨ 济南市考古研究院、山东大学考古学与博物馆学系、山东省文物考古研究院：《济南市大辛庄遗址商代墓葬M225、M256发掘简报》，《考古》2022年第2期。

⑩ 济南市考古研究院、山东大学考古学与博物馆学系、山东省文物考古研究院：《济南市大辛庄遗址商代墓葬M235、M275发掘简报》，《考古》2021年第9期。

市广饶县，滨州市博兴县、邹平市等。此区域密集分布着许多小型遗址，如章丘邢亭山①、乐盘②、宁家埠③、王推官庄④、邹平丁公⑤、芦泉村、抬头村、东台村⑥、廉家、大河堰、郎君、西鲍⑦等。此外，在史家附近还有唐山、荀召等重要遗址⑧。该聚落群在晚商早期开始出现，本期仍属于商人在鲁北地区经略重点之一。其三，苏埠屯聚落群。其范围大致包括今青州、寿光、昌乐等区域。苏埠屯遗址发现了除殷墟之外规格最高的带有四条墓道的大墓，并出土铸有"亚醜"铭文的铜器⑨。寿光古城遗址曾出土商代晚期的青铜器多件，遗址规格也较高，地位重要。此外在淄弥河流域尚有一批中小型遗址。总之，苏埠屯聚落群是鲁北地区目前等级最高的聚落群，形成于殷墟三期或偏晚，殷墟四期时最为繁荣，这表明该处可能是继大辛庄遗址衰落后鲁北地区兴起的新的中心。

　　总体看来，晚商晚期海岱地区商文化较前一阶段有明显发展，遗址数量大大增加，同时在鲁北和鲁南则分别出现了苏埠屯、前掌大这样可能属于方国性质的大型中心型遗址；而夷人势力在商人的步步紧逼下，逐步东退。鲁北地区代表夷人遗存的珍珠门文化在本期主要从淄弥流域退出，但仍在潍河流域保持一定影响并占据潍河以东

①　严文明：《章丘县邢亭山大汶口文化至商代遗址》，《中国考古学年鉴·1986》，文物出版社，1988年，第135—136页。

②　严文明：《章丘县乐盘大汶口文化至商代遗址》，《中国考古学年鉴·1986》，文物出版社，1988年，第136页。

③　济青公路文物考古队宁家埠分队：《章丘宁家埠遗址发掘报告》，《济青高级公路章丘工段考古发掘报告集》，齐鲁书社，1993年，第1—114页。

④　山东省文物考古研究所：《山东章丘市王推官庄遗址发掘报告》，《华夏考古》1996年第4期。

⑤　山东大学历史系考古专业、邹平县文化局：《山东邹平丁公遗址试掘简报》，《考古》1989年第5期；山东大学历史系考古专业：《山东邹平丁公遗址第二、三次发掘简报》，《考古》1992年第6期。

⑥　山东省文物考古研究所、邹平县文管所：《山东邹平县古文化遗址调查简报》，《华夏考古》1994年第3期。

⑦　山东大学历史系考古专业、邹平县文化局：《山东邹平县古文化遗址调查》，《考古》1989年第6期。

⑧　常兴照、张光明：《商奄、蒲姑钩沉》，《东夷古国史研究》（第二辑），三秦出版社，1990年，第100—125页。

⑨　祁延霈：《山东益都苏埠屯出土铜器调查记》，《中国考古学报》（第二册），商务印书馆，1947年，第167—177页；山东省博物馆：《山东益都苏埠屯第一号奴隶殉葬墓》，《文物》1972年第8期；山东省文物考古研究所、青州市博物馆：《青州市苏埠屯商代墓发掘报告》，《海岱考古》（第一辑），山东大学出版社，1989年，第254—273页；夏名采、刘华国：《山东青州市苏埠屯墓群出土的青铜器》，《考古》1996年第5期。

的胶东半岛。鲁南地区在鲁中南山地目前未见到商文化遗存，但也未有明确的夷人遗存，推测仍可能由夷人占据。沂沭河谷地及沭河以东的鲁东南地区也为夷人占据，沂河西岸及其支流祊河沿岸殷墟四期晚段出现一批出土青铜器的高规格商文化遗址，尽管陶器发现得较少，但是沂河西岸的费县、兰陵县、临沂市的兰山区等在殷墟四期应该是被商文化占据。苏北地区商人势力则可能有所扩张，但是这一地区属于夷商文化交汇区，淮河以南已属夷人势力范围。

呈现这种人文地理分布格局有一定的历史背景。甲骨文记载帝辛时期曾数次大规模出兵征伐人方，一些学者根据黄组卜辞中一些不能排入日谱的卜辞并结合晚商一些青铜器铭文指出帝辛时至少存在十祀和十五祀两次征伐人方[①]，本书赞同这种看法。"人方"的具体位置学界看法不一，目前来看主要分成三种。其一，主张人方在山东境内，而这一观点又可细分成鲁南说和鲁北说两种。主张鲁南说的王恩田先生对征人方的路线进行了考订，认为人方位于滕州附近[②]。李学勤先生则认为人方都邑在鲁北的潍淄之间，几个重要地点如"攸"在潍淄之间，"杞"在新泰，"淮"指鲁北的潍水等[③]。此外，方辉先生认为商末征夷方是针对山东境内的东夷而进行的，战争所涉及的区域早期主要在今鲁北地区，稍晚的征战才涉及了鲁东南地区[④]。其二，主张人方在山东东部和南部、苏皖两省淮水下游[⑤]，其中一部分学者认为人方位置不包括山东，仅在

① 孙亚冰：《殷墟甲骨文中所见方国研究》，中国社会科学院研究生院硕士学位论文，2001年，第39—45页；孙亚冰：《甲骨文中的人方》，《东方考古》（第4集），科学出版社，2008年，第237—247页。

② 王恩田：《人方位置与征人方路线新证》，《胡厚宣先生纪念文集》，科学出版社，1998年，第104—116页。

③ 李学勤先生放弃"殷西说"，认为人方应为夷方，在今山东的中东部，其都邑在潍、淄之间的鲁北地区。可参见其文章：《重论夷方》，《民大史学》（第1辑），中央民族大学出版社，1996年，第1—5页；《商代夷方的名号和地望》，《中国史研究》2006年第4期；《帝辛征夷方卜辞的扩大》，《中国史研究》2008年第1期。

④ 方辉：《从考古发现谈商代末年的征夷方》，《东方考古》（第1集），科学出版社，2004年，第249—262页。

⑤ 参见董作宾：《殷历谱·日谱三·帝辛日谱》下编卷九，国立中央研究院历史语言研究所，1945年，第48—49页；岛邦男：《殷墟卜辞研究》（中译本），台北鼎文书局，1975年，第388—389页；钟伯生：《殷商卜辞地理论丛》，台北艺文印书馆，1989年，第219页；罗琨、张永山：《中国军事通史 第一卷 夏商西周军事史》，军事科学出版社，1998年，第195—207页。近年中国社会科学院历史研究所的几位学者观点也可归入此系，可参见孙亚冰：《殷墟甲骨文中所见方国研究》，中国社会科学院研究生院硕士学位论文，2001年，第39—45页；孙亚冰：《甲骨文中的人方》，《东方考古》（第4集），科学出版社，2008年，第237—247页；林欢：《晚商地理论纲》，中国社会科学院研究生院博士学位论文，2002年，第13—17页。总而言之，排谱和具体地点考证各人略有不同。

淮河下游两岸①。此说尽管人方的位置具体大不相同，但是关于征人方的几个主要地点差别不很大，如"雇"在原阳，"商"在商丘，"淮"指今淮河，"永"指永城，"攸"在永城南等。征人方的路线主要在河南中东部与山东交界。其三，主张人方位于江汉平原，征伐路线为自安阳出发后主要向西南行进，中经郑州再向南达江汉平原②。笔者基本赞同第二种说法，人方位置目前来看早晚期有所变动，有商一代可分成几个不同时期来考察，仅晚商时期就有学者指出早晚期有不同的分布范围③。其实人方首先是一个包括东方部族很多分支在内的一个方国。帝辛征伐的人方，在十祀时应该距离攸地不远，在滕州地区以南、宿州以北地区。而到了十五祀时，战争的重点已经转移至沂河、沭河流域，前文提到沂河及其支流祊河发现多处地点含有殷墟四期晚段的青铜器，而这些青铜器之所以集中出现，正与帝辛征人方的大背景密不可分。近来刘延常先生对商代征东夷有详细解读，认为中商时所征伐的蓝夷、班方都位于鲁南，具体应在滕州东南和临沂东部；廪辛、康丁则主要是对鲁东南今莒县境内的"虘"进行征伐；帝乙、帝辛则主要是对鲁东南沂河流域的人方进行征伐④。征人方问题复杂，限于篇幅和主题以后再做进一步探讨。

总之，人方在商王畿的东方、东南方这样一个大范围应该无异议，而本书的海岱地区则位于这一大地域内，海岱地区晚商晚期商王朝势力的明显增强与晚商时期持续用兵东方有密切关系。晚商早期鲁北地区商文化的扩张很可能主要与控制该地区的丰富海盐有关⑤。而对整个鲁南、鲁东南地区的扩张则与甲骨文中征人方有关，同时也与保证古济水、泗水这一沟通南北的水路交通通道畅通有关⑥。

---

① 陈梦家：《殷虚卜辞综述》，科学出版社，1956年，第301—311页；陈秉新、李立芳：《出土夷族史料辑考》，安徽大学出版社，2005年，第41—89页。

② 邓少琴、温少峰：《论帝乙征人方是用兵江汉》，《社会科学战线》1982年第3、4期。

③ 方辉：《从考古发现谈商代末年的征夷方》，《东方考古》（第1集），科学出版社，2004年，第249—262页；孙亚冰：《甲骨文中的人方》，《东方考古》（第4集），科学出版社，2008年，第237—247页。

④ 刘延常：《鲁东南地区商文化遗存的发现谈商人东征》，《中华之源与嵩山文明研究》（第三辑），科学出版社，2017年，第232—242页。

⑤ 刘莉、陈星灿：《城：夏商时期对自然资源的控制问题》，《东南文化》2000年第3期；方辉：《商周时期鲁北地区海盐业的考古学研究》，《考古》2004年第4期。

⑥ 刘莉、陈星灿：《中国早期国家的形成——从二里头和二里岗时期的中心和边缘之间的关系谈起》，《古代文明》（第1卷），文物出版社，2002年，第71—134页；庞小霞、高江涛：《晚商时期商文化东进通道初探》，《中原文物》2009年第5期。前文主要就二里头和早商时期中原和东南的通道，后者主要是对晚商通道进行了论述。

第二节　试论海岱地区晚商晚期的政治地理架构

本节将以考古资料为主，结合文献通过对海岱地区主要的方国、族氏的文化内涵、具体分布、族属等研究，分区域勾勒出海岱地区晚商晚期这个时段内的政治地理架构。

一、鲁西北平原的大辛庄、长清小屯遗址和举族

大辛庄遗址位于济南市东郊历城区王舍人街道（原王舍人镇）大辛庄村东南约0.5千米的缓坡上，西邻小辛庄，东为张马屯，南距胶济铁路0.25千米。遗址西北距小清河约1.5千米，向西500米左右为大辛河，南面则为千佛山、燕翅山、棉花山、茂陵山等小山组成的低山区，处于小清河冲积扇与山前平原交界地带，靠山临水，生态环境优越。遗址地势南高北低，一条深1—2米的东南—西北向冲沟（当地居民称为"蝎子沟"）从遗址中心穿过，总面积超过40万平方米。遗址位于二级台地上，在商代邻近古济水和古泺水，处于中原通往鲁北的水路和陆路要道之上，地理位置非常重要。该遗址1936年由英国人林仰山（F. S. Drake）发现，此后特别是新中国成立以来进行了多次的调查和发掘工作。遗址包含自龙山至汉代不同时期的文化遗存，其中以商代遗存为主，商文化遗存本身的分布已达30万平方米①，包括大型夯土建筑基址、贵族墓地、窖穴、水井等重要的遗迹并出土了青铜器（部分带有铭文）、甲骨卜辞、原始青瓷、白陶器残片、金箔残片等高等级的遗物。

大辛庄商代遗存的年代从早商三期至殷墟四期，而且聚落考古研究显示至少至殷墟三期末大辛庄遗址仍属于该地区的聚落中心。该遗址的性质目前学界多认为其属于

---

① 山东大学东方考古研究中心：《大辛庄遗址1984年秋试掘报告》，《东方考古》（第4集），科学出版社，2008年，第288—289页；山东大学东方考古研究中心、山东省文物考古研究所、济南市考古研究所：《济南市大辛庄商代居址与墓葬》，《考古》2004年第7期；山东大学历史文化学院考古系、山东省文物考古研究所：《济南大辛庄遗址139号商代墓葬》，《考古》2010年第10期；山东大学考古学与博物馆学系、山东省文物考古研究院、济南市考古研究所：《济南市大辛庄遗址商代墓葬2010年发掘简报》，《考古》2020年第3期；济南市考古研究院、山东大学考古学与博物馆学系、山东省文物考古研究院：《济南市大辛庄遗址商代墓葬M235、M275发掘简报》，《考古》2021年第9期；济南市考古研究院、山东大学考古学与博物馆学系、山东省文物考古研究院：《济南市大辛庄遗址商代墓葬M225、M256发掘简报》，《考古》2022年第2期。

商王朝在东方的一个统治中心①。李伯谦先生具体指出："大辛庄遗址是一座居住有高等级贵族的城邑，其聚落等级虽远不及商王朝的都城，但亦远非中、小型聚落可比，如果与已经发现的商代早期、晚期城址或大型邑聚比较，大体与湖北盘龙城商城、山西垣曲商城、河南焦作府城商城、陕西西安老牛坡遗址相若。而就出土过当时只见于殷墟的白陶来说，其地位可能更高。"②

值得关注的是，大辛庄遗址目前已发现多个族徽。该遗址2003年出土的两件铜爵M72∶8、M86∶1鋬下均铸有一族徽文字"𰀀"③，可隶定为"𫭢"。该族徽是首次在此地出土且数量较少，其与大辛庄遗址究竟为何种关系，其族属是商人还是夷人等问题有待材料丰富作进一步研究。2010年发掘又在M225出土的青铜器上发现三组族徽铭文，其中铜鼎（M225∶7）口沿内侧有一族徽铭文"𰀀"，铜觯（M225∶10）内底有一族徽铭文"𰀀"，铜爵（M225∶6）鋬内腹外壁有一族徽铭文"𰀀"。简报认为铜鼎和铜爵上的铭文应为同一字，和兖州李宫村出土铜器上的"𰀀"字相近，并释为"索"字④。由于学界多将李宫村出土铜器上的"𰀀"字与"殷民六族"的"索"相联系，推定该族商末周初生活在兖州李宫村一带⑤。笔者曾撰文认为李宫村铜器上的族徽应释作"𫊣"⑥。此次未见发表该族徽铭文的拓片，仅见到隶定字形，具体释作"索"还是"𫊣"存疑，暂时仍释作"𫊣"。由于M225的年代属于殷墟三期晚段，两件铜器均带有"𫊣"字族徽，则该墓和商代的𫊣族一定有密切关系，为今后商周𫊣族、甲骨文中征人方途经的𫊣地等的研究提供了更多材料。此外，在大辛庄遗址还发现"𰀀""▼""𰀀"等刻画在青铜器上或为族徽铭文符号⑦。由于目前见有族徽铭文墓葬的时代均为殷墟文化第三期，所以发掘者推测这一时期可能有数个族氏生活在大辛

① 参见《"大辛庄甲骨文与商代考古"笔谈》，《文史哲》2003年第4期。其中多位国内商代考古学者对大辛庄遗址的性质有所论述。

② 李伯谦：《大辛庄甲骨文与商王朝对东方的经营》，载《"大辛庄甲骨文与商代考古"笔谈》，《文史哲》2003年第4期。

③ 山东大学东方考古研究中心、山东省文物考古研究所、济南市考古研究所：《济南市大辛庄商代居址与墓葬》，《考古》2004年第7期。

④ 济南市考古研究院、山东大学考古学与博物馆学系、山东省文物考古研究院：《济南市大辛庄遗址商代墓葬M225、M256发掘简报》，《考古》2022年第2期。

⑤ 郭克煜、孙华铎、梁方建，等：《索氏器的发现及其重要意义》，《文物》1990年第7期；李学勤：《海外访古续记（九）》，《文物天地》1994年第1期；王恩田：《山东商代考古与商史诸问题》，《中原文物》2000年第4期。

⑥ 高江涛、庞小霞：《索氏铜器铭文中"索"字考辨及相关问题》，《南方文物》2009年第4期。

⑦ 济南市考古研究院、山东大学考古学与博物馆学系、山东省文物考古研究院：《济南市大辛庄遗址商代墓葬M235、M275发掘简报》，《考古》2021年第9期。

庄遗址。综合大辛庄遗址的规模和地理位置，该遗址具有商代海岱地区延续时间最长的聚落中心性遗址的特征，参考长清小屯和前掌大遗址均以某一族氏为主的情况，笔者认为大辛庄遗址或许也是以某一族氏为主并有多个族氏生活。

长清小屯遗址位于济南市长清区兴复河的北岸，小屯村和王玉村之间。1957年该遗址出土一批青铜器，共99件，其中16件属于礼器，推测出土于一墓葬，时代为殷墟三、四期。这批青铜器中部分带有铭文，族徽以"龏"为多数，此字或释作"冀"[①]，或曰"举"[②]，本文赞同释为"举"，这也表明这批青铜器的主人应为举族成员。此外山东省博物馆还藏有长清出土的带有"举"字族徽的2件铜方鼎、1件铜卣、1件铜罍[③]。商代铭有"举"族徽的青铜器有160件，时代从殷墟二期至殷墟四期，出土地点还见于山东费县（传出土于此）、安阳殷墟、陕西[④]。由于商代大宗出土该族铜器的地点较多，以至举族的地望学界看法不一。严志斌先生利用甲骨文和金文材料论证商代举族居地当在山东西部一带，长清等地及以西地区[⑤]。其论证翔实，可以信从。关于举族的族属，目前有认为属于夷人的[⑥]，也有认为乃商人[⑦]。何景成先生认为举族属于商人，与商王关系密切，举族族长应是商贵族。其具体指出，甲骨文资料反映武丁时期举族的"夒"可能是一位高级贵族，并且奉王命追击敌方；商末金文材料则表明举族成员在殷王室中担任的职务有"小臣"，而且还参与征伐夷方的战争。随后，何文对举族属于东夷说、举族为居于商都西北的异姓国族等说法给予驳斥[⑧]。笔者赞同何文的考证，对于长清所居之举族为商人贵族的看法，还可以从考古学文化的分布情况及该遗址地理位置的重要性等方面作些补充论证。

前文已有分析，商人自早商三期开始进入鲁西北平原，中商以后直到殷墟三期这一地区始终以大辛庄遗址为聚落中心，并以此作为进一步东进的基地，逐步在淄弥河流域创建了桓台史家和青州苏埠屯等中心性遗址。进入殷墟四期，特别是四期晚段大辛庄遗址不再是这一地区的中心，但是这一带仍属于商文化控制范围是毋庸置疑的。那么在这样一个商文化遗址众多，商人牢牢控制的地区却生活着商人的劲敌——人

---

① 丁山：《说龏》，《国立中央研究院历史语言研究所集刊》（第一本第二分），1930年。

② 于省吾：《释龏》，《考古》1979年第4期。

③ 山东省博物馆：《山东长清出土的青铜器》，《文物》1964年第4期。

④ 严志斌：《商代青铜器铭文研究》，上海古籍出版社，2013年，第317—322页。

⑤ 严志斌：《商代青铜器铭文研究》，上海古籍出版社，2013年，第317—322页。

⑥ 史树青：《无救鼎的发现及其意义》，《文物》1985年第1期。

⑦ 李伯谦：《龏族族系考》，《考古与文物》1987年第1期；高广仁：《海岱区的商代文化遗存》，《考古学报》2000年第2期。

⑧ 何景成：《商周青铜器族氏铭文研究》，齐鲁书社，2009年，第90—95页。

方，让人感到不可思议，而近年关于人方的研究也显示商代人方位置不在鲁西北①，所以长清一带所居的举族不大可能是商代的"人方氏族"。同时，举族所居的长清一带处于古济水近旁，又距古泺水（小清河）不远，其地理位置的重要性不亚于大辛庄，如此重要的地区我们认为商人不大可能让归附的东夷部族来掌控，而更有可能直接派商人贵族来控制。

对于传出费县的举族铜器，由于具体出土地点尚无法确定，一些相关问题都无法解释。假设若真在此处出土，由于商末夷方族群在鲁南、皖北活动，举族曾参加征伐夷方的战争，在此地留下该族的铜器也是在情理之中。

此外，鲁西北滨海一带有两个地点值得重视。其一是惠民县大郭村，此处曾出土一批青铜器，器形包含鼎、爵、觚、方彝、铙、钺、戈、矛、刀、锛等，还有石斧和玉环等，器物出土处还发现有殉人和殉狗，可能为一墓葬②。这批青铜器的年代大致为殷墟三期。而引人瞩目的是，大郭村出土的铜方彝是目前山东地区为数不多的商代方彝。刘一曼先生曾指出："方形器皿的使用者是王室成员及高、中级贵族，普通平民及小贵族是难以问津的。方形青铜礼器（特别是一些形体硕大、制作精良的方礼器）是殷代统治阶级的权力与地位的标示物。"③考虑该墓还有殉人，说明大郭这批青铜器的器主地位应当是相当高的，很可能是和王室有关的中高级贵族。其二是滨州市滨城区兰家村，此遗址曾经调查，面积大，地表有大量的陶片，其中有许多灰陶绳纹鬲足。此外还收集到许多出土于该遗址的完整器物，主要有青铜器5件，陶器7件，其中一件铜卣上有铭文"🔣"④。据这些器物的特征，遗址年代为殷墟晚期。对于铭文"🔣"，方辉先生将其释作"卤"字，并联系到商代设有专门的管理盐业生产的官员"卤小臣"，推测兰家铜器群的拥有者很可能是一位盐业官员⑤。刘莉等学者据甲骨文及利津大规模的盐业生产遗迹也指出商代的盐业生产似乎不乏由晚商王室直接控制的

① 近年人方问题的研究情况可参见本章第一节。
② 山东惠民县文化馆：《山东惠民县发现商代青铜器》，《考古》1974年第3期。
③ 刘一曼：《安阳殷墓青铜礼器组合的几个问题》，《考古学报》1995年第4期。
④ 王思礼：《惠民专区几处古代文化遗址》，《文物参考资料》1960年第3期；山东省文物管理处、山东省博物馆：《山东文物选集：普查部分》，文物出版社，1959年，第36—38页。
⑤ 方辉：《从考古发现谈商代末年的征夷方》，《东方考古》（第1集），科学出版社，2004年，第249—262页。

可能①。近年盐业考古的新发现及研究的深入进一步验证了上述认识的可靠性②。可见鲁西北今黄河以北的滨州市区及所辖惠民、无棣和沾化一带很可能是由商王直接派官员管理的一个与海盐资源的开发与控制有关的重要地区。

另在鲁西北平原的济南刘家庄遗址还见有族徽铭文"🐦"③，数量是该地出土族徽中最多的一种，推测🐦族就生活在济南刘家庄一带。此地还见有少量的"🐴""✈"以及"戈""子工"等族徽铭文。还需说明的是，在平阴县洪范村发现一座商代墓葬，该墓随葬的陶器仅有陶罐，不同于典型的商人墓；青铜器为觚、爵、鼎各一件，其组合和殷墟小型墓葬相似，铜爵上有铭文"子义"④。关于此墓有学者认为乃商族"子义"封地中的墓地⑤。笔者以为由于墓葬形制不清，该墓周围遗址的情况也都不太清楚，仅据一座墓葬而定为墓地还为时尚早。而出土"子义"铭文的铜器也有可能是族属之间的馈赠、送葬及战争掠夺等多种原因所致，墓葬主人不一定必为"子义"族，随葬品的情况也不完全支持商人墓的观点。以目前材料的限制，该墓的族属尚难断定。

总之，鲁西北平原自商人进入后，一些至关重要的据点和要塞可能都由商人贵族控制，有些重要地区很可能为商王室直接控制。如长清一带由商人望族举族控制，大辛庄遗址或许也是由商人某一大族所统治，利津沿海一带则可能由商王室派官员直接管理。而诸如平阴朱家桥等村落遗址的居民，其居址出土的日用陶器类和殷墟差别并不大，而其墓葬形制上不见商人墓常见的腰坑，随葬品方面也不使用商人墓固定的鬲、簋、豆的陶器组合，而只用陶罐等⑥。据此推测其族属可能为归附商人后的东夷土族，但显然又受商文化影响。

---

①　刘莉、陈星灿：《中国早期国家的形成——从二里头和二里岗时期的中心和边缘之间的关系谈起》，《古代文明》（第1卷），文物出版社，2002年，第90页。

②　李水城、兰玉富、王辉：《鲁北—胶东盐业考古调查记》，《华夏考古》2009年第1期；王守功：《专家论证山东寿光双王城水库盐业考古发掘成果》，《中国文物报》2009年4月3日；王青：《山东北部商周海盐生产的几个问题》，《文物》2006年第4期；刘伟：《先秦鲁北地区盐业经济地理初探》，暨南大学硕士学位论文，2008年。

③　李晓峰、杨冬梅：《济南刘家庄商代青铜器》，《东南文化》2001年第3期；济南市考古研究所：《济南市刘家庄遗址商代墓葬M121、M122发掘简报》，《中国国家博物馆馆刊》2016年第7期；济南市考古研究所：《济南市刘家庄遗址商代墓葬发掘报告》，《海岱考古》（第十一辑），科学出版社，2018年，第243—334页。

④　平阴县博物馆筹建处：《山东平阴洪范商墓清理简报》，《文物》1992年第4期。

⑤　高广仁：《海岱区的商代文化遗存》，《考古学报》2000年第2期。

⑥　中国社会科学院考古研究所山东队：《山东平阴县朱家桥殷代遗址》，《考古》1961年第2期。

二、潍淄河流域的苏埠屯遗址与亚醜族

　　苏埠屯遗址位于青州市（原益都县）东北20千米苏埠屯村东的埠岭上，埠岭中间有一公路穿过，从而将之分成南北两半。目前主要发现的是墓地，位于南北埠岭上，由于改地、烧窑等大量用土使埠岭日益缩小，位于埠岭中段和边沿的墓葬已遭破坏。墓地曾经两次正规发掘，经探明的墓葬有100多座，包括汉代和商两个时期的。已经发掘的商代墓葬10座，商代车马坑1座，其中M1早年被盗，为一带四条墓道的"亚"字形大墓，椁室下有腰坑，有二层台，墓内共有48个殉人和6只殉狗。M7和M11为一带墓道的甲字形中等墓，其余为小型墓。中小型墓墓底四周都有生土或熟土二层台，中部有腰坑，坑内有殉狗。这批墓葬尽管被盗，但仍出土了较多精美的铜、陶、玉、石、骨等多种质地和种类的随葬品[①]。此外20世纪30年代这里还曾出土过两批青铜器，出土环境应该都是墓葬[②]。

　　苏埠屯墓地出土的青铜器许多带有族徽铭文，其中以"▓"居多，对于该亚字形框内的文字学界看法不一，一般释为"醜"，为方便行文暂从之。根据学者统计，商代带有"亚醜"族徽的青铜器主要出土于苏埠屯，因而可以认为苏埠屯一带乃亚醜族的居住地。该族族属的认定直接决定了苏埠屯遗址的性质，然而关于亚醜一族的族属目前学界存在较大分歧。不少意见认为其乃属于东夷族氏，或曰蒲姑国族氏[③]、或曰斟灌氏[④]、或曰东方齐族（国）[⑤]，还有人认为乃祝融氏族徽[⑥]。从墓葬形制及墓葬的出土物等方面和殷墟墓葬相比，墓葬带有四条墓道或一条墓道的大墓，流行二层台与腰坑，并用人殉和车马坑随葬。出土青铜器的器物组合也相同，皆重酒、食器。铜器的形制、花纹等风格乃至一些细节也与殷墟同类器一致。陶器也是安阳殷墓的常见器。可见，苏埠屯的亚醜族文化与以安阳殷墟为代表的商文化有高度的一致性，亚醜族的考古学文化是属于商文化系统的。王震中先生认为苏埠屯M1的墓主人就是商王派到东

　　① 山东省博物馆：《山东益都苏埠屯第一号奴隶殉葬墓》，《文物》1972年第8期；山东省文物考古研究所、青州市博物馆：《青州市苏埠屯商代墓发掘报告》，《海岱考古》（第一辑），山东大学出版社，1989年，第254—273页。
　　② 祁延霈：《山东益都苏埠屯出土铜器调查记》，《中国考古学报》（第二册），商务印书馆，1947年，第167—177页；唐友波：《1931年苏埠屯铜器出土材料的几个问题——从张履贤〈苏埠屯铜器录〉说起》，《上海博物馆集刊》（第12期），上海书画出版社，2012年，第506—528页。
　　③ 殷之彝：《山东益都苏埠屯墓地和"亚醜"铜器》，《考古学报》1977年第2期。
　　④ 王树明：《"亚醜"推论》，《华夏考古》1989年第1期。
　　⑤ 李零：《苏埠屯的"亚齐"铜器》，《文物天地》1992年第6期。
　　⑥ 王迅：《东夷文化与淮夷文化研究》，北京大学出版社，1994年，第136—137页。

土住在苏埠屯的武官，随着时间的推移，后来发展成了外在的诸侯[①]。也有学者更进一步指出苏埠屯亚醜墓所体现出来的不光是其文化系统上属于商文化系统，而且其实就是商人文化本身在当地的存在。这是商文化在东方地域内揳入的一个点，是商人在东方的殖民[②]。

　　苏埠屯墓地位于弥河附近，其地理位置易守难攻，是商人大举进军淄弥河后建立起的重要统治中心。晚商时期特别是晚商晚期，淄弥河流域发现大量商文化遗址，尽管不少遗址含有较多夷人文化因素，但是淄弥流域显然是在商文化分布范围内。综合考虑该墓地地理位置的重要性及夷商文化分布的大势，笔者认为亚醜族非东夷族属，苏埠屯墓地所在的聚落很可能属于商王外派的诸侯级别的都邑性遗址，也可称为直辖邑[③]。

　　尚需说明的是，除了商王外派的诸侯，苏埠屯墓地一带或许还生活有已经归附的夷人族氏。关于此，苏埠屯M8给我们提供了一些线索。M8出土的铜器中有13件铸有族徽"𪔀"，还有2件有"册𪔀"。对于"𪔀"字，学界几乎均将其释作"融"，而此"融"，学者指出其属于很早就居于东方的祝融氏后裔[④]。若此说果能成立，则苏埠屯一带也居住了一些商化的东夷贵族。

　　寿光古城遗址位于原寿光县城北10千米的古城人民公社（今古城街道古城村南），或称"益都侯城故址"。遗址中部偏西处发现了一处疑似陪葬坑的遗迹，出土了一批器物包括64件青铜器、9件陶器、4件玉器、12件蚌饰、2件卜骨等[⑤]。器物的年代为商末，遗址所在地乃文献中春秋时的纪国。出土的这批青铜器中有19件带有铭文，这为遗址性质的判定提供了重要依据。其中15件均刻铸一个"己"加两个并立的人形（图6.1，1），还有1件铜刀和2件铜锛上铭刻"己"，还有一件是首次发现的字（图6.1，4）。甲骨文中有两个并立的人形（图6.1，2），学界多释作"並"[⑥]，此字在古文献中常写作"竝"。甲骨文中存在另一种相近字体（图6.1，3），此字多释作

---

① 王震中：《商代都鄙邑落结构与商王的统治方式》，《中国社会科学》2007年第4期。

② 严志斌：《商代青铜器铭文研究》，上海古籍出版社，2013年，第324页。

③ 王立新先生指出早商时期在都城之外的边疆地区设立直辖邑，由商王朝直接派驻人员管理。此处苏埠屯也是此类晚商仍存在的直辖邑。参见王立新：《从早商城址看商王朝早期的都与直辖邑》，《新果集：庆祝林沄先生七十华诞论文集》，科学出版社，2009年，第176—198页。

④ 王迅：《东夷文化与淮夷文化研究》，北京大学出版社，1994年，第133—138页。

⑤ 寿光县博物馆：《山东寿光县新发现一批纪国铜器》，《文物》1985年第3期。

⑥ 于省吾主编，姚孝遂按语编撰：《甲骨文字诂林》第0245字，中华书局，1996年，第302—304页。

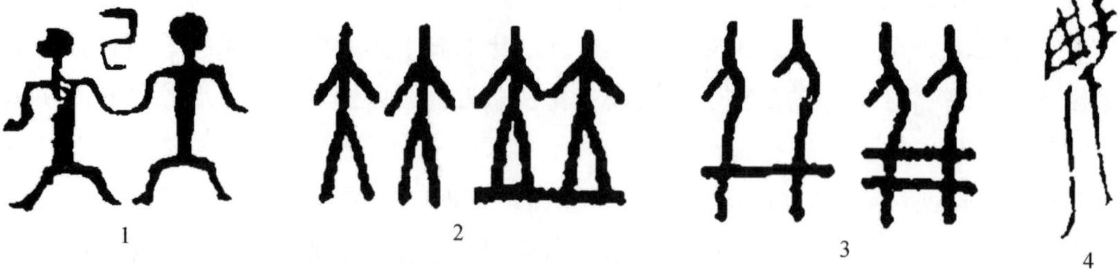

图6.1　寿光出土铭文及相近字体

（来源：1、4采自《文物》1985年第3期；2、3采自《甲骨文字诂林》，1996年）

“并”[①]。文献中“竝”与“并”混同无别，但是甲骨文中二者字形的确不同，或许为两个不同的族氏[②]。寿光出土青铜器上的“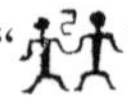”是复合族氏名，何景成先生认为“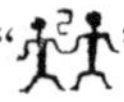”可能是商末“並”族一支受封“纪侯”而新立的族氏[③]。可从。商末的“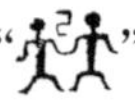”可能即是春秋时期的纪、郱[④]。《春秋·庄公元年》载：“齐师迁纪、郱、鄑、郚。”杜注：“郱在东莞临朐县东南。”[⑤]《路史·国名纪》也记载：“郱，本纪邑，有故城在青州临朐东南。”[⑥]寿光是春秋时期纪国国都所在，而“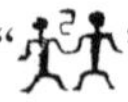”器在山东寿光的出土，表明殷商时期的並族故地距春秋纪国之郱邑不会太远，也在今寿光古城一带[⑦]。纪国历史悠久，属于夏代之前就已经生活在鲁北的姜姓国族之一[⑧]。寿光这批商末铜器的发现则为商代纪国生活于此地提供了证据。总之，纪国乃东夷古国，寿光古城遗址发现的纪国（或並族）器物很可能表明商末此地确曾有东夷族群生活。

桓台史家遗址是淄河流域的一处重要遗址，该遗址位于桓台县西北14千米的田庄镇史家村西南，面积约25万平方米。史家遗址的主要遗存包括龙山、岳石、商代三个不同时期，其中商代遗存主要是发现了环壕城址及多个杀殉（猪、鸡、狗）祭祀坑和

① 于省吾主编，姚孝遂按语编撰：《甲骨文字诂林》第0069字，中华书局，1996年，第139—140页。

② 有学者将“竝”和“并”认为是截然不同的两个族氏（王长丰：《竝方国族氏考》，《中原文物》2006年第1期，笔者认为根据目前材料，其观点有待进一步充分论证。

③ 何景成：《商周青铜器族氏铭文研究》，齐鲁书社，2009年，第194页。

④ 杜在忠：《寿光纪器新发现及几个纪史问题的再认识》，《东夷古国史研究》（第一辑），三秦出版社，1988年，第187—200页。

⑤ （清）阮元校刻：《十三经注疏·春秋左传正义》卷八，中华书局，1980年，总第1762页。

⑥ （宋）罗泌：《路史》卷二十九《国名纪六》，《文渊阁四库全书》第383册史部141别史类，上海古籍出版社，1989年影印本。

⑦ 王永波：《并氏探略——兼论殷比干族属》，《考古与文物》1992年第1期。

⑧ 王献唐：《山东古代的姜姓统治集团》，《山东古国考》，青岛出版社，2007年，第239—290页。

大型圆形祭祀坑、灰坑、水井等重要遗迹及带有铭文的铜器、有简单刻辞的甲骨等遗物。史家遗址岳石文化时期的一座大型木构"祭祀坑"备受学界关注，该"祭祀坑"结构奇特，出土物丰富，出土的陶器被认为代表了岳石文化时期最高的制陶水平[①]。

史家遗址的性质复杂。晚商之前，岳石文化占据这里时，桓台史家遗址属于东方大国蒲姑故地[②]。由于发现的遗存主要与祭祀有关，所以这里很可能是蒲姑国一处与祭祀关系密切的场所。但是殷墟一期以后，商文化占据这里，此处究竟是由商人直接统治抑或由归属商人的夷人贵族统治则需仔细分析。首先从此地商文化的内涵看，目前发现的商文化均属于单纯的典型的商文化，基本不见夷人文化因素。祭祀坑年代为岳石文化晚期，约当二里冈上层稍晚，进入中商时期。而商文化则在殷墟一期时占据该遗址，最晚的岳石文化遗存和最早的商文化遗存之间已没多少空白。在如此短的时间内夷人贵族商化速度应不会太迅速，商化程度也不会太高。其次从商人东进的情况分析，商人在牢牢占据鲁西北平原后又图谋向东发展，考古材料显示桓台史家遗址以东年代属于晚商早段的遗址很少，更未见到在规模和内涵上超过桓台史家的遗址，换句话说，史家遗址是晚商早段商人向东发展的一个重要基地。该遗址位于孝妇河畔，循此河北上数十里即可进入小清河进而入济水、黄河，水路交通十分便利；同时，遗址位于一高出地表6—7米的高埠上，自龙山时期这里就出现了环壕并在岳石文化时期延续使用，商人来到后继续使用环壕并向北扩展占据了整个高埠。地理位置优越、交通便利的特点使得该遗址自史前就一直属于重要的聚居点，商人更将其作为东进的基地。

史家遗址文化内涵属于典型的商文化，又具有如此重要的地位，笔者以为这里很可能是由商人戍守。而该遗址出土的"戍宁觚"铭文中的"戍"则可能正反映了此地在殷墟早期商王朝就派员戍守，而且此地的地形，正是适于屯守军队的"环龟"形[③]。该遗址很可能属于四土侯伯领地内的贵族居邑[④]。

总之，潍淄流域目前来看一些重要遗址仍有商人占据。如苏埠屯一带可能存在属于四方侯伯的都邑遗址，这些侯伯可能是商王直接分封的，也可能是外服职官转化的。对于次一级的贵族居邑，一些地理位置重要的可能由商王直接派官员驻守，有些

①　光明、龙国、连利，等：《桓台史家遗址发掘获重大成果》，《中国文物报》1997年5月18日；淄博市文物局、淄博市博物馆、桓台县文物管理所：《山东桓台县史家遗址岳石文化木构架器物坑的发掘》，《考古》1997年第11期；张光明：《山东桓台史家遗址发掘收获的再认识》，《夏商周文明研究》，中国文联出版社，1999年，第1—14页。

②　常兴照、张光明：《商奄、蒲姑钩沉》，《东夷古国史研究》（第二辑），三秦出版社，1990年，第100—125页。

③　王宇信：《山东桓台史家〈戍宁觚〉的再认识及其启示》，《夏商周文明研究》，中国文联出版社，1999年，第15—29页。

④　王震中：《商代都鄙邑落结构与商王的统治方式》，《中国社会科学》2007年第4期。

则可能是由侯伯派自己下属职官驻守，其中不排除有些地方就是归附的夷人大宗强族在管理。同时在侯伯的都邑遗址内也生活着归附的东夷部族。但是在一般的村落遗址内则主要生活的是当地土著，如青州赵铺、临淄东古和后李等遗址无论从葬俗、葬制还是出土器物的文化特征其中东夷文化因素都占据很大比例，显然这里属于受到商文化影响的夷人文化遗存①。

三、汶泗流域的前掌大遗址和史族

前掌大遗址位于山东省滕州市官桥镇前掌大村，东依泰沂山脉边缘，西边紧邻南四湖，处于低山丘陵向山前平原的过渡地带。遗址内河流纵横，北边有小魏河环绕村庄流过、村东700米则有薛河自北而南流过。前掌大遗址1964年调查时发现，1981年秋中国社会科学院考古研究所开始正式发掘，此后进行多次发掘与勘探，墓地总面积约6万平方米，整个遗址面积近250万平方米②。遗址中发现有龙山文化、商文化、西周文化、东周文化等各个不同时期的文化遗存，其中尤以商末周初的遗存最为丰富。

据发掘报告，前掌大墓地的年代为商末周初，且以西周早期墓葬为主体。关于遗址的性质学术界争论较大，主要有商奄故地说③和薛国说④两种。前掌大遗址多年的考古发掘表明中商时期的遗存可能并不太多，目前仅20世纪70年代一座出土几件青铜器

---

①　栾丰实：《商时期鲁北地区的夷人遗存》，《三代文明研究（一）——1998年河北邢台中国商周文明国际学术研讨会论文集》，科学出版社，1999年，第278页；高广仁：《海岱区的商代文化遗存》，《考古学报》2000年第2期。

②　中国社会科学院考古研究所：《滕州前掌大墓地》，文物出版社，2005年；滕州市博物馆：《滕州前掌大村南墓地发掘报告（1998～2001）》，《海岱考古》（第三辑），科学出版社，2010年，第227—375页；滕州市博物馆：《山东滕州前掌大遗址新发现的西周墓》，《文物》2015年第4期；滕州市文物局、滕州市博物馆：《山东滕州前掌大遗址考古勘探报告》，《海岱考古》（第十四辑），科学出版社，2021年，第54—74页。

③　邵望平：《〈禹贡〉"九州"的考古学研究》，《考古学文化论集（二）》，文物出版社，1989年，第21页；高广仁、邵望平：《海岱文化与齐鲁文明》，江苏教育出版社，2005年，第254页；张长寿：《前掌大墓地解读》，《考古一生：安志敏先生纪念文集》，文物出版社，2011年，第402—432页。

④　中国社会科学院考古研究所山东工作队：《滕州前掌大商代墓葬》，《考古学报》1992年第3期。

的残墓及尚不太清晰的一些中商时期的居住遗存[①]，所以中商时期该遗址是否为这一地区的中心不能确定。同时前掌大遗址的主要遗存年代为商末周初，显然与盘庚迁奄之"奄都"的时代不符。考虑到中商时期曲阜周围商文化遗址较多且自中商至晚商延续发展的情况，特别是文献材料又多以为曲阜为奄都，笔者认为商奄在曲阜的观点不可轻易放弃。

关于薛国说，李朝远先生对此说提出了质疑。在论证"殷之史氏即周之薛侯"的观点不能成立及"薛的祖先为居于前掌大的史族"的看法也不正确的基础上，其认为前掌大遗址出土大量的带有"史"字族徽的青铜器，只能说明前掌大墓地是史氏家族的墓地。且只有少数史族人居于此，大批史族在商末携一些"史"器的到来，有可能是武王灭商或周公东征后的迁徙与殖民。这种迁徙与殖民不是向不毛之地的填空，而是投靠亲戚式的插队[②]。通过对前掌大遗址及商周史族材料的分析，笔者认为李朝远先生的观点尽管尚待充分论证，但是其对"史"与"薛"关系的认识值得重视。"史"在甲骨刻辞中曾作为人名或族氏名出现，时代从殷墟二期至殷墟四期：

（1）……寅卜，王逆入史，五月。（《合集》20064）
（2）史入。（《花东》231）
（3）癸卯，妇史。（《合集》21975）

（1）和（2）辞表明"史"或入朝觐见王，或进贡物品于王。（3）辞中"妇史"之称说明"史"这一族氏与商王朝有婚姻关系，在上述约为武丁时期的刻辞中体现出史与商王朝是友好的关系。此外，甲骨文中还有四方之史，有明确的西史、东史。

而同时在甲骨刻辞中"薛"也作为族氏或方国出现过：

（1）贞：共人乎伐薛？
　　　勿乎伐薛。

---

① 前掌大遗址的发掘者曾在简报结语中指出："前掌大遗址揭露出的商代中期居住遗迹，商代晚期墓地与居住遗迹，西周早期的祭祀地点等，正是薛国故城遗存中缺少的。因此前掌大遗址可能和商代薛国有关。"但是翻检此简报并未有对中期居住遗迹的介绍（参见中国社会科学院考古研究所山东工作队：《滕州前掌大商代墓葬》，《考古学报》1992年第3期），而且在2005年出版的《滕州前掌大墓地》也未见对中商居住遗存的介绍。鉴于此，笔者以为对前掌大遗址中商时期的定位目前不宜简单地定其为区域的中心。

② 李朝远：《前掌大墓地中的"史"及其他——读〈滕州前掌大墓地〉》，《东方考古》（第4集），科学出版社，2008年，第154—161页。

壬戌卜，争贞：旨伐🔲，🔲？（《合集》248正）

（2）贞：旨弗其伐🔲白［🔲］？（《合集》6827正）

辞中的"🔲"释作"薛"。上述刻辞表明武丁时期，"薛"已经存在，且"薛"与商王朝是一种敌对关系。

甲骨文表明至少武丁至康丁时期，"史"与"薛"同时并存，"史"与商王朝关系友好，"薛"则与商王朝交恶，二者应属于两个不同的族氏。前掌大遗址出土的棻盉上有铭文记载商末史族参与征人方，擒获人方首领的事件，这表明前掌大的史族曾是商王的很得力征伐干将。

学者研究表明殷商时期史族乃商周时期的望族，目前据严志斌统计商代青铜器铭文中所见铭有"史"的青铜器有91件[1]，何景成统计商周时期史族铜器共计99件（包括滕州前掌大遗址出土的）[2]，这些青铜器的出土地点以山东为主，此外在安阳殷墟、陕西、辽宁、郑州等地也有零星出土。殷墟有史族居住，前掌大只是其中一支。西周薛国由商末周初前掌大的"史"族演化而来，其他史族的流变则还有不同发展。由此角度，李朝远先生的"薛侯为史氏，史氏不一定全是薛侯"正反映这种事实，也可解释其提出的荣仲方鼎之后的"史"及另一件疑似族徽的铭文（图6.2）可能和史族的另一分支有关[3]。

图6.2　🔲薛尊
（来源：采自《集成》5928）

据目前对史族的研究，笔者赞同商代的史族与周代的史族可能属于同一族群的人。但是商代的薛族（方国）和周代的薛族（国）是否同一族群的人并不清晰，因为文献材料表明薛族（国）乃小国，但历史较长，至少可上溯至夏，而晚商时其又和商王朝关系敌对，目前甲骨文中康丁以后则不见有关"薛"的刻辞，所以不排除商末薛被商王朝灭亡后将史族分封此地而又继承"薛"之名号的可能。周代的薛国和甲骨文中的"薛"目前看找不到联系，我们认为更可能是商末周初居住于前掌大的史族分化演变而来，详见第七章。总之，殷之"薛"和周之"薛"尚不能简单地画等号，薛侯为史氏，但殷之史氏不全是周之薛侯。

---

① 严志斌：《商代青铜器铭文研究》，上海古籍出版社，2013年，第315页。

② 何景成：《商周青铜器族氏铭文研究》，齐鲁书社，2009年，第149页。

③ 李朝远：《前掌大墓地中的"史"及其他——读〈滕州前掌大墓地〉》，《东方考古》（第4集），科学出版社，2008年，第154—161页。

　　此外值得注意的是，前掌大村南的于屯村北墓地和南岗子墓地，二者年代上同时，丧葬观念和习俗互有不同，更为重要的是于屯村北墓地内发现最多的是"鸟"形族徽，单个的"史"字族徽仅有1件。该墓地应为鸟族墓地[①]。

　　由于晚商时期在殷墟西区墓地就发现多个家族集中分片分布聚族而葬的情况。就前掌大遗址商末周初的情况来看，遗址内除了发现少量的灰坑、水井、房址外，最主要的发现就是墓葬遗存，包括村北等级较高的河崖头墓地，村南则区分为南岗子、村东南、于屯村、杨家林四处墓地。可以说商末周初前掌大主要功能是墓地。鉴于于屯村和最近的村东南墓地东西间隔还有80米，和南岗子墓地相距200—300米，考虑和南岗子墓地丧葬观念、习俗的不同，特别是族徽铭文的不同，笔者认为称前掌大为商末周初史族、鸟族的族墓地应大致不误。

　　汶泗流域自中商就已纳入商文化分布范围，中商三期后至殷墟四期前有所收缩，四期后商文化势力又有所发展，特别是殷墟四期汶泗流域和鲁东南沂水西岸许多地点出土了青铜器。商文化在该地区发展的大势反映了一些值得深思的问题：商人在该地区的统治多数时间可能不太牢固，在殷墟二期至四期间则出现了商文化的减弱以致在不少地区的中断；商人很可能在殷墟四期后才真正实现对这一地区的掌控，之前则可能仅是插入据点式的统治。与此同时，商人来到以后对土族实行的是驱逐殆尽而不是共存发展的统治方式[②]则可能是导致上述问题产生的重要原因。总之，商人在汶泗流域的统治具有间断性和不稳定性的特点，夷商之间更多的是对峙与战争。这与其在鲁北地区的步步为营，逐步推进，夷商之间更多的是融合交流的特点区别很大。

---

　　① 李楠：《前掌大商周墓地结构与族属辨析》，《青铜器与山东古国学术研讨会论文集》，上海古籍出版社，2017年，第339—348页。
　　② 徐基：《关于济南大辛庄商代遗存年代的思考》，《中原文物》2000年第3期；徐基：《大辛庄遗址及其出土刻辞甲骨的研究价值》，载《"大辛庄甲骨文与商代考古"笔谈》，《文史哲》2003年第4期。

第七章　西周时期海岱地区的人文地理格局

武王伐纣，小邦周战胜大邑商而建立周王朝，为解决管、蔡和东方族群联合叛乱，周公、成王进行了东征，接着主要为肃清鲁北弥河以东地区夷人的再次反叛，康王末年又进行了二次东征。西周早期的这两次东征，彻底改变了海岱地区晚商时期的人文地理分布格局，并且使得海岱地区族群呈现剧烈分化、变迁，以至于影响了整个西周海岱地区的人文景观。本章主要结合考古学材料和青铜器铭文资料就两次东征对海岱地区人文地理格局的形成、变迁等问题做综合研究，同时以胶东半岛为例探讨西周时期半岛地区周夷融合的人文格局及华夏化进程。

第一节　周公东征和海岱地区西周人文地理格局的初步建立

一、周公、成王东征的相关青铜器铭文

周公、成王时期东征有关的青铜器铭文主要列举如下：

（1）康侯簋（《集成》4059）：王来伐商邑，延（诞）令康侯（鄙）于卫，潴（沫）司土逘（疑）眔鄙，作厥考尊彝，𤰈。

（2）卿盘①：周公来伐商，蔑臣卿，易金，用作宝彝。

（3）大保簋（《集成》4140）：王伐彔子耵，厥厥反（叛），王降征令于太保，太保克敬亡遣（谴），王永太保，易休余土，用兹彝对令。

（4）小臣单觯（《集成》6512）：王後阪（坂）克商，在成师，周公易小臣单贝十朋，用作宝尊彝。

（5）禽簋（《集成》4041）：王伐盩侯，周公谋，禽祝，禽有？振祝，

---

①　吴镇烽：《商周青铜器铭文暨图像集成》（第二十五卷），上海古籍出版社，2012年，第452页，第14432号。

王易金百钅守，禽用作宝彝。

（6）犅刼尊（《集成》5977）：王征埶，易犅刼贝朋，用作朕高祖宝尊彝。

（7）冈刼卣（《集成》5383）：亚，王征埶，易冈刼贝朋，用作朕高祖宝尊彝。

（8）塱方鼎（《集成》2739）：唯周公于征伐东夷、䜌伯、専（薄）古（姑），咸戈，公归，获于周庙，戊辰，饮秦饮，公赏塱贝百朋，用作尊鼎。

（9）臣卿鼎、臣卿簋（《集成》2595、3948）：公违省自东，在新邑，臣卿易金，用作父乙宝彝。

（10）祠（何）簋①：唯八月公陵殷年，公易祠（何）贝十朋，乃命祠嗣（嗣）三族，为祠室，用兹簋橐公休，用作且乙尊彝。

对上述青铜器的断代我们都定在周公摄政、成王时期，限于篇幅不再一一论证各器的具体年代，个别涉及论述主题的或有涉及。根据内容看，前三器的铭文都是有关征伐商。此次伐商的原因是：武王伐商后封纣子武庚禄父于殷地，并派三监镇守。然不久，三监、武庚及东夷作乱，于是成王派周公东征。在诸多文献中也有相关记载，《尚书序·大诰》："武王崩，三监及淮夷叛，周公相成王，将黜殷，作《大诰》。"《尚书序·微子之命》："成王既黜殷命，杀武庚，命微子启代殷后，作《微子之命》。"②《逸周书·作雒解》："武王克殷，乃立王子禄父，俾守商祀。建管叔于东，建蔡叔于殷，俾监殷臣。武王既归，乃岁十二月崩镐，钘予岐周。周公立，相天子，三叔及殷东徐奄及熊盈以略。周公、召公内弭父兄，外抚诸侯。元年夏六月，葬武王于毕。二年，又作师旅，临卫政殷，殷大震溃。降辟三叔，王子禄父北奔，管叔经而卒，乃囚蔡叔于郭淩。凡所征熊盈族十有七国，俘维九邑，俘殷献民，迁于九里。"③《史记·殷本纪》："周武王崩，武庚与管叔、蔡叔作乱，成王命周公诛之，而立微子于宋，以续殷后焉。"④《史纪·周本纪》："成王少，周初定天下，周公恐诸侯畔周，公乃摄行政当国。管叔、蔡叔群弟疑周公，与武庚作乱，畔周。周公奉成王命，伐诛武庚、管叔，放蔡叔。以微子开代殷后，国于宋。"⑤

---

① 释文主要参考张光裕：《祠簋铭文与西周史事新证》，《文物》2009年第2期。

② （清）阮元校刻：《十三经注疏·尚书正义》卷十三、卷十七，中华书局，1980年，总第197、200页。

③ 黄怀信、张懋镕、田旭东：《逸周书汇校集注》（修订本），上海古籍出版社，2007年，第510—518页。

④ （汉）司马迁撰：《史记》卷三，中华书局，1982年，第109页。

⑤ （汉）司马迁撰：《史记》卷四，中华书局，1982年，第132页。

清华简《系年》对这一事件也有类似载述：

> 周武王既克殷，乃设三监于殷。武王陟，商邑兴反，杀三监而立录子
> 耿。成王屎（践）伐商邑，杀录子耿。

大保簋铭文（图7.1）中的"录子耿"即是《系年》中的"录子聅"也即文献中武庚禄父[①]。大保即是周初的召公奭，概无异议。铭文内容是关于召公奭奉成王命征伐武庚禄父，受到成王赏赐而作器答谢王赐邑土。由此铭文内容我们知道召公在东征中至少是征伐了武庚禄父。同时从上述《逸周书·作雒解》可知，武王崩后，周公、召公共同处理诸事，二年的"作师旅"召公应该也是参与的。此外，大保簋是著名的"梁山七器"之一，七器中的六器都和召公奭有关。最为关键的是，这批青铜器出土于山东梁山一带，梁山在古大野泽北部，距离古济水、汶水、濮水均不远，正处于商王畿地区的东南，是和海岱地区相接壤之地。大量的召公器出土于此地正表明召公当年参与了以周公为首的东征[②]。至于有学者认为召公参与东征就和《尚书·金縢》"召公与成王问诸史与百执事"一事相矛盾的说法，笔者认为其实周公东征三年，期间以周公为主，召公辅助，中间或有事召公返回王都是完全有可能的。仅此一条史料就否定召

图7.1 大保簋及其铭文

（来源：照片采自《考古学报》1991年第1期；铭文采自《集成》4140）

---

① 殷玮璋、曹淑琴：《周初太保器综合研究》，《考古学报》1991年第1期；李学勤：《清华简〈系年〉及有关古史问题》，《文物》2011年第3期；李学勤：《纣子武庚禄父与大保簋》，《夏商周文明研究》，商务印书馆，2017年，第100—103页。

② 贝塚茂树：《关于殷末周初的东方经略》，《日本学者研究中国史论著选译》（第三卷），中华书局，1993年，第58—121页。

公参加东征是有问题的。

卿盘是新刊之器，已流散海外。敞口，窄沿方唇，深腹高圈足，腹部收敛。铭文中的"周公来伐商"和康侯簋铭文中的"王来伐商"可对读，铭文内容都是伐商，就是指文献中平定武庚叛乱之事（图7.2）。

小臣单觯铭文中的"王後叙（坂）克商"，李学勤先生认为"後"其义为"继"，和《系年》"成王屖伐商邑"的"屖"意思相同，也是继续的意思[1]。而"坂克"则和《系年》第一章中"克反商邑"的"克反"意义相同，都是战胜覆灭的意思[2]。而铭文中的"成"笔者也赞同李学勤的意见，就是西周的成国[3]，具体在今宁阳东北[4]。此篇铭文证明周公东征途经"成"，并在此处赏赐小臣单。

禽簋、犅刧尊、冈刧卣铭文均是有关征伐"葢"的。陈梦家认为"葢"字即文献中"蓋""奄"[5]。可从。这三篇铭文都言及征伐奄，并赏赐禽和犅刧（冈刧）。

塱方鼎、臣卿鼎及臣卿簋铭文所述之事均发生于东征结束之后，塱方鼎是关于周

图7.2　卿盘及其铭文

（来源：照片和铭文均采自《商周青铜器铭文暨图像集成》，2012年）

---

① 李学勤：《读〈系年〉第三章及相关铭文札记》，《夏商周文明研究》，商务印书馆，2017年，第261—263页。

② 李守奎：《小臣单觯"叙"字补释》，达慕思—清华"清华简"国际学术研讨会——第四届新出简帛国际学术研讨会，2013年。转引李学勤：《读〈系年〉第三章及相关铭文札记》，《夏商周文明研究》，商务印书馆，2017年，第263页。

③ 李学勤：《读〈系年〉第三章及相关铭文札记》，《夏商周文明研究》，商务印书馆，2017年，第261—263页。

④ 陈槃：《春秋大事表列国爵姓及存灭表撰异》（第2册），"中研院"历史语言研究所，第372页。

⑤ 陈梦家：《西周铜器断代》，中华书局，2004年，第29页。

公返回岐周的周庙后的赏赐，臣卿鼎则是返回到洛阳新邑后的赏赐。二人为纪念赏赐之事而铸器。而墥方鼎在追述东征事件时还详细提到征伐的国名，和文献中薄姑、东夷相对应。

　　斒（何）簋亦为新刊之器。侈口，束颈，鼓腹，高圈足，腹两侧有耳，盖部有四个扁夔形承足。盖、器对铭，单从铭文内容似乎看不出具体时间，但铭文开头的第一句"唯八月公陕殷年"中的"陕"乃平定的意思，"公"则是周公。结合形制、纹饰及铭文内容，笔者赞同此簋为西周早期器物。《尚书·金縢》中有"秋，大熟，未获"，成王启金縢，要迎接东征的周公的记载①。此"秋，大熟"是什么时间，与前文"周公居东，贻成王《鸱鸮》之诗"是否同年，古今注释尚书者说法各异。而清华简《金縢》在"秋大熟"前有"是岁"二字，因此周公至少在平乱当年的秋天尚未返岐周。此铭文又言"八月"，则很可能何受赏赐时周公尚未返回岐周，具体地点在东土还是东都新邑不可知（图7.3）。

图7.3　斒（何）簋及其盖、器铭文
（来源：照片及铭文均采自《文物》2009年第2期）

二、周初东征领导者和东征的路线

　　关于周公还是成王主持的东征，历来文献说法不一，其中有两类观点截然相反。一类以《尚书·金縢》、《逸周书·作雒解》、清华简《耆夜》等为代表，其载述周公事迹，颂扬周公德行操守；另一类则以《尚书序》、清华简《系年》等为代表，认为王权高于一切，将所有功绩均归功于成王，对周公在周初的谋略、功勋几乎略去不提。此外，古本《竹书纪年》中几乎不见有东征的记载，而今本《竹书纪年》中记载

────────────

① （清）阮元校刻：《十三经注疏·春秋左传正义》卷十三，中华书局，1980年，总第196—197页。

东征的内容不少，但是和《尚书序》一类相同。《史记》则似乎调停二者，较为公允，每每提及周公也都言奉成王之命，《周本纪》在有关东征的叙述中，前后相接的两段内容，前一段言周公东征，受禾东土；后一段则说成王迁殷民，并以召公为保、周公为师，"东伐淮夷，残奄，迁其君薄姑"[①]。对此有学者评论那种完全将周公之功归于成王，是后世儒者在王权意识不断强化下对历史的改写，并不是真实的历史[②]。鉴于文献中不同记载，尤其结合铭文内容看，笔者认为事实很可能是周公和成王均参与了东征。铭文中关于征商和伐奄都有二人参与并进行赏赐的记载，禽簋铭文"王伐蓋，周公谋"更是直接指出了二人在东征中的不同职责。但是要明确的是，东征三年，周公应是主帅，长期在东方一线，成王很可能不定时到东方鼓舞士气或巡视情况等。

关于东征的路线，陈絜先生曾指出周公东征的路线自成周出发，经由卫地，在大野泽北段汶水入济处附近渡过济水，然后沿汶水而上，攻克商（郜），进而驻扎于商（郜）东之成（郕）[③]。这一段践奄之前的路线，笔者基本赞同。但是文中对于小臣单觯中"商"的解释，值得商榷。陈梦家先生认为"克商"与周公、成王平定武庚叛乱有关[④]。笔者亦认为此处的"商"和上述众多东征铭文中涉及的征"商"含义相同，就是指以武庚为首的殷商族众，如果非要明确地点，也主要是武庚俾守商祀所在的殷商旧都安阳。克商、伐商就是平定商殷旧都武庚之叛乱。但是接着陈絜先生却把此"商"理解为地点，而且和商末甲骨卜辞中征人方涉及的"商"相关联，并认为二者为一地，即春秋时期汶水流域的"郜地"。这种论证有些牵强。首先他并未论证为何小臣单觯中的"商"就是甲骨卜辞所言的"商"，这是问题的关键，否则即使考证卜辞中的商地严谨合理，也和周公东征路线难以挂上关系。其次，甲骨卜辞中的"商"和春秋时期的"郜地"也不能轻易等同，要搞清甲骨文中是否存在"郜"和"郜地"，"郜"与"商"的字形在甲骨文中是否相似或相近，从甲骨文到金文字形和含义究竟有何变化能使两地变为一地。甲骨文中如有"郜"，其又和春秋的时期汶水流域的郜地是何关系？如果仅仅依据"商""郜"音近而互通以及"郜"正好在杞、索、乐等地名附近，则符合上述条件的应该能找出不止一处。

对于东征路线的后半部分，陈絜先生认为周公平定鲁南之奄后，继续沿东周时期十分便捷的"鲁道"（也称莱芜谷道）北进，经汶水、淄水到达鲁北并一举征服临淄一带的蓋伯、薄姑等部族。此论证尚有可商榷之处。关于齐鲁之间东周时期的主要交

①　（汉）司马迁撰：《史记》卷四，中华书局，1982年，第132—133页。

②　刘光胜：《清华简〈系年〉与"周公东征"相关问题考》，《中原文化研究》2016年第2期。

③　陈絜：《〈塦方鼎〉铭与周公东征路线初探》，《古文字与古代史》，"中研院"历史语言研究所，2015年，第261—290页。

④　陈梦家：《西周铜器断代》，中华书局，2004年，第10页。

通道路——莱芜谷道，笔者已有专文探讨①。这条道路显然很早就被海岱先民所开发了，笔者认为至少在新石器时代可能已被使用，晚商也可能为某次征人方所利用，但是西周早期周公、成王的东征应该没有利用"鲁道"。首先，就东征的形势看，齐、鲁尚未就封和真正建国，海岱地区西半部在武王伐商后仍主要为商人大族及已经与商人融为一体的东夷贵族及族群控制。而鲁中南山地的东夷族群借助地势，有商一代一直时叛时服，这时商奄刚平定，薄姑、蓬伯还在顽抗，鲁中南的夷族不大可能立即降服周人。即使其看到奄失败后而归顺周人，恐怕周人大部队也不敢贸然从鲁中南山地穿行到鲁北。其次，笔者曾沿莱芜谷道从鲁北到鲁南做过田野调查②，就鲁中南山地的地理形势而言，尽管无高山峻岭，沿谷道而行还不时有山间小盆地，但是由淄水源头到达莱芜盆地的原山一带，群山绵延，远征大军是绝对不易通行的。再次，从考古学文化分布来看，如果周公是经此"鲁道"征伐薄姑，这段路程大军通过绝非短期内能实现，期间至少会有零星兵器之类遗存留下。然而鲁中南山地目前西周早期的遗存都很少发现，周初更是几乎不见。甚至有证据显示西周中晚期鲁中南山地仍为东夷族群占据③。因此周公东征不大可能经由"鲁道"，而更可能是沿伐奄之路回到汶水入济水处，沿济水东下至历城（今济南）、章丘、临淄而伐蓬伯、薄姑。

三、武王的分封和周初的人文地理格局

从上述东征的传统文献和出土金文、简帛材料来看，东征至少分为先后两个阶段，第一个阶段是伐商，第二个阶段是征商奄和薄姑。东征之前海岱地区的人文地理分布和商末差别不大。

传世文献中齐、鲁、曹、成等国被武王抑或成王分封则有不同记载。《史记·周本纪》载："武王克殷纣，平天下，封功臣昆弟。于是封功臣谋士，而师尚父为首封。封尚父于营丘，曰齐。封弟周公旦于曲阜，曰鲁。封召公奭于燕。封弟叔鲜于管，弟叔度于蔡。余各以次受封。"④《史记·管蔡世家》也有近乎相同记载⑤，《世

---

① 庞小霞：《先秦时期齐鲁交通的考古学观察》，《管子学刊》2018年第3期。

② 庞小霞、王芬、朱继平，等：《汶河流域田野考察记》，参见本书附录。

③ 朱继平：《史密簋所见莱国地望新探》，《保护与传承视野下的鲁文化学术研讨会论文集》，上海古籍出版社，2018年，第350—363页。

④ （汉）司马迁撰：《史记》卷四，中华书局，1982年，第127页。

⑤ （汉）司马迁撰：《史记》卷三十五，中华书局，1982年，第1564页。

本》也有类似武王分封的记载①。同时《左传·僖公二十四年》《左传·定公四年》则几乎将所有分封归属于成王、周公②。但从上述东征的相关铭文内容看，这个时期商奄、薄姑仍有很大实力并参与武庚与三监发动的叛乱，显然齐、鲁等国这个时期可能只是名义上的分封而不大可能实际就封至此。因此，傅斯年先生早就提出了"大东小东说"，认为鲁、燕、齐初封于成周东南，其后东迁③。也有学者从周初形式和东都选址的角度重新解读"大东小东说"，指出武王最初意欲建都之地为"阳翟"（王晖认为即今禹州）而非"洛邑"，因此为藩屏周都而分封齐于南阳盆地，鲁于鲁山一带，燕于郾城召陵一带，康于今禹州、临汝之间，许于今许昌市区与鄢陵县之间④。武王将东都选址在嵩山之南及封建诸侯拱卫阳翟的分析，为《史记》等相关文献和海岱地区的考古发现提供了一种新的合理解释，对于理解周初齐、鲁、燕等诸国的分封很有意义。但是笔者认为，武王选建东都只是有此想法并做了初步调查，实际并未实现，东都的选建尚且如此，拱卫东都分封的诸国应该仅仅是名义或文书有所记载，实际并未就封也根本没有来得及展开封国的建设。也正因此才有文献中的不同载述。此外，嵩山以南的"有夏之居"应为"阳城"，即登封王城岗⑤。王城岗遗址近年大城的新发现及其他重要考古发现基本可以证实早期夏都就在登封。登封王城岗从地理位置、历代的天下之中和周初天下未定的背景看均比禹州更合适。任伟曾就西周齐、鲁、燕、晋等国的分封有具体考证⑥，笔者认为不仅齐、鲁等东方大国，实际上曹、成等国真正实现分封也在东征之后。

　　与此同时，《史记·周本纪》记载："武王追思先圣王，乃褒封神农之后于焦，皇帝之后于祝，帝尧之后于蓟，帝舜之后于陈，大禹之后于杞。"⑤和海岱地区有关的是禹之后"杞"及舜之后"陈"。杞实际有殷杞和周杞的区分，商代的杞族生活于今山东新泰、宁阳、泰安三地交界处，西周史密簋中的"杞夷"即是此商杞，春秋时期依附于鲁、晋，后被楚灭。周杞乃武王分封得国，初在河南杞县，春秋时期迁至今山

　　①　（汉）宋衷注，（清）秦嘉谟等辑：《世本八种》秦嘉谟辑补本第七卷上，商务印书馆，1957年，第177—252页。

　　②　（清）阮元校刻：《十三经注疏·春秋左传正义》卷十五、卷五十四，中华书局，1980年，总第1817、2134页。

　　③　傅斯年：《大东小东说》，《国立中央研究院历史语言研究所集刊》（第二本　第一分），1930年，第101—109页。

　　④　王晖：《周武王东都选址考辨》，《中国史研究》1998年第1期。

　　⑤　河南省文物研究所、中国历史博物馆考古部：《登封王城岗与阳城》，文物出版社，1992年；北京大学考古文博学院、河南省文物考古研究所：《登封王城岗考古发现与研究（2002～2005）》，大象出版社，2007年。

　　⑥　任伟：《西周封国考疑》，社会科学文献出版社，2004年。

　　⑤　（汉）司马迁撰：《史记》卷四，中华书局，1982年，第127页。

东缘陵，并在诸城、安丘一带有活动，后被楚所灭[①]。关于陈，学者多认为在今河南淮阳[②]。淮阳泥河村发现的西周早期遗存[③]应与周初分封至此的陈有关。而这种褒封的实质早有学者指出是居其故壤，治其旧民，未形成征服、殖民、封建三位一体的政治范式。因此武王褒封实际并未改变海岱地区的人文地理分布格局。

四、周公、成王东征后海岱地区的人文地理分布格局

周公、成王东征后海岱地区的人文地理格局和商末相比有了显著变化。首先就鲁豫皖交界地区看，目前发现的西周文化早期遗存并不多。仅在鹿邑太清宫[④]、栾台[⑤]，淮阳泥河村[⑥]，成武城湖故城[⑦]等发现大型墓葬和城址迹象，在梁山出土有西周早期青铜器。成王东征后在这一区域分封了宋、曹、郜、茅等姬姓国族，加上武王分封的陈、杞等，这个区域的封国不少。微子降周后被武王分封于孟渚之滨（今曹县一带），周公、成王东征后，其侄稽被封于宋（今商丘）[⑧]。曹、郜、茅的分封见于《左传·僖公二十四年》："昔周公吊二叔之不咸，故封建亲戚，以蕃屏周。管、蔡、郕、霍、鲁、卫、毛、聃、郜、雍、曹、滕、毕、原、酆、郇，文之昭也。邘、晋、应、韩，武之穆也。凡、蒋、邢、茅、胙、祭，周公之胤也。"[⑨]关于曹国的地望，裴骃《史记集解》引宋忠言"济阴定陶县"[⑩]，今人多认为在今山东定陶、曹县一带[⑪]。尽管目前已发现不少两周时期的曹国铜器，但是定陶及周边尚未发现明确属于西周曹国的考古遗存。郜国地望《左传·桓公元年》载"以郜大鼎赂公"，杜注，郜在济阴

①　王恩田：《从考古材料看楚灭杞国》，《江汉考古》1988年第2期；何浩：《楚灭国研究》，武汉出版社，1989年，第272—274页。

②　徐少华：《周代南土历史地理与文化》，武汉大学出版社，1994年，第192—193页。

③　刘东亚：《河南淮阳出土的西周铜器和陶器》，《考古》1964年第3期。

④　河南省文物考古研究所、周口市文化局：《鹿邑太清宫长子口墓》，中州古籍出版社，2000年。

⑤　河南省文物研究所：《河南鹿邑栾台遗址发掘简报》，《华夏考古》1989年第1期。

⑥　刘东亚：《河南淮阳出土的西周铜器和陶器》，《考古》1964年第3期。

⑦　郈同林、宫行军、郭立：《郜国都城考》，《青铜器与山东古国学术研讨会论文集》，上海古籍出版社，2017年，第214—221页。

⑧　陈立柱：《微子封建考》，《历史研究》2005年第6期。

⑨　（清）阮元校刻：《十三经注疏·春秋左传正义》卷十五，中华书局，1980年，总第1817页。

⑩　（汉）司马迁撰：《史记》卷三十五，中华书局，1982年，第1570页。

⑪　谭其骧主编：《中国历史地图集》（第一册），中国地图出版社，1982年，第17—18页；刘雨：《两周曹国铜器考》，《中原文物》2008年第2期。

成武县东南[①]，多认为在今成武县[②]。城湖故城的考古发现为郜国研究提供了重要材料，但是由于多属于钻探、调查材料，试掘面积小，城湖故城内的两个堌堆遗址均未有正式发掘，其上零星出土的遗物也多属东周时期[③]。因此若将城湖故城确定为西周郜国都城，还需更多具体的考古工作。周初本区除了上述封国，还有殷商的旧族杂居于此，鹿邑太清宫遗址就是商代长族的一个重要居住地，该族西周初年仍在此生活[④]。鲁豫皖交界地区位于泰山西侧，从海岱地区内部看其沟通泰山南、北两区，又遏控汶水中部谷道，地理交通意义十分重要。从和外部的周之东都洛邑的关系看，这个区域空间上是中原地区和海岱地区的接壤区，龙山晚期和二里头时期又一直是中原与东方文化的交汇区。由于有商一代商人对东方的着力经营[⑤]，这一地区已经几乎纳入商人的王畿地区，因而周人十分清楚若要实现对大东地区的控制，这个区域是不能置之不理的。此外这个区域北连济水，南通淮泗，江淮地区的铜、鲁北渤海的盐等资源正是利用古济水和古泗水、淮水等实现转运到中原地区的。整个先秦时期该区域是沟通南北东西的枢纽，也正因此先秦时期区域内的定陶才能成为当时天下最繁荣的经济大都会。而梁山七器出土于此也充分表明周初东征中梁山一带对于控制海岱北区具有十分重要的战略意义[⑥]。

周公、成王的东征重点打击的是那些和三监、武庚勾结负隅顽抗者，所以东征后对待当地不同的族群采取的策略是不同的，有的灭国迁族，有的则允许原地继续存续[⑦]。位于泰沂山系西缘，汶水下游，除了分封姬姓成国之外，主要是神守之国的归附和原地褒封，包括任、宿、须句、颛臾等国，具体位置概在今济宁、东平一带[⑧]。

① （清）阮元校刻：《十三经注疏·春秋左传正义》卷十五，中华书局，1980年，总第1741页。

② 谭其骧主编：《中国历史地图集》（第一册），中国地图出版社，1982年，第17—18页。

③ 张启龙：《城湖故城》，《遗址》，山东友谊出版社，2002年，第175—177页。

④ 汤威：《此"微"非彼"微"也——周原微氏家族与微子启族属关系刍议》，《中国文物报》2004年12月31日；林沄：《长子口墓不是微子墓》，《黄盛璋先生八秩华诞纪念文集》，中国教育文化出版社，2005年，第79—81页；杨升南：《商代的长族——兼说鹿邑"长子口"大墓的墓主》，《中原文物》2006年第5期。

⑤ 庞小霞：《夏商王朝对其东方地区经略的历史地理考察》，《考古学集刊》第19集，科学出版社，2013年，第100—112页。

⑥ 邵望平：《考古学上所见西周王朝对海岱地区的经略》，《燕京学报》（第10期），北京大学出版社，2001年，第77页。

⑦ 顾颉刚：《周公东征和东方各族的迁徙——周公东征史事考证四之一》，《文史》（第二十七辑），中华书局，1986年，第1—14页。

⑧ 朱继平：《从淮夷族群到编户齐民：周代淮水流域族群冲突的地理学观察》，人民出版社，2011年，第41—63页。

周公东征后人文地理格局呈现巨变的是鲁南的汶泗流域。汶泗流域的奄被翦灭了，据《尚书序》其君被迁至鲁北的蒲姑。关于奄的地望和遗存，张长寿先生认为前掌大北区墓地可以推定为奄君的墓地[①]。前掌大南北两区墓地都发现商末及西周早期两个时期的墓葬，这和上述文献记载奄在周初已经被翦灭的情况不符。北区墓地墓葬规模等级高，但是也有中小型墓。南北二区墓地相距不远，且葬制、葬俗相同，北区墓葬也出土了带有"史"字铭文的青铜器。尽管在全部出土带有"史"铭的青铜器的墓葬中，位于北区的仅有M213，但是一个重要事实是北区的大墓几乎均被严重盗扰，未留下带铭的青铜器，因而北区大墓的墓主无法排除为"史"族的可能。关于商末周初"奄"的考古学遗存还有待进一步寻找。

滕州前掌大商末周初的考古学遗存究竟是什么性质呢？和周公东征又是否有关系呢？王恩田先生据"薛""史"二字铭文出现于同一青铜器上（图7.4），认为薛和史系同族分化，前掌大史族墓地的发现，证明这一推断是可信的[②]。何景成先生基本认可王恩田先生的分析，认为"薛"国可能是从"史"族中分化出来的，薛国可能是史族的一支在殷代受封而建立的，"史"应该是商代薛国的族氏铭文，而前掌大墓地应该就是薛国的贵族墓地[③]。冯时先生认为前掌大墓地乃商末史族和周代薛国贵族墓地，并认为"史"为承官之氏，"薛"为地名，殷之史氏即商周之薛侯[④]。近年方辉先生从商末周初海岱地区的政治形势和前掌大的聚落形态方面对薛国说加以补充，认为古薛国在商、周两世均与中央王朝保持着较密切的附属关系，故在周公东征后仍保持繁荣，使前掌大遗存贯通商周两代，文化面貌呈现出平稳过渡的状态[⑤]。

同时也有学者对薛国说提出异议[⑥]。认为前掌大乃殷商大族史族的墓地，和薛国没有关系。其实对于前掌大墓地的性质，史、薛的关系是关键，笔者赞同薛乃是从史族分化的一支，"史"是其氏，"薛"是居住地。那么史、薛发生联系的时间是何时

①　张长寿：《前掌大墓地解读》，《考古一生：安志敏先生纪念文集》，文物出版社，2011年，第402—432页。

②　王恩田：《陕西岐山新出薛器考释》，《古文字论集》（一），《考古与文物》编辑部，1983年，第46页；王恩田：《山东商代考古与商史诸问题》，《中原文物》2000年第4期。

③　何景成：《商代史族研究》，《华夏考古》2007年第2期。

④　冯时：《殷代史氏考》，《黄盛璋先生八秩华诞纪念文集》，中国教育文化出版社，2005年，第19—31页；冯时：《前掌大墓地出土铜器铭文汇释》，《滕州前掌大墓地》，文物出版社，2005年，第83—588页。

⑤　方辉：《滕州前掌大墓地的国族问题》，《东方考古》（第13集），科学出版社，2016年，第33—38页。

⑥　李朝远：《前掌大墓地中的"史"及其他——读〈滕州前掌大墓地〉》，《东方考古》（第4集），科学出版社，2008年，第154—161页；曹斌：《前掌大墓地性质辨析》，《考古与文物》2015年第2期。

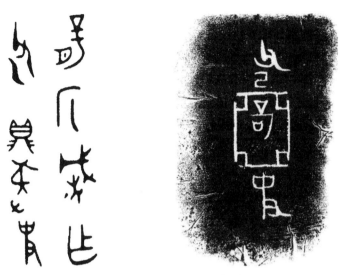

图7.4　薛侯鼎铭（左）、父己亚薛史鼎铭（右）

（来源：采自《集成》2377、《集成》2014）

呢？由于前文已指出至少晚商武丁至康丁时期，史与薛是不同的族氏，而父己亚薛史鼎的年代为商末周初，薛侯鼎铭文没有拓本流传，器物年代据铭文特征至少西周中期或晚期。因此，史、薛发生关系的时间最可能是在商末周初。商末西周早期，前掌大墓地一带确为殷之史族的居地，和长子口为殷之长族的居地类似，周初弃商投周后被接纳或给予原地分封是可以理解的。除了长子口，高家堡戈族墓地也与此类似[①]。但是值得注意的是这些商末周初的殷商旧族尽管西周早期还能保持繁荣，多数在西周中期后衰落甚至不见。前掌大的史族也遭遇同样命运。从薛侯鼎、父己亚薛史鼎[②]铭文得出"薛"乃"史"分化出来的，也就为前掌大史族在西周中晚期的发展理出了线索。

　　考古材料和青铜器铭文材料中目前几乎不见西周早期的薛国，我们认为可能正是由于西周的薛国来源于前掌大的史族，即西周的薛国称名至西周中期后才真正出现。这种情况和有学者指出的宋国情况类似，宋也是殷商旧族改封而来，早期是自己的族名，之后逐渐不再称自己的族名。也有可能是周人称其为宋，而不自称[③]。这种说法成立还必须回答西周薛国的分封时间及文献中夏商时期薛的情况。目前薛国较早可信的文献是《左传·隐公十一年》中关于"滕侯、薛侯争长"的记载[④]，而《左传》中多

---

　　①　陕西省考古研究所：《高家堡戈国墓》，三秦出版社，2005年。

　　②　岐山县博物图书馆：《岐山县北郭公社出土的西周青铜器》，《考古与文物》1982年第2期。

　　③　李峰、梁中合：《"长子口"墓的新启示》，《东方考古》（第4集），科学出版社，2008年，第111页。

　　④　（清）阮元校刻：《十三经注疏·春秋左传正义》卷四，中华书局，1980年，总第1735—1736页。

篇有关周初分封诸国的载述中几乎不见薛国的名称。《史记·陈杞世家》曰："滕、薛、驺、夏、殷、周之间封也，小，不足齿列，弗论也。"[1]这里关于薛国分封时间宽泛到夏、商、周三个王朝均有可能。所以从文献看，薛国是否为周初分封，并不确定。而从族群发展的情况看，春秋时期各个非姬姓之国多宣称自己的祖先来自圣王先贤之后并有悠久历史，甚至地处华夏边缘的姬姓吴国王室亦追述自己乃太伯之后，源自周之嫡系[2]。正是基于这种背景，笔者认为到东周时期薛国逐渐创造出了自己夏商祖先的"社会记忆"，并攀附和周关系密切的任（妊）为自己的族姓。这也是东夷本地很多古国华夏化的一种基本模式。从周初的政治形势看，前掌大北面是姬姓的鲁、成，南面是同为姬姓封国的滕国。殷商大族"史"夹在诸姬之间，腹背均受制，不可能有太多的扩张和发展空间，伴随着势力衰落，殷商时期史族族徽对于族群认同所起的作用逐渐减弱。而以地为名的"薛"则逐渐成为族群认同的标志。

总之，前掌大墓地的时代从商末延续至西周早期，且呈现平稳过渡，笔者认为其和鲁、滕这些新的封国不同，而更可能是殷之"史"族归顺后原地继续生存。其商末和西周早期还保持殷商望族的规模和声势，但是由于受到鲁、滕等姬姓封国的钳制而势力衰落，逐渐使用所在地"薛"的名称来称呼所在族群，而薛国建国的时间概在西周早中期。

周公东征后在鲁南地区主要分封了鲁、滕、成等姬姓国。周初分封的姬姓封国往往或扼守重要交通要道，或地处自然条件优越的区域。鲁、滕、成也不例外，尤其曲阜所在的汶泗流域地处泰沂山系西南侧，区域内有广阔的平原，也有少量丘陵，水源充足，土壤肥沃，自北辛文化时期就是海岱文化的中心区。从交通线来看，早有学者指出"鲁、郕控制了泰沂山地西缘，并且封锁了无论是来自泗汸走廊还是大汶河谷的通道……滕控制了南去淮河流域的通道"[3]。而考古材料表明泰山南北区域交通的重要通道正是上述泰沂山地西缘和莱芜谷道[4]。

鲁国早期的都城学界尚有分歧，主要因为曲阜鲁故城目前发现的西周遗存的年代主要是西周中晚期时段，很少见到西周早期的[5]。鲁国始封地或曰炀公迁鲁之前的鲁国都邑究竟在何处，还有待深入的研究和更多的考古工作。鲁国内其他经过发掘含有

① （汉）司马迁撰：《史记》卷三十六，中华书局，1982年，第1585页。

② 王明珂：《华夏边缘：历史记忆与族群认同》，社会科学文献出版社，2006年，第174—182页。

③ 李峰著，徐峰译，汤惠生校：《西周的灭亡》，上海古籍出版社，2007年，第348页。

④ 庞小霞：《先秦时期齐鲁交通的考古学观察》，《管子学刊》2018年第3期。

⑤ 韩辉、张海萍：《浅析鲁故城西周遗存》，《青铜器与山东古国学术研讨会论文集》，上海古籍出版社，2017年，第200—213页。

西周早期遗存的重要遗址有兖州西吴寺[①]、兖州李宫村[②]。西吴寺遗址从西周早期延续至春秋早中期，遗址中商、周两个系统的陶器并存，且以周系统为主，鉴于其靠近曲阜鲁故城的地理位置，可将其看作鲁国区域普通的聚落。李宫村遗址出土有带有"索父癸"铭文的4件铜器，发掘者将其与文献中所载的分封于鲁的"殷民六族"中的"索氏"相联系。李宫村遗址周初应是附属于鲁国政治中心的重要聚落。

　　西周成国乃文王之子叔武的封国[③]。成，《春秋》经传作"郕"，《公羊传》《穆天子传》作"盛"，《史记》作"成"，其中"成"为本字，"郕"乃后起，"盛"从"成"得声，"成"故亦通作"盛"[④]。对于成国的封地，杨伯峻先生曰："或疑郕本封于西周畿内，东迁后改封于山东。"又言："或云在鄄城和郓城之间。"[⑤]陈槃先生认为成国春秋时期的都邑在今宁阳东北[⑥]。前文提到的小臣单觯铭文中的"在成师"，李学勤先生认为就是古书中的"郕""盛"，其位置在今宁阳东北[⑦]。这里李先生既然认为"成"不是成周、成皋等地，其实就是认为这个"成"就是西周的成国所在。"成"在甲骨文中有多条记载，皆为地名，属于田猎地[⑧]。郑杰祥先生认为甲骨文中的"成地"即后世的城濮、成阳，具体位置在今范县濮城镇临濮集一带，并认为周初的成国当在此附近[⑨]。根据目前的资料，西周封国成国和商代甲骨文中的"成地"并无关系。周原凤雏村窖穴出土的甲骨（H11：37）上刻有"戓叔用"三字[⑩]，此处的"戓"和"成"可能是同一个字，此"戓叔"或与周初畿内成国有关[⑪]。目前确定属于

①　国家文物局考古领队培训班：《兖州西吴寺》，文物出版社，1990年。

②　郭克煜、孙华铎、梁方建，等：《索氏器的发现及其重要意义》，《文物》1990年第7期。

③　（汉）司马迁撰：《史记》卷三十五，中华书局，1982年，第1564页。

④　陈槃：《春秋大事表列国爵姓及存灭表撰异》（第2册），"中研院"历史语言研究所，1969年，第369页。

⑤　杨伯峻：《春秋左传注·隐公四年》，中华书局，1990年，第39—40页。

⑥　陈槃：《春秋大事表列国爵姓及存灭表撰异》（第2册），"中研院"历史语言研究所，1969年，第372页。

⑦　李学勤：《读〈系年〉第三章及相关铭文札记》，《夏商周文明研究》，商务印书馆，2017年，第261—263页。

⑧　姚孝遂、肖丁：《殷墟甲骨刻辞类纂》，中华书局，1989年，第938页。

⑨　郑杰祥：《商周地理概论》，中州古籍出版社，1994年，第106—107页。

⑩　陕西周原考古队、岐山周原文管所：《岐山凤雏村两次发现周初甲骨文》，《考古与文物》1982年第3期。

⑪　徐锡台：《周原出土的甲骨文所见人名、官名、方国、地名浅释》，《古文字研究》（第一辑），中华书局，1979年，第184—202页。

西周成国的铜器有出土于岐山县董家村的郕伯孙父鬲，年代属于西周晚期[①]。还有一件栖霞出土春秋早期的"崩弅生鼎"（《集成》2524），是嫁给成国的媿姓女子的媵器，年代属于春秋早期。仅凭单件青铜器的出土地点尚无法确定西周成国的封地。但是根据小臣单觯铭文及周初东征东方地区的整体形势，笔者认为周公东征后成国被封于山东宁阳附近是较为合理的看法。

关于西周滕国，主要是在滕州庄里西发现的西周早期墓葬可能为滕国贵族墓地[②]。庄里西墓地位于姜屯故城的北面3千米，推测姜屯故城、庄里西应为西周滕国的中心区域。

周公东征后鲁北地区人文地理格局的重要变化体现在，济阳夆族（国）、纪、并及莱夷归附后原地存续，长清举族部分成员迁徙北方边境。此外是薑伯、薄姑遭到讨伐而覆没，齐国得封营丘。

鲁北地区周人主要讨伐的是薄姑。关于薄姑的地望，《史记·齐太公世家》载："胡公徙都薄姑……献公元年，尽逐胡公子，因徙薄姑都，治临菑。"[③]张守节《正义》引《括地志》云："薄姑城在青州博昌县东北六十里"，即今博兴一带。1987年在桓台县田庄镇旬召村东北侧发现一座长方形竖穴土坑墓葬，出土铜鼎、铜觯、铜铃、铜戈、铜瓠[④]。在桓台史家遗址附近也曾发现较多商末铜器[⑤]。此外在博兴县寨郝镇寨下村北小清河北岸的寨汴遗址发现殷墟时期至西周早期遗存，面积达45万平方米[⑥]。据上述考古材料推测商代到周初的薄姑族生活范围概在今桓台、博兴一带。又因《史记·周本纪》载："东伐淮夷，残奄，迁其君薄姑"[⑦]，孔颖达《尚书正义》曰："成王既践奄，将迁其君于薄姑"[⑧]，推测周初部分奄族也可能生活在此区域。

① 岐山县文化馆、陕西省文管会：《陕西省岐山县董家村西周铜器窖穴发掘简报》，《文物》1976年第5期。

② 万树瀛、杨孝义：《山东滕县出土西周滕国铜器》，《文物》1979年第4期；滕县博物馆：《山东滕县发现滕侯铜器墓》，《考古》1984年第4期；杜传敏、张东峰、魏慎玉等：《1989年山东滕州庄里西西周墓发掘报告》，《中国国家博物馆馆刊》2012年第1期。

③ （汉）司马迁撰：《史记》卷三十二，中华书局，1982年，第1481—1482页。

④ 张光明：《"叔龟"铜器》，《管子学刊》1988年第4期。

⑤ 常兴照、王树明：《商奄、薄姑钩沉》，《东夷古国史研究》（第二辑），三秦出版社，1990年，第100—125页；王树明：《山东省桓台县史家商代箕（冀）国都址东夷旧部薄姑说》，《管子学刊》2011年第2期。

⑥ 寨汴遗址考古发现参见孙伟喆：《齐国早期都城及相关问题研究》，山东师范大学硕士学位论文，2016年，第58页。

⑦ （汉）司马迁撰：《史记》卷四，中华书局，1959年，第133页。

⑧ （汉）孔安国传，（唐）孔颖达正义，黄怀信整理：《尚书正义》，上海古籍出版社，2007年，第664页。

　　鲁北地区有一个重要国族，即文献中的"逄"国。20世纪七八十年代考古工作者在山东济阳姜集乡发现了数座西周早中期的墓葬，墓葬地处鲁北黄河冲积平原的南部，南距黄河10千米，北临徒骇河2千米，位于一高出周围地面约2.5米的阶梯状台地上，面积约2万平方米。由于几座墓葬出土了有"夆"字铭文的铜器，不少学者考证这即是文献中的"逄国"①。更有学者将商周的逄国进行了系统研究，商代逄族曾长期生活于淄水附近，殷末西迁至古济水以北的今济阳刘台子，并指出考古发现的"夆"伯不是金文中的"豐伯"②。

　　值得注意的是，这里提到的"豐伯"是否就是塱方鼎铭文中的"蓳伯"呢？其实甲骨金文中豐、豊、蓳不是同一个字，李学勤③、林沄先生都提到过，尤其林沄先生对豐、豊有详细辨析④。赖彦融对豐、蓳的字形、字意、演变及相关文献和金文均有详细的梳理和考证⑤。其论可从。据以上学者的研究，目前的基本认识是商代和西周早期只有蓳族（国）没有豐国。由于蓳、豐二字音形俱近，在西周晚期及以后或已被混用，春秋以后所见豐国文献或含蓳国史料。至于甲骨文一至三期中的"蓳"和塱方鼎铭文中的"蓳伯"、蓳公鼎之"蓳"是否同一族以及有什么联系，还有待研究（图7.5）。

　　传济宁出土的豐伯车父簋（集成4107），铭文第一个字不太清晰，但从铭文字体和内容看近西周晚期，因而此字为豐、蓳皆有可能，这样依据此簋来判定西周早期的蓳国地近曲阜或江苏还需慎重。另外即使秦汉的豐邑、豐水在今江苏省徐州市丰县，西周的豐国恐怕也并不在此。西周到秦汉中间近千年，商周时期族群变迁频繁，"豐"之地名极有可能随豐族的迁徙而留在江苏一带。

　　然则周公东征的蓳伯之国究竟何处呢？近年有学者考证此蓳国在高青陈庄附近⑥。基本可从。高青陈庄M18出土的青铜卣（M18∶4）底部有铭文"蓳启作文祖甲齐公尊

————————

　　① 德州行署文化局文物组、济阳县图书馆：《山东济阳刘台子西周早期墓发掘简报》，《文物》1981年第9期；德州地区文化局文物组、济阳县图书馆：《山东济阳刘台子西周墓地第二次发掘》，《文物》1985年第12期；山东省文物考古研究所：《山东济阳刘台子西周六号墓清理报告》，《文物》1996年第12期。

　　② 朱继平：《金文所见商周逄国相关史实研究》，《考古》2012年第1期。

　　③ 李学勤：《殷代地理简论》，科学出版社，1959年，第64页。

　　④ 林沄：《豐豊辨》，《古文字研究》（第十二辑），中华书局，1985年，第184页。

　　⑤ 赖彦融：《早期齐彝铭研究》，中国社会科学院研究生院硕士学位论文，2011年，第62—71页。

　　⑥ 赖彦融：《早期齐彝铭研究》，中国社会科学院研究生院硕士学位论文，2011年，第64—65、71—75页；曹斌：《蓳国小考》，《东岳论丛》2015年第3期。

图7.5　塑方鼎铭文（左）、薳公鼎铭文（右）

（来源：采自《集成》2739、《集成》2152）

彝"①，笔者赞同此处的"薳"是地名，"启"为私名②（图7.6）。M18根据墓葬形制、出土器物判断其年代为西周早中期之交，铭文中的齐公应为齐国始封太公，根据高青陈庄的性质（下文有详细论证）推测M18可能是"启"的墓葬，"启"是齐国姜太公直系后裔，被封到薳地又称"薳启"。与西周薳国相关的青铜器还有一件薳公鼎，出土于宝鸡竹园沟弓鱼国墓地，该鼎年代属于西周早期偏晚的康昭时期③。由于薳国在周公东征后已经覆没，此薳公器年代又明显晚于成王，所以对于该"薳公"，曹斌先生认为和已灭的薳国无关，是分封到陈庄的齐国太公后裔薳启的尊称，很可能作为赗赠之器流入弓鱼国。由于资料太少，权可做一种推测。但是薳公鼎铭文中的"![字]"，显然是该"薳公"的私名，而既然"启"也是其私名，两个私名为一人所有似乎不太妥，笔者认为"薳启"和"薳公"可能并非同一人。

　　薳国被灭后薳国国君也许被杀，但是其族群不大可能全部消失，而据前文东夷领头叛乱的"奄"君尚未被诛杀，只是被迁至薄姑。薳国国君被杀的可能性较小。所以薳国国君及其族众有两种可能的归宿：其一，原地生存但势力大大缩小，以至于齐国公室可以在薳国地盘内建一个陈庄城址；其二，迁其君和部分族众到其他地区如洛邑、宗周畿内等。总之，考虑这两种情况，笔者认为宝鸡竹园沟出土的薳公鼎也可能

　　①　山东省文物研究所：《山东高青县陈庄西周遗址》，《考古》2010年第8期；山东省文物考古研究所：《山东高青县陈庄西周遗存发掘简报》，《考古》2011年第2期。

　　②　方辉：《高青陈庄铜器铭文与城址性质考》，《管子学刊》2010年第3期。

　　③　宝鸡市博物馆：《宝鸡弓鱼国墓地》，文物出版社，1988年，第100、265页。

图7.6　陈庄M18：4卣（左）、陈庄M18：6簋（右）底部铭文

（来源：采自《考古》2010年第8期）

是䣢国铜器。

　　既然谈到䣢国就不能不谈高青陈庄遗址。该遗址位于高青县花沟镇陈庄和唐口村之间，东北距高青县城约12千米。遗址东西长约350、南北宽约300米，总面积约9万平方米。文化内涵以周代遗存为主，其中西周时期最为丰富，其次为春秋战国时期。2008—2010年陈庄遗址的发掘发现了房基、窖穴、陶窑、道路、水井、灰坑，最重要的遗迹是西周城墙、贵族墓葬、车马坑、祭祀台基等。出土遗物主要是大量陶器和少量骨、角、蚌、石器，另外有50余件青铜器、少量精美玉器及串饰等。其中城址是目前确认的山东地区最早的西周城址，西周时期的祭祀台基、甲字形大墓和铜器上"齐公"铭文均为山东地区首次发现[①]。

　　关于高青陈庄遗址的性质目前学界至少有近十种说法[②]。仔细看分为两大类，一类是整体就该遗址的性质谈，目前多数观点属于这类。另一类则是主要依据遗址西周时期遗存的内涵分成两个不同时段，不同时段的性质不同。笔者赞同后一类的分析思路。只有一一具体分析目前发现的各类遗存的年代，才能具体来分析遗址的性质。根据两个简报的相关信息，城址墙体建于黄色粉沙生土层上，为新建城址，由于城内及

周围未见除后李文化陶片以外的早于西周时期的遗存，因此城址的始建年代当早不过西周时期。虽不清楚具体始建年代，但是城内目前发现的14座墓中，M17的年代能早至西周早期偏晚，所以笔者推测城墙的始建年代应该不晚于西周早期晚段。城墙的废弃年代较为清楚，笔者赞同简报的看法，即打破城墙的H158、H300、H246等的年代就是城墙的废弃年代，具体为西周中期。而关于城内TJ2夯土台基的始建年代，简报详细描述了台子的建造程序，但是没说明具体始建年代，TJ2的使用年代尤其中心夯土圆台一直到战国时期则可能仍在使用。此外，西周中期的M27打破了TJ2的外围的Ⅱ期垫土，这说明墓葬年代晚于TJ2，间接卡定TJ2的始建年代不晚于西周中期。

城内发现的14座墓，其中6座是出土青铜器的墓，学者对其年代有很多探讨。根据这几座墓出土的青铜器的形制特征及其铭文内容，尤其随葬的陶器组合和特征基本分为两个时段，早段是M17、M18、M26、M27，晚段是M35、M36。M17、M18年代稍早些，概在西周早期偏晚，M26、M27则属于西周中期。而M35、M36概在西周中晚期之交。城内还发现大量灰坑和一些居址，居址的年代简报认为可从西周早期延续至晚期，目前并无更多资料可分析，暂从简报意见。

根据TJ2的遗存内涵、年代可以推测其性质，此外还要充分考虑TJ2周边的遗存，厘清周边遗存和TJ2的关系也有助于认识其性质。从空间上看，TJ2东侧和东北侧分别是M27、M26，而M18、M19尽管在TJ2东侧，但是距离TJ2较远。M35、M36位于TJ2的北侧。五座马坑分别位于M35、M36与TJ2之间。而一座车马坑则位于TJ2的西侧。由于马坑Mk4和Mk5打破M36的墓道，所以这两座马坑不是M36的随葬马坑。马坑的时代和两座甲字形大墓及TJ2的关系都有待探讨。同时其余出铜器的M17、M27、M26在TJ2的东侧，其和TJ2的关系是什么？M35、M36和TJ2的关系，和齐国公室的关系以及两个时段的大墓是否同一族群都是需要探讨的。TJ2的性质笔者认为方辉先生提出的与战争祭祀有关的"社坛"的观点值得关注，但正如他文中所言，这一观点还需更多证据夯实[1]。

目前陈庄遗址内一些遗存的年代及其和周边遗存的关系均不能清晰断定，遗址前后时段的兴盛衰落情况及晚期墓不能过度阐释。陈庄遗址不大可能是齐国始封地营丘。尽管目前营丘的具体地望尚未取得一致的认识，但是多认为齐国早期都城营丘应在淄水和济水下游区域内[2]。陈庄遗址尽管从地理位置看也在上述范围内，但是面积不到4万平方米，仅有一座南城门，城内以墓葬和马坑等遗迹为主，文化内涵和遗址面积上看不大可能是齐都营丘。联系周初海岱地区人文地理分布格局，高青周围以土族归

---

① 方辉：《高青陈庄铜器铭文与城址性质考》，《管子学刊》2010年第3期。

② 任伟：《西周封国考疑》，社会科学文献出版社，2004年，第59—77页；孙伟喆：《齐国早期都城及相关问题研究》，山东师范大学硕士学位论文，2016年，第47—49页。

附夷人势力为主，已属于齐国疆域的西境。西周中期之前，高青陈庄城址尚在使用，笔者认为魏成敏、王青等学者提出的齐太公后裔在齐国西境建立的军事城堡的说法比较合理[①]。此外陈庄植物浮选也发现城址中保存了丰富的草木樨属种子，很可能是战马的饲料[②]。这从另一方面支持陈庄为边防军事城堡说。对于陈庄遗址西周晚期的性质，笔者赞同属于曾掌管"齐师"的王臣驻地[③]。这个遗址是否和齐哀公被周王杀后，齐师驻扎于此有关，还需更多材料佐证。

总之，周公东征后海岱地区人文地理格局发生巨大变化，部分叛乱的夷族被灭国迁族，鲁北和鲁南核心地区则分别分封齐、鲁，鲁西南的交通控制线上分封了曹、郜、成、滕等姬姓国。部分臣服周室的海岱土族被原地分封，如逢国、薛国及任、宿、须句、颛臾等古国。整个海岱地区的族群发生了大规模的流动、分化。除了新兴姬姓封国族群的大规模迁入，最显著的是被灭国的奄、薄姑，其族众部分南迁至长江下游南岸，还有部分西迁至陕西、山西境内[④]。

第二节　康昭东征和海岱地区夷夏交错的人文地理格局的形成

一、康昭东征的相关青铜器铭文

康王和昭王时期东征有关的青铜器铭文主要列举如下：

（1）鲁侯尊（《集成》4029）：唯王令明公，遣三族伐东或（国），才归，鲁厌又（有）囗工，用乍肇彝。

（2）旅鼎（《集成》2728）：唯公太保来伐反夷年，在十又一月庚申，公在盩师，公易旅贝十朋，旅用乍父尊彝，⺊。

（3）小臣谜簋（《集成》4238、4239）：叡！东尸（夷）大反，伯懋父以殷八自（师）征东尸（夷），唯十又一月，遣自巺自（师），述东陕，

---

① 魏成敏：《陈庄西周城与齐国早期都城》，《管子学刊》2010年第3期；王青：《山东高青县陈庄遗址笔谈》，《考古》2011年第2期。

② 靳桂云、郑同修、刘长江，等：《西周王朝早期的东方军事重镇——山东高青陈庄遗址的古植物证据》，《科学通报》2011年第35期。

③ 朱凤瀚：《山东高青县陈庄遗址笔谈》，《考古》2011年第2期。

④ 顾颉刚：《周公东征和东方各族的迁徙——周公东征史事考证四之一》，《文史》（第二十七辑），中华书局，1986年，第1—14页。

伐海眉,雪乓（厥）复归才（在）牧𠂤（师）,白（伯）懋父𢩳承王令（命）易𠂤（师）,遱自五齵贝。小臣谜蔑厤（历）眔易贝,用乍（作）宝尊彝①。

（4）保员簋②：唯王既尞,乓伐东尸（夷）,才十又一月,公反自周。己卯,公才虞,保员遍,辟公易保员金车,曰：用事,眔于保簋,=（簋）用卿公逆洀事③。

（5）𥃝鼎（《集成》2741）：唯王伐东尸（夷）,漾（濂）公令𥃝眔史𪐴曰,以师乓眔有辞后或（国）敻伐䝞（貊）,𥃝孚贝,𥃝用乍（作）饔公宝尊鼎。

（6）寔鼎（《集成》2731）：王令直叫趩㦰东反尸（夷）,寔肇从趩征,攻𠂤无𡆥（敌）,省于人身,孚戈,用作宝尊彝,子子孙孙其永保。

鲁侯尊（图7.7）旧称明公簋,陈佩芬指出："今按其底是方的,不在圈足上,而在器座第一节与第二节之间,容体较深,可以确定为酒器。"④因而该器确切应该是尊而不是簋,作器者为鲁侯,应改称鲁侯尊,对此目前学界多无疑义。关于该器的年代和铭文中"明公""鲁侯"的解释,学界看法迥异。关于其年代,学界主要据铭文中"明公"系联令方彝、令方尊铭文中的"明公""明保",认为三器铭文中的"明公""明保"为同一人,根据令方彝、令方尊的年代来定此尊的年代。而令方彝、令方尊的年代学界主要有两种不同认识。第一种以郭沫若、陈梦家等先生为代表,认为属于成王时期,因而鲁侯尊铭文中"明公"即为周公或周公之子伯禽,"鲁侯"为周公之子伯禽⑤。第二种以唐兰先生为代表,认为属于昭王时期,且认为"明公"和"鲁侯"是两个人,同时认为鲁侯尊铭文中的"明公"为周公之子君陈或孙子,认为伯禽不称鲁侯而称鲁公,则此处铭文中的"鲁侯"为伯禽之子,又认为令方彝为昭王

---

① 该释文引自刘晓霞：《小臣谜簋新论》,《考古》2016年第4期。

② 吴镇烽：《商周青铜器铭文图像集成》（第十一卷）,上海古籍出版社,2012年,第252页,第5202号。

③ 保员簋,最早由张光裕著录并予以考释,于1990年11月在中国古文字研究会第八次年会中宣读,后发表于《考古》1991年第7期；上海博物馆入藏后马承源有考释。参见马承源：《新获西周青铜器研究二则》,《上海博物馆集刊》（第6期）,上海书画出版社,1992年,第150—154页。陈佩芬、陈秉新等都对该铭有考释。参见陈佩芬：《夏商周青铜器研究》,上海古籍出版社,2004年,第94—95页；陈秉新、李立芳：《出土夷族史料辑考》,安徽大学出版社,2007年,第140—141页。此处释文综合各家研究。

④ 陈佩芬：《上海博物馆新收集的西周青铜器》,《文物》1981年第9期。

⑤ 陈梦家：《西周铜器断代》,中华书局,2004年,第24页。

图7.7　鲁侯尊及其铭文

（来源：图片和铭文均采自《文物》1981年第9期）

时器，鲁侯尊也属于昭王时期①。由于庄白铜器群中属于昭王时代的折方彝②的出土，基本可以确定与之器形特征近似的令方彝也属于昭王时期。笔者基本赞同唐兰先生的看法，即"明公""鲁侯"出于同一篇铭文，很可能是两人，即"明公"为君陈之子，"鲁侯"为伯禽之子。由于鲁侯尊器形较为特殊，目前出土器和传世器都不见与之近似的器物，从整体形制和铭文内容只能大致判定为西周早期。根据铭文内容结合征东夷一组铜器的情况，我们认为其年代概在昭王初较合适。

鲁侯尊铭文中的"东或"，即"东国"。此处的"或"（国）主要是地域、区域，"东国"并非某个国家，而是指东夷族群生活的区域。那么究竟有哪些东夷族群呢？由于武王、成王时代的褒封、分封及第一次东征，海岱地区大部分夷族群体已经归附周人，但是鲁中南山地、鲁东南仍有大量夷人族群生活，而被周公东征剿灭的薄姑、商奄等并不会全部归附，部分也会迁徙至这些地区和原有族群融合，这类仍未归附的东夷族群生活的区域即"东国"。周王令位于鲁南曲阜一带的鲁侯"遣三族伐东或（国）"，则"东国"更可能靠近曲阜，或位于鲁东一带。

旅鼎（图7.8）三高柱足，器身饰三组大兽面纹与三足对应，整体形制和纹饰与燕侯旨鼎（《集成》2628）近似。燕侯旨为第二代燕侯，故燕侯旨鼎应为康王时器。结

① 唐兰：《西周铜器断代中的"康宫"问题》，《考古学报》1962年第1期；唐兰：《论周昭王时代的青铜器铭刻》，《古文字研究》（第二辑），中华书局，1981年，第12—62页；唐兰：《西周青铜器铭文分代史征》，中华书局，1986年，第206、214页。

② 陕西周原考古队：《陕西扶风庄白一号西周青铜器窖藏发掘简报》，《文物》1978年第3期。

图7.8　旅鼎及其铭文

（来源：图片采自《龙口归城》，2018年；铭文采自《集成》2728）

合铭文内容，旅鼎的年代也宜定为康王时期。尤其传其出土于黄县（今龙口市）[1]，周公东征还未抵达胶东地区，所以应该不是周公东征的赏赐，而是康王时期东征的赏赐。铭文末尾的"屮"有学者认为是"莱"，为器主"旅"的族名[2]。"莱"在莱伯鼎铭文中作"🜚"，在史密簋铭文中作"🜚"，在莱鼎（《集成》2067）铭文中作"🜚"，在莱伯鬲（《集成》663）铭文中作"🜚"，此四器铭文中的"莱"字形较为近似，从文字的演化看，可以定为同一字。但"屮"的字形与以上四器铭文中的"莱"字差别较大，故本书暂不将其归属"莱"。铭文中的"太保来伐反夷年"说明是以东夷本地国族的口吻在叙述这件事，也表明此鼎可能是为本地国族所作器物，但是其形制、纹饰、铭文内容都和关中地区同类器十分近似，笔者认为这件器物更可能是由胶东本地国族定制，由周室工匠完成制作。

---

① 参见中国社会科学院考古研究所、哥伦比亚大学东亚语言和文化系、山东省文物考古研究院：《龙口归城：胶东半岛地区青铜时代国家形成过程的考古学研究（公元前1000～前500年）》，科学出版社，2018年，第926页。王献唐在《黄县曩器》一文中记载："王道新《黄县志稿·金石目》：'光绪二十二年春，城东南鲁家沟田中，出古铜器十：钟三，鼎二，一鼎破碎，钟无款识；尚有壶一，盘一，盘无款式，壶亦破碎；若甗，若盉，若觯，皆有铭，俱归于丁干圃'。王又著有《桯窗随笔》，载鼎、甗、盉、觯四事。"而王献唐认为其中破碎鼎为莱伯鼎，但是另一鼎就有了疑问，目前有认为旅鼎属于这批铜器，也有认为釐鼎是，总之二者应该只能其中一件是，但是旅鼎概出土于黄县是没什么问题的。参见王献唐：《黄县曩器》，《山东古国考》，青岛出版社，2007年，第113—238页。

② 王锡平、孙敬明：《莱国彝铭试释及论有关问题》，《东岳论丛》1984年第1期。

后四器的铭文中都出现了"伐东夷"，尤其是小臣谜簋的铭文提到了"述东陕，伐海眉"，陈梦家先生谓"东陕"与"海眉"皆非专有地名，乃指一带区域。"述东陕"当指沿泰山山脉或崂山山脉的北麓向东进军，海眉即海隅、海滨，在崂山以北[①]。其说可从。此四器的年代，学界主要有两种不同的观点，一种是成康时期，一种是昭穆时期。笔者认为此四器的铭文都涉及伐东夷，从器物形制、纹饰、铭文书写年代来看都不可能是成王时期。尤其小臣谜簋叙述了伐东夷的时间、所到达的地点及参与的人员，其年代的判定对于二次东征时间的判定意义重大。近年有学者结合最新的青铜器的器形和纹饰的研究成果，对小臣谜簋的分期做一个大概的划定，并就与"伯懋父"有关的青铜器进行了综合研究，从而得出小臣谜簋年代应在昭王或更晚的结论[②]。该文对于伯懋父和文献中的"康伯髦"并非同一人的认识很有道理。但是结合上述一组东征铜器的年代，笔者认为小臣谜簋年代属于昭王，不可能再晚至穆王。值得注意的是，旅鼎、小臣谜簋、保员簋铭文中都出现了"十又一月"，或许是对同一件事情的记载。旅鼎的铭文是对当时东征事件的叙述，是东征进行中的赏赐；而后两器的铭文则都是对东征事件的追叙，小臣谜簋的铭文追叙了返回牧野后进行的赏赐之事，保员簋的铭文追叙了返回岐周后的赏赐之事。

从上述一组铜器铭文的内容及铜器的年代来看，西周早期是存在二次东征的，而且此次东征很可能发生在康王晚期或昭王初期。

从海岱地区西周早期晚段的考古学文化分布看，西周早期二次东征也是存在的。目前整个鲁北包括胶东半岛西周早期的考古学文化主要集中分布于两个区域：其一，今黄河与小清河交汇区域。主要遗址有高青陈庄[③]，桓台句召[④]、邹平丁公[⑤]、鲍家[⑥]，

①　陈梦家：《西周铜器断代》，中华书局，2004年，第20页。

②　刘晓霞：《小臣谜簋新论》，《考古》2016年第4期。

③　山东省文物考古研究所：《山东高青陈庄西周遗址》，《考古》2010年第8期；山东省文物考古研究所：《山东高青县陈庄西周遗存发掘简报》，《考古》2011年第2期。

④　常兴照、张光明：《商奄、蒲姑钩沉》，《东夷古国史研究》（第二辑），三秦出版社，1990年，第100—125页。

⑤　山东大学历史系考古专业、邹平县文化局：《山东邹平丁公遗址试掘简报》，《考古》1989年第5期；山东大学历史系考古专业：《山东邹平丁公遗址第二、三次发掘简报》，《考古》1992年第6期。

⑥　邹平县图书馆：《鲍家遗址调查》，《海岱考古》（第一辑），山东大学出版社，1989年，第24—28页。

济阳刘台子①，章丘宁家埠②、焦家③、董东④、王推官庄⑤、长清仙人台⑥。其中陈庄遗址、刘台子遗址是区域的中心性遗址。其二，潍淄河流域，其中淄、弥河之间的遗址相对较多，弥河以东到潍河较少。北部靠近沿海的寿光一带则主要是盐业遗址群。主要遗址有临淄东古⑦、后李⑧、河崖头⑨，淄川北沈马⑩，寿光大荒北央⑪、双王城⑫、呙宋台⑬、青州凤凰台⑭、赵铺⑮，昌乐河西、宇家⑯、邹家庄⑰。其中临淄齐故城附近的

　①　德州行署文化局文物组、济阳县图书馆：《山东济阳刘台子西周早期墓发掘简报》，《文物》1981年第9期；德州地区文化局文物组、济阳县图书馆：《山东济阳刘台子西周墓地第二次发掘》，《文物》1985年第12期；山东省文物考古研究所：《山东济阳刘台子西周六号墓清理报告》，《文物》1996年第12期。

　②　济青公路文物考古队宁家埠分队：《章丘宁家埠遗址发掘报告》，《济青高级公路章丘工段考古发掘报告集》，齐鲁书社，1993年，第1—114页。

　③　章丘市博物馆：《山东章丘市焦家遗址调查》，《考古》1998年第6期。

　④　山东省文物考古研究所：《山东章丘县董东村遗址试掘简报》，《考古》2002年第7期。

　⑤　山东省文物考古研究所：《山东章丘市王推官庄遗址发掘报告》，《华夏考古》1996年第4期。

　⑥　山东大学考古系：《山东长清县仙人台遗址发掘简报》，《考古》1998年第9期。

　⑦　山东省文物考古研究所、齐城遗址博物馆：《临淄东古墓地发掘简报》，《海岱考古》（第一辑），山东大学出版社，1989年，第283—291页。

　⑧　济青公路文物工作队：《山东临淄后李遗址第一、二次发掘简报》，《考古》1992年第11期；济青公路文物工作队：《山东临淄后李遗址第三、四次发掘简报》，《考古》1994年第2期。

　⑨　河崖头村70年代曾出土西周初期的嵌绿松石的青铜车马器，1976年的发掘则发现3座西周早期的青铜小墓。参见张学海：《齐营丘、薄姑、临淄三都考》，《张学海考古文集》，学苑出版社，1999年。

　⑩　任相宏、张光明、刘德宝，等：《淄川考古：北沈马遗址发掘报告暨淄川考古研究》，《淄川考古》，齐鲁书社，2006年，第43—109、186—187页。

　⑪　山东大学东方考古研究中心、寿光市博物馆：《山东寿光市大荒北央西周遗址的发掘》，《考古》2005年第12期。

　⑫　山东省文物考古研究所、北京大学中国考古学研究中心、寿光市文化局：《山东寿光市双王城盐业遗址2008年的发掘》，《考古》2010年第3期。

　⑬　寿光县博物馆：《寿光县古遗址调查报告》，《海岱考古》（第一辑），山东大学出版社，1989年，第29—60页。

　⑭　山东省文物考古研究所、山东大学历史系考古教研室、青州市博物馆：《青州市凤凰台遗址发掘》，《海岱考古》（第一辑），山东大学出版社，1989年，第141—182页。

　⑮　青州市博物馆：《青州市赵铺遗址的清理》，《海岱考古》（第一辑），山东大学出版社，1989年，第183—201页。

　⑯　潍坊市博物馆、昌乐县文管所：《山东昌乐县商周文化遗址调查》，《海岱考古》（第一辑），山东大学出版社，1989年，第292—312页。

　⑰　北京大学考古实习队、昌乐县图书馆：《山东昌乐县邹家庄遗址发掘简报》，《考古》1987年第5期。

东古村和河崖头发现的西周早期遗存，寿光大荒北央、双王城的盐业遗址群，寿光呙宋台、寿光古城遗址是该区域的几个中心性遗址，分别和齐国早期的政治中心、经济中心及商周纪国相关联。可见西周早期尽管目前鲁北地区发现的典型单纯周人遗存并不集中，但是弥河以西基本分布较为普遍，而潍河以东则几乎不见单纯的周人遗存，这个区域至少在西周早期早段主要属于珍珠门文化的分布范围①。

　　西周早期晚段，胶东半岛考古学文化的情况已经发生重要变化。首先该区域已发现了属于这个时期较早阶段的青铜器，可能属于康王时期和昭王早期，主要有出土于黄县（今龙口市）的旅鼎，出土于归城东南芦头镇的句监鼎②。此外，东迟家村也出土有西周早期的铜鼎、铜簋③。1994年烟台市芝罘区焕新路烟台二中建筑工地出土的己爵也属于西周早期晚段④。

　　最重要的是，西周早期晚段归城城址可能已经建立。归城城址的始建年代，发掘者原来据有限资料推断时代不早于西周中期⑤。但是后来在内城试掘中发现有西周早期偏晚阶段的灰坑H20打破内城城墙的现象，发掘报告据此认为内城城墙的建筑年代应该在西周早期范围内，接着将内城的使用年代推测为西周早中期，废弃年代则可能到春秋中晚期⑥。笔者认为这种认识似有不妥。上述打破内城城墙的灰坑的年代正如报告所言，只能推断内城的废弃年代，而打破生土、叠压于城墙夯土之上的H20年代最早，报告将该灰坑的年代定为西周早期偏晚，则表明内城亦废弃于西周早期偏晚，故将内城的始建年代定为西周早期是合适的。既然内城在西周早期偏晚已经废弃，就不能再得出其使用年代属于西周早中期，尤其是中期的结论。同时，西周晚期内城废弃后究竟是何情况也尚不明确。H20的坑内堆积分为两层，灰坑年代应由坑内年代最晚的遗物来判定。通检坑内出土的遗物，其中的确存在一些西周早期的器物，如H20②：1、H20①：13属于典型的西周早期的簋和鬲足。但鬲足H20①：14、H20①：15表面饰中绳纹，为西周中期的形态；鬲足H20①：12为素面，其年代属于西周晚期（图7.9）。

　　① 刘延常：《珍珠门文化初探》，《华夏考古》2001年第4期。

　　② 李步青、林仙庭：《山东省龙口市出土西周铜鼎》，《文物》1991年第5期。

　　③ 蒋惠民、唐锦琼：《归城遗址历年发现青铜器出土经过的调查综述》，《龙口归城：胶东半岛地区青铜时代国家形成过程的考古学研究（公元前1000～前500年）》，科学出版社，2018年，第890页。

　　④ 曹斌、王晓妮：《烟台市博物馆藏几件周代铜器》，《文物》2020年第2期。

　　⑤ 中美联合归城考古队：《山东龙口市归城两周城址调查简报》，《考古》2011年第3期。

　　⑥ 中国社会科学院考古研究所、哥伦比亚大学东亚语言和文化系、山东省文物考古研究院：《龙口归城：胶东半岛地区青铜时代国家形成过程的考古学研究（公元前1000～前500年）》，科学出版社，2018年，第327、329页。

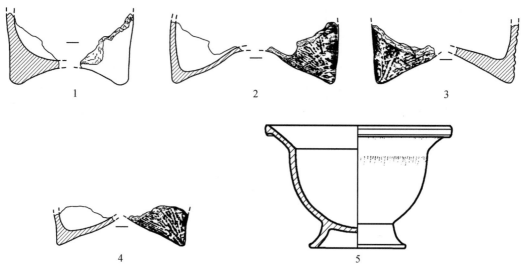

图7.9　归城H20出土陶器

（来源：采自《龙口归城》，2018年，第452、459页）

1—4.鬲足（H20①：12、H20①：13、H20①：14、H20②：15）　5.簋（H20②：1）

综合来看，H20的年代应属于西周晚期，结合其余打破内城城墙的西周晚期灰坑H18、H19和春秋时期灰坑H3，我们认为内城城墙的废弃年代为西周晚期至春秋时期。归城内城的始建年代主要应根据内城墙叠压的遗迹单位以及城墙夯土中包含物的年代来定，目前的试掘及调查尚未见到相关遗存。

但是城址的使用年代可以参考城内各类遗迹的年代做出判断，目前调查采集、钻探及内城试掘都显示内城普遍存在整个西周及春秋时期遗物，甚至2002年烟台博物馆还在内城中北部十五号基址发掘出西周晚期和春秋早期的房址[1]。因此根据现有考古发掘，结合出土材料，归城城址的内城可能建立于西周早期晚段，兴盛期可能主要是西周中期，并延续使用至西周晚期，西周晚期某个时段开始废弃，这种废弃并非一下子发生火灾、地震导致短时废弃，而很可能是政治中心的转移，但是同时这里还有人员生存。因此废弃是一个逐渐衰落废弃的过程，非短时间内完成的，废弃过程持续至春秋早中期。归城城址的外城以往主要是调查工作，仅从调查材料尚无法判断大城的始建及使用准确年代。归城考古工作者根据内、外城之间全覆盖调查，以及外城的城墙特别是东城墙范围分布高度集中的东周时期陶片，初步推测外城的始建和使用年代是

---

① 赵娟、孙兆锋：《2002年归城内城北部和平村遗址的发掘》，《龙口归城：胶东半岛地区青铜时代国家形成过程的考古学研究（公元前1000～前500年）》，科学出版社，2018年，第749—788页。

春秋时期[①]。

除了归城，在胶州西菴也发现有西周早期晚段的遗存。20世纪70年代此处曾清理一座出土青铜器的残墓、两座长方形土坑竖穴墓及一座车马坑[②]。两座土坑竖穴墓均遭盗掘，其中M1尚完整，有熟土二层台，墓底有腰坑，内置殉狗，葬具为一棺一椁，葬制显然更多体现出商代风俗。该墓出土陶器组合为鬲、簋、罐、盆，不见豆，但也属于典型的周代墓葬陶器组合。盆、簋均饰绳纹，簋属于典型的商式簋形制；而鬲、罐皆素面，部分为夹砂红陶，制作粗糙，显然属于珍珠门文化因素。尤其陶鬲M1：1，素面红陶的特征显然属于本地珍珠门文化传统，但整体造型则属于周式陶鬲，和前掌大B型Ⅳb式鬲（M103：32）[③]非常近似，年代亦应该接近。此外陶罐M1：2也属于典型的周式陶罐，肩部饰弦纹，和前掌大墓地A型Ⅱ式M202：1[④]十分近似。前掌大墓地将上述B型Ⅳb式鬲和A型Ⅱ式弦纹罐的年代定为二期即相当于西周早期早段。此外，在车马坑内还出土多见于陕西关中周文化的銮铃。综合判断M1和车马坑的年代属于西周早期晚段，应该是当地土族墓葬，但已经受到周文化影响（图7.10）。

总之，结合西周早期早段周公、成王东征后海岱地区的人文地理分布情况及胶东半岛西周早期晚段的考古学文化分布，我们认为周王朝二次东征就是主要解决胶东半岛的夷人问题。关于西周早期周公、成王东征后的再次东征，文献中并无载述，唐兰、黄盛璋、陈秉新等先生有论述，主要依据青铜器的铭文内容和断代判定二次东征在康王、昭王时期[⑤]，马承源先生则认为在康王后期[⑥]。笔者主要依据聚落考古和考古学文化分布，并结合青铜器的铭文内容和断代来推定二次东征的时间，既然归城城址在西周早期晚段已经建立，一些昭王时期铜器也出现在胶东半岛的墓葬中，而部分直接记述东征的青铜器如鲁侯尊、旅鼎的年代属于康王时期，那么将二次东征的时代定在康王晚期或昭王初年较为合理。

①　中国社会科学院考古研究所、哥伦比亚大学东亚语言和文化系、山东省文物考古研究院：《龙口归城：胶东半岛地区青铜时代国家形成过程的考古学研究（公元前1000～前500年）》，科学出版社，2018年，第217—218页。

②　山东省昌潍地区文物管理组：《胶县西菴遗址调查试掘简报》，《文物》1977年第4期。

③　中国社会科学院考古研究所：《滕州前掌大墓地》，文物出版社，2005年，第145—146页。

④　中国社会科学院考古研究所：《滕州前掌大墓地》，文物出版社，2005年，第156—157页。

⑤　唐兰：《论周昭王时代的青铜器铭刻》，《古文字研究》（第二辑），中华书局，1981年，第12—162页；黄盛璋：《西周征伐东夷、东国的铜器年代地理及其相关问题综考》，《河洛文明论文集》，中州古籍出版社，1993年，第287—312页；陈秉新、李立芳：《出土夷族史料辑考》，安徽大学出版社，2007年，第133—164页。

⑥　马承源：《商周青铜器铭文选》（三），文物出版社，1988年，第52页。

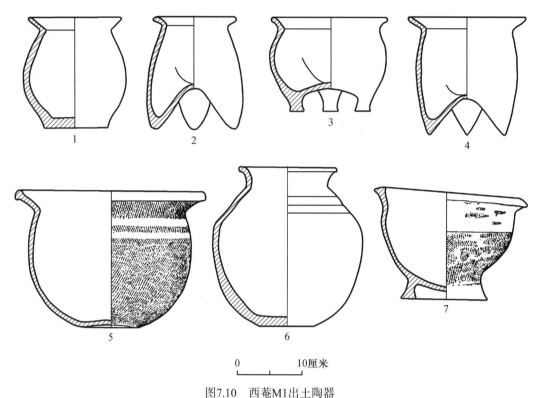

图7.10　西菴M1出土陶器

（来源：采自《文物》1977年第4期）

1.罐（M1∶8）　2.鬲（M1∶9）　3.鬲（M1∶1）　4.鬲（M1∶10）　5.盆　6.罐（M1∶2）

7.簋（M1∶11）

二、二次东征后海岱地区的人文地理分布格局

二次东征后胶东半岛是人文地理格局改变最大的区域，此次东征后的布局甚至影响了胶东半岛整个西周时期的格局。

二次东征后直接影响的是胶东半岛西周中期的文化格局。东征战事刚刚结束，周王朝在胶东半岛可能就设置了军事据点，这个军事据点就是归城城址。经过二次东征，胶东半岛的夷人上层归附周王，并在西周早中期积极吸收周人主流的文化，形成周夷融合的人文格局。胶东半岛目前发现的属于西周中期的遗存集中于归城城址及其周边，主要有和平村M2[1]、曹家村M1[2]、小刘庄村西周墓[3]、庄头村M1及古墓群[4]、东营周家村M2[5]、集前赵家西周墓[6]、鲁家沟青铜器[7]、海云寺徐家村青铜器[8]等；此外还有青岛崂山前古西周墓[9]、威海田村镇M1[10]、荣成学福村M1[11]，在招远东曲城村也出土有西周中期的青铜器[12]。

小刘庄村西周墓出土铜尊、卣、觯和卣盖各一件。尊、卣即著名的启尊、启卣，上刻有铭文，涉及周王朝南征史事，墓葬年代肯定晚于昭王的两次南征，可能属于穆王时期。此外，卣盖上有铭文"鬲父辛"。庄头村M1清理时已遭破坏，随葬器物置于墓室西侧，出土一批青铜器，包括鼎3件，簋爵各2件，方壶、盘、甗、卣、觯、勺、盂、戈各1件，以及残破铜器2件。壶盖、簋、卣均有铭文。簋盖、底铭文有"内（芮）公叔作斯（祈）宫宝簋"，铭文"芮公"表明此器和远在西部的芮国可能有关系。壶盖内有铭文"能（熊）作宝尊壶"，卣的盖、底对铭"小夫作父丁宝尊彝"。庄头墓出土青铜器的形制特征属于典型周式风格，整体年代属于西周中期偏早，稍早于曹家村M1。

鲁家沟出土青铜器的年代早晚可能有所不同，其中鼎、甗、盂、觯有铭文，遇甗和窭鼎属于西周中期偏早，大概穆王时期。还有1件束觯，铭文为"公赏贝，束用作父辛于彝"，年代为西周中期偏早。莱伯鼎无器形可参考，仅能据铭文字体，概定在西

---

① 李步青、林仙庭：《山东黄县归城遗址的调查与发掘》，《考古》1991年第10期。

② 李步青、林仙庭：《山东黄县归城遗址的调查与发掘》，《考古》1991年第10期。

③ 齐文涛：《概述近年来山东出土的商周青铜器》，《文物》1972年第5期；李步青、王锡平：《建国以来烟台地区出土商周铭文青铜器概述》，《古文字研究》（第十九辑），中华书局，1992年，第66—84页。

④ 王锡平、康禄庭：《山东黄县庄头西周墓清理简报》，《文物》1986年第8期；刘玉涛、马志敏：《归城城址历年出土青铜器调查综述（1980～2010）》，《龙口归城：胶东半岛地区青铜时代国家形成过程的考古学研究（公元前1000～前500年）》，科学出版社，2018年，第824页。

⑤ 姜国钧、唐禄庭：《山东黄县东营周家村西周残墓清理简报》，《海岱考古》（第一辑），山东大学出版社，1989年，第314—319页。

⑥ 刘玉涛、马志敏：《归城城址历年出土青铜器调查综述（1980～2010）》，《龙口归城：胶东半岛地区青铜时代国家形成过程的考古学研究（公元前1000～前500年）》，科学出版社，2018年，第825—826页，图见图版的121—128。

⑦ 王献唐：《黄县曩器》，《山东古国考》，青岛出版社，2007年，第113—238页。

⑧ 马志敏：《山东省龙口市出土西周铜簋》，《文物》2004年第8期。

⑨ 孙善德：《青岛市发现西周墓葬》，《文物资料丛刊》（6），文物出版社，1982年，第169页。

⑩ 郑同修、隋裕仁：《山东威海市发现周代墓葬》，《考古》1995年第1期。

⑪ 刘晓燕、孙承晋：《山东荣成市学福村商周墓葬的清理》，《考古》2004年第9期。

⑫ 李步青、林仙庭、杨文玉：《山东招远出土西周青铜器》，《考古》1994年第4期。

周中期。而如果认为旅鼎也出土于这一批青铜器中，则旅鼎年代就属于最早的。学福村M1出土的铜尊整体形制和西周早期的折尊①（《集成》5800）近似，都是高圈足、器身四面有扉棱的筒形尊，且口部和底部均为圆形；铜尊口沿下有八组鸟纹组成蕉叶形纹饰，器腹和圈足均饰夔纹，整体纹饰和折尊也相同，折尊属于昭王时代的标准器，因而学福村出土铜尊的年代应与之相近。考虑学福村地处胶东半岛东南角，这件铜尊至晚也在穆王初年铸造，墓葬年代暂定为西周中期偏早。

威海田村镇M1系一竖穴土坑墓，大部分遭破坏，墓葬形制不清楚。残余青铜器6件，包含鼎2、甗1、铙2、壶1；陶器2件，为陶簋、陶瓿。陶瓿和归城和平村M2：1相比纹饰更复杂，器形更圆鼓，年代应稍晚。铜甗和归城曹家村M1：3近似，年代应为西周中期。铜鼎和曲阜鲁故城M23：1相比，形制差别较大，该鼎为兽蹄足，M23：1为柱状足，二者纹饰差别也较大。威海田村镇M1的鼎足和小克鼎足近似，整体和函皇父鼎甲（《集成》2548）类似，但是纹饰相对简略，概属于西周中期偏晚。综合判断威海田村镇M1的年代可定为西周中期偏晚至晚期偏早。

从西周早中期遗存在胶东半岛分布情况看，半岛的归城及其周边是一个核心，西边的招远曲城，南边的胶州，东南角的威海市区、荣成均发现这个时期的遗存，且从发现的遗存内涵看都受到了周文化的影响。仅有胶东半岛东北角的长岛，中部的莱阳、稍南的乳山及青岛东北部地区可能尚处于本地土族文化掌控中。

上述西周早中期的青铜器类遗存如句监鼎、芮公簋、小夫卣、鲁家沟青铜器群等从形制特征、纹饰都属于典型的中原地区风格，其中不少还铸有铭文，有反映昭王南征的启尊、启卣以及师雍父出征的遇甗等，还有反映和畿内重要诸侯国芮国互动交流的芮公簋。集前赵家西周墓出土的青铜器中，4件有铭文，尽管不能确定具体国族，但是其中"叔索"受"伯應父"赏赐作器，"應"受"伊伯"赐金作壶，包括前述的鲁家沟出土青铜器中的束觯，这些铭文中人名、字体及对赏赐作器的叙述都具有典型周式铜器特征。同时句监鼎、齐中簋等器主则明确属于周王朝派遣官员或齐国人员。总之这些青铜器充分表明胶东半岛和周王室及王室贵族大臣有密切联系。值得注意的是，还有2件铜器较为特殊。其一是旅鼎，前文已说明其很可能是周室工匠为本地国族所作铜器。其二是海云寺徐家村出土的辛甗簋，李峰先生已指出从其器物造型看，属于西周中期圈足簋，但是并不规范，上面的窃曲纹也较简略、松散；铭文内容谬误甚多，字体正反相间，内容尽管可能与西周中期周王及其近臣在山东地区甚至可能是胶东地区的巡视活动有关，但器物的铸造者则可能是归城地区某地方国族的成员②。

---

① 陕西周原考古队：《陕西扶风庄白一号西周青铜器窖藏发掘简报》，《文物》1978年第3期。

② 李峰：《归城考古的收获和胶东半岛青铜器时代和社会变迁》，《龙口归城：胶东半岛地区青铜时代国家形成过程的考古学研究（公元前1000～前500年）》，科学出版社，2018年，第935页。

旅鼎表明胶东半岛国族在西周早期就接受周人最精英和经典的青铜文化，而辛鼹簋则
表明胶东本地国族在西周中期已经学习周人的青铜铸造技术及铭文文化，并开展模仿
铸造。

上述西周中期墓葬多属于中小型墓。从形制看，土坑竖穴墓流行，多有二层台；
葬俗上多头向东，几座墓葬中除了归城曹家村M1为南北向，威海田村镇M1遭破坏，
其余多为东西向，墓主头向东。此外，墓内多设置头箱放随葬品，东营周家村M2还有
1个殉人。单纯从葬制、葬俗看，几座墓葬除了曹家村M1，墓主应该都属于本地土
族。但是几座早中期墓葬中出土的青铜器形制、纹饰和铭文等几乎均属于典型中原地
区特征。随葬陶器则有多种文化因素，有典型的周式器，如东营周家村M2：4，也有
将周、商文化因素和本地风格组合的，多为周、商的形制与本地素面、装饰的组合，
还有海岱本地早期文化因素的孑遗，如周家村M2出土的素面陶鼎。

胶东半岛出土青铜器的特征与其上的铭文充分表明西周早中期胶东地区和中原周
王朝存在密切关系，墓葬材料则充分表明了胶东半岛地区西周早中期中等贵族已经广
泛吸收中原文化，仅从随葬器物很难分辨墓主的族属。种种迹象表明胶东半岛在西周
早中期已经呈现夷夏交融的人文景观。

康昭东征后，海岱地区人文地理格局发生较大变化的另一个区域是淄弥河下游，
这个区域应是齐国盐业中心。目前已经发掘的寿光大荒北央[①]、寿光双王城[②]、东营南
河崖[③]都发现商晚到西周早期的丰富的盐业遗存，在东营阳信李屋则发现商代及更早的
与制盐相关的遗存[④]。同时关于盐业遗址的几次专门田野调查也基本得出商周时期鲁
北地区盐业遗址的分布集中于莱州湾南，另一个地区则是黄河三角洲的沾化、利津一
带[⑤]。由于盐业生产在当时可能只是季节性生产，制盐遗址群发现的生活陶器不多，这

①　山东大学东方考古研究中心、北京大学中国考古学研究中心、寿光市博物馆：《山东寿光市
大荒北央西周遗址的发掘》，《考古》2005年第12期。

②　山东省文物考古研究所、北京大学中国考古学研究中心、寿光市文化局：《山东寿光市双王
城盐业遗址2008年的发掘》，《考古》2010年第3期。

③　山东大学考古系、山东省文物考古研究所、东营市历史博物馆：《山东东营市南河崖西周煮
盐遗址》，《考古》2010年第3期。

④　燕生东：《山东阳信李屋商代遗存考古发掘及其意义》，《古代文明研究通讯》（总第二十
期），2004年，第9—15页；山东省文物考古研究所、寿光市博物馆：《山东阳信县李屋遗址商代遗
存发掘简报》，《考古》2010年第3期。

⑤　山东大学东方考古研究中心、寿光市博物馆：《山东寿光市北部沿海环境考古报告》，《华
夏考古》2005年第4期；李水城、兰玉富、王辉，等：《莱州湾地区古代盐业考古调查》，《盐业史
研究》2003年第1期；李水城、兰玉富、王辉：《鲁北—胶东盐业考古调查记》，《华夏考古》2009
年第1期；鲁北沿海地区先秦盐业考古课题组：《鲁北沿海地区先秦盐业遗址2007年调查简报》，
《文物》2012年第7期；山东大学盐业考古队：《山东北部小清河下游2010年盐业考古调查简报》，
《华夏考古》2012年第3期。

样上述几个殷墟到西周早期盐业遗址群的具体的断代目前学术界认识并不一致。燕生东先生将目前发现的制盐遗存主要定在殷墟晚期，认为周初已经衰落[①]。王青先生则对于此区域周代早中期制盐业衰落持有异议[②]。根据目前的考古发现，此区域确有西周早中期的生活陶器，结合《史记·齐太公世家》中关于西周早期齐太公"通商工之业，便鱼盐之利"的记载[③]，笔者以为西周早中期齐国应该仍重视商人创建的制盐产业，西周早中期制盐业不仅没有衰落应该是有更进一步的大发展，环莱州湾区域西周早中期应是齐国重点经营的地区。只是目前商末周初遗存的归属，各地均不好判断，而莱州湾一带发现的明确属于西周早中期的遗存相对较少才导致有西周早中期制盐业衰落的认识。今后伴随西周早中期相关考古发现的突破、分期断代研究的深入，必将有更信服的研究成果。

鲁东南地区发现的西周早中期遗存很少，在胶东半岛常见的周式青铜器在这个区域几乎不见。这个地区在西周晚期到春秋早期发现一批出土青铜器的墓葬，如临沂中洽沟墓[④]、沂水东河北墓[⑤]、沂水李家坡墓[⑥]、日照崮河崖M1[⑦]、日照东灶子周代墓葬[⑧]等，这些墓葬从形制、葬俗及随葬青铜器的特征看都具有本地夷人文化的很多因素，如头向东、有腰坑和殉狗、殉人等。其中临沂中洽沟墓被发掘者推测为郼国遗存，其余有的尚无法辨别国族，但是基本判定为夷人遗存是没有大问题的。由此，我们赞同西周早中期鲁东南应主要属于土著夷人文化——珍珠门文化的分布区[⑨]。

鲁中南山地临朐、沂源、莱芜等区域，目前发现的西周早中期遗存也很少。重要遗址嬴县故城、牟国故城的主体年代可能都属于西周晚期至东周时期。笔者曾在2016年到这个地区做过田野调查，其中嬴县故城遗址位于莱芜市莱城区（今济南市莱芜区）羊里镇城子县村一带。遗址地处平原地区，东侧约1千米处为嬴汶河（古汶水的重要支流），平面近长方形，面积约200万平方米。现在遗址中还可以看到城墙、冶铸遗迹、汉墓等遗存。城内东北角地势最高，当地也称这里是小围子。近代取土城墙遭到

① 鲁北沿海地区先秦盐业考古课题组：《鲁北沿海地区先秦盐业遗址2007年调查简报》，《文物》2012年第7期；燕生东：《渤海南岸地区商周时期盐业考古研究》，北京大学博士学位论文，2009年。

② 王青：《山东盐业考古的回顾与展望》，《华夏考古》2012年第4期。

③ （汉）司马迁撰：《史记》卷三十二，中华书局，1982年，第1480页。

④ 临沂市博物馆：《山东临沂中洽沟发现三座周墓》，《考古》1987年第8期。

⑤ 马玺伦：《山东沂水发现一座西周墓》，《考古》1999年第2期。

⑥ 孔繁刚：《山东沂水县出土一批青铜器》，《考古与文物》1992年第2期

⑦ 杨深富：《山东日照崮河崖出土一批青铜器》，《考古》1984年第7期。

⑧ 日照市文物考古研究所、山东省文物考古研究院：《日照市东灶子遗址发掘简报》，《海岱考古》（第十辑），科学出版社，2017年，第110—138页。

⑨ 刘延常：《珍珠门文化初探》，《华夏考古》2001年第4期。

严重破坏，仅余上述的小围子城墙的一段（应是汉代城墙，是否有更早期的城墙有待进一步工作），商代铜爵、铜斝就出土于小围子围起来的最高台地上。根据遗址地表的陶片和已出土器物，初步判断遗址存在大汶口晚期、龙山时期、商周及秦汉时期遗存。此外非常重要的一点，嬴县故城作为嬴汶河流域的中心性遗址，其交通地理位置重要。遗址不仅扼守朝东北方向的淄水、潍水流域，还兼顾向北通往章丘、济南的多条通道。嬴县故城正位于其东北与正北两个方向交通线的交汇处。泰山南北交通的莱芜谷道从新石器时代就被东夷族群开发利用了，嬴县故城是其中的关键枢纽[①]，因此在西周时期，嬴县故城应该也是嬴汶河流域的一个中心性遗址。

与此遗址相似的是同处于莱芜盆地东南牟汶河流域的牟国故城遗址。遗址位于莱芜市钢城区（今济南市钢城区）辛庄镇赵家泉村。遗址位于高台地上，北、西两面临牟汶河，传为西周牟子国都城而名为牟国故城。遗址南半部被赵家泉村占压，其余为农田，保存状况尚好。西北角尚有高出地面的一段土台子，疑似城墙残留，我们在此台子上及周边见有西周鬲足、春秋时期陶罐口沿以及秦汉时期陶片，但未见更早的龙山及大汶口时期的遗存。以往这里出土有完整陶鬲3件，其中2件绳纹陶鬲属于西周中晚期，1件年代稍晚，已至春秋时期。牟国故城可能是一处商周时期遗存丰富的遗址，主体年代可能属于西周中晚期至春秋时期。

临朐和沂源地区因考古工作少，很少见到西周早中期遗存的报道。目前在这两个区域发现了西周晚期到春秋早期的墓地。临朐泉头甲、乙二墓为南北向，墓内出土带有铭文的青铜器[②]，铭文涉及齐、曾等国，尽管器形带有本地夷人文化因素，但是墓葬为周人墓的可能性更大。考虑此地北距齐国故城的距离约60千米，应在齐国疆域之内，很可能是与齐国有关的墓葬。沂源姑子坪发现的周代墓葬是近年海岱周代考古的重要发现[③]。这批墓葬为东西向，墓主头向东，有腰坑、殉狗，椁室与器物箱由熟土隔梁相隔，墓葬形制和墓向是夷人传统。铜器组合鼎、簋、簠、方彝、罍、壶，铜器纹饰及形制兼有周人和夷人因素。陶器中保留更多夷人文化特色。关于墓地的性质，有学者认为姑子坪墓地和莱夷有关[④]，此墓地和传统所言胶东半岛莱国及莒南的莒国都相距较远，或与二者关系都不大，但是应属于东夷土族无疑。

此外，新泰地区的考古发现表明，周家庄墓地可能和东迁的杞国有关。而北单

---

①　庞小霞：《先秦时期齐鲁交通的考古学观察》，《管子学刊》2018年第3期。

②　临朐县文化馆、潍坊地区文物管理委员会：《山东临朐发现齐、郜、曾诸国铜器》，《文物》1983年第12期。

③　山东大学考古系、淄博市文物局、沂源县文管所：《山东沂源县姑子坪周代墓葬》，《考古》2003年第1期；崔圣宽、郑德平、杨中华，等：《山东沂源姑子坪发掘一批周代墓葬》，《中国文物报》2006年3月24日。

④　任相宏：《山东源县姑子坪周代遗存相关问题探讨》，《考古》2003年第1期。

家庄遗址则出土西周中晚期的陶器,此地位于新泰市区西北,雁翎关村委会西北不远处,扼守莲花山向西南出山中间豁口,表明西周晚期周人的势力已进入柴汶河谷地中段北侧山前的丘陵地带。但是雁翎关以北应该仍为夷人占据。

西周晚期,由于鲁中南山地仍主要为夷人占据,仅在某些和平原相接的交通要道之处可能为周人掌控。因此在更早时段的西周早中期,我们推测鲁中南山地应属于夷人势力范围。

第三节　海岱地区西周以来夷夏交错的格局及东夷族群的华夏化

海岱地区周公、成王第一次东征后在洙泗流域就已经出现了周夷交错的人文格局,太昊后裔的风姓国族任、宿、须句、颛臾等作为神守之国而较早得到周天子的褒封,西周晚期伴随嬴姓、妊姓更多商人旧族的建国封侯,洙泗流域最早形成了夷夏杂处的人文景观[①]。二次东征后胶东半岛也出现并逐渐形成了这种人文格局。以弥河以东特别是整个胶东半岛地区为例,随着周王朝势力的衰落,齐国势力的扩张,夷人的自我民族认同加强,在西周晚期的墓葬、城址等遗存中均可以看出土著夷人文化因素的增强。李峰先生曾指出,西周时期山东地区的土著部族们受到他们近邻西周封国的影响,曾经有过一次国家形成的过程[②]。这种认识非常有见地,目前看潍弥河、胶东半岛地区纪、莱等本土族群形成国家的时间正是西周时期。纪国、莱国可能均是在周人东征后,面对周王朝在胶东半岛大力拓展的背景,积极和周王朝合作,充分和王朝派驻的势力融合,最终实现了各自的封侯建国。本节主要以弥河以东地区尤其以胶东半岛为重点考察两周时期该地形成的夷夏交错的人文景观,并考察该区域东夷土族的华夏化历程。

一、归城城址的内涵与性质

归城城址位于胶东半岛北部,今龙口市兰高镇,距离老县城东南6.5千米。2006年公布为国家第六批重点文物保护单位。城址由内城和外城两部分组成,内城的使用年代主要是西周早期晚段至西周晚期,外城的使用年代大约春秋时期,二者的具体始建

---

① 朱继平:《从淮夷族群到编户齐民:周代淮水流域族群冲突的地理学观察》,人民出版社,2011年,第152—153页。

② 李峰著,徐峰译,汤惠生校:《西周的灭亡》,上海古籍出版社,2007年,第360页。

年代尚不清楚，内外城是否存在并存时段也不清楚。外城整体形状不甚规整，大致呈不规则椭圆形，南北长约3.6、东西宽约2.8千米，面积约8平方千米。外城南侧为莱山山脉，东、西、北三面筑墙，城墙北至北山村、大于家村北侧山地，东至董家、东迟家和南埠村东侧山地，西至曹家村西侧山地。城内有北山村、大于家、董家、和平、姜家、南埠、东迟家和曹家等八个自然村。内城位于城址中部的一处高台地上，平面形状整体呈曲尺形，西北侧内凹，南北长490米，东西宽525米，总面积约22.5万平方米[①]（图7.11）。

　　归城城址地处黄水河干流西侧，黄水河是胶东半岛东北部一支重要河流，也是归城附近最大的河流，其支流之一鸦鹊河（又称莱阴河）流经内城东侧，从南向北穿过外城。城址西侧有泳汶河流经，该河发源于罗山北麓，流入渤海。城址周边周代遗存主要位于黄水河流域，在泳汶河流域也有少量发现。

　　归城城址及周边周代遗存的年代主要可分成两个大的阶段。第一阶段为西周早中期，相关遗存前文已有介绍。第二阶段为西周晚期至春秋早中期，这个阶段的遗存主要有城址、居住遗址、墓地等遗迹及所出遗物还有传出土于这一区域的青铜器等。城内包括和平村、董家村、南埠村、东迟家村等地点[②]。城内和平村M2的北部发现一车马坑，时代为春秋时期[③]。此外，该地点自1946年至今多批次出土多件青铜器，包括己侯禹等，年代多属西周晚期及春秋时期[④]。和平村的另一个重要的发现是清理房址4座，两座为西周晚期，两座为春秋早期，填补了归城居住遗址的空白[⑤]。董家村1969年在村东南台地挖出9件铜器，包括甗2、盘1、鼎1、匜1、戈1、镞3，其中甗、盘同出

　　① 中美联合归城考古队：《山东龙口市归城两周城址调查简报》，《考古》2011年第3期。

　　② 归城周边周代遗址分布图可参见中国社会科学院考古研究所、哥伦比亚大学东亚语言和文化系、山东省文物考古研究院：《龙口归城：胶东半岛地区青铜时代国家形成过程的考古学研究（公元前1000～前500年）》，科学出版社，2018年，第582页。

　　③ 李步青、林仙庭：《山东黄县归城遗址的调查与发掘》，《考古》1991年第10期。

　　④ 王富强、闫旭东、刁鹏：《归城及周边区域青铜器的考古发现与研究综述》，《龙口归城：胶东半岛地区青铜时代国家形成过程的考古学研究（公元前1000～前500年）》，科学出版社，2018年，第791、801页；蒋惠民、唐锦琼：《归城遗址历年发现青铜器出土经过的调查综述》，《龙口归城：胶东半岛地区青铜时代国家形成过程的考古学研究（公元前1000～前500年）》，科学出版社，2018年，第886—887页。

　　⑤ 赵娟、孙兆锋：《2002年归城内城北部和平村遗址的发掘》，《龙口归城：胶东半岛地区青铜时代国家形成过程的考古学研究（公元前1000～前500年）》，科学出版社，2018年，第749—788页。

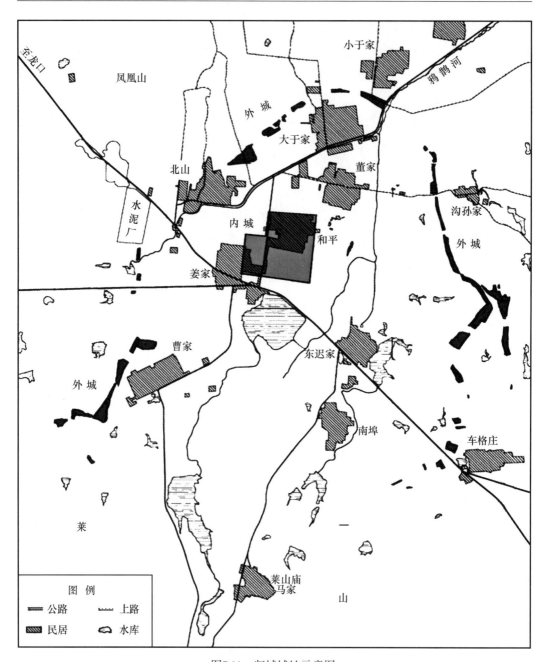

图7.11　归城城址示意图

（来源：《龙口归城》，科学出版社，2018年，第11页）

于一坑，应是墓葬随葬品，推测时代为西周晚期至春秋早期[①]。南埠村1951年出土了著名的黄县曩器，另外还有其他零散出土的青铜器[②]。东迟家村2000年出土1件春秋时期的青铜鼎。

归城城外分布有村里集城址和墓群、张郑家墓地等。村里集城址位于烟台市蓬莱区村里集镇，地处黄水河东支流西岸，这条东支流旧称崮山河、大沙河、鸳鸯河，主要流经蓬莱区境内，自南向北汇入黄水河。城址面积约30万平方米，墓群分布于黄水河东支流两岸，西岸主要是柳格庄和占马张家村墓地，东岸主要是辛旺集墓地[③]。柳格庄墓地面积约4万平方米，先后进行过3次发掘，墓地年代主要属于西周晚期至春秋时期[④]。根据发现墓葬的年代，推测村里集城址年代主要属于西周晚至春秋。张郑家墓地在归城城址西北，位于泳汶河东岸，主要是发现一批出自墓葬的西周晚期陶器，但遗物非经科学发掘，这个区域推断应为一处西周晚期低等级墓葬区[⑤]。徐乡故城始建于春秋时期，为春秋晚期齐国灭掉东莱国后在其旧地的北海沿海设置的徐乡城，延续到汉代初期[⑥]。城外东部石良镇的东营周家村M1也属于西周晚期[⑦]。此外，诸由观镇的赵刘、唐家集、程家、西张家遗址，石良镇的黄城集、下河头遗址、徐福镇的洼南遗址、兰高镇的四平、侧高遗址[⑧]等也都属于周代遗址，有的包含汉代遗存，由于均属于调查材料，遗址具体情况有待进一步发掘。

整体考察归城城址内及周边周代遗存的分布情况，相对于西周晚期至春秋早中期

① 9件青铜器目前均藏于烟台博物馆，参见王富强、闫旭东、刁鹏：《归城及周边区域青铜器的考古发现与研究综述》，《龙口归城：胶东半岛地区青铜时代国家形成过程的考古学研究（公元前1000～前500年）》，科学出版社，2018年，第791、805页；早年报道是4件，参见李步青、林仙庭：《山东黄县归城遗址的调查与发掘》，《考古》1991年第10期。

② 王献唐：《黄县曩器》，《山东古国考》，青岛出版社，2007年，第113—238页；蒋惠民、唐锦琼：《归城遗址历年发现青铜器出土经过的调查综述》，《龙口归城：胶东半岛地区青铜时代国家形成过程的考古学研究（公元前1000～前500年）》，科学出版社，2018年，第884—885页。

③ 山东省烟台地区文管组：《山东蓬莱县西周墓发掘简报》，《文物资料丛刊》（3），文物出版社，1980年，第50—55页。

④ 烟台市文物管理委员会：《山东蓬莱县柳格庄墓群发掘简报》，《考古》1990年第9期。

⑤ 梁中合：《黄水河流域的区域考古调查》，《龙口归城：胶东半岛地区青铜时代国家形成过程的考古学研究（公元前1000～前500年）》，科学出版社，2018年，第570—571页。

⑥ 梁中合：《黄水河流域的区域考古调查》，《龙口归城：胶东半岛地区青铜时代国家形成过程的考古学研究（公元前1000～前500年）》，科学出版社，2018年，第571页。

⑦ 姜国钧、唐禄庭：《山东黄县东营周家村西周残墓清理简报》，《海岱考古》（第一辑），山东大学出版社，1989年，第314—319页。

⑧ 上述遗址均参见梁中合：《黄水河流域的区域考古调查》，《龙口归城：胶东半岛地区青铜时代国家形成过程的考古学研究（公元前1000～前500年）》，科学出版社，2018年，第565—615页。

这个阶段，我们认为西周早中期遗存更为丰富，尤其西周中期。而西周早中期归城城址及周边出土青铜器的铭文内容也反映出这个时段归城城址和渭水流域的周人中心地区存在密切联系，因此有学者提出最好把西周早期和中期早段的归城看成是周人在胶东半岛活动的一个重要集结地[①]。这种认识有一定道理。前文已指出，我们认为归城城址在西周早中期其实就是二次东征后周人在胶东半岛的军事据点，应该是由周王朝派驻的监官驻守，此监官就是"句监"，而这个时期的核心居住区或许就是归城内城。早中期的墓地则集中于两个区域：其一，归城城外东南黄水河流域，今石良镇庄头村向南至鲁家沟这一南北分布紧靠黄水河的东岸区域；其二是归城城内，主要是位于大城城内偏西，包括内外城之间的姜家村、曹家村、小刘庄村等地点，内城的和平村也发现少量。内城的西周早中期遗存除了和平村M2，尚未发现明确属于这个时期的遗存。城内勘探出的17座夯土基址中，和平村的夯土基址属于西周晚期和春秋早期。既然城内及周边西周早中期遗存丰富且多为墓地，因此推测内城西南姜家村的这十余座夯土基址可能属于西周早中期。

西周晚期至春秋早期，归城城址及周边重要遗存也主要集中于两个区域。其一，归城外东南方向，位于黄水河支流的村里集城址和墓葬。其二，内城东北及大城城内偏东，主要是内城的和平村及内外城之间的董家村、南埠村等。此期从出土于归城城址内及周边的青铜器的铭文看，主要是胶东半岛本地国族，如南埠村的夅国、和平村的己国，关于己、夅我们赞同是两个国族[②]。由铭文可知，南埠村出土的青铜器中至少盘、匜属于媵器，和平村出土的己侯鬲（HG53）也明确属于媵器，这表明纪国、夅国和归城居住者在西周晚期都是有通婚关系的，纪国并不在归城。而实际纪国也确有居地，纪国是商代旧族，商代晚期的纪族（国）及西周中晚期的纪国可能均在寿光一带[③]。西周晚期至春秋时期的纪国主要活动于胶东半岛的烟台和莱阳。目前已在莱阳前

---

① 李峰：《归城考古的收获和胶东半岛青铜器时代和社会变迁》，《龙口归城：胶东半岛地区青铜时代国家形成过程的考古学研究（公元前1000～前500年）》，科学出版社，2018年，第937—938页。

② 崔乐泉：《纪国铜器及其相关问题》，《文博》1990年第3期。

③ 崔乐泉：《纪国铜器及其相关问题》，《文博》1990年第3期；孙伟喆：《齐国早期都城及相关问题研究》，山东师范大学硕士学位论文，2016年，第61页。商末纪国生活于寿光古城（益都侯城遗址，今寿光市北古城街道古城村一村）一带。西周纪国则在寿光市南的呙宋台遗址，现属孙家集街道办事处。显然商末的纪族（国）和西周纪国相距还有十余千米，据孙伟喆的介绍，呙宋台近年发现的数座大墓均属于西周中晚期，因而西周早期的纪国所在还不清楚，尽管烟台二中曾出土一件属于西周早期的"己爵"，单凭此一件器物并不能断定西周早期的己国在烟台（曹斌、王晓妮：《烟台市博物馆藏几件周代铜器》，《文物》2020年第2期。）而寿光市北的商之纪族（国）和之南的周之纪国的有何关系，是否同一国族？其中还涉及立族和己族的关系，都需进一步研究。

河前村发现了铭有"己侯作"的青铜器，其年代为西周晚期[1]。同时在烟台上夼村发现一座春秋早期墓葬，墓内出土己华父鼎和夒侯鼎[2]。总之，西周晚期归城内城和平村一带呈现较繁盛的局面，外城的城内也发现不少这个时期的铜器，但能反映居住此地国族的铜器铭文并未发现。种种迹象说明归城在西周晚期不排除仍是周人派驻的监国驻地，但是也可能如李峰先生指出的，随着西周国家在西周中期以后的逐渐萎缩，胶东半岛本地国族势力的增强，将西周晚期的归城与莱国都城相联系也无大的问题。但是综合考虑距离归城不远的村里集城址和墓群，笔者倾向于认为村里集一带属于莱国西周晚期至春秋早中期的统治核心。

二、胶东半岛的华夏化进程

根据胶东半岛归城及其附近出土铜器情况，有学者指出胶东地区应该是在西周早中期已经完成了中原化的进程[3]。这种认识有一定道理，但是西周早中期完成了华夏化或曰中原化的区域并不是整个胶东半岛。由于胶东半岛地处海岱地区最东端，是海岱地区东北部的边界区域，而半岛东北部的长岛和东南部乳山、文登等地区相比半岛中西部地区更为偏远。特殊的地理位置使得这个区域华夏化的进程并非同步，半岛东南部的乳山、东北部的长岛地区和以归城、招远为中心的中北部区域在华夏化进程中的时间、华夏化程度或有不同。

1979年在长岛珍珠门、王沟、店子、大口、北城西、大钦北村等遗址发现一类富有地方特色的文化遗存[4]。珍珠门遗址的发掘丰富了这类遗存的内涵[5]，芝水遗址的发掘则对这类遗存的年代有了更深的认识[6]。遗存中的陶器以夹砂或夹云母红褐陶为主，陶色多为红色或褐色，手制，素面；器类有甗、鬲、簋、碗、罐等，另有少量绳纹鬲

---

①　李步青：《山东莱阳县出土己国铜器》，《文物》1983年第12期；常兴照、程磊：《试论莱阳前河前墓地及有铭陶盉》，《北方文物》1990年第1期。

②　山东省烟台地区文物管理委员会：《烟台市上夼村出土夒国铜器》，《考古》1983年第4期。

③　唐锦琼、王晓妮：《胶东地区中原化进程的考古学观察（之一）——以"归城铜器群"为核心》，《青铜器与山东古国学术研讨会论文集》，上海古籍出版社，2017年，第139页。

④　北京大学考古实习队、烟台地区文管会、长岛县博物馆：《山东长岛县史前遗址》，《史前研究》1983年第1期。

⑤　王锡平：《胶东半岛夏商周时期的夷人文化》，《北方文物》1987年第2期。

⑥　北京大学考古实习队、烟台市博物馆：《烟台芝水遗址发掘报告》，《胶东考古》，文物出版社，2000年，第96—150页。

和盆。珍珠门遗址的晚段已进入西周早期，芝水三期则相当于西周中期①。从长岛等地珍珠门文化的情况看，至少西周早中期胶东半岛长岛地区主要属于夷人文化系统，少量的绳纹鬲、盆则表明这里也并非与世隔绝，一定程度也受到商周文化的影响，但是华夏化的程度很浅。当然还有一种情况，长岛地区尚未见到中高等级遗存如墓葬、城址等，一般来说中高等级遗存接受外来文化更快、更深刻，而从目前的调查与发掘看，此地的遗存均属于村落级别的小型的低等级遗存，这也会导致遗存更多体现当地土族文化特征。

值得注意的是，胶东半岛东南角的威海田村镇M1、荣成学福村M1对于理解半岛地区西周早中期华夏化的进程提供了很好的材料。田村镇M1随葬器物中的铜鼎、铜甗都属于典型周式风格铜器；陶簋从器形、纹饰上看，属于受到商文化影响的产物，陶瓿上的装饰具有本地文化特色②。学福村M1也是竖穴土坑墓，虽遭破坏，墓葬形制、葬俗基本清楚。墓坑长4.1、宽1.8、深0.8米，大致呈东西向，有熟土二层台，一棺一椁，在西侧棺、椁之间发现随葬的铜尊、铜壶，棺内出土有铜戈、镞和砺石等③。铜尊上有铭文，其器形、纹饰、铭文书写都属于典型的周式铜器，墓葬的形制则属于本地特征。尤其需要关注的是，两座墓中均随葬有一类铜壶（图7.12）。这类铜壶最初发现于归城，出土的确切情形不明，被认为属于商末周初的器物④；其后在海阳上尚都村也发现1件类似铜壶（图7.13），推测出自一座被盗扰的墓葬，但墓葬形制、葬具、随葬品组合等均已不清，追缴回的青铜器有盘1、壶1、甬钟1、钮钟4件⑤。盘的整体形制和西周中期的长甶盘、守宫盘近似，盘内纹饰也为西周中期常见纹饰。钮钟和甬钟有学者认为其年代为西周末期⑥。可见上尚都几件铜器年代早晚不一，若出自墓葬，墓葬年代应属于西周晚或末期，但铜壶年代据此墓仍不能确定。但从铜壶的整体形制看，上尚都村出土的和学福村更近似。因此根据田村镇M1和学福村M1的年代，参考上尚都出土青铜器的年代，这类铜壶可能西周早期已出现直到西周晚期仍被使用，可能为海岱地区本地制作，也是具有海岱风格的青铜器之一。总之，田村镇M1和学福村M1显然属于周夷融合的产物，这种情况和归城城址内及周边同级别的墓葬周夷融合的风格完全类似。

---

① 　山东省文物考古研究所：《山东20世纪的考古发现和研究》，科学出版社，2005年，第386—387页。

② 　郑同修、隋裕仁：《山东威海市发现周代墓葬》，《考古》1995年第1期。

③ 　刘晓燕、孙承晋：《山东荣成市学福村商周墓葬的清理》，《考古》2004年第9期。

④ 　李步青、林仙庭：《山东黄县归城遗址的调查与发掘》，《考古》1991年第10期。

⑤ 　张真、王志文：《山东海阳上尚都出土西周青铜器》，《考古》2001年第9期。

⑥ 　朱晓芳：《山东地区两周乐钟研究》，山东大学博士学位论文，2013年，第160页。

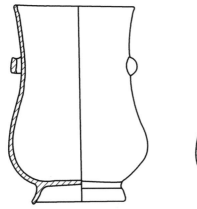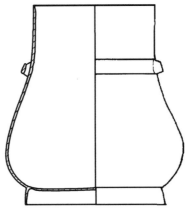

图7.12　威海田村镇M1：6（左）、荣成学福村M1：2（右）

（来源：采自《考古》1995年第1期、2004年第9期）

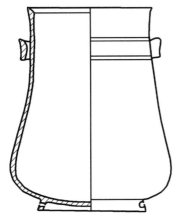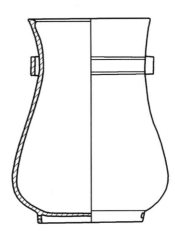

图7.13　归城HG70（左）、海阳上尚都村C5：42（右）

（来源：采自《考古》1991年第10期、2001年第9期）

西周早中期，将胶州西菴M1、威海田村镇M1、荣成学福村M1及归城曹家村M1、东营周家村M1等墓葬及招远东曲城村西周中期青铜器遗存等进行对比，可以发现此期半岛地区偏东南的威海、荣成和半岛偏西的胶州、招远都和归城的文化面貌差别不大。不存在随着空间的东移，华夏化程度变弱或者华夏化进程晚一个时段的情况，这和晚商时期商文化东进的情况截然不同。推测这些地区在西周早中期应该都属于接受周人控制的地区，这也恰恰说明早中期半岛地区这种华夏一体化进程正是在短时间内，由周人二次东征这一特定事件导致的。

西周晚期至春秋早中期，胶东半岛除了上述归城及其周边遗存、莱阳前河前墓葬、烟台上夼村墓葬等遗存外，还有海阳嘴子前墓群[①]、即墨北阡遗址[②]、栖霞吕家埠墓地[③]、海阳上尚都墓葬[④]等。这些墓葬的形制、葬俗等和西周早中期基本相同，但海岱本地文化因素回潮，主要体现在：墓葬中殉人现象较为常见，西周晚期的吕家埠M1二层台有1个殉人，春秋中期的柳格庄M6二层台有4个殉人；前期常见的爵、卣、尊、觯也基本消失，部分墓葬随葬品用偶数形式[⑤]。随葬青铜器组合中，中原地区春秋早期开始流行的奇数鼎与偶数簋的搭配，这种现象在胶东半岛春秋早中期的墓葬中尚没有见到，相反胶东半岛本地铜器特点呈现出来，如西周晚期的招远东曲城村出土的卵形壶、环耳浅腹盘等，均为目前发现的最早的此类器。同时发源于海岱地区的一类青铜器——铜铘开始出现，栖霞吕家埠出土的铜铘是目前发现的最早的双耳平底铘，而海阳嘴子前M1出土的2件仿夷人陶豆的铜豆也不见于其他地区[⑥]。水器、乐器出现，二者则显然是受到中原地区的影响。

在胶东半岛还发现以乳山南黄庄遗址为代表的一类遗存，这类遗存仅发现于半岛东南部，以乳山市发现最多，有寨山、合子、南黄庄等遗址及南黄庄、俞介庄、大浩口、海疃等墓群。经过发掘的主要是南黄庄墓群和遗址[⑦]。南黄庄墓群中，石椁墓以石块筑成椁室，内为木棺，单人葬，头向东或北，随葬品多放置于棺外椁内的高台上，一般为1—8件不等；石棺墓形制与石椁墓相同，只是在底部用石块铺平，无木葬具，墓室较小。随葬品以陶器居多，铜器则均为铜镞。陶器为夹砂陶或夹云母陶，质地较松软；陶色多为红色，次为褐色，红褐陶颜色多不均匀；多素面，纹饰有细绳纹、附加堆纹、乳钉纹和划纹等。鼎、鬲、簋为手制，罐为轮制。南黄庄这类遗存属于胶东半岛夷人文化的代表，尽管其保留了浓厚的夷人文化特征，但墓葬出土的铜镞、陶罐也深受周文化影响[⑧]。

总之，西周晚期至春秋早中期，胶东半岛并没有出现与西周早中期那样广泛、深刻的和关中周文化的互动、交流，甚至还出现了一些青铜文化的区域性特征。对此我们认为这与本地族群自我认同增强，模仿邻近西周封国而建国封侯的大背景有关。但

① 烟台市博物馆、海阳市博物馆：《海阳嘴子前》，齐鲁书社，2002年。

② 山东大学历史文化学院考古学系、青岛市文物保护考古研究所、即墨市博物馆：《山东即墨市北阡遗址2007年发掘简报》，《考古》2011年第11期。

③ 栖霞县文物管理所：《山东栖霞县松山乡吕家埠西周墓》，《考古》1988年第9期。

④ 张真、王志文：《山东海阳市上尚都出土西周铜器》，《考古》2001年第9期。

⑤ 王青：《海岱地区周代墓葬研究》，山东大学出版社，2002年，第188页。

⑥ 毕经纬：《问道于器：海岱地区商周青铜器研究》，上海古籍出版社，2019年。

⑦ 北京大学考古实习队、烟台市文物管理委员会：《乳山南黄庄石椁墓》，《胶东考古》，文物出版社，2000年，第244—268页。

⑧ 王锡平：《胶东半岛夏商周时期的夷人文化》，《北方文物》1987年第2期。

是胶东半岛的华夏化进程仍在进行，只是可能相比西周早中期的迅速猛烈而变得缓慢和缓。

　　通过对春秋时期文献记载中海岱地区本土国族和华夏诸国的结盟朝觐、战争冲突、互通联姻材料的分析及考古材料反映的华夏化因素的考察，有学者指出春秋中后期以来，大国为谋求霸权而使得会盟、战争日渐频繁，东夷族群华夏化的进程也逐渐加速[①]。春秋晚期以来，东夷族群的华夏化进程在这一时期伴随着战争灭国、文化融合而大大加速[②]。胶东半岛的情况也与海岱地区的这一华夏化的总体进程是一致的，公元前690年纪国被齐国所灭，公元前567年莱国被齐国所灭，胶东半岛最大的两个本地国族在春秋早中期相继灭亡，齐国基本控制了胶东半岛。齐国虽可能并未在灭国地区设置郡县，但是曾设有都邑。战国时期胶东半岛即墨曾为齐国五都之一，相当于其他国家的郡[③]。战国晚期，胶东半岛和海岱东夷诸国族最终完成华夏化进程，至"秦并六国，其淮、泗夷皆散为民户"[④]。东夷最终融入华夏。

　　为有效控制东夷，齐、鲁两大封国在东方地区凭借不同的政治手段缓解与东夷族群的冲突，如齐国采取的"因其俗，简其礼，通商工之业，便鱼盐之利"[⑤]政策，因而人民多归齐，齐为大国；鲁国则采用"变其俗，革其礼"[⑥]。齐、鲁两国两种政策都在不同程度上达到了消弭族群认同差异的目的，促进了夷夏之间的交流、融合。

---

①　张金桥：《春秋时期东夷族群华夏化研究》，山东师范大学硕士学位论文，2020年。

②　张金桥：《春秋时期东夷族群华夏化研究》，山东师范大学硕士学位论文，2020年。

③　韩连琪：《春秋战国时代的郡县制及其演变》，《文史哲》1986年第5期。

④　（南朝宋）范晔撰，（唐）李贤等注：《后汉书》卷八十五，中华书局，1965年，第2809页。

⑤　（汉）司马迁撰：《史记》卷三十二，中华书局，1982年，第1480页。

⑥　（汉）司马迁撰：《史记》卷三十三，中华书局，1982年，第1524页。

第八章　夷、东夷及其华夏化

夷和东夷在先秦漫长时间段内其内涵和包括的族群有一个不断变化的过程。夏和华夏也同样有这样的演变过程。在此我们利用传世文献、出土甲骨、金文、简帛等不同材料，分时段考察不同时期夷、东夷族群的内涵以及整合、分化的过程，分析东夷族群从空间到心理逐渐消失自我族群认同并最终融入华夏的过程。

第一节　夏代及之前的史前时期

夏代及史前目前未发现有文字，我们还无法找到这个时期"夷"的记载。商代甲骨文中有"夷"和"东夷"。而一大批保存至今的东周时期成书的传世文献最早出现对"夷"的载述为夏时期。如《尚书·禹贡》将东方青、徐二州的居民称为"嵎夷""莱夷""淮夷"①，《竹书纪年》则有很多东方之夷和夏交往的记述②。而这些文献对夏时期及史前的记载中，关于东方只出现一些古史传说中的人物如太昊、少昊、伯益、皋陶等。由此我们知道东周人的认知观念中或曰东周人从之前的史籍中获得的认识是：夏时期在东方有种类不一的夷族生活。那么我们是否能说东夷族群形成于夏代呢？近几十年海岱地区的考古发现表明，至少从新石器时代的北辛文化开始，海岱地区已经形成了较统一的文化共同体，尤其到了大汶口文化的中晚期已经出现了几个区域性的中心，个别小区域或已经出现了早期国家。紧接着的龙山文化和岳石文化从考古学文化谱系看和之前的考古学文化是一脉相承的。因此如果说文献中载述夏代东方有各个不同的夷，那么我们结合考古学的发现和研究大可将海岱地区新石器时代至夏生活的族群都称为"夷"或"东夷"。而事实上夏及史前时期，"夷"和"东夷"并非是建立在其成员主观认同上的族体，这个名称是在接受华夏族群或曰华夏国家的族群分类概念下，今天的知识精英形成的一种主观认同上的族群。我们不必纠结于东夷族群形成的确切时间，而值得关注的是，大量考古资料显示大汶口文化中期开

---

① 顾颉刚注释：《禹贡》，《中国古代地理名著选读》（第一辑），学苑出版社，2005年，第1—54页。

② 方诗铭、王修龄：《古本竹书纪年辑证》，上海古籍出版社，1981年。

始，海岱地区社会开始进入一个剧烈变革时期，海岱地区族群的分化、流动、融合加快了，族群意识和族群边界也正是在这样的时期逐渐被强调和凸显。

与此同时，文献中对夏的记载非常多，最早的仍然是《尚书》，如形成于周初的《周书》中《康诰》《召诰》《多士》《多方》《立政》等篇目都有"夏""有夏"等记载。关于先秦文献中的"夏""夏史""禹迹"，张国硕先生有非常详细的论述①。在此不再赘述。史前时期"华夏"一词尚未出现，"华夏"也未用于任何族群的称呼。

第二节　商代的夷、东夷

在载述商代晚期事件的文献中有"东夷"的相关记载。《左传·昭公四年》"商纣为黎之蒐，东夷叛之"，《左传·昭公十一年》"纣克东夷，而陨其身"，显然是东周人对于商代事件的追述，代表了东周人对于商代晚期东方族群的认识或据当时看到的文献而进行的撰述。而《竹书纪年》中则有"仲丁即位，征于蓝夷"，表明东周人对于商代中期的东方夷人称呼似乎仍和夏时期相同。而商代后期的甲骨文中多见"人（夷）""人（夷）方"，尤其是帝辛时期涉及很多征伐"人（夷）方"的卜辞，商末的一些青铜器也有关于征人（夷）方的记载，如梁山七器之一的小臣艅尊和前掌大出土的棶盉。甲骨卜辞中也见有对"东夷"的记载，方辉先生在一次学术会议中详细介绍了带有"东夷"二字的两片卜骨，其中一片即《合集》8410反，现藏于加拿大多伦多皇家安大略博物馆，在许进雄先生所著《明义士收藏商代甲骨》中编号为B1123，其释文为"东夷出曰：千▨，余▨□青□"。方辉先生认为由于该卜骨正面还有刻辞，而有关东夷的刻辞则在卜骨背面，应该不属于卜辞。这段刻辞应该属于"小片段"的"文本"。另一片卜骨即《金璋》472，许进雄先生发现此卜骨上的刻辞与上述明义士甲骨同文，将二者参照补充，补足之辞为："东夷又曰：'千▨，余▨于之，八犬八豕□四羊青四，卯于东方析三牛三羊青三□。'"许氏根据钻凿形态和不见有贞人署名等特点，将其年代断为第一期早段，即武丁早期②。这两片有关"东夷"的甲骨卜辞的重要性是多方面的。笔者认为其重要性还在于如果它是东夷人自己记录的卜辞，说明商代"东夷"可能是东方族群的自称；其次说明在武丁早期东方族群已经在"夷"前加了方位词。总之，商人自己在甲骨卜辞中对海岱地区族群多称"夷""夷方"，甚至有称"东土"的，而"东夷"使用很少。"东夷"的含义在东

---

① 张国硕：《论夏王朝存在的依据》，《中国历史文物》2010年第4期。

② 庞小霞整理：《"早期城市和经济：帝国兴起前山东半岛城市化、区域政治与经济网络的发展"国际学术研讨会会议纪要》，中国考古网，2018年11月1日。

周时期文献中指代东方地区生活的夷人族群，上述两片含有"东夷"二字的卜辞，此处的"东夷"是指代整个东方海岱地区的人群，还是细分指代海岱某个小区域内的人群，鉴于材料太少，还不能有定论。

夏，甲骨文中是否有此字，学界还有不同意见。曹定云先生认为甲骨文中有夏字，并据战国秦汉文字中的夏上溯，从商代甲骨文、周代金文、战国玺印、帛书等材料中共收录了15个不同的"夏"字，最后根据字之结构、形状分为不同的类型。在此基础上，该文又探讨了"夏"字的演变和发展[①]。商人灭夏，周人尊夏，而目前发现的甲骨文主要是商人占卜之辞，因此"夏"在甲骨文中鲜见是可以理解的。

第三节　西周时期的夷、东夷

西周早期的青铜器铭文中常见"东夷""东反夷"，个别还见"反夷"，如上节塑方鼎、小臣谜簋、保员簋、鼋鼎、窎鼎、旅鼎等。根据这些青铜器的年代看，从成王的塑方鼎到昭康之际的小臣谜簋铭文中都有"东夷"，康王时期的旅鼎使用了"反夷"。同时西周早期周人称呼东方族群生活的地域还用"东或（国）"和"殷东或（国）"，如保卣（《集成》5415）"乙卯，王令保及殷东或（国）五……"，康王时期的鲁侯尊、宜侯夨簋铭文中则出现"东或"。有学者指出这里的"或"即"国"，和后世的国不同，实际相当于"域"，和商人使用的"东土"类似[②]。其说甚是。关于东国和东夷的关系，黄盛璋先生曾认为东国是周人视作自己的本土以外的领土，东夷皆为本土，包括方国和部族，至少名义上臣服于周[③]。后来其新的文章修改了这种说法，他认为东国、南国都是周人国土，东夷、南夷则是生活于东国、南国内不服周的异族[④]。笔者认为将东国、南国看作地理名称，但包含政治因素，其内涵随时代不同、范围变迁而变化的认识很有道理。但是东国、南国和东土、南土应该含义不同，进入周代，东夷、南夷、淮夷、南淮夷是指生活于东国、南国地域内对于周王朝时叛服的异族。

就西周早期来看，塑方鼎铭文中"东夷"和"薄姑""蘴伯"并举，我们认为至

① 曹定云：《古文"夏"字考——夏朝存在的文字见证》，《中原文物》1995年第3期。
② 黄金贵：《方·邦·国——古汉语词义辨析》，《语言论丛》，杭州大学出版社，1990年，第70—76页；大西克也：《论古文字资料中的"邦"和"国"》，《古文字研究》（第23辑），中华书局，安徽大学出版社，2002年，第186—194页。
③ 黄盛璋：《西周征伐东夷、东国的铜器年代地理及其相关问题综考》，《河洛文明论文集》，中州古籍出版社，1993年，第287—312页。
④ 黄盛璋：《关于柞伯鼎关键问题质疑解难》，《中原文物》2011年第5期。

少这里的"东夷"应该是与晚商时的东夷含义相同，指的是"人方"。而康昭时期的"东夷"则概指那些周公东征后仍不服从周人统治并再次作乱反叛的族群，所以也有"反夷""东反夷"之说。而且这一反叛的东夷主要就是指生活于胶东半岛的夷人。西周早期东国正如栾丰实先生指出，有广义和狭义之分，狭义的东国和"殷东国"相同，其实就是指晚商的殷东土[1]；广义的东国在西周早期其实是指包含成周在内及其以东的广大区域，而这个广义更多地体现在传世文献中。《尚书·康诰》载："周公初基作新大邑于东国洛，四方民大和会……肆汝小子封在兹东土。"[2]此处的"东国"当指宗周以东的成周洛邑，可见成周洛邑在东国范围之内。《左传·昭公九年》中，王使詹桓伯对周初王朝的四土进行过简单描述，其曰："我自夏以后稷，魏、骀、芮、岐、毕，吾西土也。及武王克商，蒲姑、商奄，吾东土也。巴、濮、楚、邓，吾南土也。肃慎、燕、亳，吾北土也。"[3]这个位于东土的"蒲姑"前文已明确在今山东临淄北，商奄在曲阜一带，可见东周人认为周初东土包括今泰山南北的广大地域。

西周中期的班簋（《集成》4341）部分铭文如下：

唯八月初吉，在宗周，甲戌，王令毛伯更虢城公服，屏王位，作四方极，秉繁、蜀、巢，令易铃勒，咸。王令毛公以邦冢君、土（徒）驭、或（越）人伐东国痟戎，咸。王令吴（虞）伯曰：以乃师左比毛父。王令吕伯曰：以乃师右比毛父，遣令曰：以乃族从父征，眥（诞）城卫父身，三年东国，亡不成，眹天畏，否畀屯陟，公告厥事于上……（图8.1）

铭文中提到了"东国痟戎"和"三年靖东国"。如要理解此"东国"的地域范围，铭文中繁、蜀、巢等地点是关键。蜀即鲁成公二年秋"公会楚公子婴齐于蜀"的蜀[4]，杨伯峻认为该地在今泰安西[5]。可从。巢与蜀邻近，即鲁成公二年春齐国南侵之"巢丘"[6]，故地在今泰安、曲阜以西的大汶水流域[7]。根据铭文内容繁、蜀、巢应相距不远都在"大东"区域，大致在汶、泗之间[8]。如此则"东国痟戎"指东方叛乱之戎，和分布于淮水两岸的淮夷族群的内涵不同，其概分布在今泰安郡东部及以东、以

① 栾丰实：《论"夷"和"东夷"》，《中原文物》2002年第1期。
② 李民、王健：《尚书译注》，上海古籍出版社，2004年，第257页。
③ （清）阮元校刻：《十三经注疏·春秋左传正义》卷四十五，中华书局，1980年，总第2056页。
④ （清）阮元校刻：《十三经注疏·春秋左传正义》卷二十五，中华书局，1980年，总第1893页。
⑤ 杨伯峻：《春秋左传注·宣公十八年》，中华书局，1990年，第778页。
⑥ （清）阮元校刻：《十三经注疏·春秋左传正义》卷二十五，中华书局，1980年，总第1893页。
⑦ 何浩：《巢国史迹钩沉——兼论徐戎的南迁》，《中国史研究》1983年第2期。
⑧ 陈絜：《两周金文中的繁地与西周早期的东土经略》，《中原文物》2020年第1期。

图8.1　班簋铭文

（来源：采自《集成》4341）

南区域①。根据班簋铭文内容，这里的"东国"和下文禹鼎（《集成》2833）铭文中的"东国"内涵不同，应该就是海岱地区泰安以东、以南区域，即本书第七章所指的鲁中南山地汶水上游的东夷土族，不包括西周中期频繁进入周人视野，主要活动于淮水中下游北岸的淮夷族群②。这一东国和鲁侯尊铭文中的东国含义近似，都是那些东征后尚未归附的夷人族群生活的区域。

西周中期目前青铜器铭文中已很少见到东夷，与此同时，出现了和夏时期相同的称呼，即一个个具体的、有名称的夷，如出现在史密簋铭文中的舟夷、杞夷及南夷

---

①　朱继平：《从淮夷族群到编户齐民：周代淮水流域族群冲突的地理学观察》，人民出版社，2011年，第89页。

②　西周中期潍戎、淮夷族群出现于众多铭文中，如彧方鼎乙、彧簋、录卣、录簋、遇甗、敔鼎与翻盉，朱继平认为这个新的族群名称出现，其实是周初东征，东夷族群分化，一部分以宿夷为代表南迁，其活动范围和构成等可见朱继平：《从淮夷族群到编户齐民：周代淮水流域族群冲突的地理学观察》，人民出版社，2011年，第81—91页。

莒、虎等。史密簋铭文中还出现了东国，该铭文结合诸家释文[①]如下：

> 唯十又一月，王令师俗、史密曰：东征，敆南夷。膚、虎会杞夷、舟夷
> 藿不折。广伐东国。齐师族徒、遂人，乃执鄙宽亚，师俗率齐师、遂人左，
> □伐长必。史密右率族人、釐（菜）伯、埶（焚），眉（殿）周伐长必，获
> 百人，对扬天子休，用作朕文考乙伯尊簋，子子孙孙其永宝用（图8.2）。

铭文中的"南夷"是东夷族群融合后新出现的名称。铭文开头为东征。敆，笔者赞同张懋镕先生的意见，就是敲击的意思[②]。整体来看，南夷应该是在"大东"范围内。结合铭文，由于主要是齐师、莱、焚等鲁北族群参与征伐，因此这里的南夷其实正是位于淮泗一带鲁国之东南的南夷，以膚、虎为主力[③]。膚读为莒，指位于今莒县的莒国[④]。虎，晚商时期虎方可能活动于今安徽六安北[⑤]。由宜侯夨簋，有学者认为其铭文中原释为"虞"的字应释为虎[⑥]，笔者赞同这种看法。而虎方在西周早期康王时迁至"宜"，此"宜"有学者近年考证，多指在东国区域内[⑦]，则据莒、虎均为南夷的情况，二者应距离不会太远。结合海岱地区西周早中期的考古学文化分布，在鲁中南莱芜盆地和鲁东南及皖北、苏北等地都属于东国夷族的分布范围。因而目前学者考证，

---

① 李启良：《陕西安康市出土西周史密簋》，《考古与文物》1989年第3期；吴镇烽：《史密簋铭文考释》，《考古与文物》1989年第3期；张懋镕：《安康出土的史密簋及其意义》，《文物》1989年第7期；王辉：《史密簋释文考地》，《人文杂志》1991年第4期。

② 张懋镕：《安康出土的史密簋及其意义》，《文物》1989年第7期。

③ 关于周代东国、南国、南淮夷、南夷这种在传世文献和金文中的具体内涵，学者间歧义较大。首先是时间不同，各个内涵有所变化；其次也源于古人对于方位概念的模糊性认识（关于第二点可参阅朱继平《从淮夷族群到编户齐民：周代淮水流域族群冲突的地理学观察》，第80—81页）；再次，我们要整体理解铭文中涉及的这些概念，而且古人的地理知识不发达，也并不统一，即使同一时代也可能在南夷、南淮夷、淮夷这些概念上并无统一的地理范围的认知；最后，东周时期大量涉及西周的传世和出土文献中上述地理概念也并不统一。只是东周人的认知，有的也不代表就是西周事实。所以谨慎联系文献，综合铭文内容，结合今天考古发现针对具体铭文和文献中的南国、东国、东夷、南夷等具体分析是应采取的研究方法。

④ 李仲超：《史密簋补释》，《西北大学学报（哲学社会科学版）》1990年第1期；孙敬明：《史密簋铭笺释》，《故宫学术季刊》1992年第4期。

⑤ 林欢：《晚商地理论纲》，中国社会科学院研究生院博士学位论文，2002年，第32—33页。

⑥ 朱凤瀚：《商周家族形态研究》（增订本），天津古籍出版社，2004年，第249页。

⑦ 王晖先生认为"宜"释为"俎"，应为《春秋》中沭水与沂水之间的俎地，即今离山东地界不远的江苏邳州北略偏西之"加口"，或作"泇口"（参见王晖：《西周春秋吴都迁徙考》，《历史研究》2000年第5期）。近年陈絜认为宜地在山东莱芜境内（参见陈絜、刘洋：《宜侯吴簋与宜地地望》，《中原文物》2018年第3期）。

图8.2　史密簋及其铭文

（来源：器物和铭文均采自《考古与文物》1989年第3期）

莱芜及邳州均有可能属于虎所在。现在看膚、虎可能都活动于淮泗下游，但是合二为一还缺乏更多论证，如文字方面的梳理演变，二者商周时期的流变等。杞夷前文已言，指的是分布于新泰以西的殷杞，而舟夷笔者赞同在泰山以南[①]。

　　从上述地点可知，史密簋铭文中的"东国"仍是指那些在东土周边的东夷族群生活的区域，包括今鲁中南地区和鲁东南地区，地域较广，所以才有"广伐东国"。值得注意的是，东土是周王朝的国土，主要是已经分封并归附周人的东土国族生活的区域，包括诸分封异姓、姬姓诸侯国及当地归附的土族，从分布区域看包括鲁南和鲁北。必须强调的是，这个时期胶东半岛应该归附周人管理。而且正如上章分析，周人不仅已经设立监官来管理胶东地区，而且这些监官及当地的土族如莱国、昰国都曾紧密跟随齐师、周师等周朝的正牌部队在四处征伐。

　　西周晚期再次在铭文中出现"东夷"的是禹鼎。禹鼎年代在夷厉之时概无大问题，从铭文内容看，此"东国"地域内生活的族群应该多已归附周人，而东夷的族群内涵似乎并不清晰。有学者指出这里的"东夷"当是东国潍夷，即西周中期戜方鼎乙（《集成》2824）铭文中出现的"潍戎"。并认为此"潍"指古汴水下游的获水（也

---

① 朱继平：《从淮夷族群到编户齐民：周代淮水流域族群冲突的地理学观察》，人民出版社，2011年，第94—95页。

称濉水），因而濉夷代表的是分布于获水附近的夷族[①]。禹鼎铭文是关于鄂侯驭方联合东夷、南淮夷叛乱侵扰周之东国、南国，最后被周派强悍部队西六师、殷八师扑灭鄂侯甚至"无遗寿幼"。西周中期偏晚开始南淮夷更多地出现在金文中。禹鼎铭文中"鄂"即周初就生活于今随州安居的鄂国[②]，"南淮夷"则主要分布于淮水中游及以南地区。关于二者的位置，结合铭文内容看，铭文中的"东夷"显然不会在淮水上游之南。获水即春秋时的丹水流经今皖北及徐州部分地区，在徐州汇入泗水。从考古学文化看，古获水两岸很少发现周文化遗存，倒是在淮泗下游的今邳州九女墩发现春秋徐国的考古学文化遗存[③]，在附近梁王城遗址则发现西周墓地[④]，但是文化因素遗留很多商人文化因素，其性质是否为西周时期的徐或虎，都还有待进一步深入研究。而邳州一带正好是沂水和泗水交汇处，沿沂水上行很容易抵达鲁东南的莒文化分布区。苏北地区和鲁东南自新石器时代就是地理和文化连通在一起的区域，而鲁东南也确实发现繁盛的西周莒国文化遗存，故笔者认为鄂侯联合的东夷应该还是淮泗下游邳州及沂沭河谷及其以东的东夷族群。

　　经过周师这次强悍出击，东夷基本归附。尽管厉王时期又持续打击淮夷、南淮夷[⑤]，但是从猷钟（《集成》260）铭文可知，此时东夷、南夷二十六邦已经来朝觐周王。宣王时的师衰簋（《集成》4313）铭文则显示虎族已经成为征淮夷的重要部队。此时参与征伐的仍有齐师、莱、僰等鲁北国族，还多了冀。可见整个西周鲁北诸国族包括胶东半岛的不少国族一直都是周师征伐的重要部队。也说明胶东半岛整个西周时期应该是周人完全控制的。

　　还有一个值得注意的问题是，上述师衰簋中的"东国淮夷"是哪些族群呢？其和东夷、淮夷有什么关系？师衰簋铭文释文如下：

　　①　朱继平：《从淮夷族群到编户齐民：周代淮水流域族群冲突的地理学观察》，人民出版社，2011年，第109—112页。

　　②　随州市博物馆：《随州出土文物精粹》，文物出版社，2009年。

　　③　南京博物院、徐州市文化局、邳州市博物馆：《江苏邳州市九女墩二号墩发掘简报》，《考古》1999年第11期；孔令远、陈永清：《江苏邳州市九女墩三号墩的发掘》，《考古》2002年第5期。

　　④　南京博物院、徐州博物馆、邳州博物馆：《江苏邳州梁王城遗址西周墓地发掘简报》，《东南文化》2016年第2期。

　　⑤　猷钟（《集成》260）、虢仲盨盖（《集成》4435）、伯戋父簋（《集成》4313）的铭文均记录了厉王征伐南夷、南淮夷之事。相关研究可参见朱继平：《晋侯苏钟军事地理问题研究——从柞伯鼎"昏邑"谈起》，《"中研院"历史语言研究所集刊》（第八十七本　第四分），2016年。

王若曰：师寰，拔淮夷，旧我帛晦臣，今敢搏厥众暇，返厥工吏，弗速
（蹟）我东国。今余肇令汝率齐师、曩、莱、僰，殿左右虎臣征淮夷。即質
厥邦兽（酋），曰冄、曰裝、曰铃、曰达。师寰虔不坠，夙夜卹厥墙（将）
事，休既有功，折首执讯，无謀徒驭，欧俘士女、牛羊，孚吉金。今余弗遐
组，余用作朕后男㲄尊簋，其万年子子孙孙永宝用享（图8.3）。

图8.3　师寰簋铭文
（来源：采自《集成》4313）

师寰簋铭文大意是：本为周王朝"帛晦臣"的淮夷消极怠工，不服从工吏及东国
诸侯的管束，周天子命师寰率领齐、曩、莱、僰等国之师，协助左右虎臣讨伐淮夷，
最后取胜并作器以纪念。此处讨伐淮夷的军队主要仍是海岱鲁北地区的齐、曩、莱、
僰。淮夷既然为东国所管束，地理上应该近东国，显然不大可能是远在淮水以南的南
淮夷。宣王时期淮泗下游的虎、徐、莒已经成为周之东国的一员，所以这个"淮夷"
不可能是鲁东南淮泗下游的虎、莒、徐等国族。同样属于宣王时期的晋侯苏钟铭文为
此问题提供了线索，该铭文记载王在三十三年东巡东国、南国返成周后指挥晋侯苏伐
宿夷、匐城、淖列夷[①]。这里的"宿夷"，朱继平教授考证大致在今山东曹县东南至河
南商丘东北之间的获水东岸区域；其受到朱凤瀚先生的柞伯鼎铭所见"昏邑"或指晋
侯苏钟铭所见"匐城"一说启发，考证"匐城"为有缗氏所居之古缗城，即今天金乡

① 冯时：《晋侯稣钟与西周历法》，《考古学报》1997年第4期。

县卜集乡缯城堌堆遗址①。是文对晋侯苏钟涉及的行军路线、古获水等皆有具体翔实考证，可信从。由此可知，上述宣王讨伐的宿夷、匐城、淖列夷地近东国，又位于淮水支流获水附近，和淮水也有关联，在古人对于地理方位模糊不清的认识基础上，这些地近东国的淮水支流的宿夷、淖列夷等反叛族群其实也正是师寰簋铭文中的"东国淮夷"②。而从师寰簋铭文的首句也可知这些"东国淮夷"曾经归顺周人，还是周之"帛晦臣"，即向周王朝贡纳布帛粮食等职贡，其与周王朝的关系可谓时叛时服。

先秦传世文献中西周时期与夷、东夷相关的记载也有不少，战国末年成书的《吕氏春秋·古乐》载："成王立，殷民反，王命周公践伐之。商人服象，为虐于东夷，周公遂以师逐之，至于江南，乃为三象，以嘉其德。"③此外《吕氏春秋·先识览》曰："故智士贤者相与积心愁虑以求之，犹尚有管叔、蔡叔之事与东夷八国不听之谋。"④另外《韩非子·说林上》载："周公旦已胜殷，将攻商盖，辛公甲曰：'大难攻，小易服，不如服众小以劫大。'乃攻九夷而商盖服矣。"⑤《书序·贿肃慎之命》"成王既伐东夷，肃慎来贺，王俾荣伯作《贿肃慎之命》。"⑥《尚书序》所言之"东夷"，应是特指东部非周人族群，是整体的东方夷族。而《吕氏春秋》《韩非子》所载的"东夷八国""九夷"显然是指部分在东方生活的夷族，"九夷"并不包含商奄，其实力弱小，或为商奄附庸。

总之，上述战国文献中东征史事与西周金文所见史事是基本一致的，周人东征对象明确是指以商奄为代表的东夷。然而在《逸周书》《尚书序》其他篇章及稍后的《史记》中东征的对象则似乎以商奄、淮夷为主，反而极少见到东夷。

对于前文提及的《史记》等文献所载史事和金文记载事实有较大分歧和差异的现象⑦，张懋镕先生很早在研究西周淮夷时就注意到了⑧。对于其中的原因，最近朱继平教授利用"历史记忆"这个概念的解释很有新意⑨，该书也是继王明珂先生利用历史记

① 朱继平：《晋侯苏钟军事地理问题研究——从柞伯鼎"昏邑"谈起》，《"中研院"历史语言研究所集刊》（第八十七本　第四分），2016年，第675—682页。

② 厉宣时期和东国淮夷的战争还可见于柞伯鼎铭文，参见李凯：《柞伯鼎与西周晚期周和东国淮夷的战争》，《四川文物》2007年第2期。

③ （战国）吕不韦著，陈奇猷校释：《吕氏春秋新校释》，上海古籍出版社，2002年，第290页。

④ （战国）吕不韦著，陈奇猷校释：《吕氏春秋新校释》，上海古籍出版社，2002年，第1012页。

⑤ （清）王先慎撰，钟哲点校：《韩非子集解》，中华书局，2003年，第180页。

⑥ 李民、王健：《尚书译注》，上海古籍出版社，2004年，第364页。

⑦ 相关史料见第七章。此外，《史记》卷二《齐太公世家》、卷三《鲁周公世家》均提及"淮夷畔周"。

⑧ 张懋镕：《西周南淮夷称名与军事考》，《人文杂志》1990年第4期。

⑨ 朱继平：《从淮夷族群到编户齐民：周代淮水流域族群冲突的地理学观察》，人民出版社，2011年，第179—183页。

忆和族群认同来研究边缘族群的又一重要力作。正如朱文分析，自西周中期淮夷族群
进入周人政治视野并开始作为骚扰周人的野蛮形象出现，直到春秋早期徐、莒仍困扰
华夏诸族。淮夷作为野蛮入侵的形象必然在诸夏记忆中留下深刻印记，早期淮夷入侵
华夏的历史记忆便在华夏知识精英所创造的文本中被反复记录与强调。淮夷取代东夷
出现在周初东征史事之中，或即与这种记忆的不断强化相关。

　　同时笔者还想补充的是，根据上文我们对夏、商、西周不同时期夷、东夷内涵
的分析，周初金文中的"东夷"主要是指的生活在东方的族群，从塦方鼎、禽簋、犅
劫尊、冈劫卣等铭文看，东夷中重要的"薑伯、薄姑、奄"都已被剪灭，东夷的主
要组成部分就不存在了。特别是康昭二次东征，小臣谜簋铭文中的"述东陕，伐海
眉"，胶东半岛几乎完全被周人控制，东反夷、反夷则几乎都归附或者迁徙他处了，
实际的"东夷"至少在名义上不存在了。可以说整个鲁北包括胶东半岛在西周早期偏
晚就归附了周人，且后来成为周师征伐淮夷的主要力量。而同时整个海岱地区族群分
化激烈，处于不断的变动和融合中，部分灭国灭族，部分迁徙他处。以奄族为主合并
鲁北、鲁中南部分未归附族群南迁并融入所迁之地的原殷商族群形成了最初的淮夷族
群。西周中期反叛的淮夷的确也就是这部分分化出去的东夷族群。而且自从这些族群
演变为淮夷再次出现后，"东夷"很少在西周的文本中出现，东周人对东夷的内涵也
不是整个海岱地区，实际不包括鲁北。到了司马迁载述这类周人东征的人群时，从他
的地理、历史认知看，这类反叛族群主要是位于鲁南，名称主要是淮夷。而晚于司马
迁的杜预同样如是认为，才有淮夷即"鲁东夷"之注[①]。从这种意义上来看，正是由
于周初东征鲁北地区的族群较早归附，这种史事仅仅保留在了西周早期的青铜器铭文
中。之后西周中晚期反叛的族群主要是鲁南淮泗下游，则保留在文本中的自然主要都
是这个区域的反叛人群。东周文献中少有对周初征伐东夷的记载，多数是征伐淮夷。
司马迁应该也是看到这样的文献状况，同时他可能认为周初东征主要是征伐鲁南淮泗
区域的人群，于是自然将周初东征对象锁定为"奄、淮夷"。

　　总之，西周时期东夷的内涵从西周早期的东方主要族群，到特指某些叛乱的东方
族群，再到西周晚期的猃钟铭文所指代的更加广泛的人群，不同时期族群组成不同。
在周公东征后，时人已经认为东夷的主要族群基本不存在了。所以除了周初东征的金
文，西周的其他文献和中晚期金文中很少见到"东夷"一词。

　　与此同时，西周时期一个重要的特点是周人尊夏及对上古圣贤之后裔的尊崇，这
在客观上促进了当时的族群融合。此外周人对商人的分而治之加速了周商的融合。周
人和周边戎、狄、蛮、夷的战争则促进了夏、商、周三族和周边族群的融合，而西周

---

①　《左传·昭公二十七年》杜注，参见（战国）左丘明撰，（西晋）杜预集解：《左传：春秋
经传集解》，上海古籍出版社，2007年，第1557页。

时期的族群融合则为东周时期华夏族的形成及诸族对华夏的认同起到了重要的促进作用[1]。周人对夏的认同体现在多方面，首先是《尚书》多篇文献中周人常称自己为"区夏""有夏"，此外在部分史料中还见有周人称自己与夏人是同根同源的记载。《国语·鲁语上》记载鲁国大夫展禽之言"夏之兴也，周弃继之，故祀以为稷。"[2]周人通过褒封圣贤之后而团结了这部分族群。同时，周人对商人上层继续任用，迁徙商人大族到宗周畿内，将商的民众赐予各个分封的诸侯国，如分鲁国以"殷民六族"，分卫国以"殷民七族"，这样周商充分杂居相处，逐渐难分彼此。通过这些措施，周人一方面巩固了自己的统治，另一方面客观上促进了当时各族群的融合，华夏族呼之欲出。

第四节　东周时期的夷、东夷

春秋时期的文献中似较常见"东夷"，其中仅《左传》就有十余处对"东夷"的记载，除去两处是有关商末"商纣为黎之蒐，东夷叛之"[3]"纣克东夷"[4]的追述，其余"东夷"的内涵主要有三大类，其一指的是海岱地区夷人集中的鲁东南的郯、莒、徐夷；其二是和周人杂处的一些东夷小国，如邾、小邾、杞等；其三是楚东国之夷。如《左传·僖公四年》召陵之盟后，陈人辕涛涂对郑申侯曰："师出于陈、郑之间，国必甚病。出于东方，观兵于东夷，循海而归，其可也。"杜注："东夷，郯、莒、徐夷也。"[5]此处据上下文，辕涛涂想要说服齐桓公从召陵（今漯河市）还师，不从陈、郑之间再东北行至齐国，而是从召陵向南行，沿淮水北岸东行至鲁东南的郯、莒，陈兵东夷，再循海北归。显然辕涛涂所谓"东夷"，就是鲁东之夷，也即杜预所说的位于淮泗下游的郯、莒、徐夷。《左传·僖公十九年》："宋公使邾文公用鄫子于次睢之社，欲以属东夷。"[6]当时宋襄公欲继承齐桓公霸业，需要联合"东夷"，故追随宋襄公的邾文公以诸夏集团中的鄫子为人牲，祭祀东夷之社。此社位于睢水边，睢水乃淮北泗水的重要支流，西周晚期曾有东国淮夷在这一带活动，此处的"东夷"实际就是西周晚期活跃于这一代的"东国淮夷"。考古发现表明春秋早中期的邾国、

① 张国硕：《先秦人口流动民族迁徙与民族认同研究》，大象出版社，2011年，第210—211页。
② 徐元诰撰，王树民、沈长云点校：《国语集解》，中华书局，2002年，第155页。
③ 杨伯峻：《春秋左传注·昭公四年》（修订本），中华书局，1990年，第1252页。
④ 杨伯峻：《春秋左传注·昭公十一年》（修订本），中华书局，1990年，第1323页。
⑤ 杨伯峻：《春秋左传注·僖公四年》（修订本），中华书局，1990年，第390页。
⑥ 杨伯峻：《春秋左传注·僖公十九年》（修订本），中华书局，1990年，第381页。

小邾国活动于泗水下游一带①。邾为曹姓，原属中原旧族祝融之后，很早迁入东方，长期与夷人杂处而在文化礼俗上表现出较多的夷风。而同为祝融之后的妘姓鄅国、偪阳、夷国也都分布在淮泗下游一带②。此处的"东夷"概曹姓邾国及上述妘姓诸国。《左传·襄公二十九年》载："杞，夏馀也，而即东夷。"③杞本夏禹后裔，为何被鲁人称之为"东夷"？此事可见《春秋》"僖公二十有七年春，杞子来朝"，《左传》注云："用夷礼，故曰子。公卑杞，杞不共也。"④原来杞用夷礼来朝鲁，鲁因此称其为东夷。

《左传》还有4条记载楚国事而涉及东夷⑤。《国语·晋语六》也有对楚和"东夷"的载述，其曰："厉公六年，伐郑，且使苦成叔及栾黡兴齐、鲁之师。楚恭王帅东夷救郑。楚半陈，公使击之……郤至曰：'……夫陈不违忌，一间也；夫南夷与楚来而不与陈，二间也。'"⑥这里的"东夷"和南夷相同，实际都是指淮水中游南岸一带的英、六及群舒等国，它们之所以被称为东夷，应与其地处楚东国有重要关系⑦。结合《国语》郤至的分析再看《左传》"东夷"诸条，则襄公二十六年和昭公五年的"东夷"应该也属于淮水中游南岸楚东国之夷，而文公九年的"东夷"似不能定，哀公十九年的"东夷"或在浙江滨海处⑧。

西周晚期已出现"西戎东夷交侵中国"，春秋早期，幽王亡国于西戎的事件和危机使得中原各国在尊王攘夷的旗帜下聚拢到了一起，夷夏之辨兴起。这个时期"夷"的概念泛化，不再是东方族群的代称，而是常常和夏对举。夷夏之辨在两个层次上展开：一是现实生活中夷夏之间种姓与文化上的差异，以及由此引起的族际冲突；二是

① 枣庄市政协台港澳侨民族宗教委员会、枣庄市博物馆：《小邾国遗珍》，中国文史出版社，2006年；李光雨、张云：《山东枣庄春秋时期小邾国墓地的发掘》，《中国历史文物》2003年第5期；枣庄市博物馆、枣庄市文物管理办公室：《枣庄市东江周代墓葬发掘报告》，《海岱考古》（第四辑），科学出版社，2011年，第141—231页。

② 陈晓：《周代山东诸国族属及相关问题研究》，山东师范大学硕士学位论文，2014年，第56—57页。

③ 杨伯峻：《春秋左传注·襄公二十九年》（修订本），中华书局，1990年，第1160页。

④ 杨伯峻：《春秋左传注·僖公二十七年》（修订本），中华书局，1990年，第442—443页。

⑤ 见《左传·文公九年》："楚公子朱自东夷伐陈，陈人败之"；《左传·襄公二十六年》："楚失东夷，子辛死之，则雍子之为也"；《左传·昭公五年》："楚子以诸侯及东夷伐吴，以报棘，栎，麻，之役"；《左传·哀公十九年》："楚沈诸梁伐东夷，三夷男女，及楚师盟于敖"。

⑥ 徐元诰撰，王树民、沈长云点校：《国语集解》，中华书局，2002年，第155页。

⑦ 朱继平：《从淮夷族群到编户齐民：周代淮水流域族群冲突的地理学观察》，人民出版社，2011年，第175—177页。

⑧ 杨伯峻：《春秋左传注》（修订本），中华书局，1990年，第1714页。

意识形态领域中对夷夏文化的认同别异和对夷夏关系的明确定位[①]。具体手段则是通过不断的会盟、勤王等使得华夏一体化进程得以加速进展，华夏族在春秋末年逐渐形成[②]。与此同步进行的是，诸夏又通过朝觐、战争、笼络等各种手段既实现了称霸和扩张自己的势力，同时又客观上导致了夷夏交融的局面。华夏族形成的过程中华夏族对其周边民族的泛称"四裔""四夷"等称谓也逐渐多见于东周的文献中。但是这个时期可能尚未明确地将自甲骨文中就出现的蛮、夷、戎、狄与东、西、南、北四方相对应。

在华夏族形成以及"中国"概念由地理概念转变为政治概念后，"中国、戎夷，五方之民"的方位开始一一对应。唐晓峰先生认为古代"地中"的概念是指天下大地的中心，这是个自然观概念，但是随着王权地域的扩张，人文"地中"观念产生[③]。近年由于清华简《保训》篇多次出现"中"而引起学界的热议。《保训》中提及舜的"求中""得中"和上甲微的"假中""归中"这四个"中"[④]。高江涛先生认为以陶寺文化为代表的陶寺一带或笼统而言的晋南地区应该至少是龙山晚期人们意识形态上的"地中"所在[⑤]。唐晓峰先生认为商代人文"地中"所讲的这个人是商王，这个"地中"就是大邑商[⑥]。商代甲骨文已有了四方、四土，而商都大邑商还被称为"中土""中商"，中心和四方组成的五方位出现。商代中心和四方组成的政治地理架构，宋镇豪先生曾有系统构建，其认为："商王朝的王畿区，是以王邑为中心，王邑之外的近郊称东、南、西、北四'鄙'，往外一层的区域称东、南、西、北四'奠'，'奠'即后来称作'甸服'的'甸'，它本是由王田区而称'四土''四方'，为王朝宏观经营控制的全国行政区域。'四土'周围外的边地又称'四戈'，

　　① 姜建设：《夷夏之辨发生问题的历史考察》，《史学月刊》1998年第5期。

　　② 这里的华夏族的形成其实是从华夏名称被广泛使用和华夏族群的种姓、文化被不断强调而广泛得到社会大众的认可作为依据，这个时间目前看春秋早中期夷夏之辨思潮发生时正是其标志。但是正如王震中先生所言，华夏族形成的过程是一个很长的过程，随着从尧舜禹时期的族邦联盟向多元一体复合制的夏王朝的转变，原来的诸部族国家就变成民族的国家，我们认为华夏族的形成正是得到了这一制度推动加快了进程，但是并非华夏族在夏王朝时已经形成。对比三代，西周的分封制应该说是华夏族形成的最重要最直接动力，因此李峰先生指出西周国家给周人世界贡献了一种新的文化身份——"华夏"，并且为东周时期的中原贵族在面对外部新的压力时提供了重要力量来源。参见王震中：《从复合制国家结构看华夏民族的形成》，《中国社会科学》2013年第10期；李峰著，徐峰译，汤惠生校：《西周的灭亡》，上海古籍出版社，2007年，第331页。

　　③ 唐晓峰：《从混沌到秩序：中国上古地理思想史论述》，中华书局，2010年，第194页。

　　④ 李学勤主编：《清华大学藏战国竹简》（壹），上海文艺出版有限公司、中西书局，2010年，第143页。

　　⑤ 高江涛：《陶寺所在晋南当为"最初中国"》，《中国社会科学院院报》2018年7月19日。

　　⑥ 唐晓峰：《从混沌到秩序：中国上古地理思想史论述》，中华书局，2010年，第195页。

如此而形成商代的政治地理架构及商王朝国家的政治疆域。"①由此可见，地中和四方的观念很早已经确立。

西周时期，"中国"是对天下人文地理中心的首次命名。西周时期金文中最早出现"中国"一词是何尊（《集成》6014）铭文"佳武王既克大邑商，则廷告于天，曰：余其宅兹中或，自兹义民"。这里的"中国"是指位于"天下之中"的洛邑。《尚书·召诰》曰："其作大邑，其自时配皇天，毖祀于上下，其自时中义。王厥有成命治民。"②《逸周书·作雒解》曰："乃作大邑成周于土中。"③上述文献和金文相合，表明周人在天下之中修建洛邑。显然西周时期这个洛邑还是一个地理概念。春秋时期"中国"所指的范围逐步扩大，中国不仅仅指中央之都邑，扩展为中央之国，再进而扩展为中央诸国和华夏诸国。经历春秋时代夷夏之辨的思想洗礼，中国的内涵也实现了从地理中国向政治中国转化，鲜明的标志就是华夏和中国相互指代。

春秋末年华夏族形成，华夏指代中国，中国也指华夏，同时四夷和四方对应也应形成了。我们目前看到较为具体的文本出现于战国中期的《礼记·王制》④，其载："中国、戎夷五方之民，皆有性也，不可推移。东方曰夷，被发文身，有不火食者矣；南方曰蛮，雕题交趾，有不火食者矣；西方曰戎，被发衣皮，有不粒食者矣；北方曰狄，衣羽毛穴居，有不粒食者矣；中国、夷、蛮、戎、狄，皆有安居，和味，宜服，利用，备器。五方之民，言语不通，嗜欲不同，达其志，通其欲，东方曰寄，南方曰象，西方曰狄鞮，北方曰译。"⑤

显然东周时期尤其到战国时期的这个东夷其实是一个泛化的概念。指整个海岱地区族群的意思，和商、西周时期的东夷内涵是不同的，倒是和今天学者对海岱先秦族群的笼统之称相合。

总之，夏及早于夏的时代人们可能已经称呼位于夏以东的东方地区的人群为"夷"，但是由于尚无这个时期的文字，所以这些情况只能从一千多年后东周人甚至更晚的秦汉人的追述中获得。在《竹书纪年》记载中，夏时期东方有九夷，即"畎夷、于夷、方夷、黄夷、白夷、赤夷、玄夷、风夷、阳夷"。而"夷""东夷"则在

① 宋镇豪：《论商代的政治地理架构》，《中国社会科学院历史研究所学刊》（第一集），2001年，第27页。

② 李民、王健：《尚书译注》，上海古籍出版社，2004年，第289页。

③ 黄怀信、张懋镕、田旭东：《逸周书汇校集注》（修订本），上海：上海古籍出版社，2007年，第525页。

④ 礼记的成书年代近年学者根据各篇内容一一考定，《王制》篇认为成书于战国中期。参见王锷：《〈礼记〉成书考》，西北师范大学博士学位论文，2004年，第95—105页。

⑤ 杨天宇：《礼记译注》（上），上海古籍出版社，2004年，第155页。

甲骨文中出现，同时在商时期的铜器铭文中也有不少发现。同期文献其内涵并不完全相同，多见"夷"，且"夷"在甲骨文写作"人"，在铜器铭文中写作"尸"，这种文字的细微差别，是否代表人群的细微差别或者另有深意，还有待进一步研究。商代甲骨文中"夷""夷方"多见，为商人对东方海岱地区族群的称呼，但是整体"东夷"使用很少。另外值得注意的是，商代卜辞中表示地名含义的"夷"大多还是特指的"夷方"，此夷方并不代表整个生活于海岱的族群，关于海岱地区夏时期的九夷在商代如何称谓，都有待深入研究。

西周时期，夷和东夷的内涵较为复杂，也是"东夷"名称基本消失不见的关键时期。本书认为应该具体地动态地分析金文和文献中"夷""东夷"代表的不同内涵。目前看西周早期东夷多见于金文中，周初的东夷主要是以奄、蒲姑、薹伯为主的东方族群，二次东征时还指那些重新作乱的东方夷族。西周中晚期，东夷很少在金文中出现，主要是因为西周早期的两次东征致使东夷族群已基本不存。经过两次东征，鲁北地区从长清平阴到东部胶东半岛都纳入周人统治，东方族群经历剧烈分化、重组，"东夷"的族群实体和名称都不存在了，一部分原东夷族群南迁淮泗下游和当地族群融合形成了新的淮夷族群。西周中晚期的个别"东夷"是指"东国淮夷"或者泛称的整个东方夷族。

东周时期产生了一大批保存至今的传世文献，同时还有今天各类东周时期的金文、简帛等出土文献。这些文献中既有对商、西周时期夷、东夷的追述，也有对当时夷、东夷的撰写。这个追述和前面的同期文献的含义已经不尽相同。东周时期出现了"夷"内涵的扩大化，"夷"成为与华夏对立的蛮夷族的代称。为何这个时期对周边族群都泛称夷呢？主要是因为周人尊夏，周人自称夏。而在东周时期周人认为夏人主要和夷、九夷等交流互动。而春秋早期的异姓族群的东西夹击使得各国在尊王攘夷旗帜下聚拢，诸夏成为各国总体的代名词，与之对举的则是夷，夷夏之辨产生，探讨的正是夷夏的差异。伴随着夷夏之辨的开展，华夏一体的进程加速，华夏族最终在春秋晚期形成。而与此同时，自陶寺文化时就出现的"地中"思想不断发展，西周时期"中国"代表天下人文地理中心开始登上历史舞台。春秋时期，华夏族的形成，中国内涵的扩展，中国与华夏互相指代，中国从地理概念的中国实现了政治中国的转变。"中国夷狄，五方之民"的方位已经"不可推移"的时候，华夏社会的认识也有了新发展。首先出现以四裔配四方的说法："东方曰夷""西方曰戎""南方曰蛮""北方曰狄"，战国中期后成书的《礼记·王制》则更明确清晰地将"华夏夷狄五方之民"的方位和中国、东西南北一一对应，并逐一解释其特性。这种外部环境的变化，导致东周时期夷和东夷的内涵都发生了泛化。

秦并六国，其淮、泗夷皆散为民户。至此整个东方海岱地区实现了与华夏融为一体，海岱地区不再被称为夷或东夷。《汉书》则开始将今中国东北、朝鲜等地区称为"东夷"。南朝人范晔书写的《后汉书》则独立《东夷列传》，其代表了汉魏时代知识精英对当时东夷族群的认知，这个时期的东夷包括夫余、挹娄、濊、高句丽、沃沮、三韩和倭等，主要活动于中国东北地区、朝鲜半岛和日本列岛[①]。

---

① （南朝宋）范晔撰，（唐）李贤等注：《后汉书》卷八十五，中华书局，1965年，第2807—2827页。

第九章 夏商周时期的东方

　　海岱地区和中原地区、长江中下游地区、太行山东麓、燕辽地区等许多文化区域都有联系。但是由于其两面环海，主要接壤之地乃中原地区。夏商周时期，中原地区文化又具有影响周边的优势，所以本章主要对海岱地区与中原地区的关系进行分析。具体来说，本章将从中原王朝国家的视角出发来观察海岱地区，将王朝国家对四方的经略作一对比分析，考察东方在中原王朝国家地缘政治结构中的地位和作用，以及中原国家对东方海岱地区经略的特点及异同等问题。

第一节 夏时期的东方

　　文献史学研究一般认为约相当于公元前21世纪，中国建立了第一个王朝国家——夏王朝。目前国内学术界基本赞同二里头文化是夏人创造的一支考古学文化，二里头文化属于夏代中晚期。因此，二里头文化聚落形态的变迁大体上代表了夏王朝或曰夏国家疆域地理的变迁，本节主要从中原地区视角出发，在对二里头文化不同时期聚落形态的变迁考察的基础上，将二里头国家对四方的经略作对比分析，探讨东方地区在夏王朝地域政治结构中的地位，以及呈现这种结构状态的背景和原因，最后总结夏王朝对东方地区经略的特点。

　　研究表明，洛阳盆地是二里头文化分布的中心区，也是该文化的核心区。相对于此核心区，依据二里头文化及相邻东方地域（正东、东北、东南）考古学文化的分布情况，我们将二里头文化时期的东方地区进一步分为三个层次：近东地区、中东地区、远东地区。近东地区特指荥阳虎牢关以东，东到莆田泽，南不过双洎河，东北过黄河，大致在沁河下游一带，以今荥阳、郑州为中心的低山丘陵和平原地区。中东地区为开封、尉氏以东，海岱岳石文化分布以西的豫东地区；远东地区是岳石文化分布的海岱文化区。值得注意的是，这里的近、中、远在二里头文化前后几百年历史中并非是一成不变的。一方面二里头文化自身在不同时期的分布范围不同，另一方面周邻考古学文化，尤其来自东方势力的变化也会使得近、中、远有所转变。

一、二里头文化不同时期东方在其地缘政治结构中的地位

二里头文化一期，统治中心局限于豫西山间盆地或小平原中。洛阳盆地内此期经发掘的遗址有偃师二里头[①]、巩义稍柴[②]等，此外在坞罗河及其支流圣水河流域调查发现的一期遗址有喂庄东南、喂庄东南2、罗口东北、寺院沟、双河等5处；在干沟河流域调查发现的一期遗址有冯寨西南、石家沟东北、贾屯、府西村北等4处[③]。上述遗址中，二里头遗址属于区域内及整个二里头文化分布区内最大的中心，巩义稍柴遗址属于坞罗河流域的一个中心性遗址，一期面积已达60万平方米。而经调查的遗址中，除了罗口东北遗址面积达18万平方米外，其余遗址面积多在2万平方米以下。

目前在属于近东地区的荥阳竖河[④]、郑州东赵[⑤]等遗址发现二里头文化一期遗存，年代主要以一期晚段为主。二里头文化在一期已经突破洛阳盆地东边缘，越过虎牢关进入郑州地区，但是仅仅在郑州西郊分布了一两个遗址点，东赵和大师姑均未建立城址。而在嵩山南侧的伊川南寨[⑥]和白元[⑦]、登封南洼[⑧]、汝州煤山[⑨]、平顶山蒲城店[⑩]、

---

① 中国社会科学院考古研究所：《偃师二里头》，中国大百科全书出版社，1999年；中国社会科学院考古研究所：《二里头：1999~2006》，文物出版社，2014年。

② 河南省文物考古研究所：《河南巩县稍柴遗址发掘报告》，《华夏考古》1993年第2期。

③ 陈星灿、刘莉、李润权，等：《中国文明腹地的社会复杂化进程——伊洛河地区的聚落形态研究》，《考古学报》2003年第2期。

④ 河南省文物研究所：《河南荥阳竖河遗址发掘报告》，《考古学集刊》第10集，地质出版社，1996年。

⑤ 张家强、郝红星：《沧海遗珠——郑州东赵城发现记》，《大众考古》2015年第8期；张家强：《郑州高新区东赵龙山晚期至西周遗址》，《中国考古学年鉴·2015》，中国社会科学出版社，2016年，第219—220页；郑州市文物考古研究院、北京大学考古文博学院：《郑州市高新区东赵遗址小城发掘简报》，《考古》2021年第5期。

⑥ 河南省文物考古研究所：《伊川考古报告》，大象出版社，2012年，第6—177页。

⑦ 洛阳地区文物处：《伊川白元遗址发掘简报》，《中原文物》1982年第3期。

⑧ 郑州大学历史文化遗产保护研究中心：《登封南洼：2004~2006年田野考古报告》，科学出版社，2014年。

⑨ 洛阳博物馆：《河南临汝煤山遗址调查与试掘》，《考古》1975年第5期；中国社会科学院考古研究所河南二队：《河南临汝煤山遗址发掘报告》，《考古学报》1982年第4期；河南省文物研究所：《临汝煤山遗址1987—1988年发掘报告》，《华夏考古》1991年第3期。

⑩ 河南省文物考古研究所、平顶山市文物局：《河南平顶山蒲城店遗址发掘简报》，《文物》2008年第5期。

西平上坡①、新密新砦②等多个遗址均存在这个时期遗存，除了登封南洼、新密新砦有少量二里头文化一期早段遗存外，其余遗址多属于二里头文化一期晚段遗存。此期的中东地区，二里头文化尚未到达这一地区，甚至在较早的新砦文化时期，这一地区仍属于王湾三期文化的延续③。而远东地区，主要是海岱龙山文化的延续。

据二里头文化一期遗存的分布格局，结合新砦文化遗存的分布，可以发现一个重要特征，即二里头文化一期遗存，尤其是一期晚段遗存的分布和新砦文化的分布空间高度重合。二者均主要分布于两个小的地理单元区域，其一是嵩山北侧的伊洛平原和郑州地区，其二是嵩山南侧的颍汝流域。当然相比较而言，新砦文化遗存分布范围要大于二里头文化一期，遗存分布的密集程度也大于二里头文化一期。近年不少学者指出二里头中心聚落在伊洛平原的出现并非是当地聚落自然发展的结果，而是具有突发性，并进而强调其背后是周边地区，或具体强调就是来自嵩山东南对洛阳盆地进行的人口迁徙④。前述两种遗存高度重合的特征不仅仅是对于这一人口迁徙的最好注解，而且还反映了一种文化发展和扩张的模式。具体来说，二里头、稍柴遗址二里头一期文化的出现很可能就是以新砦文化遗存为主体的族群向洛阳盆地的大举迁徙或移民。在这两个遗址逐步发展形成地区中心聚落的同时，该文化在其最早的一期向外的扩张方向主要选择了其文化来源的地域。这种扩张方向的选择显然和其对于这两个区域地理知识的熟悉及对当地族群的心理认同密不可分，或言很可能是地理认同和族群认同的结果。蒲城店⑤、花地嘴⑥等富含新砦文化遗存遗址的发掘加深了对新砦文化一类遗存的认识。基于中原龙山文化晚期相对统一的文化格局瓦解分崩的背景，在缺乏强有

---

①　河南省文物考古研究所、驻马店市文物工作队、西平县文物管理所：《河南西平县上坡遗址发掘简报》，《考古》2004年第4期。

②　北京大学震旦古代文明研究中心、郑州市文物考古研究院：《新密新砦：1999～2000年田野考古发掘报告》，文物出版社，2008年。

③　魏兴涛：《试论豫东西部地区龙山时代文化遗存》，《华夏考古》1995年第1期。

④　王立新：《从嵩山南北的文化整合看夏王朝的出现》，《二里头遗址与二里头文化研究：中国·二里头遗址与二里头文化国际学术研讨会论文集》，科学出版社，2006年，第410—426页；许宏、刘莉：《关于二里头遗址的省思》，《文物》2008年第1期；杨树刚：《早夏文化的时空变迁》，《早期夏文化与先商文化研究论文集》，科学出版社，2012年，第72—79页；张东：《试论洛阳盆地二里头文化的形成背景》，《中原文物》2013年第3期。

⑤　河南省文物考古研究所、平顶山市文物局：《河南平顶山蒲城店遗址发掘简报》，《文物》2008年第5期。

⑥　郑州市文物考古研究所、北京大学考古文博学院：《河南巩义市花地嘴遗址"新砦期"遗存》，《考古》2005年第6期；顾问、张松林：《花地嘴遗址所出"新砦期"朱砂绘陶瓮研究》，《中国历史文物》2006年第1期；顾万发、张松林：《论花地嘴遗址所出墨玉璋》，《商都文明》2007年第4期。

力核心的束缚下，各个小的地理区域内，源于不同文化背景的文化面貌并不一致的新砦文化遗存纷纷出现。如颍汝中上游以蒲城店遗址为代表，颍水的支流溱洧（今双洎河）流域以新砦遗址为代表，伊洛平原以花地嘴遗址为代表。我们认为正是这几个小区域的新砦类遗存互相整合，其背后代表的人群相互迁徙流动，以此为主体才最终形成了二里头遗址的二里头文化一期遗存，并进而出现有一定分布范围的二里头文化一期遗存。与此现象相合的是学者在对龙山晚期、新砦文化及二里头文化一期三类遗存的主要陶器特征分析比较中，均指出二里头文化一期遗存和新砦文化遗存之间的近似度更高①。因而从陶器体现的文化面貌说明二里头文化一期主要来源于嵩山南北本地文化传统。需要说明的是，原来文化较统一的中原龙山文化控制下的边缘地区，如开封以东的豫东、南阳盆地、信阳地区在相当于新砦文化、二里头文化一期时段则更多是当地龙山文化的自然延续，或仅仅受到核心地区影响而出现一些新砦文化、二里头一期的文化因素而已。

从二里头文化一期遗存的分布格局还可以看出二里头文化在嵩山南、北区域扩张的态势和力度是不同的，明显地在嵩山南麓的颍汝流域似乎着力更重，或曰受到的阻力更小，甚至突破了原来新砦文化所在的遗址，如驻马店西平上坡。而二里头文化在东方地区的扩张，空间上仅到达郑州的西郊。我们认为这个时期，基于对资源的需求而进行扩张的动机尚不迫切和巨大，向东方地区扩张缓慢的原因更可能还是来自东方族群的阻力较大。

二里头文化二期，二里头文化表现出强烈的向周边和更远的四方扩张的势头。具体来看，二里头文化二期的遗址除向东北似仍未越过黄河外，在其他各个方向均有扩张。向东在开封杞县的段岗②、牛角岗③、朱岗④均发现了年代属于二期至四期的二里头文化遗存，表明二期时二里头文化已经扩展至豫东的杞县一带。东南方向到达项城、沈丘，在项城和沈丘调查均发现了二里头文化此期遗存⑤。东北方向并未越过黄

---

① 庞小霞：《试论新砦文化》，郑州大学硕士学位论文，2004年；常怀颖：《二里头文化一期研究初步》，《早期夏文化与先商文化研究论文集》，科学出版社，2012年，第45—71页；魏继印：《论新砦文化的源流及性质》，《考古学报》2018年第1期。

② 郑州大学考古专业、开封市博物馆、杞县文物保管所：《河南杞县朱岗遗址试掘报告》，《华夏考古》1992年第1期。

③ 郑州大学历史系考古专业、开封市博物馆考古部、杞县文物保管所：《河南杞县牛角岗遗址试掘报告》，《华夏考古》1994年第2期。

④ 郑州大学考古专业、开封市博物馆、杞县文物保管所：《河南杞县朱岗遗址试掘报告》，《华夏考古》1992年第1期。

⑤ 中国社会科学院考古研究所河南二队、河南省周口地区文物管理委员会：《河南周口地区考古调查简报》，《考古学集刊》第4集，中国社会科学出版社，1984年，第40—63页。

河。向南在驻马店的杨庄[①]、党楼[②]均发现典型的二里头文化遗址，年代上限不早于二期，说明二里头文化二期时已达驻马店市及其以南地区。向西，二里头文化二期时进入豫西的陕县，目前在陕县七里铺[③]和西崖村[④]发现有这个时期的遗存。西南方向进入南阳盆地，此处经发掘的遗址主要有邓州陈营[⑤]和穰东[⑥]。但是在淅川下王岗遗址，最早的二里头文化的年代属于三期[⑦]，表明二期时该文化尚未达丹淅流域。西北方向二里头文化进入运城盆地，发现的典型遗址即夏县东下冯[⑧]。总之，从二里头文化二期聚落的分布情况看，其扩张的方向在南和西北两个方向最明显，这两个方向的遗址发现也最多。

二里头文化三期，二里头文化向四方扩张达到顶峰，属于该文化的鼎盛期。但是，仔细分析发现，其向东包括东北和东南方向均未超过二期时达到的范围，向北有所扩张越过黄河到达沁水以西地区。而最主要的扩张方向仍是向南和西北。向南到达信阳的三里店，西南则进入丹淅流域，淅川下王岗遗址成为其在西南统治的重要据点。向西，进入陕西东部，丹水上游的东龙山遗址[⑨]位于重要的交通孔道，是二里头文化和陕西及西部的齐家文化交流的中转站。二里头遗址西北向，在晋南地区二里头文化遗址的增多和东下冯遗址、垣曲南关遗址规模的扩大及此期遗存的丰富则表明二里头文化加强了对晋南地区渗透。

二里头文化四期，二里头文化在南方、西南方向、西部和西北基本延续二三期的

---

①　北京大学考古学系、驻马店市文物保护管理所：《驻马店杨庄：中全新世淮河上游的文化遗存与环境信息》，科学出版社，1998年。

②　北京大学考古系、驻马店市文物保护管理所：《河南驻马店市党楼遗址的发掘》，《考古》1996年第5期。

③　黄河水库考古工作队河南分队：《河南陕县七里铺商代遗址的发掘》，《考古学报》1960年第1期。

④　河南省文物研究所：《陕县西崖村遗址的发掘》，《华夏考古》1989年第1期。

⑤　袁广阔：《邓州市陈营二里头文化遗址》，《中国考古学年鉴·1990》，文物出版社，1991年，第244页。

⑥　河南省文物考古研究所：《河南邓州市穰东遗址的发掘》，《华夏考古》1999年第2期。

⑦　河南省文物研究所、长江流域规划办公室考古队河南分队：《淅川下王岗》，文物出版社，1989年，第264—284页。

⑧　中国社会科学院考古研究所、中国历史博物馆、山西省考古研究所：《夏县东下冯》，文物出版社，1988年，第18—148页。

⑨　杨亚长、王昌富：《商州东龙山遗址考古获重要成果》，《中国文物报》1998年11月25日；杨亚长：《陕西夏时期考古的新进展——商州东龙山遗址的发掘收获》，《古代文明研究通讯》（总第五期），2000年，第34—36页；杨亚长：《东龙山遗址的年代与文化性质》，《中国文物报》2000年8月9日；陕西省考古研究院、商洛市博物馆：《商洛东龙山遗址Ⅰ区发掘简报》，《考古与文物》2010年第4期；陕西省考古研究院、商洛市博物馆：《商洛东龙山》，科学出版社，2011年。

状况。东方地区，尽管二里头文化四期遗存仍在不少遗址中存在，但是几乎每个遗址的四期遗存均没有三期丰富，明显呈衰落之势，靠近东北部的朱岗遗址则没有四期遗存，或许说明二里头文化在向西退缩。黄河北岸的沁河以东地区几乎不见二里头文化四期晚段的遗存，二里头文化在东北部可能已经退回至黄河以南地区。

通过以上对二里头文化在不同时期聚落分布情况的分析可以看出，二里头国家向外经略的重点是其南方和西北方。对于夏人重点向西北和南方扩张的原因，有学者指出很可能主要是为了有效地控制江汉平原和晋南地区的铜、锡、铅、盐等自然资源①。与此同时，晋南和淮河中上游地区拥有良好的水土资源属于富饶的农业区，占领这些地区并控制其土地和人口，掠夺其盛产的粮食也是向该地扩张的原因之一。而二里头国家对东方地区的"忽视"似不可简单地归之于夏人认为这一地区缺乏重要的自然资源。二里头文化一期及稍早的新砦文化时期海岱地区龙山文化势力较强，二里头文化四期下七垣文化和岳石文化结成联盟势力大增应是二里头文化向东方扩张不利的重要原因。二里头文化二、三期时，其对东方的扩张相比其他方向仍然较弱的原因，很可能和这一时期二里头文化乃属于东方的后羿"代夏"之后的夏文化，没必要再向东方大肆扩张有关。

值得注意的是，夏人崛起于豫西丘陵山地，其重点主要向西北的晋南和南方的淮河中上游及丹淅地区扩张，恰恰这些地区的自然地理正以丘陵和山地为主。而且这些地区自仰韶文化以来一直属于中原文化区，特别是晋南地区和豫西均属于中原文化区的核心。当然这些地区还有着大致相同的文化传统和信仰。而东方地区距离二里头文化中心区相对较远，自大汶口文化以来许多时段豫东地区属于海岱文化区，更多地因袭了东夷族群的文化传统。尤其东方地区在自然地貌上呈现与豫西晋南截然不同的风格，一望无际的广阔平原对于常年生活于山地丘陵的夏人应是陌生的，控制、经营这个地区对他们来说，无论是心理还是现实都是一种挑战。

总而言之，二里头时期的东方是一个相对的"东方"，与二里头文化向东方的扩张以及与周邻文化势力的消长密切相关。二里头文化鼎盛时期，原属于其一期的"近东"成为文化的腹地和防御的重点地区，而"中东"却成为文化边缘的"近东"；二里头文化四期，随着二里头文化实力的削弱，各方势力角逐的郑州及其邻近地区似乎又成为"近东"。四期晚段，二里头文化的"近东"很大程度上已属"商"。作为海岱地区的"远东"，二里头文化势力从头到尾并未进入其典型文化分布区，成为一直的"远东"，这和之后商文化逐步东进并占据大部分的海岱地区的情况截然不同。此外，二里头国家对东方的经略有这样一个特点，着力东进中却又处处设"防"，在重要地理位置和交通要道上修建城池。嵩山南北的龙山晚期遗存以及新砦文化遗存是二

---

① 刘莉、陈星灿：《城：夏商时期对自然资源的控制问题》，《东南文化》2000年第3期。

里头文化的重要来源，源于嵩山南麓的族群深知其东方存在着持续欲取中原的"东夷"族群，甚至早在大汶口文化时期该族群竟然深入中原腹地形成"颍水类型"[①]。这些悠久的深厚的甚至是迁徙中的"社会记忆"使得二里头社会一旦足够强大就着力解决他们所谓的历史烙印与现实问题。

二、二里头国家对东方经略的几个特点

二里头国家对东方地区的经略呈现一些特点。首先从时间及控制力度上看，二里头国家向东方地区的扩张呈现间断性、而非持续性，控制力度则由弱转强再转弱。从上文二里头文化的聚落形态演变的分析中可以看出，二里头文化一期，二里头文化势力尚未控制豫东地区，二里头文化二期晚段才开始进驻豫东杞县。三期时分布地域没有扩展，仍主要分布于牛角岗、段岗和朱岗遗址。四期时尽管三个遗址存续下来，但发现的相当于伊洛地区四期的遗存遽然减少，暗示四期对这个地区的控制力度减弱了。

从地域上看，二里头国家对东方地区经略的突破口似乎主要放在豫东南，对东北方向的地区经略力度不大。目前二里头文化在东方地域范围内已发掘的主要是开封杞县的三个遗址，而再往东南的周口地区经调查还有一些二里头文化遗址。在二里头文化东北方向黄河北岸的沁河以东地区几乎不见二里头文化四期晚段的遗存，二里头文化在东北部可能已经退回至黄河以南地区。

从方式和方法看，二里头国家在向东方扩张中战争与和平共处兼而有之。早期夏夷之间主要是战争关系，从文献记载中可以看出。古本《竹书纪年》载："益干启位，启杀之。"[②]。夏启试图继承父亲王位实现"家天下"，以伯益为首领的东夷集团为此曾与之发生战争。至太康时期则有"夏后氏太康失德，夷人始畔"[③]，夏国家早期与东夷集团的这场战争不像夏初以胜利而终，相反太康"为羿所逐，不得反国"[④]，东夷人后羿"因夏民以代夏政"[⑤]。帝相在位期间，和东夷也有战争，古本《竹书纪年》载"元年征淮夷""二年征风夷及黄夷"[⑥]。但是就整个夏王朝来说，多数时间夷夏之间还是和平共处的，特别是少康即位后平定有穷氏之乱，还故都于斟寻，发展经

---

① 杜金鹏：《试论大汶口文化颍水类型》，《考古》1992年第2期。

② 方诗铭、王修龄：《古本竹书纪年辑证》，上海古籍出版社，1981年，第2页。

③ （南朝宋）范晔撰，（唐）李贤等注：《后汉书》卷八十五，中华书局，1965年，第2807页。

④ （汉）司马迁撰：《史记》卷二，中华书局，1982年，第85页。

⑤ （清）阮元校刻：《十三经注疏·春秋左传正义》卷二十九，中华书局，1980年，第1933页。

⑥ 方诗铭、王修龄：《古本竹书纪年辑证》，上海古籍出版社，1981年，第5—6页。

济，于是出现"少康中兴"。古本《竹书纪年》载："后少康即位，方夷来宾。"[①]。《后汉书·东夷列传》也有相同载述："自少康后，世服王化，遂宾于王门，献其乐舞。"[②]。而帝芬当政后，九夷来御。古本《竹书纪年》载："后芬即位，三年，九夷来御，曰畎夷、于夷、方夷、黄夷、白夷、赤夷、玄夷、风夷、阳夷"[③]；到帝芒元年则"以玄珪宾于河。东狩于海，获大鱼"[④]；帝泄二十一年"加畎夷等爵命"[⑤]。上述文献中的方夷、九夷等都是广义上的东夷集团成员，表明夏王朝的多数时间夷夏之间关系和睦。而夷夏所代表的两支考古学文化长期以来表现出来的东西对峙的分布格局也正反映夷夏关系基本上是和平共处，不存在夏人步步东进，夷人节节后退的情况。

第二节　商代的东方

一、商代东方地域范围

商代不同时期商人统治的中心区不同[⑥]。早商时期，商人的统治中心地区在以偃师商城和郑州商城为都城的伊洛—郑州一线。中商时期，商人的都城尽管不断迁徙，但是大概地理范围则在邢台至郑州一线的太行山东麓。晚商时期，商人定都安阳，显然安阳周围属于其统治中心区。总之，有商一代商王朝统治的中心地区概在郑州至邢台之间太行山东麓的平原地带。商文化的中心区和文献学所谈的王畿区大致相当。宋镇豪先生主要根据甲骨文记载，参考考古材料和东周时期的一些文献材料得出王畿区的范围和上述中心区的范围基本一致，王畿区东界大体在河南柘城、商丘以西和濮阳以东一线，南界在淮阳、鲁山一线，西界于孟津和太行山以东，北界在河北邢台附近[⑦]。在明确了商王朝的王畿区范围以后，笔者认为该东界以东包括整个海岱地区都属于商王朝的东方地域。

---

① 方诗铭、王修龄：《古本竹书纪年辑证》，上海古籍出版社，1981年，第7页。

② （南朝宋）范晔撰，（唐）李贤等注：《后汉书》卷八十五，中华书局，1965年，第2808页。

③ 方诗铭、王修龄：《古本竹书纪年辑证》，上海古籍出版社，1981年，第9页。

④ 方诗铭、王修龄：《古本竹书纪年辑证》，上海古籍出版社，1981年，第10页。

⑤ 方诗铭、王修龄：《古本竹书纪年辑证》，上海古籍出版社，1981年，第12页。

⑥ 此处在《中国考古学·夏商卷》商文化遗址的分布基础上，并结合近二十年的新发掘资料归纳得出。

⑦ 宋镇豪：《商代的王畿、四土与四至》，《南方文物》1994年第1期；宋镇豪：《论商代的政治地理架构》，《中国社会科学院历史研究所学刊》（第一集），社会科学文献出版社，2001年，第6—27页。

二、东方在商王朝地缘政治结构中的作用和地位

早商时期，商文化以偃师商城和郑州商城所在的伊洛河流域和郑州地区为统治中心区，同时整个早商时期商王朝势力不断向外扩张，其统治的疆域也随之扩大。向东，商文化首先于早商三期占据几乎整个河南东部地区，并以据点形式进入鲁西南和泰沂山脉以北的鲁西北平原地区，目前山东地区发现的明确的早商遗址仅有安邱堌堆和济南大辛庄遗址。南四湖以东和苏北地区则不见早商遗存。东南方向到达安徽的霍山—巢湖一线，目前在安徽江淮之间发现的主要是以大城墩遗址为主的早商聚落[①]。需要注意的是，鲁南地区泗水流域及徐州北部、皖东北地区这个时期均属于岳石文化的分布范围，很可能仅皖西北地区属于早商文化分布地域。向南，早商文化则到达江汉平原，但是南基本不越过长江。目前这一地区形成了以盘龙城为中心的早商聚落群[②]。西南方向，商文化可能未到丹淅流域，目前在丹淅汇聚之处的下王岗遗址未见到早商时期的遗存，而南阳盆地其他地区也几乎不见明确的早商遗址[③]，表明南阳盆地很可能不在早商文化控制范围。向西，早商文化已到达周原地区，但总体周原早商遗址的商文化因素不甚突出，不够典型[④]。主要遗址有华县南沙村[⑤]、蓝田怀珍坊[⑥]、西安老牛

---

① 中国社会科学院考古研究所：《中国考古学·夏商卷》，中国社会科学出版社，2003年，第200—201页。

② 中国社会科学院考古研究所：《中国考古学·夏商卷》，中国社会科学出版社，2003年，第198—200页。

③ 目前仅在内乡县发现属于白家庄期的商文化遗存，已进入中商时期。如黄龙庙岗商文化遗址，郭岗发现白家庄期青铜器。参见：杨宝成：《内乡县黄龙庙岗商代遗址及战国秦汉墓葬》，《中国考古学年鉴·1989》，文物出版社，1990年，第179—180页；内乡县综合博物馆：《河南内乡县部分新石器时代遗址调查简报》，《考古与文物》1992年第2期；李维明：《豫南及邻境地区青铜文化》，线装书局，2009年，第165—171页。

④ 刘绪：《商文化在西方的兴衰》，《纪念殷墟发掘八十周年学术研讨会论文集》，"中研院"历史语言研究所，2015年。

⑤ 北京大学考古教研室华县报告编写组：《华县、渭南古代遗址调查与试掘》，《考古学报》1980年第3期。

⑥ 西安半坡博物馆、蓝田文化馆：《陕西蓝田怀珍坊商代遗址试掘简报》，《考古与文物》1981年第3期。

坡①、耀县北村②、礼泉朱马嘴③，扶风壹家堡④等。向北，早商时期，商文化重返太行山东部一带，并已越过拒马河流域，深入到壶流河流域。发现的早商遗址主要有邯郸龟台寺⑤、藁城台西⑥、北龙宫⑦、正定曹村⑧及蔚县庄窠、四十里坡⑨等遗址。在河北廊坊⑩、文安⑪等市也发现早商时期遗址。西北方向则到达晋南，止于霍山以南，形成了以夏县东下冯⑫和垣曲商城⑬两处商代城址为中心的聚落群。总之，早商时期商文化向四方均有所扩张，但对东方的扩张和其他三个方向相比较弱。

中商时期，商人在多数地方比早商时期的控制地域有进一步的扩展。向东，商人在重点经营鲁西北平原的基础上从泰山以北到达青州。此期商人在鲁南地区扩张最为明显，汶泗流域的滕州一带形成一个中商文化的聚落群，商人还一度深入到苏北的徐州和皖东北的一些地区。东南方向，在安徽境内淮河北部及江淮地区北部形成以台家寺为主的一批中商聚落群，并且出土一批中商时期的青铜器⑭。向西，关中西部的扶

---

① 刘士莪：《老牛坡》，陕西人民出版社，2002年。

② 北京大学考古系商周组、陕西省考古研究所：《陕西耀县北村遗址1984年发掘报告》，《考古学研究》（二），北京大学出版社，1994年，第283—342页。

③ 北京大学考古系商周组、陕西考古研究所：《陕西礼泉朱马嘴遗址试掘简报》，《考古与文物》2000年第5期。

④ 北京大学考古系：《陕西扶风县壹家堡遗址发掘简报》，《考古》1993年第1期；北京大学考古系商周组：《陕西扶风县壹家堡遗址1986年度发掘报告》，《考古学研究》（二），北京大学出版社，1994年，第343—390页。

⑤ 北京大学、河北省文化局邯郸考古发掘队：《1957年邯郸发掘简报》，《考古》1959年第10期。

⑥ 河北省文物研究所：《藁城台西商代遗址》，文物出版社，1985年。

⑦ 河北省文物研究所：《藁城北龙宫商代遗址的调查》，《文物》1985年第10期。

⑧ 河北省文物研究所、石家庄市文物研究所、正定县文物保护管理所：《河北正定县曹村商周遗址发掘简报》，《考古》2007年第11期。

⑨ 张家口考古队：《蔚县考古纪略》，《考古与文物》1982年第4期；张家口考古队：《蔚县夏商时期考古的主要收获》，《考古与文物》1984年第1期。

⑩ 郭济桥、樊书海：《廊坊发现早商、战国遗址》，《中国文物报》2004年3月17日。

⑪ 袁振喜：《河北文安发现商代早期遗址》，《人民日报》2004年3月29日。

⑫ 中国社会科学院考古研究所、中国历史博物馆、山西省考古研究所：《夏县东下冯》，文物出版社，1980年。

⑬ 中国历史博物馆考古部、山西省考古研究所、垣曲县博物馆：《垣曲商城（一）——1985～1986年度勘察报告》，科学出版社，1996年；中国国家博物馆田野考古研究中心、山西省考古研究所、垣曲县博物馆：《垣曲商城（二）——1988～2003年度勘察报告》，科学出版社，2014年。

⑭ 相关遗址和出土青铜器情况参见庞小霞：《聚落、资源与道路：早期中国中原与周边的文化互动与交流》，中国社会科学出版社，2024年。

风、岐山一带仍可见商人活动于此，在扶风的白家窑、法门镇及岐山的王家嘴遗址均发现了中商时期的遗存①。西南方向的南阳盆地和鄂西北地区都有中商遗存发现。向北，中商时期，商文化最北的界限似比早商时期有所南退，目前在壶流河流域尚未见到这一时期的遗址。北界似在拒马河一线。在邢台以北发现的中商遗址有藁城台西②、获鹿北胡③、灵寿北宅村④、沧县倪杨屯⑤、涞水富位⑥等。这一时期，一个显著的特点是在邢台及其周围的县市发现一批密集分布的中商遗址，有学者将其归属中商文化曹演庄类型⑦。这个类型的聚落密集度、遗存的丰富性都与郑洛地区白家庄类型不相上下，以至于有研究认为这两个类型属于中商时期的两个中心类型⑧。西北方向，商人可能已退出晋西南而仅控制晋东南地区。早商时占据的夏县、垣曲等地均几乎不见中商时期的遗址，而晋东南的长治一带则尚有较多的中商遗存⑨。总之，中商时期，商人在东方、东南方及南方和西方均有所扩张，而在北方和晋南则似有收缩。同时一个需要注意的现象是，中商之末商人则于东南退出苏北和皖东北一带，南方则从长江以南向北收缩。

晚商时期，商人的统治中心稳定于殷墟大邑商，其对四方的经略也大不同于早中商时期。向东，商人继续保持微弱的进取之势。在鲁北地区，商文化扩至淄弥流域并在青州一带形成了苏埠屯聚落群，大辛庄遗址持续至殷墟三期仍保持繁荣。鲁南地区，殷墟二、三期时商人势力很弱，整个鲁南这一时期的遗址较少并一度退出了徐淮地区。但是至殷墟四期，商人似乎又重新占领苏北的部分地区并在滕州的前掌大形成较大的聚落群。东南方，皖中的巢湖一带商文化的地方性显著增强，巢湖以西的六安

① 罗西章：《扶风白家窑水库发现的商周文物》，《文物》1977年第12期；吴兰、宗宇：《陕北发现的商周青铜器》，《考古》1988年第10期。

② 河北省文物研究所：《藁城台西商代遗址》，文物出版社，1985年。

③ 唐云明：《河北商文化综述》，《华夏考古》1988年第3期。

④ 陈应祺：《河北省灵寿县北宅村商代遗址调查》，《考古》1966年第2期。

⑤ 沧州市文物保护管理所、沧县文化馆：《河北沧县倪杨屯商代遗址调查简报》，《考古》1993年第2期。

⑥ 拒马河考古队：《河北易县涞水古遗址试掘报告》，《考古学报》1988年第4期。

⑦ 唐际根：《中商文化研究》，《考古学报》1999年第4期。

⑧ 中国社会科学院考古研究所：《中国考古学·夏商卷》，中国社会科学出版社，2003年，第305页。

⑨ 中国社会科学院考古研究所：《中国考古学·夏商卷》，中国社会科学出版社，2003年，第270—271页。

地区则尚无确认的商文化遗址[①]。南方，商人退至桐柏山以北地区，在罗山天湖[②]发现重要的晚商遗存。在南阳盆地及邻近地区形成了以十里庙遗址[③]为核心的商文化聚落群，这个区域属于晚商的遗址还有镇平县曹营[④]、内乡县黄龙庙岗[⑤]、随州庙台子[⑥]等，出土有晚商铜器的地点除了十里庙和内乡县郭岗[⑦]，还有随州市熊家老湾[⑧]。西方，商人从陕西西部退至西安附近，目前发现的以西安老牛坡遗址为代表的晚商遗存地方性特色较浓厚[⑨]。晚商时期，商文化在北方的分布似乎比之中商又有所退缩。在中商文化所到达的涞水易县一带，易县北福地第三期遗存与晚商文化年代相当，但文化面貌上明显具有北方青铜文化的色彩[⑩]。北京平谷刘家河[⑪]、河北秦皇岛市卢龙县闫各庄[⑫]都曾出土商代铜器，但是这些地区的青铜器很可能是受商文化影响所致，并非表明

①　中国社会科学院考古研究所：《中国考古学·夏商卷》，中国社会科学出版社，2003年，第322—324页。

②　信阳地区文管会、罗县山文化馆：《河南罗山县蟒张商代墓地第一次发掘简报》，《考古》1981年第2期；信阳地区文管会、罗县山文化馆：《罗山县蟒张后李商周墓地第二次发掘简报》，《中原文物》1981年第4期；河南省信阳地区文管会、河南省罗山县文化馆：《罗山天湖商周墓地》，《考古学报》1986年第2期；罗山县文管会：《罗山县蟒张后李商周墓地第三次发掘简报》，《中原文物》1988年第1期。

③　游清汉：《河南南阳市十里庙发现商代遗址》，《考古》1959年第7期；南阳市文物工作队：《南阳市十里庙遗址调查》，《江汉考古》1994年第2期；南阳市博物馆：《南阳市博物馆收藏的商代青铜器》，《中原文物》1984年第1期；尹俊敏：《南阳市博物馆收藏的商代铭文铜器》，《考古与文物》1996年第6期。

④　李维明：《豫南及邻境地区青铜文化》，线装书局，2009年，第169—171页。

⑤　杨宝成：《内乡县黄龙庙岗商代遗址及战国秦汉墓葬》，《中国考古学年鉴·1989》，文物出版社，1990年，第179—180页；内乡县综合博物馆：《河南内乡县部分新石器时代遗址调查简报》，《考古与文物》1992年第2期；李维明：《豫南及邻境地区青铜文化》，线装书局，2009年，第165—168页。

⑥　武汉大学历史系考古教研室、襄樊市博物馆、随州市博物馆：《西花园与庙台子》，武汉大学出版社，1993年。

⑦　李维明：《豫南及邻境地区青铜文化》，线装书局，2009年，第169—171页。

⑧　随州市博物馆：《湖北随县发现商周青铜器》，《考古》1984年第6期。

⑨　刘士莪：《老牛坡》，陕西人民出版社，2002年；陕西省考古研究院：《西安老牛坡遗址聚落范围调查简报》，《中原文物》2021年第1期。

⑩　拒马河考古队：《河北易县涞水古遗址试掘报告》，《考古学报》1988年第4期。

⑪　北京市文物管理处：《北京市平谷县发现商代墓葬》，《文物》1977年第11期。

⑫　唐云明：《河北境内几处商代文化遗存记略》，《考古学集刊》（第2集），中国社会科学出版社，1982年，第44—46页。

商文化已分布到这些地区。根据定州北庄子商墓的材料[1]，至少目前可以确定，晚商时期商文化北部已达冀中的定州。总之，晚商时期，商人向东方仍保持微弱扩张，但商人在南、北、西三个方向均收缩。

考察商王朝在不同时期聚落分布变迁的情况可以看出，早商时期商人向四方均有所扩张，而以对南方和西北方向为重点。商人向西北方重点扩张的原因很可能是基于对晋南的金属矿产资源和盐的控制[2]；商王朝向南方江汉平原的扩张则主要是地域扩张，中条山是中原王朝铜资源的主要来源地，二里岗文化晚期之前长江流域铜矿带可能并未得到开发，获取资源只是扩张下的副产品[3]。同时商王朝早商时期在其西北方建立焦作府城、沁阳商城、垣曲商城和东下冯商城等多个据点的原因，除了上述经济原因外，还与军事防御，维护西北边境安定从而保证中心区的安全有关[4]。早商时期商人对东方扩张相对较少的原因，除了上述南方和西北方地域扩张和经济资源吸引了商王朝的主要力量外，和商夷仍属联盟关系，东方地区是其稳定的后方也有关。

中商一、二期，商人向东南方向和东方有所扩张，其原因大概有三：其一，这是商人政治中心从周边掠夺自然资源的战略由晋南转移至长江流域和沿海所致，对此刘莉、陈星灿二位先生已有详论，此不赘述[5]。其二、商王朝东南方向以台家寺为核心，中商聚落群的出现和繁荣应该是商人和南方地区交流通道转移到江淮通道导致。其三，中商时期"蓝夷作寇"，仲丁征蓝夷应是商人此期在鲁南和苏北地区势力扩张的重要原因之一。

晚商时期，商人控制范围在北、西、南三面呈现退缩，而仅东面表现扩张也有一定的背景和原因。首先，中商时期商王朝内部"弟子或相代立，比九世乱"[6]，与此同时地方土著势力逐步强大，致使中商三期开始各地的商人势力即表现退缩。整个晚商时期，商王朝四方比邻的土著实力大增已和商代早中期不可同日而语，商王朝尽管武丁时期一度恢复在西方、西北方的势力，但在这样的周边局势下，商王朝已不可能再

---

① 河北省文物研究所、保定地区文物管理所：《定州北庄子商墓发掘简报》，《文物春秋》1992年增刊。

② 刘莉、陈星灿：《城：夏商时期对自然资源的控制问题》，《东南文化》2000年第3期；刘莉、陈星灿：《中国早期国家的形成——从二里头和二里岗时期的中心和边缘之间的关系谈起》，《古代文明》（第1卷），文物出版社，2002年，第71—134页。

③ 张昌平：《关于盘龙城的性质》，《江汉考古》2020年第6期。

④ 张国硕：《殷商国家军事防御体系研究》，《郑州大学学报（哲学社会科学版）》2005年第6期。

⑤ 刘莉、陈星灿：《城：夏商时期对自然资源的控制问题》，《东南文化》2000年第3期；刘莉、陈星灿：《中国早期国家的形成——从二里头和二里岗时期的中心和边缘之间的关系谈起》，《古代文明》（第1卷），文物出版社，2002年，第71—134页。

⑥ （汉）司马迁撰：《史记》卷三，中华书局，1982年，第101页。

保持早中商时期的强烈扩张势头，可以说这是晚商时期商王朝发展的外部大背景。其次，晚商时期商王朝依然保持对东方的扩张很可能主要是源于对鲁北的海盐及对黄渤海、南海的海贝等自然资源的控制①。最后，晚商时期长江中下游的铜、锡等矿产资源北运的通道主要是东方通道，对东方的扩张也是为保障这一通道畅通无阻。

　　总之，商王朝在其整个统治时期，和东方地区的关系非同一般，夏末的"景亳之会"和"泰卷之会"地点都在鲁西，可以说商人自东方地区开始灭夏大业。大会诸侯实乃和各路诸侯结成联盟，其中主要盟友即东夷集团。"汤始征，自葛载，十一征而无敌于天下"②，商人也正是自东逐步向西攻破夏人的屏障而最终占领其都城偃师的。早商时期商人顾念盟友之情未迅速东扩，但自中商起商人一直在着力经营东方。商人为什么对东方情有独钟呢？难道仅仅是因为东方有其需要的重要资源，笔者认为事实可能并非如此简单。学者早已指出商人尊东北方位③。近有学者通过对甲骨卜辞中商人对四个方位不同祭祀的考察指出，商人对东方的帝祭与其他三方不同，无论是卜辞的数量、祭祀方法还是用牲种类和数量上都占优势，与此同时，商人用祭祀祖先的燎祭之法祭祀四方，尤其是对东方的燎祭极多而又无异议。由此进一步指出商人重视东方，尤其是殷王室和高级贵族中，东方被认为是尊位④。笔者认为无论是说商人尊东北方位还是尊东方方位，在商人的宗教精神领域和现实的建筑布局中东方显然高于其他三个方位。在商人的心目中东方乃其圣地，东方恰又是其成就功业之地，或许正是对东方的尊崇才使商人始终对东方重点经营。同时，灭商之前及建立商王朝后，商人主要活动于今河南中东部和河北中南部的平原地区。长期生活于平原的商人可能对位于同样以平原为主的东方地区比西方、北方的山地更易掌控。

---

　　① 方辉：《从考古发现谈商代末年的征夷方》，《东方考古》（第1集），科学出版社，2004年，第249—262页；王巍：《商王朝与方国》，《多维视域：商王朝与中国早期文明研究》，科学出版社，2008年，第252—254页。

　　② （清）阮元校刻：《十三经注疏·孟子注疏》卷六上，中华书局，1980年，第2712页。

　　③ 杨锡璋：《殷人尊东北方位》，《庆祝苏秉琦考古五十五年论文集》，文物出版社，1989年，第305—314页；朱彦民：《殷人尊东北方位说补证》，《中原文物》2003年第6期。

　　④ 高江涛：《殷人四方尊位探讨》，《2004年安阳殷商文明国际学术研讨会论文集》，社会科学文献出版社，2004年，第327—333页。

三、商王朝对东方地区经略的几个特点

商王朝对东方地区的经略从时间上看基本是持续性的，控制力度也是从早期至晚期逐步增强。有商一代，商文化东渐大致经历几个不同的时期[①]。早商时期，商文化开始进入海岱地区，鲁西南的菏泽和济南的大辛庄均发现典型的早商三期遗存。这个时期可称为初步发展期。中商一、二期，商夷联盟瓦解，双方关系恶化，商文化大举东进，鲁西北平原和鲁南的汶泗流域均发现较多商文化遗址。这个时期可称为小高潮期。中商三期至殷墟三期，商文化在海岱地区发展势头较之前减弱。特别是鲁南地区表现更为明显，商文化从苏北和鲁南的郯城等地退出，汶泗和滕州一带原来密集的中商遗址多不存在，仅有两三个遗址延续下来，且规格较低。鲁北地区情况稍好，中商时鲁西北平原地区遗址多数存续下来，大辛庄遗址殷墟一至三期均保持繁荣，同时商文化开始进入淄河流域，殷墟一期时桓台史家中心性遗址的建立表明商人这个时期在鲁北仍有所拓展。这个时期可称为间歇平稳期。殷墟三期以后至殷末，商王朝重点经营东方海岱地区，尤其殷墟四期整个鲁北和鲁南的商文化遗址数量大增，且形成了苏埠屯和前掌大这样的大型聚落中心性遗址。所以可以称这个时期为商文化东扩的全盛期。

商王朝经略东方的空间地理特点比较突出，可从三个方面来论述。其一，商文化进入海岱地区及东渐路线问题。商人主要是经像东首先占据鲁西南一些重要的地理位置，进而沿古济水进入鲁西北，并在济南的大辛庄建立据点。中商以后泰沂山脉以北的鲁北地区商文化的东渐路线主要是：沿古济水进入鲁西北后由济南向东北重点发展，除了将大辛庄仍作为重要据点，约当殷墟一期前后又在桓台史家建立中心性据点，之后继续向东北的沿海地区如滨州市、东营市、利津等地区和正东面的青州所在的淄弥河流域扩张。鲁南地区由于商文化推进中有所间歇，所以东渐路线不如鲁北清晰。大体上中商时期一度沿古泗水、汶水在汶泗流域的济宁、枣阳地区重点发展，并向南扩张到苏皖北部，向东南甚至到达沂河流域的郯城一带。经历了商文化势力收缩后，特别在殷墟四期时商文化势力在鲁南大大增强，但似乎并未沿中商时期东渐路线继续扩张。总之，商文化在海岱地区总体看是自西向东逐步推进的，因而徐基先生很

---

① 商文化的东渐或曰东进，张国硕先生曾指出大致经历了停滞期、发展期和全盛期三个时期（参见张国硕：《从商文化的东渐看商族起源"东方说"的不合理性》，《中原文物》1997年第4期）；曹艳芳博士则又细分成五个阶段来探讨（参见曹艳芳：《山东出土商代青铜器研究》，山东大学博士学位论文，2006年，第170—174页）。笔者综合前人研究认为分成四个时期更为妥当。

早就提出了商文化的东渐[①]，但是仔细分析这种东渐确切地说在鲁北地区表现得最为显著，鲁南地区则不太明显。其二，商王朝对海岱地区的控制力度和统治方式在泰山南北地区差异较大，对此学者曾有专文论述[②]。本文前文也有论及，简而言之，商人在鲁北地区的势力整个商代一直较为强大，而从中商三期之末至殷墟三期之末这一较长时期内，鲁南地区商文化遗存的数量和规模均不及鲁北。因而也可以说商人在统治力度上存在"重北轻南"现象。同时，商人在鲁南地区对夷人可能实行的是驱逐殆尽的政策而在鲁北和鲁西南则实行和平共处的方针。其三，商王朝经略东方地区，原来的夷人接受商人的文化，不同地区夷人的商化程度不同。目前来看，鲁西南地区由于商人进驻最早，地理位置也相较海岱其他地区最接近商王朝腹地，所以商化程度最高。这里早商三期时商人开始进入；中商时遗址密集，具有典型的商文化特征，同时也有一定的地方特点；晚商时期属于安邱类型，文化面貌与典型的殷墟类型十分接近。鲁北地区同样位置越西，商化程度越深，相反则商化程度较浅乃至没有受到商文化影响[③]。具体来说鲁西北平原区要比东边的淄弥流域的商文化因素多，而后者土族夷人文化因素保留更多些。鲁南地区汶泗流域内的济宁和枣阳地区商化程度较高，鲁中南山地和沂河以东的鲁东南地区则仍为夷人控制。

商王朝经略东方地区同样采用战争和联盟的不同方法。夷商之间的关系在早商时期保持了联盟关系，商人此时东进海岱地区后，当地的夷人接受较多商人的政治和文化，在不自觉中被逐步商化。大辛庄遗址的第二类遗存逐渐减少的情况正体现了当地夷人逐渐商化的过程。中商后商人逐步全面地东进海岱地区，夷商之间更多的是一种交流和融合，这是一种双向的过程而非单纯的夷人商化的过程。夷人上层较多地接受商人的文化、礼俗宗教，同时商人贵族也接收不少夷人文化风俗。当然夷商之间的大规模融合和交流往往都是在战争的背景下开展的，仲丁征蓝夷和帝乙、帝辛时的征夷方是商王朝对东方的规模大、历时长的战争。

---

① 徐基：《商文化东渐初论》，《南方文物》1994年第2期。

② 方辉：《商周时期鲁北地区海盐业的考古学研究》，《考古》2004年第4期；朱继平：《从考古发现谈商代东土的人文地理格局》，《社会科学》2007年第11期。

③ 栾丰实：《商时期鲁北地区的夷人遗存》，《三代文明研究（一）——1998年河北邢台中国商周文明国际学术研讨会论文集》，科学出版社，1999年，第270—279页。

第三节　西周时期的东方

一、西周时期东方的内涵

周人在灭商之前，自认自己所生活的关中陕西乃"西土"。《尚书·牧誓》曾曰："王左杖黄钺，右秉白旄以麾，曰：'逖矣！西土之人'。"[1]此"西土"不仅指周人还包括周在西方的属国。前文已指出商代其实有四方、四土的观念，而从周人称商为大邑商，认为自己为西土，可知周人在灭商前是认可殷商安阳是当时的政治中心和地理中心的。周人伐商刚胜利后，认为成周洛邑一带乃东国，东土则是殷东故地，卫侯所封淇县一带。如《尚书·康诰》载"周公初基作新大邑于东国洛，四方民大和会……肆汝小子封在兹东土"[2]，此"东土"仍是基于商时的政治地理架构，其实就是商人所谓的东土。

同时在西周早期，伴随周人对洛邑的修建和周公东征等，周人对洛邑有了新的空间定位，周人称洛邑为中国、中土、土中，如周初的青铜器何尊就称洛邑为"中国"，《尚书·召诰》则称新大邑为"土中"。西周早期的铜器铭文也证明，周人对于东国也有了新的认识。关于青铜器铭文中的不少"东国"，本书前文已经一一具体论述，东国在西周铜器铭文中有狭义的特指海岱某些夷族生活的地域，也有广义的泛指整体的海岱东夷国族或东夷国族生活的地域，这和前文文献中狭义的东国即"殷东土"大概相同。笔者认为实际至迟于西周中期，周人在现实政治和文本中已经明确区分了东土、东国的不同空间范围，概东土是西周王朝东方的国土，而东国则是分布于东土附近那些时叛时服的夷族人群生活的区域，通过铜器铭文，结合西周早晚期不同人文地理格局，可知东国的区域主要是指鲁国东部、东北部即今鲁中南山地区域和鲁国东南的今沂沭河流域。

东周时期，文献中更是清晰地表述了有关周初四土的地理范围。《左传·昭公九年》王使詹桓伯对周初四土曾有描述："我自夏以后稷，魏、骀、芮、岐、毕，吾西土也。及武王克商，蒲姑、商奄，吾东土也。巴、濮、楚、邓，吾南土也。肃慎、燕、亳，吾北土也。"[3]东周人认为周初的东土主要是指海岱地区的商奄、薄姑，推测主要是将占领地区归附周人的地区或国族称为东土，可见东周人关于周初东土的范围

---

① 李民、王健：《尚书译注》，上海古籍出版社，2004年，第204页。
② 李民、王健：《尚书译注》，上海古籍出版社，2004年，第257页。
③ （清）阮元校刻：《十三经注疏·春秋左传正义》卷四十五，中华书局，1980年，第2056页。

的认知其实和西周时人的文本实际相差并不大。

而到西周末年，伴随周人在四方的开疆拓土，周王朝疆域已经远和周初大不相同了。史伯曾就郑国东迁，对以成周为中心的四方诸侯进行描述："当成周者，南有荆蛮、申、吕、应、邓、陈、蔡、随、唐，北有卫、燕、狄、鲜虞、潞、洛、泉、徐蒲，西有虞、虢、晋、隗、霍、杨、魏、芮，东有齐、鲁、曹、宋、滕、薛、邹、莒，是非王之支子母弟甥舅也，则皆蛮夷戎狄之人也。非亲则顽，不可入也"。①

文献中还有"小东""大东"的说法，如《诗经·小雅》："小东大东，杼柚其空。"②《诗经·鲁颂》："奄有龟蒙，遂荒大东。"③傅斯年先生认为"小东""大东"有专名与泛名之别，泛名的"东"是相对于"西土"与"中国"而言，"小东"指殷商都邑的东部邻近地区，周公居东之东，相当于秦汉之东郡；"大东"指泰山之南与东。④笔者赞同"小东""大东"有不同的范围，具体所指还是要结合文献的背景具体分析。对于本章的东方，主要指海岱地区。但是综合出土及传世文献及考古学文化的分布等，如果以关中地区的视角来看待东方，则被朱凤瀚先生称为"南国"的东部区⑤，即古淮水流域中下游，包括今苏北、皖北淮河两岸及鲁东南沂沭河流域也可囊括在广义的东方范围内。

二、东方在西周王朝地缘政治结构中的地位

周人在建立自己的政权后，考虑到自己地处西土的位置，为便于对整个东方地区的统治，主要是在洛阳盆地作新大邑，建立东都。为保证对四方四土的统治则在四境封邦建国。西周王朝目前在最北方分封的是燕国，燕国封地在今北京市西南房山区的琉璃河遗址。西周王朝在周人的北方边界分封诸侯国，等于周初周人就在此建立了重要据点，之后燕国的势力不断向东北方向扩展，至少在西周早中期燕国势力已经拓展到燕山北侧的小凌河上游的朝阳和大凌河上游的喀左地区。目前在北京昌平⑥、顺义⑦

---

① 徐元诰撰，王树民、沈长云点校：《国语集解》，中华书局，2002年，第460—476页。

② （清）阮元校刻：《十三经注疏·毛诗正义》卷十三，中华书局，1980年，第460页。

③ （清）阮元校刻：《十三经注疏·毛诗正义》卷二十一，中华书局，1980年，第617页。

④ 傅斯年：《大东小东说》，《国立中央研究院历史语言研究所集刊》（第二本　第一分），1930年，第101—109页。

⑤ 朱凤瀚：《论西周时期的"南国"》，《历史研究》2013年第4期。

⑥ 北京市文物管理处：《北京地区的又一重要考古收获——昌平白浮西周木椁墓的新启示》，《考古》1976年第4期。

⑦ 程长新：《北京市顺义县牛栏山出土一组周初带铭青铜器》，《文物》1983年第11期。

及燕山北侧小凌河上游的今辽宁朝阳魏营子[①]、大凌河上游的喀左[②]等地均发现了西周早中期的墓葬和青铜器窖藏。这一系列典型周系风格的考古遗存为我们展示了燕国从燕山南麓向燕山北麓拓展势力的地理轨迹。周人在北方除了分封燕国，在沿太行山东麓的邢台还发现了西周早期的邢侯墓地，联系北齐时该地曾出土有邢侯夫人姜氏鼎[③]，文献中周初分封的邢国基本可以确定在今邢台。而在邢国北面可能还有文献不见的軝国[④]。

　　西周王朝在成周洛邑的西北今山西境内也分封了一些诸侯国。《史记》载成王"封叔虞于唐。唐在河、汾之东。"《正义》引《毛诗谱》云："叔虞子燮父以尧墟南有晋水，改曰晋侯。"[⑤]目前尽管"叔虞封唐"的唐地还没确定，但是天马—曲村晋侯墓地的发掘[⑥]，西周晋国封地基本确定。此外，在临汾北的洪洞县发现有西周时期的青铜器、甲骨文和墓葬[⑦]。该遗存可能和姬姓封国的霍国有关[⑧]。黎城西关发现的西周墓地则基本确定属西周黎国墓地[⑨]。同时，在晋南还发现了一些非姬姓的方国。在浮山

　　① 辽宁省博物馆文物工作队：《辽宁朝阳魏营子西周墓和古遗址》，《考古》1977年第5期。

　　② 热河省博物馆筹备组：《热河凌源县海岛营子村发现的古代青铜器》，《文物参考资料》1955年第8期；辽宁省博物馆、朝阳地区博物馆：《辽宁喀左县北洞村发现殷代青铜器》，《考古》1973年第4期；喀左县文化馆、朝阳地区博物馆、辽宁省博物馆：《辽宁喀左县北洞村出土的殷周青铜器》，《考古》1974年第6期；喀左县文化馆、朝阳地区博物馆、辽宁省博物馆：《辽宁省喀左县山湾子出土殷周青铜器》，《文物》1977年第12期。

　　③ （宋）乐史撰，王文楚等点校：《太平寰宇记》卷五十九，中华书局，2007年，第1216页。

　　④ 邢国和軝国均参见庞小霞：《商周之邢综合研究》，社会科学文献出版社，2014年。

　　⑤ （汉）司马迁撰：《史记》卷三十九，中华书局，1982年，第1635—1636页。

　　⑥ 北京大学考古系商周组、山西省考古研究所：《天马—曲村（1980—1989）》，科学出版社，2000年。

　　⑦ 山西省文物工作委员会、洪洞县文化馆：《山西洪洞永凝堡西周墓葬》，《文物》1987年第2期；临汾地区文化局：《洪洞永凝堡西周墓葬发掘报告》，《三晋考古》（第一辑），山西人民出版社，1994年，第71—98页。

　　⑧ 李峰著，徐峰译，汤惠生校：《西周的灭亡》，上海古籍出版社，2007年，第102页。

　　⑨ 张崇宁、杨林中：《山西发掘黎城西周墓地》，《中国文物报》2007年4月25日；高智、张崇宁：《西伯既勘黎——西周黎侯铜器的出土与黎国墓地的确认》，《古代文明研究通讯》（总第三十四期），第48—50页；张崇宁：《山西黎城黎国墓地》，《2007中国重要考古发现》，文物出版社，2008年，第40—45页。

桥北发现商末西周先族（国）的墓地[①]，在晋侯墓地东边翼城大河口发现霸伯墓地[②]，在晋侯墓地的南边绛山南麓的绛县发现倗国墓地[③]。对于这三个国族的性质有学者指出，可以认为它们都是殷文化影响下的方国的遗民，他们是方国之民，简称殷方国遗民，而非大邑商殷都城附近，后被迁徙到鲁、卫甚至成周、宗周去的这类殷遗民[④]。这种看法很有道理。目前洪洞县北的太岳山以北地区几乎不见西周遗址，周文化西北应该不过太岳山。

　　西周王朝在南方势力拓展的地区主要是淮水中上游、南阳盆地和江汉平原北部。淮水中上游，主要是指淮水中上游的北岸，颍汝中下游区域，属于黄淮海平原的东南部，概今驻马店、信阳、淮阳等地区。南阳盆地则还包括南阳盆地南部的襄阳地区。江汉平原的北部主要是指汉水以北，实际此段汉水有拐折，也即汉水以东，桐柏山和大别山以南区域，地理区域上包括随枣走廊，也有称汉东地区，也有学者认为"汉阳诸姬"的"汉阳"就是这个区域[⑤]。周王朝在淮水上游分封的姬姓诸侯国应、胡、蔡、陈、沈、蒋、息、顿等国[⑥]。在南阳盆地先后分封的有邓国[⑦]、申国[⑧]、吕国[⑨]等。汉水

①　田建文、范文谦：《山西浮山桥北商周墓》，《2004中国重要考古发现》，文物出版社，2005年，第61—64页；桥北考古队：《山西浮山桥北商周墓》，《古代文明》（第5卷），文物出版社，2006年，第347—394页。

②　谢尧亭：《山西翼城县大河口西周墓地获重要发现》，《中国文物报》2008年7月4日；谢尧亭、王金平、李兆祥：《山西翼城大河口西周墓地》，《文物天地》2008年第10期；山西省考古研究所大河口墓地联合考古队：《山西翼城县大河口西周墓地》，《考古》2011年第7期；山西省考古研究所、山西大学北方考古研究中心：《山西翼城大河口遗址调查报告》，科学出版社，2018年。

③　山西省考古研究所、运城市文物工作站、绛县文化局：《山西绛县横水西周墓发掘简报》，《文物》2006年第8期。

④　谢尧亭：《晋南地区西周墓葬研究》，吉林大学博士学位论文，2010年，第347—348页。

⑤　于薇：《汉阳诸姬：基于地理学的证伪》，《历史地理》（第二十四辑），上海人民出版社，2010年，第232—234页。

⑥　徐少华：《周代南土历史地理与文化》，武汉大学出版社，1994年。

⑦　邓在邓州市，参见杨伯峻：《春秋左传注·昭公九年》（修订本），中华书局，1990年，第1308页。此外在襄阳市邓城发现春秋时期邓国的墓葬，春秋邓国应在襄阳邓城一带。对此石泉、徐少华等有详细论述，参见石泉：《古邓国、邓县考》，《江汉论坛》1980年第3期；徐少华：《邓国铜器及其历史地理与文化》，《华夏考古》1996年第1期；徐少华：《邓国铜器综考》，《考古》2013年第5期。但是由安州六器看，西周早期邓国肯定已在南土，目前在襄阳并无西周早期甚至西周中期的考古学遗存发现。所以仍不能排除西周邓国在今南阳盆地的邓州市。

⑧　崔庆明：《南阳市北郊出土一批申国青铜器》，《中原文物》1984年第4期；李学勤：《论仲再父簋与申国》，《中原文物》1984年第4期；徐少华：《南阳新出"辅伯作兵戈"的年代和族属》，《考古》2009年第8期；李峰著，徐峰译，汤惠生校：《西周的灭亡》，上海古籍出版社，2007年，第252—260页。

⑨　李峰著，徐峰译，汤惠生校：《西周的灭亡》，上海古籍出版社，2007年，第260—262页。

以北区域则有曾国、唐国、鄂国等。1986—1997、2002—2007年及近年持续在平顶山薛庄乡北滍村滍阳岭对应国墓地的考古发掘，明确了西周应国就在今平顶山滍阳岭一带[①]。近年随州叶家山西周早期曾侯墓地的发掘，表明西周时期的曾国就在随州东部一带[②]。关于铭文中的"鄂"，2007年在随州安居羊子山发现了西周早期的鄂侯墓[③]，联系到早年也曾在此地发现"鄂侯弟历季"青铜器[④]，因而基本可以确定西周早期的鄂国在今随州西部的安居一带。关于唐国，目前在随州市枣阳县（今枣阳市）王城镇西南1000米的杜家庄（今杜湾村）岗地出土一批带有"阳"铭文的青铜器[⑤]，学界多认可此处"阳"释为"唐"。此外，现为私人收藏的1件"唐侯制随夫人"壶和铭文内容几乎相同，与现藏于随州博物馆的"唐侯制随夫人行"鼎3件、簋3件，应该都出自随州义地岗墓葬。此处铭文中的"阳"也应释作"唐"，这批青铜器的年代为春秋早期晚段或春秋中期早段[⑥]。另外不少文献指出，唐地在随州西北，因而西周末春秋早中期的唐国地望在今随州西北义地岗附近。

西周王朝在东方不断开疆拓土，但是在关中其起家之地，似乎并无很大扩展。周人在关中除了占据整个关中盆地，主要沿泾河向北和西北方向拓展。有学者研究指出，泾河谷地的灵台一带是西周早中期一个重要的聚落中心[⑦]，这一带发现多达8处的西周高等级墓葬，如著名的灵台白草坡M1和M2墓主正是潶伯和𬒳伯[⑧]。而这个区域发现的先周遗存表明，周人很早就重视这个地区。此外文献中的密须国可能也在这一带[⑨]。再向西北，西周王朝已经穿越泾河谷地过陇山来到宁夏南部清水河谷地的固原。目前在固原孙家庄发现有西周早期的墓葬和车马坑[⑩]。而2017年在固原稍东的彭阳县姚和源遗址的发现则将周人在西北方向统治推进到泾河上游。姚河塬遗址位于彭阳县新

①　河南省文物考古研究所、平顶山市文物管理局：《平顶山应国墓地Ⅰ》，大象出版社，2012年；河南省文物考古研究院、平顶山市文物管理局、河南大学历史文化学院：《河南平顶山应国墓地M257发掘简报》，《华夏考古》2015年第3期。

②　湖北省博物馆、湖北省文物考古研究所、随州市博物馆：《随州叶家山：西周早期曾国墓地》，文物出版社，2013年。

③　随州市博物馆：《随州出土文物精粹》，文物出版社，2009年。

④　随州市博物馆：《湖北随县发现商周青铜器》，《考古》1984年第6期。

⑤　襄樊市博物馆、谷城县文化馆：《襄樊市、谷城县馆藏青铜器》，《文物》1986年第4期；襄樊市博物馆：《湖北谷城、枣阳出土周代青铜器》，《考古》1987年第5期。

⑥　这批铜器的情况参见黄凤春：《谈"唐侯制随夫人"壶的国别、年代及相关问题》，复旦大学出土文献与古文字研究中心网站，2018年7月19日。

⑦　李峰著，徐峰译，汤惠生校：《西周的灭亡》，上海古籍出版社，2007年，第59—60页。

⑧　甘肃省博物馆文物工作队：《甘肃灵台白草坡西周墓》，《考古学报》1977年第2期。

⑨　李峰著，徐峰译，汤惠生校：《西周的灭亡》，上海古籍出版社，2007年，第61页。

⑩　固原县文物工作站：《宁夏固原县西周墓清理简报》，《考古》1983年第11期。

集乡，地处六盘山黄土丘陵区的河谷地带。遗址面积62万平方米，时代从商代晚期延续到西周中期偏晚。近年重要收获是发现一座西周文化早期城址，发现并发掘了诸侯级别的带墓道大墓、一处铸铜作坊；发现西周甲骨文。发掘者认为此处很可能是西周早期一处设立在周人西北边境的封国都邑遗址[①]。

西汉水上游及渭河上游地区目前主要是秦文化分布范围，最初周人将自东方迁徙而来的秦人安置在周的西边境，在周人大力在东方稳固拓展势力的同时，秦人得以发展壮大，秦人在西部的大力拓殖稳固了周人西部边境的安定，一定程度遏制了环伺周人的草原戎狄之族的势力。

从周王朝对四方的经营来看，周王朝对新拓展的整个东方地区是十分重视的，对此刘绪先生最近也有相同的认识[②]。相比之下，周人在整个西周时期对于西土似乎缺乏重视，仅仅在西北宁夏南部固原有所拓展，而且对秦人在西部边疆的拓展也并不太重视。在新开拓的四方领土中海岱地区所在的东土是西周王朝十分重视的。周初三公的周公和齐太公都分封在东土，另有一批姬姓封国曹、成、滕、蒋也都在海岱地区。周王朝对海岱地区的重点关注除了这个地区可能提供了重要资源——盐，我们认为更多源于东方海岱地区一直是商代重点经营的地区，这个地区的全部归附和安定，应该是周人获得伐商后的最终胜利，也是周王朝要实现的政治理想。而经周初两次东征后东夷族群中的部分转化为淮夷、南淮夷之后，周人对于淮水流域关注是显而易见的。但是如果从关中视角出发，则整个淮水流域和江汉平原属于周王朝的东南方，尤其淮水流域的中下游恰恰是周人致力征伐的区域，几乎整个西周，周人都在致力于解决来自广义东方地区内的族群和周人族群之间的冲突。这在北方、南方和西方都是少见的，东方地区在西周王朝的地域政治结构中显然居于最重要的地位。

三、西周王朝经营东方的特点

从时间上看，西周早中期周王朝对东方主要是平叛和收复，尤其西周早期，周王朝在东方地区的征伐中起着绝对主导作用。征伐自天子出，西周中期东方地域内的部分东夷及新形成的淮夷不断和周室发生各种冲突和战事，几乎都是周王朝派王师出征。除了前文所提到众多东征的铭文，西周中期的戎方鼎乙、录卣、录簋、遇甗、敔鼎、稽卣等铜器铭文涉及周王朝对淮水北岸族群的战争，班簋记载了对东国㿟戎的征

① 马强：《宁夏彭阳姚河源商周遗址》，《中国考古学年鉴·2018》，中国社会科学出版社，2019年，第140—142页。

② 刘绪：《西周疆至的考古学考察——兼及周王朝的统治方略》，《青铜器与金文》（第一辑），上海古籍出版社，2017年，第261—273页。

伐。这些铭文里的王师几乎都是周王朝派出的。甚至周王有时还会亲自出征，如无曩簋铭载周天子亲征南夷。当然我们也看到许多海岱国族的参与，启尊、启卣的作器者"启"参与的昭王南征，史密簋铭文中齐、莱、曩参与对杞夷、舟夷的征伐等。到西周晚期，尽管还有周王派王师征伐的情况，但是晋侯苏钟铭文显示周王曾派晋侯率晋师伐宿夷。充分说明地方封国力量的强大。此外西周晚期，周王朝明显地对齐鲁的控制和支配力减弱了。对此有学者研究指出可以从两个方面体现，首先，西周早期常见的地方封国诸侯常去宗周觐见天子的铭文很少见到了，尤其共王之后除了应侯钟，几乎不见，而东方的齐鲁作为和周王朝关系密切的封国也无一篇有关双方互访的铭文，或许反映了周王室对东方封国控制的松动。其次，考古学物质文化上东方齐鲁都出现了很多新的器形，显示了鲜明的地方化的现象[①]。西周晚期，地方封国出现的这种新的地方文化因素增加，逐渐摆脱周王朝影响的情况在墓葬中有很好的体现。王青先生在对周代墓葬的研究中曾指出，鲁北墓葬中，融合周、晚商文化和东夷文化因素的新器形出现，且多是在西周晚期出现，反映齐文化在西周晚期已经形成，而鲁国由于实行"变其俗、革其礼"的不同政策，鲁文化的形成更早一些[②]。

　　西周王朝对海岱地区的经略，从空间地理看也有几个显著特点。首先，周王朝对东土占领也是自西向东推进的。周人在东征初始最先控制的是大野泽北侧地区，这里位于汶水入济水处，又位于濮水和济水的交汇区域，顺济水而下可进入鲁北地区，东南行可达汶泗流域的曲阜再沿泗水进而南下至淮水。而实际东征的路线可能正是在鲁西南地区兵分两路进军的，一路沿鲁北大道，一路经成地而达曲阜。其次，东征后封国占据各种地理优越条件。周王朝对东土姬姓封国的地点的选择是经过慎重考虑的，这些封国或者位于重要的交通要道，或者位于农业环境优越的地区。如位于济水、泗水之间的曹、茅国，曹国所在的定陶先秦时期一直是东部地区南北东西交通的重要枢纽。鲁、成则不仅处于山前平原、农业自然环境优越，而且扼控泗水、汶水是进入鲁南和东入莱芜盆地的入口。齐国的营丘、临淄不仅占据东西通道的重要位置，而且靠近渤海，尽占渔盐之利。再次，西周时期，海岱各地形成了周夷相对集中分布，又交错杂居的文化格局。海岱地区控制的地区基本分成七个区域：沭河以东的鲁东南区域和鲁中南山地在西周时期基本是当地土族夷人占据，和周王朝关系时叛时服。在和齐鲁大国的交往中西周末年牟国、莒国等形成国家，这些区域从考古学文化上看保留的夷人土族文化因素最浓厚。潍水以西的鲁北地区，新分封的齐国占据淄水下游和古济水下游，归附的土族纪国、逢国、谭国等犬牙交错各自生存。鲁南汶泗流域，鲁国、邾国在北，滕国在南，史（薛）、铸、邳等环居其间。泰山西缘，东征后曾在这一区

---

① 李峰著，徐峰译，汤惠生校：《西周的灭亡》，上海古籍出版社，2007年，第135—141页。

② 王青：《海岱地区周代墓葬研究》，山东大学出版社，2002年，第128—129、143—144页。

域褒封一批任姓太皓后裔，专侍祭祀山川神灵，又称神守之国如任、须句、宿、颛臾等。此外就是神守之国的西外围分封的一批姬姓封国，如曹、郜、茅等。另一个区域就是胶东半岛，地理文化都相对独立。但是西周早期晚段的二次东征胶东半岛土族夷人基本归附周王朝，铜器铭文提供了证据，西周时期铜器铭文中几乎不见这个区域的族群参与以后淮夷、南夷等的叛乱，而是恰恰相反，常常参加周王朝对淮夷的平叛战争。同时考古学文化面貌显示这个区域保留较为浓厚的土族夷人因素，我们认为这个地区实行的周人贵族设立监国和土族夷人上层共同治理的模式。最后，周文化因素呈现自周封国的潍淄和汶泗到鲁东南、鲁中南山地递减，从西周早中期到晚期递减，从社会上层而下层递减的趋势。这种趋势最主要的体现就是墓葬葬制、葬俗及随葬品方面。

第四节　东方在夏商周王朝地域政治结构中的异同比较

研究显示，夏商周对东方地区经略的突破口都放在豫东、鲁西南地区。这和先秦时期豫东北地区地势较低，古黄河横亘在豫东北和鲁西北地区之间有关。终夏一代，夏人对东方经略的地域范围不过豫东杞县，相比之下商人则远征至鲁北的潍河、鲁南的沭河附近。而周人对东方采取完全不同于夏、商的政策，采取分封诸侯的国策，在西周早期的确起到了藩屏周室的作用，但是也为诸侯坐大，王室衰微埋下了隐患。

东方之于商人的重要性远甚于夏人，夏人的中心地区豫西伊洛平原距东方相对稍远，其重要铜、锡及盐等自然资源的来源地和运输通道均和东方地区无太大关系，这些是导致夏人不重视东方的原因。周人对东方仍十分重视，但是这种重视除了资源因素，更多的是要收复商人占据的区域。此外，泗水、古济水构成的水路是中原和长江下游交流的重要水路，古淮水北侧的支流也是洛阳盆地向东南江淮地区的重要水路通道，而这些通道的正常使用都有赖海岱地区和淮水中下游地区的稳定。夏商周王朝在与东方夷人的关系上都采用战争与联盟的不同手段。夏人与东方海岱地区夷人的交流主要是在文化的交汇区和相交接地带，而商人和周人与夷人的融合和交流范围大，程度深。夏王朝在地域上并未使海岱地区有较大的改变，同时对这个地区的文明化进程也未产生决定性的影响。相反商人的东进则不仅改变了海岱地区的地域政治结构，加速了其内部的族群之间的分化、流动和融合，同时也使海岱地区的文明化进程彻底改变到以中原为主的文明化进程的轨道上来。周人的分封和两次东征及倾其之力持续地在整个西周时代对东方地区的关注，使得海岱地区本土的"东夷"族群分化流变，并转化为"淮夷"。东周之后夷夏之辨产生，海岱地区的东夷族群最早融入华夏。

结　　语

　　本书对海岱地区从大汶口文化中晚期到春秋时期的社会发展进程做了长时段梳理，重点关注的是呈现这样的社会发展进程的内在背景和原因。从这种长程的梳理中可以发现海岱地区的发展可以明显分为两个大的阶段，岳石文化二期之前即中原地区的二里头文化四期之前，海岱地区基本保持独立自主的发展状态。而之后海岱地区的文明化进程被逐步改变到中原为主的文明化进程的轨道，导致海岱地区最早成为华夏的一部分。这种长程的考察开始之前，本书首先对海岱地区的地貌、环境及在自然地理基础上结合诸多因素的人文地理分区做了详细考察。研究表明这种人文地理的分区自大汶口文化时期就已经初步形成。而伴随着各个时期内外部力量的作用，这种分区也有变化。但是完全打破海岱文化区的完整性还是从中原地区的兴起，商人的东进开始的。

　　本书长时段的考察主要从人文地理学的视角出发。在岳石文化之前的时段，考古学文化是我们实现研究目的基本研究单位。大汶口文化晚期至龙山文化时期，海岱地区内部可能已经形成了复杂社会，甚至出现了早期国家。但是整个海岱地区这个时期并未出现一个超越地理界限的超强政治中心，大汶口文化晚期一度出现大汶口、凌阳河和焦家三个区域中心，龙山文化时期也是多中心并举。这个时段本文侧重考察海岱地区内部各个区域间文化的互动及海岱地区与相邻地区尤其与中原地区之间的交流互动。我们认为海岱地区之所以在大汶口中晚期至龙山时期各个小的文化区大体呈现相同的面貌，用同一种考古学文化命名，和这个地区内部之间相对自由平等的交流互动有关，包括技术（建筑、琢玉、制陶等）、宗教信仰、丧葬理念、社会治理等诸多方面形成了一些共识和认同，因而在物质文化上才体现更多的相似和相同。同时这种互动也发生在海岱与相邻近的区域之间。总之，正是通过这种内外部的交换、婚姻、战争、人群迁徙等多种形式的互动使得海岱地区的人群发生不断的分化、组合，一个被后世称为夷的族群逐步形成。尤其值得关注的是，这个时期海岱地区的文化恰恰是对中原地区产生了强势作用和影响。

　　岳石文化时期是海岱地区社会发展进程中一个十分关键性的阶段，这个阶段的前期岳石文化二期之前整个海岱地区还基本保持独立发展，从地理空间上海岱文化区的分布范围仅次于大汶口晚期。这个时期中原地区主要是二里头文化，二里头文化和岳石文化之间的交流，从考古学上看，以二里头文化的主动吸收为主。二里头文化早期二者交流已体现于二里头文化的核心区遗址中，二里头文化晚期更多的岳石文化因素出现在郑洛地区。在考古学上看不出二者有任何隶属或主从的关系。但是在传统文献中以中原华夏视角的叙事体系已经将中原视为中心，海岱视为东方，中心和边地的观念这时已经初显端倪。

岳石文化三期，中原地区进入早商阶段，商文化的持续东进改变了海岱地区的人文地理分布格局。商文化进入海岱地区后，并自西向东逐步推进。初步发展的早商时期，仅有鲁西南的菏泽和济南的大辛庄等少数几个据点性的商文化遗址。小高潮的中商一、二期，商夷联盟瓦解，商文化大举东进，鲁西北平原和鲁南的汶泗流域均发现较多商文化遗址。平稳持续期的中商三期至殷墟三期，商文化在海岱地区经呈现"南轻北重"现象，商文化从苏北和鲁南的郯城等地退出，汶泗和滕州密集的遗址群也仅剩少数遗址延续，且规格不高。鲁北地区多数遗址持续发展，商文化向东仍有拓展，开始进入淄河流域。全盛期的殷墟三期至殷末，商王朝重点经营东方海岱地区，豫东鲁西南已经成为商文化王畿区的一部分，海岱地区完整性早已不存。鲁南鲁北商文化数量大大增加，聚落等级提高，形成了苏埠屯和前掌大等超大型聚落中心性遗址。

岳石文化和晚商时期，尽管商文化持续东进占据海岱重要区域，但是当地土族夷人始终有自己空间，胶东半岛、沂沭河谷以东以及鲁中南山地始终未被商人控制。在商文化占领区域，夷人上层很快接受商人文化，下层则保留较多夷人风俗。商人东进引发的夷商融合在深度、广度上都远远超过之前任何时期中原和海岱的互动和交流。而从甲骨文和传世文献对商代东方族群名称的载述看，"东夷"名称正式出现。东夷的华夏化至少从空间地域上的华夏化进程已经开始，海岱地区已经丧失了独立自主发展的时机，失去了从政治形态上突破成为一个统一的广域王权国家的可能。导致岳石文化时期，海岱地区的文明化进程中断而改变到以中原为主的文明化进程的轨道上的原因，笔者认为中原王朝政治势力的上升，商人的持续东进是主要的，而岳石文化相比之前龙山社会的突然衰落则使得这种趋势不可避免。

西周时期，周人东征和封建导致海岱地区人文地理分布格局发生巨大改变，引发海岱东夷族群新的分化、迁徙、重组，促使淮夷族群形成并逐渐走进周人的政治地理视野。从地理空间看，西周早中期鲁北包括胶东半岛均已归附周人，鲁南沂沭河谷以西汶泗流域也为周人牢牢占据。但是鲁中南山地及鲁东南区域仍主要为东夷族群占据。西周晚期，鲁中南山地和鲁东南的土族夷人（胶东半岛地区建国更早些，应该发生在西周中期），参照周王朝在海岱分封的国家模式，纷纷实现了自己的建国大业，并且海岱地区已经全部归附周王朝。从地理进程角度初步实现了华夏化。而海岱地区的族群，青铜铭文清晰表明，经西周早期的两次东征，"东夷"族群因多已归附周人已经消弭于东土范围，至少名称上很少使用"东夷"。周人东征引发东方地区内人群的迁徙流动和重组，在鲁国东南的淮、泗下游形成新族群——淮夷族群。传世文献中此淮夷族群以徐、莒为主，而今天的考古发现也证实徐、莒确实活动于此。

进入东周，春秋时期夷夏之辨的高涨促进了华夏一体化的进程，攘夷、和戎的过程也促使了夷夏交流、融合。纳入华夏的人群和地理范围也在这个过程中逐步扩展壮大。生活于淮泗下游徐、莒为主的淮夷族群和其他生活于海岱地区的夷人族群（如胶东半岛珍珠门文化及南黄庄文化代表的族群，或指莱国等，还有牟、根牟、淳于等国族）政治实体的消亡和华夏化主要由以齐、鲁、晋、楚、吴、越等为主的诸侯完成。值得注意的是，胶东半岛的土族夷人族群西周早期较早在东征后归附周王室，也是最先被齐灭亡，春秋晚期偏晚，胶东半岛基本成为齐文化分布区。至战国中晚期，鲁东南泗、沂下游的莒文化已不复存在，基本成为齐文化的分布区。可见，胶东半岛华夏化的进程其实一直走在鲁东南、鲁中南等地区的前列。东周时期这种迁族灭国，文化上统一化的过程使得海岱地区最终在战国中晚期实现了华夏一体化。同时也应看到，从西周早期开始，自胶东半岛到鲁中南山地、鲁东南的逐步归附周王朝，已经开始了当地华夏化的进程。东周时期则是继西周晚期初步的地理边界消弭到地理边界、社会边界最终消弭的过程。

总之，本书从人文地理学视角出发，在文化互动、族群认同等相关理论指导下，利用考古、文献、古文字等材料，长程考察了海岱地区先秦时期的社会发展历程，揭示了海岱地区纳入中原"华夏"的历史进程，展现了海岱东夷族群形成、分化并最早融入华夏族群的演变过程，探讨了考古学文化互动和族群变迁的复杂背景和多重原因。

附录:

汶河流域田野考察记

（2016年7月15—23日）

一、前　言

2015年6月国家社科基金项目"海岱地区先秦时期考古学文化的互动与族群变迁"批准立项，围绕这个课题，课题组拟分几次对海岱地区做分区田野考察。根据以往的考古工作，汶河流域尤其是汶河上游所在的鲁中南山地在龙山时期至商代的考古学遗存较少，两周尤其东周以后较多。这个地区在早期文明发展、族群融合中处于何种地位，对鲁南、鲁北两地文化格局有何影响？随着近些年城市基本建设下考古工作的拓展及第三次文物普查的开展，该区域先秦考古学文化发掘与研究的新收获是否改变或印证了一些传统认识？基于此，本次考察具体内容拟定如下：（一）以交通线为线索，踏查沿线重要城址、遗址，并走访相关文博单位，了解相关区域先秦考古发掘与研究新动态，并收集相关资料；（二）对齐鲁交通东线——莱芜谷道及汶河流域的交通地理进行实地踏查，了解泰鲁沂东西走向山地断径的交通沿革，及其对沟通鲁西与鲁北、鲁南的重要意义，即汶河流域在海岱地区内部考古学文化互动中的作用；（三）莱芜谷道、汶河及其支流等历史地理通道在早期夷夏融合、商文化东渐中的历史意义和影响。

本次考察采取座谈、走访、观摩库房和田野实地踏查相结合的方式，和当地文物工作者紧密结合，密切关注新发现、未发表材料及新的"三普"材料。具体参与人员为：庞小霞（中国社会科学院考古研究所）、王芬（山东大学历史文化学院）、朱继平（杭州师范大学，现上海大学）、高江涛（中国社会科学院考古研究所）。

二、关于莱芜谷道

先秦时期齐鲁之间存在一条穿行于鲁中南山地的山间谷道——莱芜谷道（也称长峪道）。《水经·汶水注》曾对这一重要通道有论述，严耕望先生在《唐代交通图考》一书中则对该谷道有过详细梳理，上自春秋下讫明清，对谷道各个时期的变迁尤其一些重要地点的变迁皆有考证。莱芜谷道北起今淄博市境内汉代莱芜故城，沿淄水

（今淄河）上行过其发源地原山，沿汶水（今大汶河）五大源头之一——嬴汶河西南行，至今泰安市东南的博县故城已出西南谷口。古之道路并非一朝一夕而成，这条谷道既然东周时期已经屡见于文献，那么在更早的西周商代，甚至史前是否被先民们所利用呢？沿谷道如有早期遗址尤其是重要的关口性遗址的话，则无疑提供了谷道早已被利用的重要证据。同时关于商代征夷方、周公东征等商周史事和这一谷道存在哪些重大关联，甲骨文、金文中一些重要地点是否能和谷道中的一些重要遗址相合，从地形地貌上是否符合甲骨文、金文所载史事之地理环境？这些都是我们关注的重点。

按照拟定的详细考察计划，7月16日一早，调查组驱车从淄博市临淄区出发，一路沿淄河南行，重走莱芜谷道，考察地形地貌。河道宽阔但滴水未见，其内芳草萋萋（图1）。经庙子镇进入006县道，又经太河镇，在淄河镇进入007县道，又前行数里到达汉代莱芜故城遗址。故城位于今太河镇以南的（淄博市淄川区淄河镇，淄河镇是1998年7月撤乡设镇，因淄河流经境内中部，撤口头乡设淄河镇，镇政府驻地大口头村更名为淄河村）城子村（图2），文物碑早已不在，据地势观察整个村子就位于一个中间凸起的台地上，推测地势最高的村子中部应该是故城的核心部分（图3）。当地文物部门人员证实了我们的推测，莱芜故城遗址大多被村子占压，尚余村北一块约400平方米的菜地，该处大概属于城址的北城墙附近（图4、图5）。

过汉莱芜故城已午时，在博山镇一农家开设"大酒店"停车午餐，四个菜，盘大量足又价廉，质朴之古风尤现。午后过南博山（属淄博市博山区）、苗山（属莱芜市莱城区）诸镇。一路行走并不见特别的行路艰险，可见沿淄水南下，行道稍易，但早期淄河有水，行路当比今日稍难。到苗山镇后，考虑需与莱芜文物局接洽，遂上G205国道，直接南下莱芜市莱城区，故莱芜谷道西南段大汶河上源一段并未踏查，结合《水经·汶水注》的描述来看，险段应指这一段才对。17日中午正好从长勺之战遗址出来后东北行，接上庙山镇未走的这段路，但是所翻越山并不陡峭，汶水之源并不在此，应该是更北的雪野水库一带。

图1　太河镇附近淄水河道远眺

图2　城子村（超市标识村名）

图3　城内地势较高（由南向北拍摄）

图4　北城墙附近

图5　南城墙附近（由北向南拍摄）

　　关于莱芜谷道西南段的险峻，不免想起相关文献记载。其一，齐鲁间争夺战事多发生在今宁阳县堽城镇的成邑（即汉刚县故城）。其二，春秋时期齐、鲁间往来多在博、赢二邑之间，如《左传·桓公三年》载："公会齐侯于赢"。且博、赢于春秋时期已属齐国所有。《左传·哀公十一年》载："（鲁）公会吴子伐齐。五月，克博。壬申，至于赢"，《左传·哀公十五年》又载："公孙宿以其兵甲入于赢"，其事正发生在齐将叛乱的成邑归还给鲁国之后。相关文献记载说明，齐人防守的前沿阵地为博、赢二邑，而这里地处大汶河上游赢汶河与牟汶河一带的冲积平原，除大河外，无险可守。在这样的情形之下，齐国在地理上所依凭的应是莱芜谷道。既然莱芜谷道东北段（淄水上游谷地）行路并非十分艰险，那么可以推知莱芜谷道的险段应指其西南一段了，而这与《水经·汶水注》的相关记载是相符的。

16日下午五点顺利抵达莱芜市，六点与莱芜文物局的郭晓东副局长等座谈。他们介绍了莱芜市的文物考古工作、新发现、三普工作等情况，并陪同观看库房珍贵青铜器和文物陈列馆，一见如故，畅谈甚欢并商定好次日详细考察路线（图6、图7）。

图6　调查公函交接　　　　　　　　　　　　　图7　办公室座谈

三、嬴汶河与牟汶河流域

7月17日的调查工作集中在嬴汶河流域和牟汶河流域，上、下午分别选取三个地点进行考察，上午为嬴汶河流域的嬴城遗址、吕祖洞铜矿遗址、长勺之战遗址，下午为牟汶河流域的牟国故城遗址、汶阳遗址、齐鲁夹谷会盟遗址。

嬴城遗址（汉嬴县故城）位于山东省莱芜市羊里镇城子县村。嬴汶河环绕遗址北边和东边。面积约200万平方米。现在遗址中还可以看到城墙、冶铸遗迹、汉墓等遗存。城内东北角地势最高，当地也称这里是小围子。受近代取土影响，城墙遭到严重破坏，仅余上述的小围子城墙的一段（应是汉代城墙，是否有更早期的城墙有待进一步工作），商代铜爵和铜斝就出自小围子围起来的最高台地上（图8、图10）。该遗址已被批准为第七批全国重点文物保护单位，并制定了详细的保护规划，但截至目前尚未做过具体的发掘或试掘工作。根据遗址地表陶片和出土器物（图9），初步判断遗址存在大汶口晚期、龙山时期、商周及秦汉时期遗存，商代青铜器的出土则表明该遗址在商代阶段的重要性。嬴城遗址西边和西南距嬴城10千米以内有两处东周墓群——西上崮和戴鱼池墓群，它们和嬴城遗址是何关系都有待进一步的发掘和研究。

同行的郭局长提示我们，正对北门的道路多年前还是当地居民使用的直达章丘的道路（图11）。王芬老师一听颇为兴奋，她正发掘章丘焦家遗址，该遗址有丰富的大

图8　嬴城遗址出土青铜器

（爵存莱芜文物局库房，鏊内侧有一铭文"取"字；斝展于莱芜文物局陈列馆）

图9　嬴城遗址出土石器、陶器

（现展于莱芜文物局的陈列馆）

图10　出商代青铜器的台地西侧　　　　图11　嬴城遗址正对北门的大道

汶口遗存，文化面貌和大汶口遗址非常近似，她正思考焦家遗址和汶河流域的大汶口文化如何沟通交流。查看卫星地图，这里正是两山间的谷道，向北去往章丘完全可以通行，且路途较近。过去一直以为章丘一带的鲁北大汶口文化是经泰安大汶口遗址绕平阴、长清、济南等地，现在看来也有可能经此谷道。

关于嬴县故城的选址问题，一系列证据表明，大汶河上游小盆地内先秦时期的中心有西北嬴邑和东南的汶阳—牟国故城，二者时代上限都可至大汶口中晚期且延续时间相当长。汉代设立的嬴县故城在北魏时期徙治于今苗山镇文字村一带，武周长安四年（704年）在北魏嬴县旧地复置莱芜县，金代徙莱芜县于今治。考嬴县故城与今莱芜市位置，分别在嬴汶河西岸和牟汶河西侧，嬴县故城并非在中间位置，何以会有如此选址？笔者认为，过去关注嬴县故城的交通意义，总偏向于向东北方的淄水、潍水流域，但实际上它还要兼顾向北通往章丘、济南的连接意义。而东北与正北两个方向交通线的交会处恰在嬴汶河上源的今嬴县故城遗址，在选址上应该有交通交会和枢纽辐射等方面的重要考量。

吕祖洞铜矿遗址位于嬴城遗址的东北，距离嬴城遗址约8千米（图12）。据郭局长介绍，"三普"时重新调查此遗址，认为年代上限可至商代。当日我们由山底钻到半山洞，都未见早于汉代的遗物，此遗址如果年代确能到商代则意义重大，如能与嬴城遗址联系起来，将对于商人东征路线和原因等问题提供新的思路。吕祖洞所在的山体是一个独立的小山体，高约50米，长约500米，山体布满矿洞（图13）。据郭局长介绍，除了这个小山，周边近在咫尺的都没有矿藏，当然也无采矿遗迹。嬴城遗址附近的早期铜矿遗址，除吕祖洞铜矿遗址，便只有苗山镇东北的文字村一带，铜矿体量也不大，当地矿产资源以铁矿为主。相关问题不明之处颇多，有待各个学科合作开展进一步工作。

图12　吕祖洞铜矿遗址

图13　洞里裸露的铜矿石

长勺之战遗址、杓山遗址均位于莱芜市苗山镇西杓山村。此处东南、北、西北面均环山，出口在西南方向，西南地势较低有小河名曰杓山河从东向西流，汇入方向河，其属于嬴汶河的二级支流，整个遗址所在乃典型的山间小盆地。在盆地西北部的一块高台地前竖立"长勺之战遗址""杓山遗址"两个遗址碑（图14），历史上的长勺之战即发生在附近，周围出土有很多春秋时期的兵器。关于杓山遗址的命名和相关情况郭局长告知："三普"之前的遗址名称是长勺氏遗址，多认为周初长勺氏的一支迁至此。盆地东南方向形状似勺的山当地人称为杓山，山下则有名为西杓山的村子，"三普"调查后确认盆地大范围内存在商周遗址，遗存最丰富的即是西北这处高台地。考虑长勺氏并非仅在莱芜一带生活，所以依据现有村名和山名更改长勺氏遗址为杓山遗址。我们爬上台地，花生地里到处可见陶片，从中采集到龙山文化的扁三角形带按窝的鼎足与商末周初的夹砂灰陶鬲足（图15）。从台地断崖观察，文化层厚至少有5—6米。

　　图14　杓山遗址

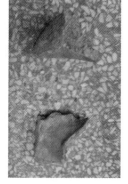
图15　杓山遗址采集的陶鼎足、鬲足

中午至莱芜市辛庄镇喝羊汤（入伏第一天莱芜有喝羊汤的风俗），再加烧饼，吃后大汗淋漓。时隔多日，羊汤烧饼之美味仍记忆犹新。

牟国故城遗址位于莱芜市钢城区辛庄镇赵家泉村。遗址位于高台地上，北、西两面临牟汶河，传为西周牟子国都城而命名为牟国故城（图16）。遗址南半部被赵家泉村占压，其余为农田，保存状况尚好，西北角尚有高出地面的一段土台子，疑似城墙残留，我们在此台子上及周边见有西周时期的陶鬲足、春秋时期的陶罐口沿及秦汉时期的陶片，但未见更早的龙山及大汶口时期的陶片。以往这里出土有完整陶鬲3件，其中2件绳纹陶鬲为西周中晚期，1件年代稍晚，已至春秋时期（图18）。牟国故城遗址可能是一处商周时期遗存丰富的遗址，莱芜文物局前期调查认为城址南北长620米，东西宽520米，并在城东门处设立遗址碑（图17）。城址北墙东段先前认为已破坏无存，但从卫星图上能看到其向东继续延伸，南墙一段痕迹也能看到，因此初步推测遗址的东边边界还在东边。前期调查的"城东门"究竟是何遗存？与西北残存夯土城墙是否

图16　牟国故城遗址西侧的牟汶河河道

图17　牟国故城遗址碑

图18　牟国故城遗址出土陶鬲

属于同一年代？遗址的确切面积为多少？遗址内的布局如何？周围小区域内遗址分布情况如何？这些都有待开展进一步工作。可喜的是，该遗址已被批准为第七批全国重点文物保护单位，2016年下半年准备展开大规模勘探并制定详细的遗址保护规划，届时不少问题有望解决。

　　汶阳遗址位于莱芜市莱城区凤城街道办事处汶阳村北汶河之阳的高台地上，1983年3月由刘慧、王其云、崔秀国等发现（图19）。遗址南北长500多米，东西宽300多米，台地高出四周平地2.5米左右，表面呈鱼脊形，文化层在地表下约0.3米左右，厚约0.5—1米。从遗址面积及出土遗物判断，这里应该是大汶口和龙山文化的一处中心遗址（图20）。可惜近年城市建设使遗址遭到破坏，仅余约200平方米一个小角和遗址碑孤零静默，令人唏嘘不已。

图19　汶阳遗址

图20　汶阳遗址出土大汶口、龙山文化遗物

齐鲁夹谷会盟在诸多典籍中均有记载，但具体地点却语焉不详。顾炎武考证在莱芜，遂成主流观点。同时也有枣庄、赣榆、新泰诸说。莱芜当地一名乡村教师邢业友多年研究，认为就在其所居住的莱城区牛泉镇绿矾崖村，此地在今莱芜市西南山区，近年这一带山顶上发现有大型石墙遗迹，也有曰鲁长城的（见《中国文物报》2009年6月12日）。由于时间不足，此行未能去看这段"长城"遗迹，一路在山间所夹谷道穿行（此谷名为夹谷峪），从地形地貌和齐鲁势力分界地点等因素看，此说也有一定道理。课题组对此问题暂无自己见解。

四、柴汶河流域

7月17日下午6点准时赶到了新泰市并和新泰市博物馆的曲传刚馆长、张勇书记、穆红梅副馆长见面。天下考古一家人，畅谈中了解了新泰的文物工作，初步定下18日行程，学术与情感的沟通，认同感油然而生。18日上午观摩博物馆库房，计划下午沿着柴汶河自东向西行考察遗址。

新泰市博物馆的库房内，张书记和穆馆长将他们的宝贝一一拿出让我们观摩。此次看到了《新泰周家庄东周墓地》中发表的珍品实物，让人激动不已。该遗址和商周时期的杞国有关，相关研究也很多，课题组对此暂无自己系统认识，不再赘述资料。

新泰市博物馆藏有名气很大的2件带有铭文的铜戈，1件铭文为"淳于左造"，1件铭文为"淳于公之御戈"（图21）。两器对于研究淳于国有重要意义，淳于器出土地点距离周家庄墓地很近，该遗址的性质是否与战国淳于邑有关？文献上记载淳于国又称州国，此"淳于"和安丘的淳于有什么关系？都有待进一步研究。

新泰市博物馆另藏有两件带"季"字铭文的铜戟（图22）。近日读陈絜《古文字与古代史》，文中提及征夷方卜辞地名中有一个季地（陈絜在该字后面加了问号，该字是否可隶定为"季"，待定）。二者之间是否有关联，值得进一步考察。"季"字戟已出土2件，故"季"为地名的可能性较大，若能被证实，且卜辞也确是"季"，无疑可为征夷方路线提供一个新定点。再结合新泰北单家庄遗址（位于新泰市区西北，地近雁翎关）出土的西周中晚期的陶鬲、折肩罐，可以推知当时周人的势力已经向东推进至柴汶河中游北岸山前丘陵，周人扼守的多是交通要道、隘口。

博物馆还藏有1984年新泰市府前街市政府东门出土的一批青铜器，包括三件铭有

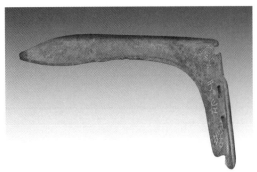

图21　新泰出土两件淳于戈

图22　带"季"字铭文的铜戟

图23　"叔父癸"器

"叔父癸"的爵、鬲、鼎（图23），此外还有1件鄉宁鬲，1件铜戈，1件铜镞，1件铜卣。这批青铜器的年代一般定为商末周初，今观察实物，叔父癸爵的铸造年代似早于另外两件"叔父癸"器，铭文首字书写方式也体现出更早的形态。从器形特征上看，鄉宁鬲比叔父癸鬲要早些。据称同出的还有陶罐等。这些器物可能是出在同一地点，或非同一单位。

笔者在博物馆库房看到北单家庄遗址出土的一批具有较典型周文化特征的陶器，器形有瘪裆鬲、敞口折肩罐、敞口盆、粗柄豆等，年代约在西周中晚期，陶器面貌相对单纯。北单家庄遗址位于新泰市区西北，雁翎关（今雁翎关村委会北）西北不远处，其位置与莲花山中间豁口的交通要道有关，表明西周中晚期周人的势力已进入柴汶河谷地中段北侧的山前丘陵。这与我们在金文中看到的夷周冲突在时间上是一致的。

图24　抬头寺遗址所在的台地
（东北—西南）

中午在新泰市博物馆附近的一家饭馆内终于吃到了传说中的武大郎炊饼。下午沿柴汶河自东向西行进，依次考察柴汶河沿岸的抬头寺遗址、李家庄遗址、瑞谷庄遗址。

抬头寺遗址位于新泰市汶南镇果庄村，汶南河（柴汶河上游的一个支流）从遗址南部和西部环绕而过。遗址东部和南部因20世纪80年代窑场取土遭到整体性破坏，形成3—5米的断面，现存东西约250米，南北不足200米，中部位置下凹，呈现东西两个土台状（图24）。地表和断面暴露大量陶片，有陶鼎口沿、蘑菇形盖纽、鬲足、陶罐等，另发现石磨棒、瓷片等，遗存包含龙山、岳石、东周、汉、明清时期。剖面挂有不少灰坑，遗址西南部的南向剖面留有半地穴式红烧土房屋。尤为有意思的是，在遗址东侧偏南位置的一东西向小剖面残余宽约15米的沟状堆积，下部为水成堆积，上部有一层厚1.5—2、宽约10米的含有石块的堆积（图25）。这些石块或为大水冲来形成的洪积层，或为有意垫加的墙体抑或基础，尚难确定。该层以东似有更黑软的沟状堆积，三者也有可能为一大沟的分层堆积。据新泰市博物馆张书记介绍，该遗址曾发现有大汶口晚期的陶器、石器、骨器等，本次调查未发现大汶口时期的遗物，但临走时在遗址北侧的土台下采集到一件完整的椭圆形厚体磨棒，其形制和制法显示遗址的年代上限可至大汶口时期。

李家庄遗址位于李家庄西南部，现光明水库东北角，西侧有横山，南侧有法云

图25　东部沟状堆积与上部的石块堆积

山。该遗址因20世纪50年代末建光明水库取土，已遭整体性破坏。新泰市博物馆藏有该遗址出土的玉钺、陶鬶（颈部有横卧体猪）、白陶杯、白陶高足杯、背壶等，器体较完整，时代为大汶口晚期（图26）。从出土玉器、白陶等遗物判断，该遗址应为柴汶河南岸一较高等级的大汶口文化晚期的聚落。

瑞谷庄遗址位于羊流河东岸，遗址保护碑西150米处为羊流河故道（图27）。在保护碑南50米处早年因取土发现有陶豆圈足、高柄杯、黑陶杯、凿鼎足（带一竖条凹槽）等遗物，现存于新泰博物馆（图28）。遗址面积约12万平方米，年代为大汶口晚期至龙山时期。

今新泰市行政区划基本包括大汶河上游南部源头柴汶河流域，东北、北、西北与南部皆为山地，分别是沂山、徂徕山与蒙山山地，周边县市分布如下：从东南起依次是临沂市蒙阴县、淄博市沂源县、莱芜市钢城区、泰安市泰山区和岱岳区。柴汶河水

图26　李家庄遗址出土白陶、玉器等

图27　瑞谷庄遗址碑前合影

图28　瑞谷庄遗址调查采集文物

系有三条上源，东南为流经汶南镇的叫汶南河，流经龙廷镇的苗庄河为柴汶河主源，流经新泰市区的为旋崮河。整体上看，柴汶河中游支流主要在北岸，南岸较少，较大支流为羊流河。进入宁阳县境内后自华丰镇以下为柴汶河下游，至大汶口镇汇入牟汶河。

新泰市史前遗址的分布有一定规律，从历年发现来看，史前遗址多集中在柴汶河干流两岸，中上游均有重要史前遗址分布。其中，有三个史前遗址值得关注：汶南镇抬头寺遗址可能是新泰市东部史前时期的中心聚落，且延续时间较长。李家庄遗址应是新泰市中部一处重要的大汶口晚期至龙山时期的中心聚落遗址。位于果庄镇羊流河东岸的瑞谷庄遗址，北边为雁翎关，是牟汶河流域和柴汶河流域之间重要关口，地理位置重要。新泰市城区是另一个值得重点关注的区域，首先这里发现了西周早期的有铭青铜器（叔父癸器和鄹宁器），另外还有周家庄春秋战国墓葬，以及春秋战国的淳于戈、季戈等兵器，可见从西周早期到春秋战国这里一直是柴汶河上游的中心。

下午4点和新泰市博物馆的张书记、穆馆长在瑞谷庄遗址别过，前往泰安。路经楼德镇前柴城村（汉柴县故城），基本没找到什么遗存，匆匆一瞥。本想经柴县故城北上，再东北向经阳关，西北经博县故城入泰安市，但是路太难行，走了9千米坑坑洼洼的村道，又折回走了省道和高速。高速口有一标牌北京—台北，迷惑良久。路上几人无事八卦考古界内趣事，抵泰安市已晚上8点多了，第一次没有按时到达。

五、汶河中下游地区

这几日全国各处发洪水，进入泰安市就预报19日有大雨。课题组和魏国所长接洽后改变计划，先去考察遗址再参观博物馆。19日行程为参观大汶口遗址、文姜城遗址、汉博县故城遗址。

上午赶赴著名的大汶口遗址。需要说明的是，自2012年配合国家遗址公园建设，大汶口遗址由山东省文物考古研究所开展了新一轮的发掘，工作持续了5个年头。2016年上半年的工作刚刚结束，我们去汶河北岸的考古发掘现场参观房址等遗存（图29）。大汶口遗址周边一直未做过详细的区域系统调查，周边大汶口时期的聚落等级、聚落分布情况等尚不清晰。

图29　大汶口遗址发掘现场

顺汶河大堤北行数里，到达文姜城遗址。该遗址位于岱岳区大汶口镇和平东街东北500米处，面积约6万平方米，文化堆积厚约1.8米。遗址中部残存一高约2米、面积约2万平方米的方形土台子。地表及四面断崖暴露有不少陶片，有春秋时期的灰陶绳纹罐、战国时期的灰陶豆盘、汉代的筒瓦残片等。

汉博县故城遗址位于泰安市泰山区邱家店镇南旧县村，南临牟汶河，本齐博邑，秦置博县，汉因之。遗址城墙东西长2000、南北宽1250米，北墙西墙残存较好，其中西北城墙高约10米，北墙外有护城河遗迹。城址内早年曾有东周时期陶器发现，具体城址年代因未做发掘工作尚不清楚，据文献和发现的大量东周至汉代的遗物推测城址年代东周至汉代。城内东北角有一台地，台上建天封寺，在这一带发现龙山文化三、四期的白陶鬶、白陶鬶盖、盆形鼎、罐形鼎、瓦足盆、单把筒形杯、鼓腹杯、单把杯、陶豆、陶盒、平底盆、高领大耳罐、中口罐、覆碗形器盖、环纽覆盘形器盖、覆盆形器盖、纺轮、网坠、石斧、石镞等。龙山文化时期遗址面积不详，但从采集的蛋壳黑陶和白陶情况来看，此龙山聚落规模应不小，等级亦不低。该遗址的早期活动中心应该就在东北台地一带。本次调查见有春秋战国时期的陶片遗存，未见商、西周时期遗物，据当地文博干部介绍，20世纪90年代在城址以北牟汶河向南转流处北岸（今泰安市市十三中一带）出土战国时期编钟一套。

关于博县，文献记载季札使齐，其子丧于嬴博之间，夫差伐齐亦经嬴、博，足证博县与嬴县是连接鲁南、鲁北之间便捷通道的必经之地。从微地貌来看，博县位于牟汶河、嬴汶河与柴汶河交汇之处，西北为泰山山地，东南有徂徕山地，乃是由鲁西平原进入汶河上游谷地的重要隘道。结合"三普"最新调查资料可知，以最西南的博县故城为基准，在其东北有省庄镇柳杭遗址（时代为新石器至秦汉时期），再往东有祝阳镇姚庄遗址（面积150万平方米，时代为商代至汉代）、吴家庄遗址（面积16万平方米，时代为西周时期），化马湾乡城前村燕语城遗址（时代为商代至汉代）等。尽管未在博县故城发现商、西周时期的遗存，但考虑到这里处于重要的交通位置，似可推测商周时期的聚落中心可能在博县故城东北今祝阳镇一带，应重点关注姚庄、吴家庄等遗址。

以往泰安市区经过发掘的商周遗址不多。泰安市西郊的龙门口遗址曾出土西周至春秋早期青铜器（《文物》2004年第12期），遗址所在的龙门口水库地属道朗镇，位于博县故邑西北，比对历史地图集，大约就是文献所记春秋时期的龙邑（又称隆邑）。这批西周至春秋早期青铜器的发现可以证明，至少在西周中晚期已经有周人进驻此地，且持续较长时期。此外，1954年在东更道村出土"楚高罍"等器（现藏于山东省博物馆）；泰安市区东郊报道两次出土战国青铜器，其中一件即为淳于公之右戈；徂徕山西南沙沟村出土春秋早期鲁侯鼎等。这一带处于齐鲁交汇区，地位重要，古国古族关系复杂，但所做考古工作较少，今后需结合出土的青铜器和传世文献做进一步研究。

20日上午，前往泰安市岱庙内的泰安市博物馆，遭遇较大阵雨，为保证库房内藏品的安全，未能如愿观摩库房，仅看到了博物馆做的可移动文物普查的一些材料。获悉泰安市博物馆20世纪70年代在长清小屯征集了一批商代青铜器，有瓿、尊（器腹有华丽的羽冠小鸟纹，尊上有两十字镂空装饰）、爵、车马器等，相关资料会在即将出版的《山东馆藏文物精品大系·青铜器卷》中发表。另外看到一批典型的龙山文化遗物，其标签显示出土地点为"潍张水"，时间1960年3月至6月，博物馆方原以为这批东西是征集品，并不清楚其来源。以往泰安市区内明确发掘的龙山时期遗址很少，这批东西如能确认出土地点为泰安市区，意义重大。

下午匆匆赶往东平，在杨浩副馆长的陪同下参观了东平博物馆。该博物馆虽为县级博物馆，但馆是新建的，豪华气派。课题组在与杨馆长交流中参观了博物馆，整体感觉：东平县境所见有大汶口早中期的遗存（丁坞遗址），商及西周的遗存少见，春秋战国时期的沟坝遗址发现遗存较丰富，其余皆多为秦汉时期，汉代东平国相关遗物甚多。为什么商至西周时期的遗存在这里发现较少？从周边地势来看，东平湖周边地势最低，除了北部、东北部为山地外，其余三面地势皆低平，唯有梁山县境有数座小山。基于此，要寻找商周遗存，恐要将眼光转向地势较高的梁山一带。清末在梁山脚下曾出土梁山七器，杨馆长也告知我们，梁山县东北小安山镇的小安山附近历年也发现较多春秋战国的青铜器、玉璧等，可为旁证。

21日计划返程，赴济南途中顺道考察东平县的朱桥遗址与阳谷邑遗址，两遗址皆位于东平湖不远。天气炎热，杨馆长自驾车陪同我们前往，一路行来各地因公车改革，皆私车公用，为时代又一特色。

朱桥遗址位于东平县西北、东平湖东南角。此处原为一高台，经后代整修呈三级台地，在地面采集到东周至汉代的陶片。该遗址在1956年曾发掘过一次，但此行未见到发掘的遗物，从博物馆展品推测这里是一处东周时期遗址，尚未见到商代或更早的遗存。

阳谷邑遗址三面环山，西面为出口，出口以西约300米即为东平湖，东南距朱桥遗址并不远。从255省道进入王古店村，有一条自西向东的马路，该遗址即位于马路以南，南北约900、东西约800米，两条东西向的大冲沟穿遗址而过。我们从遗址的西北角前往冲沟时发现两个盗洞，看样子是新挖不久，暗示遗址西北部有可能是墓葬区，也意味着开展考古工作的紧迫性（图30）。

图30 阳谷邑遗址的盗洞

遗址所在的这种微地形可以代表东平—平阴—长清一带山地形态的基本特征：即南北、东西两条山脉在东部山地连接，组成一个面向西部大平原的豁口（图31）。今见阳谷邑位置与地形格局，似乎暗示了这一带众多小国的选址问题。在南、北部冲沟中都发现了大量陶片，年代有可能上至西周晚期，下限为秦汉时期。南部冲沟壁上可看到一个大灰坑，还发现有明显的洪积层；北部冲沟壁上则可看到至少6层冲积层（图32、图33）。可见此地东高西低的地形与山前丘陵谷地的地貌曾导致多次山洪或泥石流的发生。

21日下午2点进入济南市区，3点30分到达山东大学博物馆。馆内所藏的两城镇、大辛庄和仙人台遗址的出土文物目不暇接。该博物馆在2008年全国博物馆定级评估工作中，为唯一达到二级博物馆标准的高校博物馆。

晚上与山东大学任相宏、王青及刘延常几位先生边吃边座谈，席间各位先生畅谈学问，收获良多。

任相宏先生谈起山东商周的关键问题：（1）族群姓氏、文献与考古资料的对应问题，特别强调文献的认识深度问题；（2）《水经注》等文献材料所载与实地的对应，如任先生对防邑的考证（任先生说山东话，前面一部分没听明白）；（3）青岛一带要

西南—南　　　　　　　　　　　　　　　　东南—东

北—西北　　　　　　　　　　　　　　　　西边

图31　阳谷邑遗址周边山地及山口

（从西南—南—东—北—西北，再到西边的山口）

考虑海上通道的问题，琅琊台、齐地八主、齐长城、秦始皇与汉武帝东巡的问题（莱山）；（4）注重铜器与陶器的结合问题；（5）山东地区先秦史研究具有的优越基础；（6）淮夷与潍水的问题，刘敦愿、潘群二位先生都对该问题有过相关的论述，需重视。

王青先生认为：（1）意识和眼界的问题，提到钱益汇关于周代东土的研究可能最近要出版；（2）考古学的时空框架用考古学文化的研究方法来理解商周时期古族、古国的问题，能够为后者提供更广阔的视野和新的视角；（3）山东地区未发表的材料，注意《山东馆藏文物精品大系·青铜器卷》在编，里面有很多未发表的东西，如莱阳、昌乐宇家遗址的材料，事关商末周初鲁北地区的政治地理问题；（4）历史地理的实地考察应加强。

刘延常先生谈起：（1）鲁的城邑分布问题；（2）下半年的鲁文化会议；（3）史前与商周问题的贯通问题、考古学文化与先秦史研究的连接问题；（4）从考古学视野谈传统文化问题；（5）东夷与淮夷的通道问题；（6）注重陶器的重要性，考古学研

图32 南部冲沟壁上的洪积层及采集的鬲足、红烧土块

图33 北部冲沟壁上的洪积层

究一定要坚持摸陶片的基本功训练。

饭后调查组又去观摩了焦家遗址新近发掘的陶器和玉器。夜深人静，四人席地而坐，被小心翼翼拿出的"宝贝"而激动，但见各位两眼放光、如痴如醉。

22日与山东省文物考古研究所的郑同修、刘延常、孙波三位先生座谈并观摩山东省考古所的标本室。

刘延常先生介绍了山东省文物考古研究所的创建、发展历史及近年关注工作。山东省文物考古研究所近些年在建立地市县级工作站、推进项目编制、组织基层文物干部培训班、推广新泰模式等方面建树颇多。周代考古工作主要集中在齐国故城、鲁国故城和薛国故城等方面。之后在其办公室见到一质量颇佳的地形图，刘延常先生指点地图，对山东商周研究胸中自有丘壑。受其启发，继平对于周初分封之后为何实行不同政策有了自己的新认识。

孙波先生介绍了城子崖遗址历年的发掘情况，说到江涛、王芬二人学术关注点，三人交流十分愉悦。

下午由王青先生陪同参观了山东省博物馆。

山东省文物考古研究所和山东省博物馆所看文物均乃山东精华，足以加深认识并触发新的思考。

六、结　语

八天考察，安排满满当当。幸好未遇大雨，调查计划得以顺利完成，并有诸多意外和惊喜。

首先特别感谢刘延常老师，他对课题组之前制定的考察计划提出了关键性修改意见，去掉齐鲁核心遗址，此次仅选择汶河流域。他多年在山东工作，熟悉地理和业务，由他帮助和地方文物部门接洽联络，并给出具体时间建议。他的热心及对事业、学术的满腔热情令课题组感佩。

其次感谢莱芜市、泰安市的多位文博战线领导，他们是：莱芜市文物局郭晓冬，新泰市博物馆张勇、穆红梅，泰安市文物考古研究所魏国、陈奇等，东平博物馆杨浩。他们热情好客，陪同考察，提供各种便利，凡我们所询，知无不言；凡我等所需，图书、照片、资料尽皆赠送。回来后多次电话，邮件叨扰，及时回复，让人感动。

最后，考察一路行来，各人皆有不同收获，四人各有自己熟悉的时段，又有不同的专业、学术背景和人生经历，时常是边吃边谈、边走边谈，还有深夜卧谈，互相碰撞、思想的火花飞溅。这次，我们以莱芜谷道、莱芜市、新泰市、泰安市区、东平县为几大区块，对汶河上游五大源流水系流经区域进行踏查，结合最新"三普"资料，基本摸清了秦汉之前汶河流域史前至商周时期的中心聚落及其变化、流域内部的地理通道、连接鲁南鲁北的交流通道等问题，为下一阶段海岱地区史前文化与中原、太湖流域、江淮等地区的沟通模式与道路，商人征夷方路线、西周时期周人从鲁西平原古济水进入汶河流域、沂沭河流域、潍淄流域的进程与路线等问题的深入研究打下了重要基础。信心满满，下一步的调查计划将包括泗水流域、薛河流域、潍淄流域、小清河流域与胶东半岛。另外，我们还计划今、明年徒步穿越崤函古道，行走华夏、砥砺学问。

附记：本文主要是据朱继平每日纪行和感想记录整理出来，还有几人交谈的感想和各位师长给予的启发，后补充一些遗址信息，均记叙在此，希望能给同好以参考，如能有抛砖引玉之功则不胜欢喜。

再记：此附录为2016年整理出来，今修订个别遗址错误信息，余皆依旧文。

参 考 文 献

一、文献典籍

［1］（战国）左丘明撰，（西晋）杜预集解：《左传：春秋经传集解》，上海古籍出版社，2007年。

［2］（战国）吕不韦著，陈奇猷校释：《吕氏春秋新校释》，上海古籍出版社，2002年。

［3］（汉）司马迁撰：《史记》，中华书局，1982年。

［4］（汉）班固撰，（唐）颜师古注：《汉书》，中华书局，1962年。

［5］（汉）孔安国传，（唐）孔颖达正义，黄怀信整理：《尚书正义》，上海古籍出版社，2007年。

［6］（汉）宋衷注，（清）秦嘉谟等辑：《世本八种》，商务印书馆，1957年。

［7］（晋）郭璞注，（宋）邢昺疏，王世伟整理：《尔雅注疏·释水第十二》，上海古籍出版社，2010年。

［8］（北魏）郦道元注，杨守敬、熊会贞疏：《水经注疏》，江苏古籍出版社，1989年。

［9］（南朝宋）范晔撰，（唐）李贤等注：《后汉书》，中华书局，1965年。

［10］（宋）罗泌：《路史》卷二十九《国名纪六》，《文渊阁四库全书》第383册史部141别史类，上海古籍出版社，1989年影印本。

［11］（宋）乐史撰，王文楚等点校：《太平寰宇记》，中华书局，2007年。

［12］（清）王先慎撰，钟哲点校：《韩非子集解》，中华书局，2003年。

［13］（清）阮元校刻：《十三经注疏》，中华书局，1980年。

［14］徐元诰撰，王树民、沈长云点校：《国语集解》，中华书局，2002年。

［15］杨伯峻：《春秋左传注》（修订本），中华书局，1990年。

［16］方诗铭、王修龄：《古本竹书纪年辑证》，上海古籍出版社，1981年。

［17］黄怀信、张懋镕、田旭东：《逸周书汇校集注》（修订本），上海古籍出版社，2007年。

［18］ 李民，王健译注：《尚书译注》，上海古籍出版社，2016年。

［19］ 杨天宇译注：《礼记译注》，上海古籍出版社，2016年。

二、基础考古资料

［1］ 安徽省博物馆：《安徽萧县花家寺新石器时代遗址》，《考古》1966年第2期。

［2］ 安徽省文物考古研究所：《安徽省固镇垓下遗址发掘的主要收获》，《中国社会科学院古代文明研究中心通讯》（第19期），2010年。

［3］ 安徽省文物考古研究所、萧县博物馆：《安徽萧县金寨遗址新石器时代墓葬发掘简报》，《考古》2023年第10期。

［4］ 安徽省文物考古研究所、宿州市文物管理局、宿州市博物馆：《宿州芦城孜》，文物出版社，2016年。

［5］ 安徽省文物考古研究所、武汉大学历史学院考古系：《皖北小孙岗、南城孜、杨堡史前遗址试掘简报》，《考古》2015年第2期。

［6］ 宝鸡市博物馆：《宝鸡强国墓地》，文物出版社，1988年。

［7］ 保北考古队：《河北省容城县白龙遗址试掘简报》，《文物春秋》1989年第3期。

［8］ 北京大学、河北省文化局邯郸考古发掘队：《1957年邯郸发掘简报》，《考古》1959年第10期。

［9］ 北京大学考古教研室华县报告编写组：《华县、渭南古代遗址调查与试掘》，《考古学报》1980年第3期。

［10］ 北京大学考古实习队、昌乐县图书馆：《山东昌乐县邹家庄遗址发掘简报》，《考古》1987年第5期。

［11］ 北京大学考古实习队、山东省文物考古研究所：《栖霞杨家圈遗址发掘报告》，《胶东考古》，文物出版社，2000年。

［12］ 北京大学考古实习队、烟台地区文管会、长岛县博物馆：《山东长岛北庄遗址发掘简报》，《考古》1987年第5期。

［13］ 北京大学考古实习队、烟台地区文管会、长岛县博物馆：《山东长岛县史前遗址》，《史前研究》1983年第1期。

［14］ 北京大学考古实习队、烟台地区文物管理委员会：《乳山小管村的发掘》，《胶东考古》，文物出版社，2000年。

［15］ 北京大学考古实习队、烟台市博物馆：《烟台芝水遗址发掘报告》，《胶东

考古》，文物出版社，2000年。

[16]　北京大学考古实习队、烟台市文物管理委员会：《乳山南黄庄石椁墓》，
　　　《胶东考古》，文物出版社，2000年。

[17]　北京大学考古文博学院、河南省文物考古研究所：《登封王城岗考古发现与
　　　研究（2002~2005）》，大象出版社，2007年。

[18]　北京大学考古系：《陕西扶风县壹家堡遗址发掘简报》，《考古》1993年第
　　　1期。

[19]　北京大学考古系、驻马店市文物保护管理所：《河南驻马店市党楼遗址的发
　　　掘》，《考古》1996年第5期。

[20]　北京大学考古系商周组：《陕西扶风县壹家堡遗址1986年度发掘报告》，
　　　《考古学研究》（二），北京大学出版社，1994年。

[21]　北京大学考古系商周组、山东省菏泽地区文展馆、山东省菏泽市文化馆：
　　　《菏泽安邱堌堆遗址发掘简报》，《文物》1987年第11期。

[22]　北京大学考古系商周组、山西省考古研究所：《天马—曲村（1980—
　　　1989）》，科学出版社，2000年。

[23]　北京大学考古系商周组、陕西考古研究所：《陕西礼泉朱马嘴遗址试掘简
　　　报》，《考古与文物》2000年第5期。

[24]　北京大学考古系商周组、陕西省考古研究所：《陕西耀县北村遗址1984年发掘
　　　报告》，《考古学研究》（二），北京大学出版社，1994年。

[25]　北京大学考古学系、商丘地区文管会：《河南夏邑县清凉山遗址1988年发掘
　　　简报》，《考古》1997年第11期。

[26]　北京大学考古学系、驻马店市文物保护管理所：《驻马店杨庄：中全新世淮
　　　河上游的文化遗存与环境信息》，科学出版社，1998年。

[27]　北京大学考古专业商周组，山西省考古研究所，河南省安阳、新乡地区文化
　　　局，等：《晋豫鄂三省考古调查简报》，《文物》1982年第7期。

[28]　北京大学震旦古代文明研究中心、郑州市文物考古研究院：《新密新砦：
　　　1999~2000年田野考古发掘报告》，文物出版社，2008年。

[29]　北京科技大学冶金与材料史研究所、陕西省考古研究院：《陕西洛南河口绿
　　　松石矿遗址调查报告》，《考古与文物》2016年第3期。

[30]　北京市文物管理处：《北京地区的又一重要考古收获——昌平白浮西周木椁
　　　墓的新启示》，《考古》1976年第4期。

[31]　北京市文物管理处：《北京市平谷县发现商代墓葬》，《文物》1977年第
　　　11期。

[32]　蔡凤书：《济南大辛庄商代遗址的调查》，《考古》1973年第5期。

［33］ 苍山县图书馆文物组：《山东苍山县新石器时代墓葬清理简报》，《考古》
1988年第1期。

［34］ 沧州市文物保护管理所、沧县文化馆：《河北沧县倪杨屯商代遗址调查简
报》，《考古》1993年第2期。

［35］ 曹斌、王晓妮：《烟台市博物馆藏几件周代铜器》，《文物》2020年第2期。

［36］ 曹桂岑：《郸城段寨遗址试掘》，《中原文物》1981年第3期。

［37］ 曹元启、单煜东：《坊子区院上遗址发现商代青铜器》，《海岱考古》（第
一辑），山东大学出版社，1989年。

［38］ 昌潍地区文物管理组、诸城县博物馆：《山东诸城呈子遗址发掘报告》，
《考古学报》1980年第3期。

［39］ 陈昆麟、马允华、孙淮生：《山东茌平县李孝堂遗址的调查》，《华夏考
古》1997年第4期。

［40］ 陈昆麟、孙淮生：《阳谷景阳岗龙山文化城址》，《中国考古学年鉴·1995》，
文物出版社，1997年。

［41］ 陈雪香、高继习、赵永生：《菏泽市牡丹区青邱堌堆龙山文化至清代遗
址》，《中国考古学年鉴·2019》，中国社会科学出版社，2021年。

［42］ 陈应祺：《河北省灵寿县北宅村商代遗址调查》，《考古》1966年第2期。

［43］ 程长新：《北京市顺义县牛栏山出土一组周初带铭青铜器》，《文物》1983
年第11期。

［44］ 程长新、曲德龙、姜东方：《北京拣选一组二十八件商代带铭铜器》，《文
物》1982年第9期。

［45］ 崔庆明：《南阳市北郊出土一批申国青铜器》，《中原文物》1984年第4期。

［46］ 崔圣宽、郑德平、杨中华，等：《山东沂源姑子坪发掘一批周代墓葬》，
《中国文物报》2006年3月24日。

［47］ 郸城县文化馆：《河南郸城段砦出土大汶口文化遗物》，《考古》1981年第
2期。

［48］ 德州地区文化局文物组、济阳县图书馆：《山东济阳刘台子西周墓地第二次
发掘》，《文物》1985年第12期。

［49］ 德州行署文化局文物组、济阳县图书馆：《山东济阳刘台子西周早期墓发掘
简报》，《文物》1981年第9期。

［50］ 杜传敏、张东峰、魏慎玉，等：《1989年山东滕州庄里西西周墓发掘报
告》，《中国国家博物馆馆刊》2012年第1期。

［51］ 方辉、栾丰实、丁海广，等：《1995～2004年日照地区系统考古调查的新收
获》，《东方考古研究通讯》（第5期），2005年。

［52］ 冯沂、杨殿旭：《山东临沂王家三岗新石器时代遗址》，《考古》1988年第8期。

［53］ 甘肃省博物馆文物工作队：《甘肃灵台白草坡西周墓》，《考古学报》1977年第2期。

［54］ 高明奎、曹元启、于克志：《平度市逄家庄龙山文化与汉代遗址》，《中国考古学鉴·2003》，文物出版社，2004年。

［55］ 高明奎、孙明、张克思，等：《菏泽市定陶十里铺北先秦时期堌堆遗址》，《中国考古学年鉴·2015》，中国社会科学出版社，2016年。

［56］ 高明奎、王龙、王世宾，等：《定陶县十里铺北岳石文化及商代遗址》，《中国考古学年鉴·2016》，中国社会科学出版社，2017年。

［57］ 谷建祥、尹增淮：《江苏沭阳万北遗址试掘的初步收获》，《东南文化》1988年第2期。

［58］ 固原县文物工作站：《宁夏固原县西周墓清理简报》，《考古》1983年第11期。

［59］ 光明、龙国、连利，等：《桓台史家遗址发掘获重大成果》，《中国文物报》1997年5月18日。

［60］ 广饶县博物馆：《山东广饶西杜疃遗址调查》，《考古与文物》1995年第1期。

［61］ 郭济桥、樊书海：《廊坊发现早商、战国遗址》，《中国文物报》2004年3月17日。

［62］ 郭克煜、孙华铎、梁方建，等：《索氏器的发现及其重要意义》，《文物》1990年第7期。

［63］ 国家文物局考古领队培训班：《山东济宁凤凰台遗址发掘简报》，《文物》1991年第2期。

［64］ 国家文物局考古领队培训班：《山东济宁潘庙遗址发掘简报》，《文物》1991年第2期。

［65］ 国家文物局考古领队培训班：《山东邹县南关遗址发掘简报》，《文物》1991年第2期。

［66］ 国家文物局考古领队培训班：《兖州西吴寺》，文物出版社，1990年。

［67］ 国家文物局考古领队培训班：《郑州西山仰韶时代城址的发掘》，《文物》1999年第7期。

［68］ 国家文物局田野考古领队培训班：《泗水天齐庙遗址发掘的主要收获》，《文物》1994年第12期。

［69］ 邯郸地区文物保管所、永年县文物保管所：《河北省永年县何庄遗址发掘报

告》，《华夏考古》1992年第4期。

［70］ 韩辉、张恒、徐深：《曲阜西陈商代遗址》，《中国考古学年鉴·2020》，中国社会科学出版社，2021年。

［71］ 韩辉、张恒、徐深：《山东曲阜发掘西陈商代遗址》，《中国文物报》2020年4月3日。

［72］ 韩明祥：《山东长清、桓台发现商代青铜器》，《文物》1982年第1期。

［73］ 韩榕：《栖霞县北城子龙山文化及岳石文化遗址》，《中国考古学年鉴·1989》，文物出版社，1990年。

［74］ 河北省文物研究所：《藁城北龙宫商代遗址的调查》，《文物》1985年第10期。

［75］ 河北省文物研究所：《藁城台西商代遗址》，文物出版社，1985年。

［76］ 河北省文物研究所、保定地区文物管理所：《定州北庄子商墓发掘简报》，《文物春秋》1992年增刊。

［77］ 河北省文物研究所、保定市文物管理处：《河北定州市尧方头遗址发掘简报》，《考古》2004年第9期。

［78］ 河北省文物研究所、石家庄市文物研究所、正定县文物保护管理所：《河北正定县曹村商周遗址发掘简报》，《考古》2007年第11期。

［79］ 河南省博物馆：《河南禹县谷水河遗址发掘简报》，《考古》1978年第4期。

［80］ 河南省文化局文物工作队：《河南新乡潞王坟商代遗址发掘报告》，《考古学报》1960年第1期。

［81］ 河南省文化局文物工作队：《郑州二里冈》，科学出版社，1959年。

［82］ 河南省文化局文物工作队第一队：《郑州西郊仰韶文化遗址发掘简报》，《考古通讯》1958年第2期。

［83］ 河南省文物考古研究所：《河南邓州市穰东遗址的发掘》，《华夏考古》1999年第2期。

［84］ 河南省文物考古研究所：《河南巩县稍柴遗址发掘报告》，《华夏考古》1993年第2期。

［85］ 河南省文物考古研究所：《伊川考古报告》，大象出版社，2012年。

［86］ 河南省文物考古研究所、平顶山市文物管理局：《平顶山应国墓地Ⅰ》，大象出版社，2012年。

［87］ 河南省文物考古研究所、平顶山市文物局：《河南平顶山蒲城店遗址发掘简报》，《文物》2008年第5期。

［88］ 河南省文物考古研究所、周口市文化局：《鹿邑太清宫长子口墓》，中州古籍出版社，2000年。

［89］　河南省文物考古研究所、驻马店市文物工作队、西平县文物管理所：《河南西平县上坡遗址发掘简报》，《考古》2004年第4期。

［90］　河南省文物考古研究院、北京大学考古文博学院、周口市文物考古管理所，等：《河南淮阳平粮台遗址2018年度发掘简报》，《华夏考古》2019年第4期。

［91］　河南省文物考古研究院、平顶山市文物管理局、河南大学历史文化学院：《河南平顶山应国墓地M257发掘简报》，《华夏考古》2015年第3期。

［92］　河南省文物研究所：《河南淮阳平粮台龙山文化城址试掘简报》，《文物》1983年第3期。

［93］　河南省文物研究所：《河南临汝北刘庄遗址发掘报告》，《华夏考古》1990年第2期。

［94］　河南省文物研究所：《河南鹿邑栾台遗址发掘简报》，《华夏考古》1989年第1期。

［95］　河南省文物研究所：《河南荥阳竖河遗址发掘报告》，《考古学集刊》（第10集），地质出版社，1996年。

［96］　河南省文物研究所：《临汝煤山遗址1987—1988年发掘报告》，《华夏考古》1991年第3期。

［97］　河南省文物研究所：《陕县西崖村遗址的发掘》，《华夏考古》1989年第1期。

［98］　河南省文物研究所、长江流域规划办公室考古队河南分队：《淅川下王岗》，文物出版社，1989年。

［99］　河南省文物研究所、中国历史博物馆考古部：《登封王城岗与阳城》，文物出版社，1992年。

［100］　河南省文物研究所、周口地区文化局文物科：《河南淮阳平粮台龙山文化城址试掘简报》，《文物》1983年第3期。

［101］　河南省信阳地区文管会、河南省罗山县文化馆：《罗山天湖商周墓地》，《考古学报》1986年第2期。

［102］　菏泽地区文物工作队：《山东曹县莘冢集遗址试掘简报》，《考古》1980年第5期。

［103］　侯卫东：《洹河流域下七垣文化与商文化关系研究》，中国社会科学院研究生院硕士学位论文，2008年。

［104］　湖北省博物馆、湖北省文物考古研究所、随州市博物馆：《随州叶家山：西周早期曾国墓地》，文物出版社，2013年。

［105］　湖北省荆州博物馆等：《肖家屋脊：天门石家河考古发掘报告之一》，文物

出版社，1999年。

[106] 湖北省文物考古研究所、北京大学考古学系、湖北省荆州博物馆：《邓家湾：天门石家河考古报告之二》，文物出版社，2003年。

[107] 淮阳县博物馆：《河南淮阳县出土一批晚商文物》，《文物》1989年第3期。

[108] 黄河水库考古工作队河南分队：《河南陕县七里铺商代遗址的发掘》，《考古学报》1960年第1期。

[109] 黄绍甲、王霖：《山东菏泽县古遗址的调查》，《考古通讯》1958年第3期。

[110] 济南市考古研究所：《济南市刘家庄遗址商代墓葬M121、M122发掘简报》，《中国国家博物馆馆刊》2016年第7期。

[111] 济南市考古研究所：《济南市刘家庄遗址商代墓葬发掘报告》，《海岱考古》（第十一辑），科学出版社，2018年。

[112] 济南市考古研究院、山东大学考古学与博物馆学系、山东省文物考古研究院：《济南市大辛庄遗址商代墓葬M225、M256发掘简报》，《考古》2022年第2期。

[113] 济南市考古研究院、山东大学考古学与博物馆学系、山东省文物考古研究院：《济南市大辛庄遗址商代墓葬M235、M275发掘简报》，《考古》2021年第9期。

[114] 济南市文化局文物处、章丘县博物馆：《山东章丘马彭北遗址调查简报》，《考古》1995年第4期。

[115] 济宁地区行署文化局文物普查队：《山东济宁县古遗址》，《考古》1983年第6期。

[116] 济宁市博物馆：《山东济宁市南赵庄商代遗址调查》，《考古》1993年第11期。

[117] 济宁市博物馆：《山东微山县古遗址调查》，《考古》1995年第4期。

[118] 济宁市文物考古研究室、济宁市任城区文物管理所：《山东济宁市玉皇顶遗址发掘简报》，《考古》2005年第4期。

[119] 济宁市文物考古研究室、济宁市任城区文物管理所：《山东济宁市张山洼遗址发掘简报》，《考古》2007年第9期。

[120] 济青公路文物工作队：《山东临淄后李遗址第三、四次发掘简报》，《考古》1994年第2期。

[121] 济青公路文物工作队：《山东临淄后李遗址第一、二次发掘简报》，《考古》1992年第11期。

［122］ 济青公路文物考古队宁家埠分队：《章丘宁家埠遗址发掘报告》，《济青高级公路章丘工段考古发掘报告集》，齐鲁书社，1993年。

［123］ 江苏省工作队：《江苏连云港市二涧村遗址第二次发掘》，《考古》1962年第3期。

［124］ 江苏省文物管理委员会：《徐州高皇庙遗址清理报告》，《考古学报》1958年第4期。

［125］ 姜国钧、唐禄庭：《山东黄县东营周家村西周残墓清理简报》，《海岱考古》（第一辑），山东大学出版社，1989年。

［126］ 解华英：《山东泗水发现一批商代铜器》，《考古》1986年第12期。

［127］ 拒马河考古队：《河北易县涞水古遗址试掘报告》，《考古学报》1988年第4期。

［128］ 喀左县文化馆、朝阳地区博物馆、辽宁省博物馆：《辽宁喀左县北洞村出土的殷周青铜器》，《考古》1974年第6期。

［129］ 孔繁刚：《山东沂水县出土一批青铜器》，《考古与文物》1992年第2期

［130］ 孔繁银：《山东滕县井亭煤矿等地发现商代铜器及古遗址、墓葬》，《文物参考资料》1959年第12期。

［131］ 孔令远、陈永清：《江苏邳州市九女墩三号墩的发掘》，《考古》2002年第5期。

［132］ 李步青：《山东莱阳县出土己国铜器》，《文物》1983年第12期。

［133］ 李步青、林仙庭：《山东黄县归城遗址的调查与发掘》，《考古》1991年第10期。

［134］ 李步青、林仙庭：《山东省龙口市出土西周铜鼎》，《文物》1991年第5期。

［135］ 李步青、林仙庭、杨文玉：《山东招远出土西周青铜器》，《考古》1994年第4期。

［136］ 李步青、王锡平：《建国以来烟台地区出土商周铭文青铜器概述》，《古文字研究》（第十九辑），中华书局，1992年。

［137］ 李光雨、张云：《山东枣庄春秋时期小邾国墓地的发掘》，《中国历史文物》2003年第5期。

［138］ 李景聃：《豫东商邱永城调查及造律台黑孤堆曹桥三处小发掘》，《中国考古学报》（第二册），商务印书馆，1947年。

［139］ 李开岭：《山东禹城、齐河县古遗址调查简报》，《考古》1996年第4期。

［140］ 李启良：《陕西安康市出土西周史密簋》，《考古与文物》1989年第3期。

［141］ 李水城、兰玉富、王辉：《鲁北—胶东盐业考古调查记》，《华夏考古》

2009年第1期。

[142] 李水城、兰玉富、王辉，等：《莱州湾地区古代盐业考古调查》，《盐业史研究》2003年第1期。

[143] 李晓峰、杨冬梅：《济南刘家庄商代青铜器》，《东南文化》2001年第3期。

[144] 李学勤：《清华大学藏战国竹简》（壹），上海文艺出版有限公司、中西书局，2010年。

[145] 辽宁省博物馆、朝阳地区博物馆：《辽宁喀左县北洞村发现殷代青铜器》，《考古》1973年第4期。

[146] 辽宁省博物馆文物工作队：《辽宁朝阳魏营子西周墓和古遗址》，《考古》1977年第5期。

[147] 临汾地区文化局：《洪洞永凝堡西周墓葬发掘报告》，《三晋考古》（第一辑），山西人民出版社，1994年。

[148] 临朐县文化馆、潍坊地区文物管理委员会：《山东临朐发现齐、郭、曾诸国铜器》，《文物》1983年第12期。

[149] 临沂地区文物管理委员会、郯城县文物管理所：《山东郯城县古文化遗址调查简报》，《考古》1995年第8期。

[150] 临沂市博物馆：《山东临沂中洽沟发现三座周墓》，《考古》1987年第8期。

[151] 临沂文物收集组：《山东苍山县出土青铜器》，《文物》1965年第7期。

[152] 刘东亚：《河南淮阳出土的西周铜器和陶器》，《考古》1964年第3期。

[153] 刘士莪：《老牛坡》，陕西人民出版社，2002年。

[154] 刘晓燕、孙承晋：《山东荣成市学福村商周墓葬的清理》，《考古》2004年第9期。

[155] 刘延常、赵国靖、刘桂峰：《鲁东南地区商代文化遗存调查与研究》，《东方考古》（第11集），科学出版社，2014年。

[156] 鲁北沿海地区先秦盐业考古课题组：《鲁北沿海地区先秦盐业遗址2007年调查简报》，《文物》2012年第7期。

[157] 罗山县文管会：《罗山县蟒张后李商周墓地第三次发掘简报》，《中原文物》1988年第1期。

[158] 罗西章：《扶风白家窑水库发现的商周文物》，《文物》1977年第12期。

[159] 洛阳博物馆：《河南临汝煤山遗址调查与试掘》，《考古》1975年第5期。

[160] 洛阳地区文物处：《伊川白元遗址发掘简报》，《中原文物》1982年第3期。

[161] 马强：《宁夏彭阳姚河源商周遗址》，《中国考古学年鉴·2018》，中国社

会科学出版社，2018年。

［162］马玺伦：《山东沂水发现一座西周墓》，《考古》1999年第2期。

［163］马志敏：《山东省龙口市出土西周铜簋》，《文物》2004年第8期。

［164］南京博物院：《花厅：新石器时代墓地发掘报告》. 文物出版社，2004年。

［165］南京博物院：《江苏赣榆新石器时代至汉代遗址和墓葬》，《考古》1962年第3期。

［166］南京博物院：《江苏海安青墩遗址》，《考古学报》1983年第2期。

［167］南京博物院：《江苏沭阳万北遗址新石器时代遗址发掘简报》，《东南文化》1992年第1期。

［168］南京博物院：《江苏铜山丘湾古遗址的发掘》，《考古》1973年第2期。

［169］南京博物院：《江苏新沂县三里墩古文化遗址第二次发掘简介》，《考古》1960年第7期。

［170］南京博物院：《江苏兴化、东台市蒋庄遗址良渚文化遗存》，《考古》2016年第7期。

［171］南京博物院：《江苏兴化蒋庄遗址良渚文化高等级墓葬发掘简报》，《东南文化》2022年第5期。

［172］南京博物院、连云港市博物馆：《江苏连云港朝阳遗址发掘简报》，《东南文化》2004年第2期。

［173］南京博物院、连云港市博物馆：《藤花落：连云港市新石器时代遗址考古发掘报告》，科学出版社，2014年。

［174］南京博物院、徐州博物馆、邳州博物馆：《江苏邳州梁王城遗址西周墓地发掘简报》，《东南文化》2016年第2期。

［175］南京博物院、徐州博物馆、邳州博物馆：《梁王城遗址发掘报告·史前卷》，文物出版社，2013年。

［176］南京博物院、徐州市文化局、邳州市博物馆：《江苏邳州市九女墩二号墩发掘简报》，《考古》1999年第11期。

［177］南京博物院考古研究所、扬州博物馆、高邮文管会：《江苏高邮周邶墩遗址发掘报告》，《考古学报》1997年第4期。

［178］南阳市博物馆：《南阳市博物馆收藏的商代青铜器》，《中原文物》1984年第1期。

［179］南阳市文物工作队：《南阳市十里庙遗址调查》，《江汉考古》1994年第2期。

［180］内乡县综合博物馆：《河南内乡县部分新石器时代遗址调查简报》，《考古与文物》1992年第2期。

［181］ 平阴县博物馆筹建处：《山东平阴洪范商墓清理简报》，《文物》1992年第4期。

［182］ 栖霞县文物管理所：《山东栖霞县松山乡吕家埠西周墓》，《考古》1988年第9期。

［183］ 齐文涛：《概述近年来山东出土的商周青铜器》，《文物》1972年第5期。

［184］ 祁延霈：《山东益都苏埠屯出土铜器调查记》，《中国考古学报》（第二册），商务印书馆，1947年。

［185］ 岐山县博物图书馆：《岐山县北郭公社出土的西周青铜器》，《考古与文物》1982年第2期。

［186］ 岐山县文化馆、陕西省文管会：《陕西省岐山县董家村西周铜器窖穴发掘简报》，《文物》1976年第5期。

［187］ 桥北考古队：《山西浮山桥北商周墓》，《古代文明》（第5卷），文物出版社，2006年。

［188］ 青州市博物馆：《青州市赵铺遗址的清理》，《海岱考古》（第一辑），山东大学出版社，1989年。

［189］ 青州市博物馆：《青州市赵铺遗址的清理》，《海岱考古》（第一辑），山东大学出版社，1989年。

［190］ 热河省博物馆筹备组：《热河凌源县海岛营子村发现的古代青铜器》，《文物参考资料》1955年第8期。

［191］ 任相宏：《济南大辛庄龙山、商遗址调查》，《考古》1985年第8期。

［192］ 任相宏：《山东源县姑子坪周代遗存相关问题探讨》，《考古》2003年第1期。

［193］ 任相宏、张光明、刘德宝，等：《淄川考古：北沈马遗址发掘报告暨淄川考古研究》，《淄川考古》，齐鲁书社，2006年。

［194］ 日照市文物考古研究所、山东省文物考古研究院：《日照市东灶子遗址发掘简报》，《海岱考古》（第十辑），科学出版社，2017年。

［195］ 山东大学东方考古研究中心：《大辛庄遗址1984年秋试掘报告》，《东方考古》（第4集），科学出版社，2008年。

［196］ 山东大学东方考古研究中心、北京大学中国考古学研究中心、寿光市博物馆：《山东寿光市大荒北央西周遗址的发掘》，《考古》2005年第12期。

［197］ 山东大学东方考古研究中心、寿光市博物馆：《山东寿光市北部沿海环境考古报告》，《华夏考古》2005年第4期。

［198］ 山东大学东方考古研究中心、寿光市博物馆：《山东寿光市大荒北央西周遗址的发掘》，《考古》2005年第12期。

［199］ 山东大学考古系：《山东长清县仙人台遗址发掘简报》，《考古》1998年第9期。

［200］ 山东大学考古系、山东省文物考古研究所、东营市历史博物馆：《山东东营市南河崖西周煮盐遗址》，《考古》2010年第3期。

［201］ 山东大学考古系、淄博市文物局、沂源县文管所：《山东沂源县姑子坪周代墓葬》，《考古》2003年第1期。

［202］ 山东大学考古学与博物馆学系、济南市章丘区城子崖遗址博物馆：《济南市章丘区焦家新石器时代遗址》，《考古》2018年第7期。

［203］ 山东大学考古学与博物馆学系、济南市章丘区城子崖遗址博物馆：《济南市章丘区焦家遗址2016～2017年大型墓葬发掘简报》，《考古》2019年第12期。

［204］ 山东大学考古学与博物馆学系、山东省文物考古研究院、济南市考古研究所：《济南市大辛庄遗址商代墓葬2010年发掘简报》，《考古》2020年第3期。

［205］ 山东大学历史文化学院考古系、山东省文物考古研究所：《济南大辛庄遗址139号商代墓葬》，《考古》2010年第10期。

［206］ 山东大学历史文化学院考古学系、青岛市文物保护考古研究所、即墨市博物馆：《山东即墨市北阡遗址2007年发掘简报》，《考古》2011年第11期。

［207］ 山东大学历史系考古专业：《山东邹平丁公遗址第二、三次发掘简报》，《考古》1992年第6期。

［208］ 山东大学历史系考古专业：《山东邹平丁公遗址第四、五次发掘简报》，《考古》1993年第4期。

［209］ 山东大学历史系考古专业、聊城地区文化局、茌平县图书馆：《山东省茌平县南陈庄遗址发掘简报》，《考古》1985年第4期。

［210］ 山东大学历史系考古专业、山东省文物考古研究所、济南市博物馆：《1984年秋济南大辛庄遗址试掘述要》，《文物》1995年第6期。

［211］ 山东大学历史系考古专业、邹平县文化局：《山东邹平丁公遗址试掘简报》，《考古》1989年第5期。

［212］ 山东大学历史系考古专业、邹平县文化局：《山东邹平县古文化遗址调查》，《考古》1989年第6期。

［213］ 山东大学历史系考古专业教研室：《泗水尹家城》，文物出版社，1990年。

［214］ 山东大学盐业考古队：《山东北部小清河下游2010年盐业考古调查简报》，《华夏考古》2012年第3期。

［215］ 山东惠民县文化馆：《山东惠民发现商代青铜器》，《考古》1974年第

3期。

[216] 山东惠民县文化馆：《山东惠民县发现商代青铜器》，《考古》1974年第3期。

[217] 山东考古所、山东省博物馆、莒县文管所、王树明：《山东莒县陵阳河大汶口文化墓葬发掘简报》，《史前研究》1987年第3期。

[218] 山东省博物馆：《山东蓬莱紫荆山遗址试掘简报》，《考古》1973年第1期。

[219] 山东省博物馆：《山东潍坊姚官庄遗址发掘简报》，《考古》1963年第7期。

[220] 山东省博物馆：《山东益都苏埠屯第一号奴隶殉葬墓》，《文物》1972年第8期。

[221] 山东省博物馆：《山东长清出土的青铜器》，《文物》1964年第4期。

[222] 山东省博物馆、聊城地区文化局、茌平县文化馆：《山东茌平县尚庄遗址第一次发掘简报》，《文物》1978年第4期。

[223] 山东省博物馆、日照县文化馆东海峪发掘小组：《一九七五年东海峪遗址的发掘》，《考古》1976年第6期。

[224] 山东省昌潍地区文物管理组：《胶县西菴遗址调查试掘简报》，《文物》1977年第4期。

[225] 山东省文化考古研究所：《城子崖遗址又有重大发现 龙山岳石周代城址重见天日》，《中国文物报》1990年7月26日。

[226] 山东省文化考古研究所、聊城地区文研室：《鲁西发现两组八座龙山文化城址》，《中国文物报》1995年1月22日。

[227] 山东省文物古研究所、山东省博物馆、中国社会科学院考古研究所山东队，等：《山东姚官庄遗址发掘报告》，《文物资料丛刊》（5），文物出版社，1981年。

[228] 山东省文物管理处：《济南大辛庄遗址试掘简报》，《考古》1959年第4期。

[229] 山东省文物管理处、济南市博物馆：《大汶口：新石器时代墓葬发掘报告》，文物出版社，1974年。

[230] 山东省文物管理处、山东省博物馆：《山东文物选集：普查部分》，文物出版社，1959年。

[231] 山东省文物考古研究所：《茌平尚庄新石器时代遗址》，《考古学报》1985年第4期。

[232] 山东省文物考古研究所：《山东高青陈庄西周遗址》，《考古》2010年第8期。

［233］　山东省文物考古研究所：《山东高青县陈庄西周遗存发掘简报》，《考古》
　　　　2011年第2期。

［234］　山东省文物考古研究所：《山东济阳刘台子西周六号墓清理报告》，《文
　　　　物》1996年第12期。

［235］　山东省文物考古研究所：《山东章丘市王推官庄遗址发掘报告》，《华夏考
　　　　古》1996年第4期。

［236］　山东省文物考古研究所：《山东章丘县董东村遗址试掘简报》，《考古》
　　　　2002年第7期。

［237］　山东省文物考古研究所：《五莲丹土发现大汶口文化城址》，《中国文物
　　　　报》2001年1月17日。

［238］　山东省文物考古研究所、北京大学考古文博学院：《临淄桐林遗址聚落形态
　　　　研究考古报告》《海岱考古》（第五辑），科学出版社，2012年。

［239］　山东省文物考古研究所、北京大学中国考古学研究中心、寿光市文化局：
　　　　《山东寿光市双王城盐业遗址2008年的发掘》，《考古》2010年第3期。

［240］　山东省文物考古研究所、广饶县博物馆：《广饶县五村遗址发掘报告》，
　　　　《海岱考古》（第一辑），山东大学出版社，1989年。

［241］　山东省文物考古研究所、寒亭区文物管理所：《山东潍坊会泉庄遗址发掘报
　　　　告》，《山东省高速公路考古报告集（1997）》，科学出版社，2000年。

［242］　山东省文物考古研究所、莒县博物馆：《莒县大朱家村大汶口文化墓葬》，
　　　　《考古学报》1991年第2期。

［243］　山东省文物考古研究所、莒县博物馆：《山东莒县杭头遗址》，《考古》
　　　　1988年第12期。

［244］　山东省文物考古研究所、聊城地区文化局文物研究室：《山东阳谷县景阳岗
　　　　龙山文化城址调查与试掘》，《考古》1997年第5期。

［245］　山东省文物考古研究所、齐城遗址博物馆：《临淄东古墓地发掘简报》，
　　　　《海岱考古》（第一辑），山东大学出版社，1989年。

［246］　山东省文物考古研究所、青州市博物馆：《青州市苏埠屯商代墓发掘报
　　　　告》，《海岱考古》（第一辑），山东大学出版社，1989年。

［247］　山东省文物考古研究所、山东大学历史系考古教研室、青州市博物馆：《青
　　　　州市凤凰台遗址发掘》，《海岱考古》（第一辑），山东大学出版社，1989
　　　　年。

［248］　山东省文物考古研究所、寿光市博物馆：《山东阳信县李屋遗址商代遗存发
　　　　掘简报》，《考古》2010年第3期。

［249］　山东省文物考古研究所、潍坊市博物馆、寿光市博物馆：《寿光边线王龙山

文化城址的考古发掘》，《海岱考古》（第八辑），科学出版社，2016年。

[250] 山东省文物考古研究所、章丘市城子崖博物馆：《章丘市西河遗址2008年考古发掘报告》，《海岱考古》（第五辑），科学出版社，2012年。

[251] 山东省文物考古研究所、邹平县文管所：《山东邹平县古文化遗址调查简报》，《华夏考古》1994年第3期。

[252] 山东省文物考古研究院：《山东滕州后黄庄遗址发掘简报》，《海岱考古》（第十四辑），科学出版社，2021年。

[253] 山东省文物考古研究院、北京大学考古文博学院：《济南市章丘区城子崖遗址2013～2015年发掘简报》，《考古》2019年第4期。

[254] 山东省文物研究所：《山东高青县陈庄西周遗址》，《考古》2010年第8期。

[255] 山东省烟台地区文管组：《山东蓬莱县西周墓发掘简报》，《文物资料丛刊》（3），文物出版社，1980年。

[256] 山东省烟台地区文物管理委员会：《烟台市上夼村出土虢国铜器》，《考古》1983年第4期。

[257] 山西省考古研究所、山西大学北方考古研究中心：《山西翼城大河口遗址调查报告》，科学出版社，2018年。

[258] 山西省考古研究所、运城市文物工作站、绛县文化局：《山西绛县横水西周墓发掘简报》，《文物》2006年第8期。

[259] 山西省考古研究所、运城市文物工作站、芮城县旅游文物局：《清凉寺史前墓地》，文物出版社，2016年。

[260] 山西省考古研究所大河口墓地联合考古队：《山西翼城县大河口西周墓地》，《考古》2011年第7期。

[261] 山西省文物工作委员会、洪洞县文化馆：《山西洪洞永凝堡西周墓葬》，《文物》1987年第2期。

[262] 陕西省考古研究所：《高家堡戈国墓》，三秦出版社，2005年。

[263] 陕西省考古研究院：《西安老牛坡遗址聚落范围调查简报》，《中原文物》2021年第1期。

[264] 陕西省考古研究院、商洛市博物馆：《商洛东龙山》，科学出版社，2011年。

[265] 陕西省考古研究院、商洛市博物馆：《商洛东龙山遗址Ⅰ区发掘简报》，《考古与文物》2010年第4期。

[266] 陕西周原考古队：《陕西扶风庄白一号西周青铜器窖藏发掘简报》，《文物》1978年第3期。

[267] 陕西周原考古队、岐山周原文管所：《岐山凤雏村两次发现周初甲骨文》，

《考古与文物》1982年第3期。

[268] 商丘地区文物管理委员会、中国社会科学院考古研究所河南二队：《河南商丘县坞墙遗址试掘简报》，《考古》1983年第2期。

[269] 商丘地区文物管理委员会、中国社会科学院考古研究所洛阳工作队：《1977年河南永城王油坊遗址发掘概况》，《考古》1978年第1期。

[270] 商水县文化馆：《河南商水发现一处大汶口文化墓地》，《考古》1981年第1期。

[271] 上海博物馆考古研究部：《上海松江区广富林遗址1999～2000年发掘简报》，《考古》2002年第10期。

[272] 寿光县博物馆：《山东寿光县新发现一批纪国铜器》，《文物》1985年第3期。

[273] 寿光县博物馆：《寿光县古遗址调查报告》，《海岱考古》（第一辑），山东大学出版社，1989年。

[274] 苏兆庆、常兴照、张安礼：《山东莒县大朱村大汶口文化墓地复查清理简报》，《史前研究》（辑刊），《史前研究》编辑部，1989年。

[275] 随州市博物馆：《湖北随县发现商周青铜器》，《考古》1984年第6期。

[276] 随州市博物馆：《随州出土文物精粹》，文物出版社，2009年。

[277] 孙波：《淄博市桐林新石器时代至战国时期遗址》，《中国考古学年鉴·2003》，文物出版社，2004年。

[278] 孙丹：《中国史前墓葬随葬猪下颌骨习俗研究》，中国社会科学院研究生院硕士学位论文，2013年。

[279] 孙淮生、吴明新：《山东阳谷、东阿县古文化遗址调查》，《华夏考古》1996年第4期。

[280] 孙善德：《青岛市发现西周墓葬》，《文物资料丛刊》（6），文物出版社，1982年。

[281] 唐云明：《河北境内几处商代文化遗存记略》，《考古学集刊》（第2集），中国社会科学出版社，1982年。

[282] 滕县博物馆：《山东滕县发现滕侯铜器墓》，《考古》1984年第4期。

[283] 滕州市博物馆：《山东滕州出土商代青铜器》，《考古》1994年第1期。

[284] 滕州市博物馆：《山东滕州前掌大遗址新发现的西周墓》，《文物》2015年第4期。

[285] 滕州市博物馆：《山东滕州市发现商代青铜器》，《文物》1993年第6期。

[286] 滕州市博物馆：《山东滕州市薛河下游出土的商代青铜器》，《考古》1996年第5期。

［287］　滕州市博物馆：《滕州前掌大村南墓地发掘报告（1998～2001）》，《海岱考古》（第三辑），科学出版社，2010年。

［288］　滕州市文物局、滕州市博物馆：《山东滕州前掌大遗址考古勘探报告》，《海岱考古》（第十四辑），科学出版社，2021年。

［289］　田建文、范文谦：《山西浮山桥北商周墓》，《2004中国重要考古发现》，文物出版社，2005年。

［290］　佟佩华：《章丘县西河新石器时代遗址》，《中国考古学年鉴·1992》，文物出版社，1994年。

［291］　万树瀛、杨孝义：《山东滕县出土西周滕国铜器》，《文物》1979年第4期。

［292］　王军：《山东省邹城市西丁村发现一座商代墓葬》，《考古》2004年第1期。

［293］　王守功、孙准生：《阳谷县景阳岗龙山文化城址》，《中国考古学年鉴·1996》，文物出版社，1998年。

［294］　王守功：《专家论证山东寿光双王城水库盐业考古发掘成果》，《中国文物报》2009年4月3日。

［295］　王思礼：《惠民专区几处古代文化遗址》，《文物参考资料》1960年第3期。

［296］　王锡平、康禄庭：《山东黄县庄头西周墓清理简报》，《文物》1986年第8期。

［297］　王言京：《山东省邹县又发现商代铜器》，《文物》1974年第1期。

［298］　潍坊市博物馆：《山东潍坊地区商周遗址调查》，《考古》1993年第9期。

［299］　潍坊市博物馆、昌乐县文管所：《山东昌乐县商周文化遗址调查》，《海岱考古》（第一辑），山东大学出版社，1989年。

［300］　潍坊市博物馆、昌乐县文管所：《山东潍坊地区商周遗址调查》，《考古》1993年第9期。

［301］　潍坊市博物馆、昌乐县文物管理所：《昌乐县后于刘遗址发掘报告》，《海岱考古》（第五辑），山东大学出版社，2012年。

［302］　魏成敏：《淄博市田旺龙山文化城址》，《中国考古学年鉴·1993》，文物出版社，1995年。

［303］　魏成敏、杨文玉：《招远市老店龙山文化和商时期遗址》，《中国考古学年鉴·2008》，文物出版社，2009年。

［304］　武汉大学历史系考古教研室、襄樊市博物馆、随州市博物馆：《西花园与庙台子》，武汉大学出版社，1993年。

［305］　西安半坡博物馆、蓝田文化馆：《陕西蓝田怀珍坊商代遗址试掘简报》，《考古与文物》1981年第3期。

［306］　夏商周断代工程专家组：《夏商周断代工程1996—2000年阶段成果报告：简

本》，世界图书出版公司北京公司，2000年。

[307] 襄樊市博物馆：《湖北谷城、枣阳出土周代青铜器》，《考古》1987年第5期。

[308] 襄樊市博物馆、谷城县文化馆：《襄樊市、谷城县馆藏青铜器》，《文物》1986年第4期。

[309] 谢尧亭：《山西翼城县大河口西周墓地获重要发现》，《中国文物报》2008年7月4日。

[310] 谢尧亭、王金平、李兆祥：《山西翼城大河口西周墓地》，《文物天地》2008年第10期。

[311] 信阳地区文管会、罗山县文化馆：《河南罗山县蟒张商代墓地第一次发掘简报》，《考古》1981年第2期。

[312] 信阳地区文管会、罗山县文化馆：《罗山县蟒张后李商周墓地第二次发掘简报》，《中原文物》1981年第4期。

[313] 烟台市博物馆、海阳市博物馆：《海阳嘴子前》，齐鲁书社，2002年。

[314] 烟台市博物馆、龙口市博物馆：《龙口市楼子庄遗址发掘报告》，《海岱考古》（第十一辑），科学出版社，2018年。

[315] 烟台市文管会、海阳县博物馆：《山东海阳司马台遗址清理简报》，《海岱考古》（第一辑），山东大学出版社，1989年。

[316] 严文明：《章丘县乐盘大汶口文化至商代遗址》，《中国考古学年鉴·1986》，文物出版社，1988年。

[317] 严文明：《章丘县邢亭山大汶口文化至商代遗址》，《中国考古学年鉴·1986》，文物出版社，1988年。

[318] 盐城市博物馆、东台市博物馆：《江苏东台市开庄新石器时代遗址》，《考古》2005年第4期。

[319] 燕生东：《山东阳信李屋商代遗存考古发掘及其意义》，《古代文明研究通讯》（总第二十期），2004年。

[320] 燕生东、刘延常：《滕州市庄西里新石器时代至汉代遗址》《中国考古学年鉴·2003》，文物出版社，2004年。

[321] 杨宝成：《内乡县黄龙庙岗商代遗址及战国秦汉墓葬》，《中国考古学年鉴·1989》，文物出版社，1990年。

[322] 杨立新：《安徽淮河流域的原始文化》，《纪念城子崖遗址发掘60周年国际学术讨论会文集》，齐鲁书社，1993年。

[323] 杨深富：《山东日照崮河崖出土一批青铜器》，《考古》1984年第7期。

[324] 杨亚长：《陕西夏时期考古的新进展——商州东龙山遗址的发掘收获》，

《古代文明研究通讯》（总第五期），2000年。

[325] 杨亚长、王昌富：《商州东龙山遗址考古获重要成果》，《中国文物报》1998年11月25日。

[326] 叶润清：《安徽省宿州市芦城子遗址发掘简报》，《文物研究》（第9辑），黄山书社，1994年。

[327] 沂源县文物管理所：《沂源东安故城》，文物出版社，2016年。

[328] 尹俊敏：《南阳市博物馆收藏的商代铭文铜器》，《考古与文物》1996年第6期。

[329] 游清汉：《河南南阳市十里庙发现商代遗址》，《考古》1959年第7期。

[330] 袁广阔：《邓州市陈营二里头文化遗址》，《中国考古学年鉴·1990》，文物出版社，1991年。

[331] 袁振喜：《河北文安发现商代早期遗址》，《人民日报》2004年3月29日。

[332] 枣庄市博物馆、枣庄市文物管理办公室：《枣庄市东江周代墓葬发掘报告》，《海岱考古》（第四辑），科学出版社，2011年。

[333] 枣庄市文物管理站：《枣庄市南部地区考古调查纪要》，《考古》1984年第4期。

[334] 枣庄市政协台港澳侨民族宗教委员会、枣庄市博物馆：《小邾国遗珍》，中国文史出版社，2006年。

[335] 张昌平：《关于盘龙城的性质》，《江汉考古》2020年第6期。

[336] 张崇宁：《山西黎城黎国墓地》，《2007中国重要考古发现》，文物出版社，2008年。

[337] 张崇宁、杨林中：《山西发掘黎城西周墓地》，《中国文物报》2007年4月25日。

[338] 张家口考古队：《蔚县考古纪略》，《考古与文物》1982年第4期。

[339] 张家口考古队：《蔚县夏商时期考古的主要收获》，《考古与文物》1984年第1期。

[340] 张家强：《郑州高新区东赵龙山晚期至西周遗址》，《中国考古学年鉴·2015》，中国社会科学出版社，2016年。

[341] 张家强、郝红星：《沧海遗珠——郑州东赵城发现记》，《大众考古》2015年第8期。

[342] 张敬国：《含山大城墩遗址第四次发掘的主要收获》，《文物研究》（第4辑），黄山书社，1988年。

[343] 张学海：《鲁西两组龙山文化城址的发现》，《中国文物报》1995年6月4日。

［344］ 张学海：《章丘县城子崖古城址》，《中国考古学年鉴·1991》，文物出版社，1992年。

［345］ 张长寿、张光直：《河南商丘地区殷商文明调查发掘初步报告》，《考古》1997年第4期。

［346］ 张真、王志文：《山东海阳市上尚都出土西周铜器》，《考古》2001年第9期。

［347］ 张志清：《夏邑县三里堌堆新石器时代至汉代遗址》，《中国考古学年鉴·1990》，文物版社，1991年。

［348］ 章丘市博物馆：《山东章丘市焦家遗址调查》，《考古》1998年第6期。

［349］ 赵益超、郑同修：《桓台县玉皇阁商周时期遗址》，《中国考古学年鉴·2017》，中国社会科学出版社，2018年。

［350］ 赵宗秀：《山东泗水发现商代青铜器》，《考古》1988年第3期。

［351］ 郑同修、隋裕仁：《山东威海市发现周代墓葬》，《考古》1995年第1期。

［352］ 郑州大学考古系、开封市文物工作队、尉氏县文物保管所：《河南尉氏县椅圈马遗址发掘简报》，《华夏考古》1997年第3期。

［353］ 郑州大学考古专业、开封市博物馆、杞县文物保管所：《河南杞县朱岗遗址试掘报告》，《华夏考古》1992年第1期。

［354］ 郑州大学考古专业、开封市文物工作队、杞县文物管理所：《河南杞县鹿台岗遗址发掘简报》，《考古》1994年第8期。

［355］ 郑州大学历史文化遗产保护研究中心：《登封南洼：2004～2006年田野考古报告》，科学出版社，2014年。

［356］ 郑州大学历史系考古专业、开封市博物馆考古部、杞县文物保管所：《河南杞县牛角岗遗址试掘报告》，《华夏考古》1994年第2期。

［357］ 郑州大学历史学院考古系：《民权牛牧岗与豫东考古》，科学出版社，2013年。

［358］ 郑州大学历史学院考古系：《豫东商丘地区考古调查简报》，《华夏考古》2005年第2期。

［359］ 郑州大学文博学院、开封市文物工作队：《豫东杞县发掘报告》，科学出版社，2000年。

［360］ 郑州市博物馆：《荥阳点军台遗址1980年发掘报告》，《中原文物》1982年第4期。

［361］ 郑州市博物馆：《郑州大河村遗址发掘报告》，《考古学报》1979年第3期。

［362］ 郑州市文物考古研究所、北京大学考古文博学院：《河南巩义市花地嘴遗址"新砦期"遗存》，《考古》2005年第6期。

［363］ 郑州市文物考古研究院、北京大学考古文博学院：《郑州市高新区东赵遗址小城发掘简报》，《考古》2021年第5期。

［364］ 中国国家博物馆田野考古研究中心、山西省考古研究所、垣曲县博物馆：《垣曲商城（二）——1988～2003年度勘察报告》，科学出版社，2014年。

［365］ 中国科学院考古研究所：《庙底沟与三里桥》，科学出版社，1959年。

［366］ 中国科学院考古研究所安阳发掘队：《1962年安阳大司空村发掘简报》，《考古》1964年第8期。

［367］ 中国科学院考古研究所山东发掘队：《山东梁山青堌堆发掘简报》，《考古》1962年第1期。

［368］ 中国科学院考古研究所山东发掘队：《山东平阴县朱家桥殷代遗址》，《考古》1961年第2期。

［369］ 中国科学院考古研究所山东工作队：《山东泗水、兖州考古调查简报》，《考古》1965年第1期。

［370］ 中国历史博物馆考古部、山西省考古研究所、垣曲县博物馆：《垣曲商城（一）——1985～1986年度勘察报告》，科学出版社，1996年。

［371］ 中国社会科学院考古研究所：《二里头：1999～2006》，文物出版社，2014年。

［372］ 中国社会科学院考古研究所：《胶县三里河》，文物出版社，1988年。

［373］ 中国社会科学院考古研究所：《蒙城尉迟寺——皖北新石器时代聚落遗存的发掘与研究》，科学出版社，2001年。

［374］ 中国社会科学院考古研究所：《滕州前掌大墓地》，文物出版社，2005年。

［375］ 中国社会科学院考古研究所：《淅川下王岗：2008～2010年考古发掘报告》，科学出版社，2020年。

［376］ 中国社会科学院考古研究所：《新中国的考古发现和研究》，文物出版社，1984年。

［377］ 中国社会科学院考古研究所：《偃师二里头》，中国大百科全书出版社，1999年。

［378］ 中国社会科学院考古研究所：《中国考古学·夏商卷》，中国社会科学出版社，2003年。

［379］ 中国社会科学院考古研究所、美国哈佛大学皮保德博物馆：《豫东考古报告：“中国商丘地区早商文明探索”野外勘察与发掘》，科学出版社，2017年。

［380］ 中国社会科学院考古研究所、安徽省蒙城县文化局：《蒙城尉迟寺》（第二部），科学出版社，2007年。

［381］ 中国社会科学院考古研究所、哥伦比亚大学东亚语言和文化系、山东省文物

考古研究院：《龙口归城：胶东半岛地区青铜时代国家形成过程的考古学研究（公元前1000~前500年）》，科学出版社，2018年。

[382] 中国社会科学院考古研究所、美国哈佛大学皮保德博物馆中美联合考古队：《山台寺龙山文化研究》，《考古》2010年第10期。

[383] 中国社会科学院考古研究所、山东省文物考古研究院、山东临朐山旺古生物化石博物馆：《临朐西朱封：山东龙山文化墓葬的发掘与研究》，文物出版社，2018年。

[384] 中国社会科学院考古研究所、山西省临汾市文物局：《襄汾陶寺：1978~1985年考古发掘报告》，文物出版社，2015年。

[385] 中国社会科学院考古研究所、中国历史博物馆、山西省考古研究所：《夏县东下冯》，文物出版社，1988年。

[386] 中国社会科学院考古研究所安徽队：《安徽宿县小山口和古台寺遗址试掘简报》，《考古》1993年第12期。

[387] 中国社会科学院考古研究所安阳队：《河南安阳洹河流域的考古调查》，《考古学集刊》（第3集），中国社会科学出版社，1983年。

[388] 中国社会科学院考古研究所二里头工作队：《河南洛阳盆地2001~2003年考古调查简报》，《考古》2005年第5期。

[389] 中国社会科学院考古研究所河南二队：《河南临汝煤山遗址发掘报告》，《考古学报》1982年第4期。

[390] 中国社会科学院考古研究所河南二队、河南商邱地区文物管理委员会：《河南永城王油坊遗址发掘报告》，《考古学集刊》（第5集），中国社会科学出版社，1987年。

[391] 中国社会科学院考古研究所河南二队、河南省周口地区文物管理委员会：《河南周口地区考古调查简报》，《考古学集刊》（第4集），中国社会科学出版社，1984年。

[392] 中国社会科学院考古研究所河南二队、商丘地区文物管理委员会：《1977年豫东考古纪要》，《考古》1981年第5期。

[393] 中国社会科学院考古研究所河南一队、商丘地区文物管理委员会：《河南柘城孟庄商代遗址》，《考古学报》1982年第1期。

[394] 中国社会科学院考古研究所洛阳工作队：《1975年豫西考古调查》，《考古》1978年第1期。

[395] 中国社会科学院考古研究所山东队：《山东荏平教场铺遗址龙山文化城墙的发现与发掘》，《考古》2005年第1期。

[396] 中国社会科学院考古研究所山东队：《山东平阴县朱家桥殷代遗址》，《考

古》1961年第2期。

［397］ 中国社会科学院考古研究所山东队：《山东省长岛县砣矶岛大口遗址》，《考古》1985年第12期。

［398］ 中国社会科学院考古研究所山东队、滕县博物馆：《山东滕县古遗址调查简报》，《考古》1980年第1期。

［399］ 中国社会科学院考古研究所山东队、烟台市文物管理委员会：《山东牟平照格庄遗址》，《考古学报》1986年第4期。

［400］ 中国社会科学院考古研究所山东队、邹县文物保管所：《山东邹县古代遗址调查》，《考古学集刊》（第3集），中国社会科学出版社，1983年。

［401］ 中国社会科学院考古研究所山东工作队：《滕州前掌大商代墓葬》，《考古学报》1992年第3期。

［402］ 中国社会科学院考古研究所山东工作队、邹县文物保管所：《山东邹县古代遗址调查》，《考古学集刊》（第3集），中国社会科学出版社，1983年。

［403］ 中美联合归城考古队：《山东龙口市归城两周城址调查简报》，《考古》2011年第3期。

［404］ 中美两城地区联合考古队：《山东日照市两城镇遗址1998～2001年发掘简报》，《考古》2004年第9期。

［405］ 中美日照地区联合考古队：《鲁东南沿海地区系统考古调查报告》，文物出版社，2012年。

［406］ 周口地区文化局文物科：《周口市大汶口文化墓葬清理简报》，《中原文物》1986年第1期。

［407］ 朱超、孙启锐：《章丘榆林遗址》，《考古年报2016》，山东省文物考古研究所，2016年。

［408］ 淄博市文物局、淄博市博物馆、桓台县文物管理所：《山东桓台县史家遗址岳石文化木构架器物坑的发掘》，《考古》1997年第11期。

［409］ 邹平县图书馆：《鲍家遗址调查》，《海岱考古》（第一辑），山东大学出版社，1989年。

三、专　著

［1］ Chang K C. The Archaeology of Ancient China, 4th Edition. New Haven: Yale University Press, 1987.

［2］ Li Min. Social Memory and State Formulation in Early China. Cambridge:

Cambridge University Press. 2018.

［3］ Mauss M. Techniques, Technology and Civilization. Edited by Nathan Schlanger. Oxford: Berghan Books, 2006.

［4］ Renfrew C, Cherry J F. Peer Polity Interaction and Socio-political Change. Cambridge & New York: Cambridge University Press, 1986.

［5］ Renfrew C, Shennan S. Ranking, Resourse and Exchange: Aspects of Archaeology of Early European Society. Cambridge: Cambridge University Press, 1982.

［6］ 毕经纬：《问道于器：海岱地区商周青铜器研究》，上海古籍出版社，2019年。

［7］ 布鲁斯·G·特里格著，陈淳译：《考古学思想史》（第2版），中国人民大学出版社，2010年。

［8］ 布鲁斯·炊格尔著，蒋祖棣、刘英译，王宁校：《时间与传统》，生活·读书·新知三联书店，1991年。

［9］ 柴尔德著，陈淳、陈洪波译：《欧洲文明的曙光》，上海三联书店，2012年。

［10］ 陈秉新、李立芳：《出土夷族史料辑考》，安徽大学出版社，2007年。

［11］ 陈梦家：《西周铜器断代》，中华书局，2004年。

［12］ 陈梦家：《殷虚卜辞综述》，科学出版社，1956年。

［13］ 陈槃：《春秋大事表列国爵姓及存灭表撰异》（第2册），"中研院"历史语言研究所，1969年。

［14］ 陈佩芬：《夏商周青铜器研究》，上海古籍出版社，2004年。

［15］ 岛邦男：《殷墟卜辞研究》（中译本），台北鼎文书局，1975年。

［16］ 丁山：《商周史料考证》，中华书局，1988年。

［17］ 董琦：《虞夏时期的中原》，科学出版社，2000年。

［18］ 弗雷德里克·巴斯主编，李丽琴译，马成俊校：《族群与边界：文化差异下的社会组织》，商务印书馆，2014年。

［19］ 高广仁、邵望平：《海岱文化与齐鲁文明》，江苏教育出版社，2005年。

［20］ 高江涛：《中原地区文明化进程的考古学研究》，社会科学文献出版社，2009年。

［21］ 顾颉刚、谭其骧、侯仁之，等：《中国古代地理名著选读》（第一辑），学苑出版社，2005年。

［22］ 何浩：《楚灭国研究》，武汉出版社，1989年。

［23］ 何景成：《商周青铜器族氏铭文研究》，齐鲁书社，2009年。

［24］ 贾长宝：《从大野泽到梁山泊：公元12世纪末以前一个黄河下游湖泊的演变史》，社会科学文献出版社，2019年。

［25］ 靳松安：《河洛与海岱地区考古学文化的交流与融合》，科学出版社，2006年。

［26］ 科林·伦福儒、保罗·巴恩著，陈淳译：《考古学：理论、方法与实践》（第六版），上海古籍出版社，2015年。

［27］ 李峰著，徐峰译，汤惠生校：《西周的灭亡》，上海古籍出版社，2007年。

［28］ 李维明：《豫南及邻境地区青铜文化》，线装书局，2009年。

［29］ 李学勤：《殷代地理简论》，科学出版社，1959年。

［30］ 栾丰实：《东夷考古》，山东大学出版社，1996年。

［31］ 罗琨、张永山：《中国军事通史 第一卷 夏商西周军事史》，军事科学出版社，1998年。

［32］ 罗泰著，吴长青、张莉、彭鹏，等译：《宗子维城：从考古材料的角度看公元前1000至前250年的中国社会》，上海古籍出版社，2017年。

［33］ 罗运兵：《中国古代猪类驯化、饲养与仪式性使用》，科学出版社，2012年。

［34］ 马承源：《商周青铜器铭文选（三）》，文物出版社，1988年。

［35］ 蒙文通：《古史甄微》，巴蜀书社，1999年。

［36］ 庞小霞：《商周之邢综合研究》，社会科学文献出版社，2014年。

［37］ 任伟：《西周封国考疑》，社会科学文献出版社，2004年。

［38］ 孙庆基、林育真、吴玉麟，等：《山东省地理》，山东教育出版社，1987年。

［39］ 唐兰：《西周青铜器铭文分代史征》，中华书局，1986年。

［40］ 唐晓峰：《从混沌到秩序：中国上古地理思想史论述》，中华书局，2010年。

［41］ 王立新：《早商文化研究》，高等教育出版社，1998年。

［42］ 王明珂：《华夏边缘：历史记忆与族群认同》，社会科学文献出版社，2006年。

［43］ 王青：《海岱地区周代墓葬研究》，山东大学出版社，2002年。

［44］ 王迅：《东夷文化与淮夷文化研究》，北京大学出版社，1994年。

［45］ 吴镇烽：《商周青铜器铭文暨图像集成》，上海古籍出版社，2012年。

［46］ 希安·琼斯著，陈淳、沈辛成译：《族属的考古：构建古今的身份》，上海古籍出版社，2017年。

［47］ 徐少华：《周代南土历史地理与文化》，武汉大学出版社，1994年。

［48］ 徐旭生：《中国古史的传说时代》，文物出版社，1985年。

［49］ 许宏：《先秦城邑考古》，西苑出版社，2017年。

［50］ 许顺湛：《五帝时代研究》，中州古籍出版社，2005年。

［51］ 严志斌：《商代青铜器铭文研究》，上海古籍出版社，2013年。

［52］ 姚孝遂、肖丁：《殷墟甲骨刻辞类纂》，中华书局，1989年。

［53］ 于省吾：《甲骨文字诂林》，中华书局，1996年。

［54］ 张国硕：《文明起源与夏商周文明研究》，线装书局，2006年。

［55］ 张国硕：《先秦人口流动民族迁徙与民族认同研究》，大象出版社，2011年。

［56］　张新斌等：《济水与河济文明》，河南人民出版社，2007年。

［57］　张修桂：《中国历史地貌与古地图研究》，社会科学文献出版社，2006年。

［58］　赵济等：《胶东半岛沿海全新世环境演变》，海洋出版社，1992年。

［59］　郑杰祥：《商周地理概论》，中州古籍出版社，1994年。

［60］　钟伯生：《殷商卜辞地理论丛》，台北艺文印书馆，1989年。

［61］　朱凤瀚：《商周家族形态研究》（增订本），天津古籍出版社，2004年。

［62］　朱继平：《从淮夷族群到编户齐民：周代淮水流域族群冲突的地理学观察》，人民出版社，2011年。

［63］　邹逸麟：《千古黄河》，上海远东出版社，2012年。

四、研究论文

［1］　S. Monani著，高莉玲编译：《寒冷气候条件下的古厄尔尼诺》，《海洋地质动态》2003年第2期。

［2］　安可著，陈心舟译：《文化传播、人群移动和文化影响：以西南地区与北方草原文化关系的研究为例》，《南方民族考古》（第十一辑），科学出版社，2015年。

［3］　贝塚茂树：《关于殷末周初的东方经略》，《日本学者研究中国史论著选译》（第三卷），中华书局，1993年。

［4］　卜工：《考古学文化传播的路径与内容》，《中国文物报》2004年9月10日。

［5］　布鲁斯·特里格（Bruce G·Trigger）著，陈淳译：《论文化的起源、传播与迁移》，《文物季刊》1994年第1期。

［6］　曹斌：《莒国小考》，《东岳论丛》2015年第3期。

［7］　曹斌：《胶东半岛西周时期遗存的分期和年代》，《海岱考古》（第九辑），科学出版社，2017年。

［8］　曹斌：《鲁北地区西周时期遗存的分期和年代》，《三代考古》（六），科学出版社，2015年。

［9］　曹斌：《鲁东南西周至春秋早期的文化谱系研究》，《北方民族考古》（第1辑），科学出版社，2014年。

［10］　曹斌：《前掌大墓地性质辨析》，《考古与文物》2015年第2期。

［11］　曹斌：《山东高青县陈庄遗址性质探析》，《考古》2018年第3期。

［12］　曹定云：《古文"夏"字考——夏朝存在的文字见证》，《中原文物》1995年第3期。

［13］　曹峻：《广富林文化的本土与外来因素》，《东方考古》（第12集），科学
　　　　出版社，2015年。

［14］　曹艳芳、尹锋超：《淄潍河流域商周文化东渐历史背景之考古学观察》，
　　　　《管子学刊》2006年第2期。

［15］　常怀颖：《二里头文化一期研究初步》，《早期夏文化与先商文化研究论文
　　　　集》，科学出版社，2012年。

［16］　常兴照、程磊：《试论莱阳前河前墓地及有铭陶盉》，《北方文物》1990年
　　　　第1期。

［17］　常兴照、张光明：《商奄、蒲姑钩沉》，《东夷古国史研究》（第二辑），
　　　　三秦出版社，1990年。

［18］　陈淳：《从考古学理论方法进展谈古史重建》，《历史研究》2018年第6期。

［19］　陈淳：《考古学理论：回顾与期望》，《中国考古学年鉴·2016》，中国社
　　　　会科学出版社，2017年。

［20］　陈淳：《科学方法、文明探源与夏代信史之争》，《广西师范大学学报（哲
　　　　学社会科学版）》2020年第3期。

［21］　陈国梁：《二里头文化嵌绿松石牌饰的来源》，《三代考古》（七），科学
　　　　出版社，2017年。

［22］　陈杰：《广富林文化初论》，《南方文物》2006年第4期。

［23］　陈絜、刘洋：《宜侯吴簋与宜地地望》，《中原文物》2018年第3期。

［24］　陈絜：《〈塑方鼎〉铭与周公东征路线初探》，《古文字与古代史》，“中
　　　　研院”历史语言研究所，2015年。

［25］　陈絜：《两周金文中的繁地与西周早期的东土经略》，《中原文物》2020年
　　　　第1期。

［26］　陈坤龙、梅建军、王璐：《中国早期冶金的本土化与区域互动》，《考古与
　　　　文物》2019年第3期。

［27］　陈立柱：《微子封建考》，《历史研究》2005年第6期。

［28］　陈佩芬：《上海博物馆新收集的西周青铜器》，《文物》1981年第9期。

［29］　陈星灿、刘莉、李润权，等：《中国文明腹地的社会复杂化进程——伊洛河
　　　　地区的聚落形态研究》，《考古学报》2003年第2期。

［30］　陈星灿：《文化变迁的历史考察》，《东南文化》1989年第1期。

［31］　崔乐泉：《纪国铜器及其相关问题》，《文博》1990年第3期。

［32］　大西克也：《论古文字资料中的“邦”和“国”》，《古文字研究》（第23
　　　　辑），中华书局，安徽大学出版社，2002年。

［33］　邓少琴、温少峰：《论帝乙征人方是用兵江汉》，《社会科学战线》1982年

第3、4期。

［34］ 丁山：《说 🔒 》，《国立中央研究院历史语言研究所集刊》（第一本 第二分），1930年。

［35］ 杜金鹏：《封顶盉研究》，《考古学报》1992年第1期。

［36］ 杜金鹏：《试论大汶口文化颍水类型》，《考古》1992年第2期。

［37］ 杜金鹏：《陶爵研究——中国古代酒器研究之一》，《夏商周考古学研究》，科学出版社，2007年。

［38］ 杜在忠：《寿光纪器新发现及几个纪史问题的再认识》，《东夷古国史研究》（第一辑），三秦出版社，1988年。

［39］ 范毓周：《殷代武丁时期的战争》，《甲骨文与殷商史研究》（第三辑），上海古籍出版社，1991年。

［40］ 方辉、崔大勇：《浅谈岳石文化的来源及族属问题》，《中国考古学会第九次年会论文集1993》，文物出版社，1997年。

［41］ 方辉、文德安、加里·费曼，等：《鲁东南沿海地区聚落形态变迁与社会复杂化进程研究》，《东方考古》（第4集），科学出版社，2008年。

［42］ 方辉：《2003年济南大辛庄遗址的考古收获》，《2004年安阳殷商文明国际学术研讨会论文集》，社会科学文献出版社，2004年。

［43］ 方辉：《从考古发现谈商代末年的征夷方》，《东方考古》（第1集），科学出版社，2004年。

［44］ 方辉：《高青陈庄铜器铭文与城址性质考》，《管子学刊》2010年第3期。

［45］ 方辉：《浅谈岳石文化的来源及族属问题》，《海岱地区青铜时代考古》，山东大学出版社，2007年。

［46］ 方辉：《商周时期鲁北地区海盐业的考古学研究》，《考古》2004年第4期。

［47］ 方辉：《滕州前掌大墓地的国族问题》，《东方考古》（第13集），科学出版社，2016年。

［48］ 方辉：《岳石文化的分期与年代》，《考古》1998年第4期。

［49］ 方辉：《岳石文化区系类型新论》，《海岱地区青铜时代考古》，山东大学出版社，2007年。

［50］ 方辉：《岳石文化衰落原因蠡测》，《文史哲》2003年第3期。

［51］ 方辉、李学勤、朱凤瀚，等：《"大辛庄甲骨文与商代考古"笔谈》，《文史哲》2003年第4期。

［52］ 方燕明：《河南龙山文化和二里头文化碳十四测年的若干问题讨论》，《中原文物》2005年第2期。

［53］ 冯时：《晋侯稣钟与西周历法》，《考古学报》1997年第4期。

［54］ 冯时：《前掌大墓地出土铜器铭文汇释》，《滕州前掌大墓地》，文物出版社，2005年。

［55］ 冯时：《殷代史氏考》，《黄盛璋先生八秩华诞纪念文集》，中国教育文化出版社，2005年。

［56］ 傅斯年：《大东小东说》，《国立中央研究院历史语言研究所集刊》（第二本 第一分），1930年。

［57］ 高广仁、邵望平：《史前陶鬶初论》，《考古学报》1981年第4期。

［58］ 高广仁、邵望平：《中华文明发祥地之一——海岱历史文化区》，《史前研究》1984年第1期。

［59］ 高广仁：《海岱区的商代文化遗存》，《考古学报》2000年第2期。

［60］ 高华中、朱诚、曹光杰：《山东沂沭河流域2000BC前后古文化兴衰的环境考古》，《地理学报》2006年第3期。

［61］ 高江涛、庞小霞：《索氏铜器铭文中"索"字考辨及相关问题》，《南方文物》2009年第4期。

［62］ 高江涛：《黄河流域龙山时代的鳄鱼骨板探析》，《东方考古》（第17集），科学出版社，2020年。

［63］ 高江涛：《试析陶寺遗址的"毁墓"现象》，《三代考古》（七），科学出版社，2017年，第345—354页。

［64］ 高江涛：《陶寺所在晋南当为"最初中国"》，《中国社会科学院院报》2018年7月19日。

［65］ 高江涛：《殷人四方尊位探讨》，《2004年安阳殷商文明国际学术研讨会论文集》，社会科学文献出版社，2004年。

［66］ 高蒙河：《试论"漩涡地带"的考古学文化研究》，《东南文化》1989年第1期。

［67］ 高智、张崇宁：《西伯既勘黎——西周黎侯铜器的出土与黎国墓地的确认》，《古代文明研究通讯》（总第三十四期）。

［68］ 顾颉刚：《周公东征和东方各族的迁徙——周公东征史事考证四之一》，《文史》（第二十七辑），中华书局，1986年。

［69］ 顾万发、张松林：《论花地嘴遗址所出墨玉璋》，《商都文明》2007年第4期。

［70］ 顾问、张松林：《花地嘴遗址所出"新砦期"朱砂绘陶瓷研究》，《中国历史文物》2006年第1期。

［71］ 韩辉、张海萍：《浅析鲁故城西周遗存》，《青铜器与山东古国学术研讨会论文集》，上海古籍出版社，2017年。

［72］　韩建业：《龙山时代：新风尚与旧传统》，《华夏考古》2019年第4期。

［73］　韩建业：《葬玉、殉葬与毁墓——读清凉寺史前墓地》，《中国文物报》2017年6月13日。

［74］　韩连琪：《春秋战国时代的郡县制及其演变》，《文史哲》1986年第5期。

［75］　韩明芳等：《阜宁陆庄遗址发现晚期良渚文化遗存的意义》，《中国文物报》1995年7月9日。

［76］　韩榕：《海岱文化刍议——关于考古学文化"区、系、类型问题"的研究》，《中国考古学论丛》，科学出版社，1993年。

［77］　韩有松、孟广兰、王少青：《山东半岛沿海地区晚第四纪海相地层、古海岸线及海平面变化的初步研究》，《中国海平面变化》，海洋出版社，1986年。

［78］　韩有松、孟广兰：《青岛沿海地区20000年以来的古地理环境演变》，《海洋与湖沼》1986年第3期。

［79］　何浩：《巢国史迹钩沉——兼论徐戎的南迁》，《中国史研究》1983年第2期。

［80］　何景成：《商代史族研究》，《华夏考古》2007年第2期。

［81］　何驽：《考古学文化因素分析法与文化因素传播模式论》，《考古与文物》1990年第6期。

［82］　黄凤春：《谈"唐侯制随夫人"壶的国别、年代及相关问题》，复旦大学出土文献与古文字研究中心网站，2018年7月19日。

［83］　黄建秋：《花厅墓地研究》，《华夏考古》2011年第3期。

［84］　黄金贵：《方·邦·国——古汉语词义辨析》，《语言论丛》，杭州大学出版社，1990年，第70—76页。

［85］　黄盛璋：《关于柞伯鼎关键问题质疑解难》，《中原文物》2011年第5期。

［86］　黄盛璋：《西周征伐东夷、东国的铜器年代地理及其相关问题综考》，《河洛文明论文集》，中州古籍出版社，1993年，第287—312页。

［87］　姜建设：《夷夏之辨发生问题的历史考察》，《史学月刊》1998年第5期。

［88］　焦天龙：《人口迁徙与长江下游新石器时代晚期文化的变迁——从"广富林遗存"的发现谈起》，《中国文物报》2005年8月19日。

［89］　焦天龙：《人群移动与考古学文化的变迁》，《中国文物报》2005年2月25日。

［90］　焦天龙：《西方考古学文化概念的演变》，《南方文物》2008年第3期。

［91］　靳桂云：《海岱地区史前稻作农业初步研究》，《农业考古》2001年第3期。

［92］　靳桂云：《海岱地区新石器时代人类生业与环境关系研究》，《环境考古研究》（第四辑），北京大学出版社，2007年，第117—129页。

[93] 靳桂云、郭荣臻、魏娜：《海岱地区史前稻遗存研究》，《东南文化》2017年第5期。

[94] 靳桂云、栾丰实、蔡凤书，等：《山东日照市两城镇遗址土壤样品植硅体研究》，《考古》2004年第9期。

[95] 靳桂云、栾丰实：《海岱地区龙山时代稻作农业研究的进展与问题》，《农业考古》2006年第1期。

[96] 靳桂云、王传明：《海岱地区新石器时代气候与环境》，《古地理学报》2010年第3期。

[97] 靳桂云、王春燕：《山东地区植物考古的新发现和新进展》，《山东大学学报（哲学社会科学版）》2006年第5期。

[98] 靳桂云、燕生东、宇田津彻郎，等：《山东胶州赵家庄遗址4000年前稻田的植硅体证据》，《科学通报》2007年第18期。

[99] 靳桂云、郑同修、刘长江，等：《西周王朝早期的东方军事重镇——山东高青陈庄遗址的古植物证据》，《科学通报》2011年第35期。

[100] 靳松安：《论龙山时代河洛与海岱地区的文化交流及历史动因》，《郑州大学学报（哲学社会科学版）》2010年第3期。

[101] 凯利·克劳福德、赵志军、栾丰实，等：《山东日照市两城镇遗址龙山文化植物遗存的初步分析》，《考古》2004年第9期。

[102] 李伯谦：《𡞚族族系考》，《考古与文物》1987年第1期。

[103] 李伯谦：《二里头类型的文化性质与族属问题》，《文物》1986年第6期。

[104] 李伯谦：《关于考古学文化互动关系研究》，《南方文物》2008年第1期。

[105] 李伯谦：《论文化因素分析方法》，《中国文物报》1988年11月4日。

[106] 李伯谦：《论造律台类型》，《文物》1983年第4期。

[107] 李伯谦：《试论吴城文化》，《文物集刊》（3），文物出版社，1981年，第133—143页。

[108] 李伯谦：《文化因素分析与晋文化研究——1985年在晋文化研究座谈会上的发言》，《中国青铜文化结构体系研究》，科学出版社，1998年，第294—296页。

[109] 李朝远：《前掌大墓地中的"史"及其他——读〈滕州前掌大墓地〉》，《东方考古》（第4集），科学出版社，2008年，第154—161页。

[110] 李峰、梁中合：《"长子口"墓的新启示》，《东方考古》（第4集），科学出版社，2008年，第111页。

[111] 李凯：《柞伯鼎与西周晚期周和东国淮夷的战争》，《四川文物》2007年第2期。

［112］　李兰、朱诚、姜逢清，等：《连云港藤花落遗址消亡成因研究》，《科学通报》2008年S1期。

［113］　李零：《苏埠屯的"亚齐"铜器》，《文物天地》1992年第6期。

［114］　李旻：《重返夏墟：社会记忆与经典的发生》，《考古学报》2017年第3期。

［115］　李楠：《前掌大商周墓地结构与族属辨析》，《青铜器与山东古国学术研讨会论文集》，上海古籍出版社，2017年，第339—348页。

［116］　李守奎：《小臣单觯"叝"字补释》，达慕思—清华"清华简"国际学术研讨会——第四届新出简帛国际学术研讨会，2013年。

［117］　李水城：《西北与中原早期冶铜业的区域特征及交互作用》，《考古学报》2005年第3期。

［118］　李新伟：《中国史前社会上层远距离交流网的形成》，《文物》2015年第4期。

［119］　李新伟：《中国史前玉器反映的宇宙观——兼论中国东部史前复杂社会的上层交流网》，《东南文化》2004年第3期。

［120］　李新伟：《中国相互作用圈和"最初的中国"》，《光明日报》2014年2月19日。

［121］　李新伟：《重建中国的史前基础》，《早期中国研究》（第1辑），文物出版社，2013年。

［122］　李新伟：《"最初的中国"之考古学认定》，《考古》2016年第3期。

［123］　李秀亮：《高青陈庄遗址研究综述》，《管子学刊》2019年第2期。

［124］　李学勤：《帝辛征夷方卜辞的扩大》，《中国史研究》2008年第1期。

［125］　李学勤：《读〈系年〉第三章及相关铭文札记》，《夏商周文明研究》，商务印书馆，2017年。

［126］　李学勤：《海外访古续记（九）》，《文物天地》1994年第1期。

［127］　李学勤：《论仲爯父簋与申国》，《中原文物》1984年第4期。

［128］　李学勤：《清华简〈系年〉及有关古史问题》，《文物》2011年第3期。

［129］　李学勤：《商代夷方的名号和地望》，《中国史研究》2006年第4期。

［130］　李学勤：《重论夷方》，《民大史学》（第1辑），中央民族大学出版社，1996年。

［131］　李学勤：《纣子武庚禄父与大保簋》，《夏商周文明研究》，商务印书馆，2017年。

［132］　李仲超：《史密簋补释》，《西北大学学报（哲学社会科学版）》1990年第1期。

［133］ 林沄：《豐豐辨》，《古文字研究》（第十二辑），中华书局，1985年。

［134］ 林沄：《长子口墓不是微子墓》，《黄盛璋先生八秩华诞纪念文集》，中国教育文化出版社，2005年，第79—81页。

［135］ 刘斌：《大汶口文化陶尊上的符号及与良渚文化的关系》，《青果集：吉林大学考古专业成立二十周年考古论文集》，知识出版社，1993年。

［136］ 刘敦愿：《试论古代黄淮下游之与江汉地区间的交通关系》，《纪念顾颉刚学术论文集》，巴蜀书社，1990年，第685—692页。

［137］ 刘敦愿：《云梦泽与商周之际的民族迁徙》，《江汉考古》，1985年第2期。

［138］ 刘光胜：《清华简〈系年〉与"周公东征"相关问题考》，《中原文化研究》2016年第2期。

［139］ 刘利：《厄尔尼诺影响新探》，《海洋世界》1989年第9期。

［140］ 刘莉、陈星灿：《城：夏商时期对自然资源的控制问题》，《东南文化》2000年第3期。

［141］ 刘莉、陈星灿：《中国早期国家的形成——从二里头和二里岗时期的中心和边缘之间的关系谈起》，《古代文明》（第1卷），文物出版社，2002年，第71—134页。

［142］ 刘晓霞：《小臣谜簋新论》，《考古》2016年第4期。

［143］ 刘绪：《商文化在西方的兴衰》，《纪念殷墟发掘八十周年学术研讨会论文集》，"中研院"历史语言研究所，2015年。

［144］ 刘绪：《西周疆至的考古学考察——兼及周王朝的统治方略》，《青铜器与金文》（第一辑），上海古籍出版社，2017年。

［145］ 刘延常：《鲁东南地区商文化遗存的发现谈商人东征》，《中华之源与嵩山文明研究》（第三辑），科学出版社，2017年。

［146］ 刘延常：《试论岳石文化王推官类型及其相关问题》，《刘敦愿先生纪念文集》，山东大学出版社，1998年。

［147］ 刘延常：《珍珠门文化初探》，《华夏考古》2001年第4期。

［148］ 刘一曼：《安阳殷墓青铜礼器组合的几个问题》，《考古学报》1995年第4期。

［149］ 刘雨：《两周曹国铜器考》，《中原文物》2008年第2期。

［150］ 龙腾文、Mayke Wager、Pavel E. Tarasov，等：《海岱地区史前遗址 ^{14}C 测年数据的贝叶斯分析——审视考古年代学》，《东方考古》（第15集），科学出版社，2018年。

［151］ 陆青玉、王芬、栾丰实，等：《丁公及周边遗址龙山文化白陶的岩相和化学

成分分析》，《考古》2019年第10期。

［152］　栾丰实：《大汶口文化的分期和类型》，《海岱地区考古研究》，山东大学出版社，1997年。

［153］　栾丰实：《大汶口文化的骨牙雕筒、龟甲器和獐牙勾形器》，《栾丰实考古文集》，文物出版社，2017年。

［154］　栾丰实：《大汶口文化的社会发展进程研究》，《古代文明》（第2卷），文物出版社，2003年。

［155］　栾丰实：《二里头遗址出土玉礼器中的东方因素》，《中原地区文明化进程学术研讨会文集》，科学出版社，2006年。

［156］　栾丰实：《二里头遗址中的东方文化因素》，《中原文物》2006年第3期。

［157］　栾丰实：《关于海岱地区史前城址的几个问题》，《东方考古》（第3集），科学出版社，2006年。

［158］　栾丰实：《海岱地区史前白陶初论》，《考古》2010年第4期。

［159］　栾丰实：《海岱地区史前考古的新进展》，《山东大学学报（哲学社会科学版）》2006年第5期。

［160］　栾丰实：《海岱地区史前文化的发现和研究》，《栾丰实考古文集》，文物出版社，2017年。

［161］　栾丰实：《海岱龙山文化的分期和类型》，《海岱地区考古研究》，山东大学出版社，1997年。

［162］　栾丰实：《黄河下游地区龙山文化城址的发现于早期国家的产生》，《栾丰实考古文集》，文物出版社，2017年。

［163］　栾丰实：《黄淮下游地区的大汶口文化》，《栾丰实考古文集》，文物出版社，2017年。

［164］　栾丰实：《简论晋南地区龙山时代的玉器》，《文物》2010年第3期。

［165］　栾丰实：《良渚文化的北渐》，《中原文物》1996年第3期。

［166］　栾丰实：《良渚文化的分期与分区》，《栾丰实考古文集》，文物出版社，2017年。

［167］　栾丰实：《鲁东南沿海地区龙山文化时期的聚落结构和人口》，《栾丰实考古文集》，文物出版社，2017年。

［168］　栾丰实：《论"夷"和"东夷"》，《中原文物》2002年第1期。

［169］　栾丰实：《论大汶口文化的刻画图像文字》，《桃李成蹊集：庆祝安志敏先生八十寿辰》，香港中文大学中国考古艺术研究中心，2004年。

［170］　栾丰实：《论大汶口文化和崧泽、良渚文化的关系》，《海岱地区考古研究》，山东大学出版社，1997年。

［171］ 栾丰实：《论陆庄新石器时代遗存的文化性质和年代》，《考古》2000年第
2期。

［172］ 栾丰实：《论岳石文化的来源》，《纪念城子崖遗址发掘六十周年国际学术
讨论会文集》，齐鲁书社，1993年。

［173］ 栾丰实：《商时期鲁北地区的夷人遗存》，《三代文明研究（一）——1998
年河北邢台中国商周文明国际学术研讨会论文集》，科学出版社，1999年。

［174］ 栾丰实：《试析海岱龙山文化东、西部遗址分布的区域差异》，《海岱考
古》（第九辑），科学出版社，2016年。

［175］ 栾丰实：《太昊和少昊传说的考古学研究》，《中国史研究》2000年第
2期。

［176］ 栾丰实：《王油坊类型初论》，《海岱地区考古研究》，山东大学出版社，
1997年。

［177］ 栾丰实：《牙璧研究》，《文物》2005年第7期。

［178］ 栾丰实：《岳石文化的分期与类型》，《海岱地区考古研究》，山东大学出
版社，1997年。

［179］ 栾丰实：《中国史前文化中的八角星图案初探》，《栾丰实考古文集》，文
物出版社，2017年。

［180］ 栾丰实：《论城子崖类型与后冈类型的关系》，《考古》1994年第5期。

［181］ 罗运兵：《陶寺墓地葬猪现象及其习俗来源》，《光被四表 格于上下：早
期都邑文明的发现研究与保护传承暨陶寺四十年发掘与研究国际论坛论文
集》，科学出版社，2021年。

［182］ 马承源：《新获西周青铜器研究二则》，《上海博物馆集刊》（第6期），
上海书画出版社，1992年。

［183］ 苗霞：《大汶口文化尉迟寺类型及其年代与分期》，《考古与文物》1998年
第6期。

［184］ 聂新民：《山东龙山文化部分石陶玉器制作工艺的探讨》，《史前研究》
（辑刊），文物出版社，1988年。

［185］ 庞小霞：《陶寺文化出土绿松石腕饰初步研究》，《中原文物》2023年第
2期。

［186］ 庞小霞：《夏商王朝对其东方地区经略的历史地理考察》，《考古学集刊》
（第19集），科学出版社，2013年。

［187］ 庞小霞：《先秦时期齐鲁交通的考古学观察》，《管子学刊》2018年第
3期。

［188］ 庞小霞：《中国出土新石器时代绿松石器研究》，《考古学报》2014年第

2期。

［189］ 庞小霞整理：《"早期城市和经济：帝国兴起前山东半岛城市化、区域政治与经济网络的发展"国际学术研讨会会议纪要》，中国考古网，2018年11月1日。

［190］ 庞小霞、高江涛：《关于新砦期遗存的几个问题》，《华夏考古》2008年第1期。

［191］ 庞小霞、高江涛：《试论二里头文化时期洛阳盆地和江汉平原的交流通道》，《南方文物》2020年第2期。

［192］ 庞小霞、高江涛：《晚商时期商文化东进通道初探》，《中原文物》2009年第5期。

［193］ 庞小霞、高江涛：《先秦时期封顶壶形盉初步研究》，《考古》2012年第9期。

［194］ 庞小霞、王丽玲：《齐家文化与二里头文化交流探析》，《中原文物》2019年第4期。

［195］ 齐乌云、梁中合、高立兵，等：《山东沭河上游史前文化人地关系研究》，《第四纪研究》2006年第4期。

［196］ 齐乌云、袁靖、梁中合，等：《从胶东半岛贝丘遗址的孢粉分析看当时的人地关系》，《考古》2002年第7期。

［197］ 乔玉：《尉迟寺遗址大汶口文化聚落陶器使用情况分析》，《南方文物》2015年第4期。

［198］ 任佳、叶晓红、王妍，等：《二里头遗址绿松石的红外光谱产地识别》，《光谱学与光谱分析》2015年第10期。

［199］ 邵望平：《〈禹贡〉"九州"的考古学研究》，《考古学文化论集》（二），文物出版社，1989年。

［200］ 邵望平：《考古学上所见西周王朝对海岱地区的经略》，《燕京学报》（第10期），北京大学出版社，2001年。

［201］ 沈勇：《保北地区夏时代两种青铜文化之探讨》，《华夏考古》1991年第3期。

［202］ 石泉：《古邓国、邓县考》，《江汉论坛》1980年第3期。

［203］ 史念海：《论济水和鸿沟》，《陕西师范大学学报（哲学社会科学版）》1982年第1、2、3期。

［204］ 史树青：《无敄鼎的发现及其意义》，《文物》1985年第1期。

［205］ 朔知：《良渚文化的范围——兼论考古学文化共同体》，《南方文物》1998年第2期。

［206］ 宋建：《王油坊类型与广富林遗存》，《华夏文明的形成与发展》，大象出版社，2003年。

［207］ 宋豫秦：《论鲁西南地区的商文化》，《华夏考古》1998年第1期。

［208］ 宋豫秦：《论杞县与郑州新发现的先商文化》，《中国商文化国际学术讨论会论文集》，中国大百科全书出版社，1998年，第133—148页。

［209］ 宋豫秦：《夷夏商三种考古学文化交汇地域浅谈》，《中原文物》1992年第1期。

［210］ 宋镇豪：《论商代的政治地理架构》，《中国社会科学院历史研究所学刊》（第一集），社会科学文献出版社，2001年。

［211］ 宋镇豪：《商代的王畿、四土与四至》，《南方文物》1994年第1期。

［212］ 朔知：《固镇孟城新石器时代遗址》，《文物研究》（第11辑），黄山书社，1998年。

［213］ 孙波：《黄淮下游地区沙基堌堆遗址辨析》，《考古》2003年第6期。

［214］ 孙波：《山东龙山文化城址略论》，《中国聚落考古的理论与实践（第一辑）：纪念新砦遗址发掘30周年学术研讨会论文集》，科学出版社，2010年。

［215］ 孙波：《再论大汶口文化向龙山文化的过渡》，《古代文明》（第6卷），文物出版社，2007年。

［216］ 孙波：《再论大汶口文化向龙山文化的过渡续——也谈仰韶时代与龙山时代之间的转折》，《早期中国研究》（第1辑），文物出版社，2013年。

［217］ 孙敬明：《史密簋铭笺释》，《故宫学术季刊》1992年第4期。

［218］ 孙亚冰：《甲骨文中的人方》，《东方考古》（第4集），科学出版社，2008年。

［219］ 谭其骧：《〈山经〉河水下游及其支流考》，《长水集》（下），人民出版社，1987年。

［220］ 谭其骧：《西汉以前的黄河下游河道》，《历史地理》创刊号，上海人民出版社，1981年。

［221］ 汤威：《此"微"非彼"微"也——周原微氏家族与微子启族属关系刍议》，《中国文物报》2004年12月31日。

［222］ 唐际根：《中商文化研究》，《考古学报》1999年第4期。

［223］ 唐锦琼、王晓妮：《胶东地区中原化进程的考古学观察（之一）——以"归城铜器群"为核心》，《青铜器与山东古国学术研讨会论文集》，上海古籍出版社，2017年。

［224］ 唐兰：《论周昭王时代的青铜器铭刻》，《古文字研究》（第二辑），中华

书局，1981年。

[225] 唐兰：《西周铜器断代中的"康宫"问题》，《考古学报》1962年第1期。

[226] 唐友波：《1931年苏埠屯铜器出土材料的几个问题——从张履贤〈苏埠屯铜器录〉说起》，《上海博物馆集刊》（第12期），上海书画出版社，2012年。

[227] 唐云明：《河北商文化综述》，《华夏考古》1988年第3期。

[228] 田名利：《试论宁镇地区的岳石文化因素》，《东南文化》1996年第1期。

[229] 田明利：《考古学文化的传播与迁徙》，《中原文物》2001年第3期。

[230] 童国榜、张俊牌、严富华，等：《华北平原东部地区晚更新世以来的孢粉序列与气候分期》，《地震地质》1991年第3期。

[231] 王程：《试论广富林文化侧装三角鼎足的来源》，《上海文博论丛》2013年第2期。

[232] 王恩田：《从考古材料看楚灭杞国》，《江汉考古》1988年第2期。

[233] 王恩田：《人方位置与征人方路线新证》，《胡厚宣先生纪念文集》，科学出版社，1998年。

[234] 王恩田：《山东商代考古与商史诸问题》，《中原文物》2000年第4期。

[235] 王恩田：《陕西岐山新出薛器考释》，《古文字论集》（一），《考古与文物》编辑部，1983年。

[236] 王芬：《藤花落龙山文化城址试析》，《江汉考古》2017年第5期。

[237] 王富强：《关于岳石文化陶器"骤变"原因的探讨》，《华夏考古》2001年第1期。

[238] 王晖：《西周春秋吴都迁徙考》，《历史研究》2000年第5期。

[239] 王晖：《周武王东都选址考辨》，《中国史研究》1998年第1期。

[240] 王辉：《史密簋释文考地》，《人文杂志》1991年第4期。

[241] 王吉怀：《试论大汶口文化尉迟寺类型》，《考古求知集：'96考古研究所中青年学术讨论会文集》，中国社会科学出版社，1997年。

[242] 王立新：《从嵩山南北的文化整合看夏王朝的出现》，《二里头遗址与二里头文化研究：中国·二里头遗址与二里头文化国际学术研讨会论文集》，科学出版社，2006年。

[243] 王立新：《从早商城址看商王朝早期的都与直辖邑》，《新果集：庆祝林沄先生七十华诞论文集》，科学出版社，2009年。

[244] 王强、邓聪、栾丰实：《海岱地区与东北亚史前玉器文化交流——以野店遗址所出璧环类玉器为例》，《考古》2018年第7期。

[245] 王强、杨海燕：《西玉东传与东工西传——黄河流域龙山时代玉器比较研

究》，《东南文化》2018年第3期。

[246] 王强：《试论史前玉石器镶嵌工艺》，《南方文物》2008年第3期。

[247] 王青：《山东北部商周海盐生产的几个问题》，《文物》2006年第4期。

[248] 王青：《山东高青县陈庄遗址笔谈》，《考古》2011年第2期。

[249] 王青：《山东盐业考古的回顾与展望》，《华夏考古》2012年第4期。

[250] 王青：《试论镶嵌铜牌饰的起源和传布——从日照两城镇遗址的新发现说起》，《三代考古》（八），科学出版社，2019年。

[251] 王青、朱继平、史本恒：《山东北部全新世的人地关系演变：以海岸变迁和海盐生产为例》，《第四纪研究》2006年第4期。

[252] 王清刚：《简论大汶口文化到龙山文化之交海岱地区文化因素的南下》，《东南文化》2017年第3期。

[253] 王守功、李繁玲、王绪德：《试析景阳岗龙山文化城址——也谈海岱文化对中原文明的影响》，《东方考古》（第2集），科学出版社，2005年。

[254] 王树明：《"亚醜"推论》，《华夏考古》1989年第1期。

[255] 王树明：《陵阳河墓地雏议》，《史前研究》1987年第3期。

[256] 王树明：《山东省桓台县史家商代箕（舅）国都址东夷旧部薄姑说》，《管子学刊》2011年第2期。

[257] 王巍：《公元前2000年前后我国大范围文化变化原因探讨》，《考古》2004年第1期。

[258] 王巍：《考古学文化及其相关问题探讨》，《考古》2014年第12期。

[259] 王巍：《商王朝与方国》，《多维视域：商王朝与中国早期文明研究》，科学出版社，2008年。

[260] 王锡平：《胶东半岛夏商周时期的夷人文化》，《北方文物》1987年第2期。

[261] 王锡平、孙敬明：《莱国彝铭试释及论有关问题》，《东岳论丛》1984年第1期。

[262] 王献唐：《黄县曩器》，《山东古国考》，青岛出版社，2007年。

[263] 王献唐：《山东古代的姜姓统治集团》，《山东古国考》，青岛出版社，2007年。

[264] 王永波：《并氏探略——兼论殷比干族属》，《考古与文物》1992年第1期。

[265] 王永吉、李善为：《青岛胶州湾地区20000年以来的古植被与古气候》，《植物学报》1983年第4期。

[266] 王宇信、陈绍棣：《关于江苏铜山丘湾商代祭祀遗址》，《文物》1973年第

12期。

［267］ 王宇信：《山东桓台史家〈戍宁觚〉的再认识及其启示》，《夏商周文明研究》，中国文联出版社，1999年。

［268］ 王长丰：《竝方国族氏考》，《中原文物》2006年第1期。

［269］ 王震中：《从复合制国家结构看华夏民族的形成》，《中国社会科学》2013年第10期。

［270］ 王震中：《商代都鄙邑落结构与商王的统治方式》，《中国社会科学》2007年第4期。

［271］ 魏成敏：《陈庄西周城与齐国早期都城》，《管子学刊》2010年第3期。

［272］ 魏继印、王志远：《新砦文化深腹罐和侧装三角形扁足鼎的来源问题》，《中原文物》2022年第5期。

［273］ 魏继印：《论新砦文化的源流及性质》，《考古学报》2018年第1期。

［274］ 魏峻：《文化传播与文化变迁》，《华夏考古》2003年第2期。

［275］ 魏兴涛：《试论豫东西部地区龙山时代文化遗存》，《华夏考古》1995年第1期。

［276］ 吴建民：《苏北史前遗址的分布与海岸线变迁》，《东南文化》1990年第5期。

［277］ 吴文祥、刘东生：《4000aB. P. 前后降温事件与中华文明的诞生》，《第四纪研究》2001年第5期。

［278］ 吴镇烽：《史密簋铭文考释》，《考古与文物》1989年第3期。

［279］ 武昊、王芬：《鲁中南和鲁北地区彩（绘）陶艺术的比较研究——以大汶口和焦家遗址为例》，《华夏考古》2023年第1期。

［280］ 先怡衡、樊静怡、李欣桐，等：《陕西洛南绿松石的锶同位素特征及其产地意义——兼论二里头出土绿松石的产源》，《西北地质》2018年第2期。

［281］ 徐安武、杨晓勇、林辉，等：《安徽蒙城尉迟寺遗址大口尊古陶器的稀土元素地球化学研究》，《稀土》1999年第3期。

［282］ 徐安武、杨晓勇、孙在泾，等：《大汶口文化陶大口尊产地的初步研究》，《考古》2000年第8期。

［283］ 徐峰：《王油坊类型龙山文化南徙路线重建——兼论江淮地区的"廊道"性》，《中原文物》2012年第2期。

［284］ 徐基：《关于济南大辛庄商代遗存年代的思考》，《中原文物》2000年第3期。

［285］ 徐基：《商文化东渐初论》，《南方文物》1994年第2期。

［286］ 徐基：《试论岳石文化》，《辽海文物学刊》1993年第1期。

［287］ 徐良高：《文化理论视野下的考古学文化及其阐释》，《南方文物》2019年第1、2期。

［288］ 徐良高：《文明崩溃理论与中国古代文化衰变现象研究》，《中国历史文物》2009年第4期。

［289］ 徐少华：《邓国铜器及其历史地理与文化》，《华夏考古》1996年第1期。

［290］ 徐少华：《邓国铜器综考》，《考古》2013年第5期。

［291］ 徐少华：《南阳新出"辅伯作兵戈"的年代和族属》，《考古》2009年第8期。

［292］ 徐锡台：《周原出土的甲骨文所见人名、官名、方国、地名浅释》，《古文字研究》（第一辑），中华书局，1979年。

［293］ 许宏、刘莉：《关于二里头遗址的省思》，《文物》2008年第1期。

［294］ 许宏：《"连续"中的"断裂"——关于中国文明与早期国家形成过程的思考》，《文物》2001年第2期。

［295］ 许清海、王子惠、吴忱，等：《30kaB. P. 鲁北平原的植被与环境》，《中国海陆第四纪对比研究》，科学出版社，1991年。

［296］ 严文明：《东夷文化的探索》，《文物》1989年第9期。

［297］ 严文明：《龙山文化和龙山时代》，《文物》1981年第6期。

［298］ 严文明：《碰撞与征服——花厅墓地埋葬情况的思考》，《史前考古论集》，科学出版社，1998年。

［299］ 燕生东：《"夷夏东西"格局下的岳石文化》，《海岱学刊》2016年第2期。

［300］ 燕生东、王琦：《泗水流域的商代——史学与考古学的多重建构》，《东方考古》（第4集），科学出版社，2008年。

［301］ 燕生东、尹秀蛟：《论陵阳河大汶口文化墓葬所反映的社会分层——从文化人类学和民族学角度说起》，《江汉考古》2001年第1期。

［302］ 杨晶：《大汶口文化的骨牙"雕筒"》，《故宫博物院院刊》2003年第1期。

［303］ 杨升南：《商代的长族——兼说鹿邑"长子口"大墓的墓主》，《中原文物》2006年第5期。

［304］ 杨树刚：《早夏文化的时空变迁》，《早期夏文化与先商文化研究论文集》，科学出版社，2012年。

［305］ 杨锡璋：《殷人尊东北方位》，《庆祝苏秉琦考古五十五年论文集》，文物出版社，1989年。

［306］ 杨亚长：《东龙山遗址的年代与文化性质》，《中国文物报》2000年8月9日。

[307] 叶晓红、任佳、许宏，等：《二里头遗址出土绿松石器物的来源初探》，《第四纪研究》2014年第1期。
[308] 殷玮璋、曹淑琴：《周初太保器综合研究》，《考古学报》1991年第1期。
[309] 殷之彝：《山东益都苏埠屯墓地和“亚醜”铜器》，《考古学报》1977年第2期。
[310] 于省吾：《释𠭯》，《考古》1979年第4期。
[311] 于薇：《汉阳诸姬：基于地理学的证伪》，《历史地理》（第二十四辑），上海人民出版社，2010年。
[312] 俞伟超：《楚文化的研究与文化因素的分析》，《楚文化研究论集》（第一集），荆楚书社，1987年。
[313] 俞伟超：《关于当前楚文化的考古学研究问题》，《湖南考古辑刊》（第一集），岳麓书社，1982年。
[314] 张翠莲：《试论豫东东部地区的岳石文化遗存》，《考古与文物》2001年第2期。
[315] 张东：《试论洛阳盆地二里头文化的形成背景》，《中原文物》2013年第3期。
[316] 张光明、夏林峰：《山东桓台县史家遗址发掘收获相关问题的探讨》，《管子学刊》1990年第4期。
[317] 张光明：《“叔龟”铜器》，《管子学刊》1988年第4期。
[318] 张光明：《山东桓台史家遗址发掘收获的再认识》，《夏商周文明研究》，中国文联出版社，1999年。
[319] 张光裕：《㺇簋铭文与西周史事新证》，《文物》2009年第2期。
[320] 张光裕：《新见保鼏𣪕铭试释》，《考古》1991年第7期。
[321] 张光直：《中国相互作用圈与文明的形成》，《庆祝苏秉琦考古五十五年论文集》，文物出版社，1989年。
[322] 张国硕：《从商文化的东渐看商族起源“东方说”的不合理性》，《中原文物》1997年第4期。
[323] 张国硕：《论夏末早商的商夷联盟》，《郑州大学学报（哲学社会科学版）》2002年第2期。
[324] 张国硕：《论夏王朝存在的依据》，《中国历史文物》2010年第4期。
[325] 张国硕：《殷商国家军事防御体系研究》，《郑州大学学报（哲学社会科学版）》2005年第6期。
[326] 张国硕：《岳石文化的类型划分》，《郑州大学学报（哲学社会科学版）》1992年第2期。

［327］ 张立东：《考古学文化传播刍议》，《中原文物》1998年第3期。

［328］ 张懋镕：《安康出土的史密簋及其意义》，《文物》1989年第7期。

［329］ 张懋镕：《西周南淮夷称名与军事考》，《人文杂志》1990年第4期。

［330］ 张敏：《南荡遗存的发现及其意义》，《华夏文明的形成与发展》，大象出版社，2003年。

［331］ 张敏、韩明芳：《江淮东部地区古文化的初步认识》，《中国考古学会第九次年会论文集1993》，文物出版社，1997年。

［332］ 张淑萍、张修桂：《〈禹贡〉九河分流地域范围新证——兼论古白洋淀的消亡过程》，《地理学报》1989年第1期。

［333］ 张学海：《鲁西两组龙山文化城址的发现及对几个古史问题的思考》，《华夏考古》1995年第4期。

［334］ 张学海：《齐营丘、薄姑、临淄三都考》，《张学海考古文集》，学苑出版社，1999年。

［335］ 张学海：《史家遗址的考古收获与启示》，《中国文物报》1998年2月4日。

［336］ 张雪莲、仇士华、蔡莲珍，等：《新砦—二里头—二里冈文化考古年代序列的建立与完善》，《考古》2007年第8期。

［337］ 张长寿：《前掌大墓地解读》，《考古一生：安志敏先生纪念文集》，文物出版社，2011年，第402—432页。

［338］ 赵朝洪、员雪梅、徐世炼，等：《从玉器原料来源的考察看红山文化与大汶口文化的关系》，《红山文化研究：2004年红山文化国际学术研讨会论文集》，文物出版社，2006年。

［339］ 赵希涛：《渤海湾西岸全新世海岸线变迁》，《华北断块区的形成与发展》，科学出版社，1980年。

［340］ 赵志军：《关于夏商周文明形成时期农业经济的特点的一些思考》，《华夏考古》2005年第1期。

［341］ 赵志军、方燕明：《登封王城岗遗址浮选结果及分析》，《华夏考古》2007年第2期。

［342］ 赵志军、何驽：《陶寺城址2002年度浮选结果及分析》，《考古》2006年第5期。

［343］ 郑笑梅：《论泰沂文化区》，《海岱考古》（第一辑），山东大学出版社，1989年。

［344］ 郅同林、宫行军、郭立：《郜国都城考》，《青铜器与山东古国学术研讨会论文集》，上海古籍出版社，2017年。

［345］ 朱超：《也谈城子崖龙山至岳石城址防御设施的演变》，《南方文物》2020

年第5期。

[346] 朱诚、程鹏、卢春成，等：《长江三角洲及苏北沿海地区7000年以来海岸线演变规律分析》，《地理科学》1996年第3期。

[347] 朱凤瀚：《论西周时期的"南国"》，《历史研究》2013年第4期。

[348] 朱凤瀚：《山东高青县陈庄遗址笔谈》，《考古》2011年第2期。

[349] 朱继平：《从考古发现谈商代东土的人文地理格局》，《社会科学》2007年第11期。

[350] 朱继平：《从商代东土的人文地理格局谈东夷族群的流动与分化》，《考古》2008年第3期。

[351] 朱继平：《金文所见商周逢国相关史实研究》，《考古》2012年第1期。

[352] 朱继平：《晋侯苏钟军事地理问题研究——从柞伯鼎"昏邑"谈起》，《"中研院"历史语言研究所集刊》（第八十七本 第四分），2016年。

[353] 朱继平：《史密簋所见夒国地望新探》，《保护与传承视野下的鲁文化学术研讨会论文集》，上海古籍出版社，2018年。

[354] 朱彦民：《殷人尊东北方位说补证》，《中原文物》2003年第6期。

[355] 竺可桢：《中国近五千年来气候变迁的初步研究》，《考古学报》1972年第1期。

[356] 邹衡：《论菏泽（曹州）地区的岳石文化》，《夏商周考古学论文集》（续集），科学出版社，1998年。

[357] 邹衡：《试论夏文化》，《夏商周考古学论文集》（2版），科学出版社，2001年。

[358] 邹逸麟：《历史时期华北大平原湖沼变迁述略》，《椿庐史地论稿》，天津古籍出版社，2005年。

[359] 邹逸麟：《山东运河历史地理问题初探》，《椿庐史地论稿》，天津古籍出版社，2005年。

五、学位论文

[1] 曹艳芳：《山东出土商代青铜器研究》，山东大学博士学位论文，2006年。

[2] 陈晓：《周代山东诸国族属及相关问题研究》，山东师范大学硕士学位论文，2014年。

[3] 陈雪香：《海岱地区新石器时代晚期至青铜时代农业稳定性考察——植物考古学个案分析》，山东大学博士学位论文，2007年。

［４］ 房书玉：《焦家遗址人口迁徙的锶同位素研究》，山东大学硕士学位论文，2018年。

［５］ 赖彦融：《早期齐彝铭研究》，中国社会科学院研究生院硕士学位论文，2011年。

［６］ 林欢：《晚商地理论纲》，中国社会科学院研究生院博士学位论文，2002年。

［７］ 刘伟：《先秦鲁北地区盐业经济地理初探》，暨南大学硕士学位论文，2008年。

［８］ 庞小霞：《试论新砦文化》，郑州大学硕士学位论文，2004年。

［９］ 庞小霞：《夏商时期海岱地区考古学文化的历史地理研究》，北京大学博士后出站报告，2009年。

［10］ 宋艳波：《海岱地区新石器时代的动物考古学研究》，山东大学博士学位论文，2012年4月。

［11］ 孙伟喆：《齐国早期都城及相关问题研究》，山东师范大学硕士学位论文，2016年。

［12］ 孙亚冰：《殷墟甲骨文中所见方国研究》，中国社会科学院研究生院硕士学位论文，2001年。

［13］ 王锷：《〈礼记〉成书考》，西北师范大学博士学位论文，2004年。

［14］ 王芬：《海岱地区和太湖地区史前社会复杂化进程的比较研究》，山东大学博士学位论文，2006年。

［15］ 王建华：《黄河中下游地区史前人口研究》，山东大学博士学位论文，2005年。

［16］ 王清刚：《龙山时代海岱地区与南邻文化区互动关系研究》，山东大学博士学位论文，2018年。

［17］ 吴梦蕾：《长江、黄河下游新石器时代大口缸研究》，南京大学硕士学位论文，2018年。

［18］ 吴瑞静：《大汶口文化生业经济研究——来自植物考古的证据》，山东大学硕士学位论文，2018年。

［19］ 谢尧亭：《晋南地区西周墓葬研究》，吉林大学博士学位论文，2010年。

［20］ 徐波：《山东地区西周陶器编年问题的再认识》，山东大学硕士学位论文，2009年。

［21］ 许晶晶：《安徽淮河流域龙山文化研究》，山东大学硕士学位论文，2016年。

［22］ 燕生东：《渤海南岸地区商周时期盐业考古研究》，北京大学博士学位论文，2009年。

［23］ 张金桥：《春秋时期东夷族群华夏化研究》，山东师范大学硕士学位论文，2020年。

［24］　张锟：《东夷文化的考古学研究》，中国社会科学院研究生院博士学位论文，2010年。

［25］　张强：《大汶口文化中晚期的葬仪与社会权力分配——以宴饮器具的情境考古研究为中心》，山东大学硕士学位论文，2018年。

［26］　张小雷：《淮河流域新石器时代文化格局研究》，山东大学博士学位论文，2018年。

［27］　张鑫：《大汶口文化研究》，吉林大学博士学位论文，2018年。

［28］　赵海涛：《试论岳石文化与周围同时期文化的关系》，中国社会科学院研究生院硕士学位论文，2003年。

［29］　赵江运：《海岱龙山文化的扩散与传布研究——以文化因素分析为中心》，山东大学博士学位论文，2021年。

［30］　郑铎：《新石器时代大口尊研究》，南京航空航天大学硕士学位论文，2008年。

［31］　朱晓芳：《山东地区两周乐钟研究》，山东大学博士学位论文，2013年。

［32］　朱晓琳：《沂源东安故城调查与浮来、盖邑考略》，山东大学硕士学位论文，2010年。

后　记

　　书稿终于进入写后记的时刻了，这本书是我最初进入历史地理这个领域后思考如何在考古学的思维体系内考虑空间、地理所选择的一个研究方向；同时也是我在2008年开始的将考古学和历史地理学结合进行研究的一个总结。与我先生高江涛合作写于2008年6月的《岳石文化时期海岱文化区人文地理格局演变探析》一文是对这种研究的一个探索，文章于2009年发表在《考古》杂志对我是很大的鼓励。之后我沿着这个思路完成了《海岱地区夏商时期考古学文化的历史地理研究》的博士后出站报告，但是总感觉做了一些研究，而总体的研究目的、价值和意义并不清晰。2010年我到考古所工作后这些想法、思路被暂时搁置，2010—2015年间我主要是从早期文明起源研究中的一些重要物品如绿松石、封顶壶形盉等入手，探索其在不同地区早期文明发展中的分布、地位、意义等。其间在思考新中原中心论、多元一体文明格局的形成等问题时我对于从一个边地——海岱地区的视角出发看多元一体形成的问题有了更深入的想法。于是2015年我在博士后出站报告的基础上申请了国家社科基金课题"海岱地区先秦时期考古学文化的互动与族群变迁"，幸运的是获得了资助。

　　经过数年的思索、写作，这次我觉得自己的研究目的和研究的价值非常清晰，由于同期还在进行另一个项目：中原和周边地区的文化互动与交流的研究，而这一研究是站在中原视角看中原和周边的关系，这项研究反过来使我对海岱之于中原、东夷之于华夏有了更深刻的认知。

　　书稿从最初2008年开始写作到目前出版历经14年，中间不断补充新的内容，基本有3个版本，第一个是2010的出站报告，第二个是2020年的课题结项报告，第三个就是2022底完成的书稿。2020年结项之时，对于报告并不满意，同样面对如今又修订了数次的书稿我仍有惶恐，我对于其中新石器时代大汶口和龙山时代不同时段呈现不同人文地理分布格局的内在原因、动力和机制等仍没有答案，仅是对这个时期各个小区的互动及与周边的互动、族群的流动变迁做了探讨。结合后面的夏商及西周时期的研究，我觉得还是基本完成了本书最初的研究目的和设想。2015年社科基金申请时充分吸收了当初出站报告答辩时几位评审专家的意见，感谢他们给予指导，他们是：罗琨研究员、王守春研究员、李零教授、刘绪教授、朱凤瀚教授和辛德勇教授。此外感谢课题结项时五位匿名评审专家，我在结项后的书稿中也尽我最大努力去吸收他们的意见进行了反复修订。至于评价留给各位读者，在此我真诚地希望书中有任何引起您意愿想和作者交流的都请随时联系我。

关于书稿的图还有一点儿说明，书中关于海岱地区地理分区、中原和海岱地区的古代水系、海岱地区不同时期人文地理分布格局都有绘制的地图或示意图，此外还使用了如大汶口、龙山不同时期遗址分布图，大汶口文化因素遗址分布图、两城镇区域聚落结构图、桐林遗址中心区及外围聚落结构图、造律台文化遗址分布图、归城周边遗存分布图，二里头文化不同时期遗址分布图、商代不同时期遗址分布图、西周对于四方经略示意图等，因为地图出版的有关规定，综合各种因素最后这些图只能忍痛割爱。

漫长的过程，忆起很多往事，想起在北大两年的点点滴滴！唐晓峰老师带给我广阔的学术思维，让我开拓了新的研究方向；聆听很多大师的授课和讲座终身获益！同门结下深厚情谊，至今那个承载了大家诸多美好记忆的城环学院3143房间号还是我们微信群的名称！而特别要感谢的是城市环境学院的另一个老师——莫多闻教授。当年最初我是和莫老师联系，准备转到环境考古这边做博士后研究，后来和莫老师沟通，他看了我的博士论文和相关研究，就建议我研究方向跟着同一个学院的唐老师，而仍由他的课题资助博士后期间的费用。所以博士后期间我其实是两个合作老师，想想何其有幸！感谢人生路上关键时刻燕园师友们给予的照拂和关爱！

2015年申请国家社科基金课题后，曾于2016年7月15—23日和山东大学的王芬、上海大学的朱继平以及我先生高江涛四人赴山东调查大汶河流域。此次调查出发前时任山东省文物考古研究院书记（现山东省博物馆馆长）的刘延常老师给我们的考察路线提出很多具体建议，并一一帮助联络涉及区域的文博同行，他的热心及对学术的满腔热情让我们感佩不已！涉及大汶河流域的同行则陪同考察，提供各种便利，他们是莱芜市文物局郭晓冬，新泰市博物馆张勇、穆红梅，泰安市文物考古研究所魏国、陈奇，东平博物馆杨浩。一晃快十年了，可很多细节仍历历在目！四个人一辆车，穿越山水侃侃而谈！在本书出版之际，深深感谢并不遥远的你们！

窗外是冬日残阳的余晖，皇城根边上的小区里静悄悄，可是我的内心一点也不平静，回想到北京后的学术之路，有兴奋、有苦闷、有迷茫、有温暖、有陪伴，尤其书稿完成之后四处寻求出版的经历，其中有等待、有失落、有困惑，有失望，但是就如我最近喜欢听的歌曲《可能》，无论如何总有可能在，总有希望在。

最后特别感谢国家社科基金和王巍先生主持的"嵩山地区文明化进程与华夏文明的形成"课题对本书的资助，特别感谢社会科学出版社张亚娜和周艺欣女士在出版中给予的各种帮助！感谢她们的认真、负责和付出。

庞小霞

2023年12月8日于北京皇城根